3

ESO

edebé

Llengua i Literatura

El projecte de **Llengua i Literatura 3 ESO**

COMENCEM...

Una unitat inicial per a facilitar l'acollida de l'alumnat que s'incorpora a l'etapa (o al curs) i per a activar-ne els coneixements previs.

LES UNITATS

Imatge inicial relacionada amb la unitat, acompanyada dels **continguts.**

LECTURA I COMPRENSIÓ

Selecció de **textos de tipologies diverses** i programa pautat de **comprensió lectora.**

EXPRESSIÓ

Anàlisi i redacció de **textos escrits** de tipologies diverses.

MONOGRÀFIC

Llengua i societat
Recursos per a aprendre
Comentari de text

Espais per al treball de continguts i estratègies transversals al currículum de l'àrea.

EMPRENEM

Creativitat, iniciativa, treball en equip... en un projecte real.

AVALUA LES TEVES COMPETÈNCIES

Activitats que permeten valorar els coneixements i les competències adquirides d'un trimestre.

edebé On
projecte global interactiu

Llibre digital interactiu

Incorpora els **recursos digitals** necessaris (vídeos, presentacions, activitats interactives, àudio, enllaços...) per tal que el professorat gestioni d'una **manera eficaç** l'aprenentatge en l'**aula digital.**

GRAMÀTICA / ORTOGRAFIA / LÈXIC I SEMÀNTICA

Per a assolir un major domini de la llengua. Es treballen les destreses necessàries per a comprendre oracions, escriure paraules correctament i fer un ús precís del vocabulari.

LITERATURA

Anàlisi de la història de la **Literatura catalana** a partir de textos del període.

ACTIVITATS FINALS

Síntesi dels continguts treballats en la unitat i activitats variades que permeten **repassar** els continguts.

POSA A PROVA LES TEVES COMPETÈNCIES

Activitats integrades a partir d'un text de la vida quotidiana per a valorar els continguts i el progrés en l'adquisició de les competències.

RUTINA DE PENSAMENT
Per a aprendre a pensar.

ÀGORA
Un espai obert al diàleg i la reflexió.

PBL
Aprenentatge basat en problemes.

VISIÓ 360°
Experiències d'aprendre fora de l'aula.

CRE@CTIVITAT
Eines TIC per a cercar solucions creatives.

DESTRESES DE PENSAMENT
Per a un pensament crític i creatiu.

TÈCNIQUES COOPERATIVES
Per a millorar la responsabilitat individual i les relacions socials.

INTEL·LIGÈNCIES MÚLTIPLES
Perquè hi ha diferents maneres d'aprendre i de ser intel·ligent.

Disponible en el teu espai personal: **www.edebe.com**

Multidispositiu

Quadern digital interactiu

Organitzat en **seqüències temàtiques** per a promoure l'**aprenentatge autònom** per part de l'alumnat (sota la planificació i control del docent) en un **format digital amigable i intuïtiu.**

Biblioteca de recursos digitals

Un **espai** fàcilment **accessible** en el qual trobareu recursos per a consultar, descobrir i explorar el coneixement.

Índex

ORTOGRAFIA	LÈXIC I SEMÀNTICA	LITERATURA
Aplicació de normes bàsiques	Repàs de l'estructura del mot i formació de paraules	
La síl·laba: diftongs, hiats, dígrafs	El signe lingüístic	El llenguatge literari: gèneres i estructures. Els recursos retòrics
L'accentuació	La derivació: els prefixos	La literatura del segle XVI: context històric i sociocultural. La poesia
L'accent diacrític. La dièresi	La derivació: els sufixos i els infixos	Teatre culte i popular del segle XVI

Monogràfic Recursos per a aprendre — Comentari de text

La vocal neutra	La composició. La parasíntesi. L'habilitació	La prosa del segle XVI. Cristòfor Despuig
Les grafies *o/u* àtones	Sigles. Acrònims. Manlleus	La literatura del segle XVII: context històric i sociocultural. La poesia
La essa sorda. La essa sonora	Denotació i connotació	El teatre del segle XVII. L'obra de Francesc Fontanella

Monogràfic Recursos per a aprendre — Comentari de text

L'apòstrof. La contracció	Relacions semàntiques (I). Sinonímia. Antonímia. Polisèmia	El segle XVIII. Context històric i sociocultural. La prosa didàctica: Baldiri Reixac
Les grafies *p/b, t/d, c/g* i *b, v, w*	Relacions semàntiques (II). Homonímia. Hiponímia. Hiperonímia	La prosa del segle XVIII. El baró de Maldà. La narrativa popular: rondalles i llegendes
Les grafies *x/ix, ig/tx, g/j, tg/tj*	El significat variable de les paraules. Metàfora. Metonímia. Paraules tabú. Eufemismes	La poesia i el teatre del segle XVIII

Monogràfic Recursos per a aprendre — Comentari de text

Pàgines finals

Annex

Emprenem: Català per a tothom

0 Unitat

Des de fa uns quants anys, s'ha anat imposant al nostre país un turisme responsable i sostenible. Així, s'estan impulsant activitats que ens acosten a la natura, l'art i la història de la nostra terra. Un bon exemple d'aquest tipus de turisme és la recuperació del Camí de Sant Jaume de Catalunya.

Lectura i comprensió

1. Llegeix atentament la informació de la següent pàgina web sobre el Camí de Sant Jaume.

http://links.edebe.com/nspen8

Benvinguts al Camí de Sant Jaume de Catalunya

«Camí del Sol, camí dels Estels»

El Camí de Sant Jaume de Galícia és una gran ruta cultural que permet anar d'extrem a extrem de la península Ibèrica, des del cap de Creus fins al cap de Finisterre.

La ruta comença a Sant Pere de Rodes i segueix un traçat que passa pel monestir de Montserrat per arribar a Alcarràs (Segrià), on el Camí entra a l'Aragó. Catalunya està vinculada des d'un primer moment amb les rutes jacobees. Una tradició molt estesa afirma que l'apòstol sant Jaume va predicar a Barcelona, Lleida i Saragossa. En algun d'aquests llocs a dia d'avui encara es commemora el pas del sant amb celebracions populars, com a Lleida, amb la festa dels Fanalets de Sant Jaume. Un dels primers pelegrins catalans va ser l'abat Cesari de Montserrat, que va pelegrinar a Compostel·la l'any 1059.

L'aposta per recuperar el Camí de Sant Jaume s'inscriu en la política de l'Agència Catalana de Turisme, que fomenta el desenvolupament d'un turisme ètic, sostenible, responsable i **accessible,** que possibiliti la desestacionalització i l'equilibri territorial, amb l'objectiu d'estendre els beneficis del turisme a tot el país.

Camí de Sant Jaume per a tothom es presenta públicament per apropar aquesta gran ruta de pelegrinatge a totes les persones, independentment de la seva edat, condició i estat físic.

Navega una estona per l'anterior pàgina web per obtenir informació sobre el Camí de Sant Jaume a Catalunya.

Ara que ja tens dades suficients sobre el Camí, respon les qüestions que et proposem a continuació.

— On comença la ruta i on acaba? En quantes etapes està dividida? Creus que són equilibrades? Per què?

— Si hi has vist cap desequilibri, com les modificaries per tal de millorar les condicions del Camí?

— Què és la credencial dels pelegrins? Per què és imprescindible per a fer el Camí?

— Quins consells sobre equipament donaries a algú que volgués fer el Camí?

— Explica quina és la finalitat de recuperar aquesta ruta.

Expressió: escrita, oral i audiovisual

El **mapa mental** permet organitzar amb facilitat els pensaments i representar-los d'una manera molt intuïtiva i clara.

Per a **elaborar** un mapa mental, cal seguir aquestes pautes:

1. El **concepte que es vol treballar** se situa al **centre** i representa la idea més important.
2. D'aquesta idea sorgeixen una sèrie de **branques** que representen els pensaments principals, i d'aquestes en surten d'altres que expressen els pensaments secundaris.

L'ús de colors, símbols, imatges o paraules ajuda a destacar la **relació** entre les idees.

2. Seguint les pautes anteriors, completa i amplia amb exemples el següent mapa mental. El concepte per treballar són els tipus de **textos.**

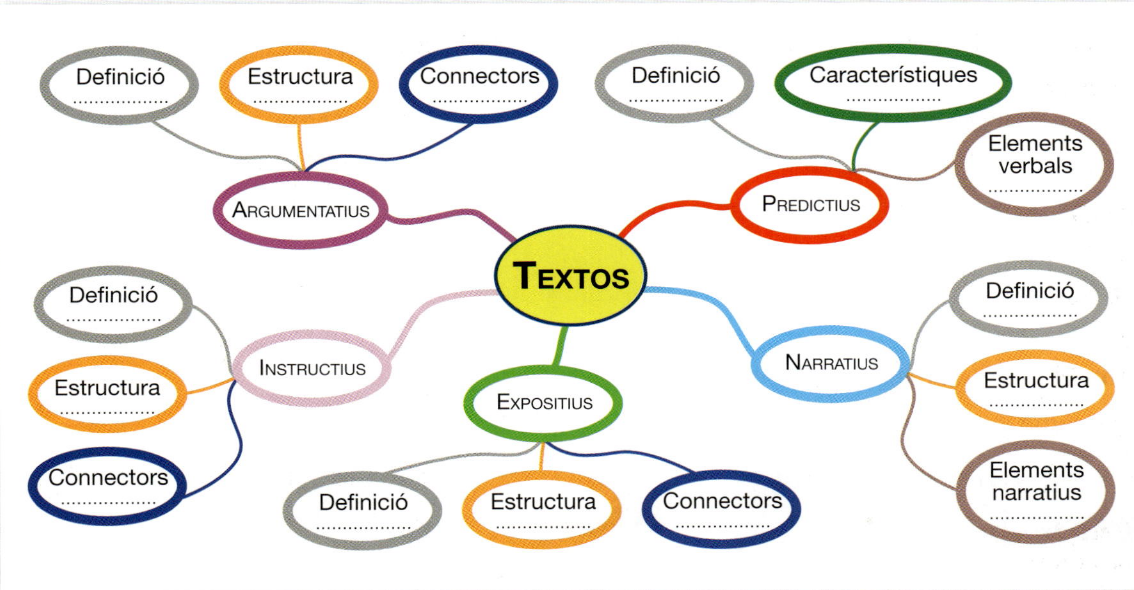

Tot i que el Camí de Sant Jaume és, originàriament, una ruta de pelegrinatge, hi ha diversos motius per a fer-lo a banda dels religiosos, com ara els culturals i els gastronòmics.

3. Prepareu una exposició oral sobre el Camí de Sant Jaume tenint en compte l'objectiu que us heu marcat: pelegrinatge, turisme cultural, turisme gastronòmic, etc.

— Formeu grups de quatre o cinc persones i trieu un dels motius esmentats.

— Cada grup ha de preparar una presentació amb un mínim de sis diapositives i un màxim de deu, que incloguin imatges acompanyades d'un breu text expositiu.

4. Tria una imatge i redacta una narració curta protagonitzada per un pelegrí o una pelegrina.

Seu Vella de Lleida.

Teatre Museu Dalí a Figueres.

Símbols del pelegrinatge i del camí.

Gramàtica

5. Llegeix amb atenció el text següent, separa les oracions que conté i torna-les a escriure en el teu quadern, classificant-les en oracions simples i oracions compostes.

> La ruta comença a Sant Pere de Rodes i segueix un traçat que passa pel monestir de Montserrat fins a arribar a Alcarràs (Segrià), on el Camí entra a l'Aragó. Una tradició molt estesa afirma que l'apòstol sant Jaume va predicar a Barcelona, Lleida i Saragossa. En algun d'aquests llocs a dia d'avui encara es commemora el pas del sant amb celebracions populars, com a Lleida, amb la festa dels Fanalets de Sant Jaume. Un dels primers pelegrins catalans va ser l'abat Cesari de Montserrat, que va pelegrinar a Compostel·la l'any 1059.

El **verb** és l'element imprescindible perquè es formi una oració. Quan trobem **un sol verb,** parlem d'**oració simple;** quan n'hi ha **més d'un,** d'**oració composta.**

6. Identifica el subjecte dels verbs subratllats en el text anterior, escriu-lo en el teu quadern i assenyala'n el nucli.

El **subjecte** és qui fa l'acció o l'element del qual es diu alguna cosa. El nucli del subjecte sempre ha de concordar amb el verb en persona i en nombre.

7. Indica de quin tipus són els complements subratllats en les oracions següents (directe, indirecte, circumstancial, de règim, predicatiu o agent).

- La ruta comença a Sant Pere de Rodes.
- Segueix un traçat.
- Catalunya està vinculada des d'un primer moment amb les rutes jacobees.
- L'abat Cesari de Montserrat va pelegrinar a Compostel·la l'any 1059.

Monestir de Sant Pere de Rodes.

Monestir de Montserrat.

Complement directe: és el complement sobre el qual recau l'acció del verb.
Complement indirecte: és el destinatari de l'acció del verb.
Complement circumstancial: expressa matisos i circumstàncies de l'acció del verb (lloc, temps, manera...).
Complement de règim: reclamat per un verb que necessita una preposició *(a, de, en, amb, per).*
Complement predicatiu: complementa alhora el verb i el subjecte de l'oració, o bé el verb i el complement directe.
Complement agent: és un complement propi de les oracions en veu passiva. Està constituït per un sintagma nominal o un equivalent introduït per la preposició *per.*

8. Identifica totes les formes verbals conjugades del text de l'activitat 5, digues a quina conjugació pertanyen i escriu-ne les formes d'infinitiu, gerundi i participi.

Ortografia

9. Posa accent gràfic a les paraules del text que ho necessitin. Justifica'n l'accentuació.

> Quan sortia a l'aire lliure, m'impressionava la sensacio de l'altura sobre el mar que tenia als peus, alla baix, on les onades saltaven contra les roques. Quina sensacio d'aïllament! El meu *niu* per passar-hi la nit era una minuscula habitacio [...] sobre l'ocea. Amb els meus companys de viatge, la Isabel i en Sebastia, contemplavem, apuntalats en el pendent rocos, les onades que s'anaven repetint, saltant sobre la pedra.
>
> Josep Maria Espinàs, «Un niu al cap de Fisterra», a *El Periódico de Catalunya*, 3-6-2014 (fragment).

Un mot és **agut** quan la síl·laba tònica és l'última i **s'accentua quan acaba en *a, e, i, o, u; as, es, is, os, us; en, in.***
Un mot és **pla** quan la síl·laba tònica és la penúltima i **s'accentua quan NO acaba en *a, e, i, o, u; as, es, is, os, us; en, in.***
Un mot és **esdrúixol** quan la síl·laba tònica és l'antepenúltima i **s'accentua sempre.**

10. En les definicions anteriors hi ha un mot que porta accent diacrític. De quin mot es tracta? Per què porta l'accent?

L'**accent diacrític** és l'accent que porten unes determinades paraules que segons les normes d'accentuació no n'haurien de dur, per distingir-les d'altres paraules que s'escriuen igual.

11. Completa les paraules següents amb la grafia adequada: *g, j, tg, tj, x, ix, tx, ig.*

en....iny	in....ectar	paisa....e	lle....or	massa....ista	ju....ar
a....ustar	bate....ar	enu....	enu....ós	rau....a	aflu....ar

Escrivim *g, tg* davant les vocals *e* i *i*, excepte en els grups *-jecc-* i *-ject- (projecció, projectar)*; en els verbs *jeure* i *ajeure;* en els noms propis hebreus *(Jeremies, Joel)*, i en altres mots com *jersei* i *majestat.*

Escrivim *j, tj* davant les vocals *a, o, u.*

Escrivim *x* a començament de paraula, darrere consonant, darrere vocal *i*, i darrere diftong decreixent *au.*

Escrivim *ix* darrere les vocals *a, e, o, u.*

Escrivim *ig* a final de paraula quan els derivats s'escriuen amb *j/g* o *tj/tg.*

Escrivim *tx* a principi d'algunes paraules d'origen estranger *(Txèquia)*, a l'interior de paraula i entre vocals, i a final de paraula quan els derivats també s'escriuen amb *tx.*

Lèxic i semàntica

12. Digues si els morfemes subratllats en les paraules següents són flexius o derivatius. En el cas dels derivatius, indica quin matís de significat hi aporten.

- cantaríeu
- alumnes
- bledar
- sabadellenc
- permetés
- tauleta

Els **morfemes flexius** indiquen **gènere** i **nombre** en els noms i adjectius, i **temps, mode, persona...** en els verbs. Els **morfemes derivatius** serveixen per a formar mots derivats. Poden ser **prefixos** (col·locats davant del lexema), **infixos** (entre el lexema i el sufix) i **sufixos** (darrere del lexema).

13. Relaciona els mots de cada columna per formar paraules compostes i digues a quina categoria gramatical pertany cada constituent. Escriu-ho en el teu quadern.

fora	prendre
mil	veu
sord	homes
ull	gitar
alta	mut

La **composició** consisteix a **crear paraules noves** amb unitat de sentit a partir de la **unió de dues categories gramaticals** amb significat independent.

1
Unitat

» CONTINGUTS

Rutina de pensament

VEIG-PENSO-EM PREGUNTO

— Observa amb atenció aquesta fotografia i respon:

- Què hi veus?
- Què en penses?
- Quina pregunta et ve al cap?

— Poseu en comú les vostres respostes.

- Heu trobat moltes coincidències en les vostres respostes? Què t'han semblat les respostes dels teus companys?
- Després de comentar les respostes entre tots, ha variat la teva interpretació de la imatge?

Melcior Comes

Apocalipsi o salvació

Melcior Comes (Sa Pobla, Mallorca, 1980) va debutar com a escriptor l'any 2003, amb la novel·la *L'aire i el món*, que li valgué el premi Ciutat d'Elx. Altres obres: *L'estupor que us espera* (2004, premi Documenta), *Qui no mereix una pallissa!* (2005, assaig escrit amb J. Pedrals, P. A. Pons i J. Rourera), *El llibre dels plaers immensos* (2007, premi Ciutat de Palma), *La batalla de Walter Stamm* (2008, premi Josep Pla), *Viatge al centre de la Terra* (2010).

Abans de llegir

La idea que el món s'acaba és una vella obsessió de la humanitat, un neguit que conviu amb una percepció més optimista de les coses: l'hecatombe o l'eufòria. Però... és aquesta la clau de l'esdevenidor humà? L'article que llegireu rebutja les prediccions catastrofistes i reflexiona sobre aquestes qüestions, fent referència a les diferents teories sobre l'evolució de la humanitat i a les repercussions de l'activitat humana sobre la Terra.

Apocalipsi o salvació

L'obsessió per la fi del món deu ser una de les més antigues de la humanitat. No ha existit època en què els homes no hagin estat convençuts que tot se n'anava en orris de manera imminent, per un motiu o per l'altre. Tant se val que es tregui la pols a una antiga llegenda maia (l'any 2012) o que el daltabaix s'intenti fonamentar amb raons científiques: la visió és la mateixa. El món va cap a l'abisme. ¿Algú se'n recorda, però, de l'*efecte 2000*, del caos que havia d'arribar perquè els ordinadors i els programes informàtics estaven a punt d'ennuegar-se amb tants zeros? [...]

Els pregoners de la gran desfeta sempre tenen el seu públic. Des d'aquell Thomas Malthus[1] que en ple segle XIX va assabentar-nos que la multiplicació poblacional ens portaria a la fam i a la catàstrofe, fins als actuals experts en computació, que fan bullir la xarxa amb els seus presagis **funestos**: des d'una revolta imminent dels nanorobots fins a una possible tragèdia biològica que acabarà amb la vida d'un milió de persones [...]. I no oblidem tampoc l'alarma per la grip A o l'escalfament global,[2] que ha de fer que l'atmosfera esdevingui un forn o una gelera inhabitable per a qualsevol forma de vida més o menys humana.

En el fons ens agrada sentir aquest tipus de prediccions pels mateixos motius que ens sedueix tot el contrari. Ens agrada pensar que estem passant per un moment singular, i que només ara, només nosaltres, gaudim d'una perspectiva i d'un poder excepcionals, posant-nos en el centre de l'univers i de la història. Tanmateix, pura vanitat. ¿Hi ha res més afalagador que pensar que serem nosaltres els últims homes, que no serem uns més en el relat **insípid** dels segles? I el contrari també: el relat que ens vol convèncer que vivim en el millor dels mons. És a dir, no la fi del món com a destí inevitable, sinó la imminent **consumació** del paradís terrenal.

En aquesta línia la revista *Foreign Policy* publica un article on ens diu que estem a punt d'acabar la millor dècada de la història de la humanitat. Entre el 2000 i el 2010 hauríem gaudit com mai de

Vocabulari

apocalipsi: paraula grega que significa 'revelació' i que designa el llibre de la Bíblia en què s'expliquen els esdeveniments de la fi del món; ha esdevingut un sinònim de *catàstrofe*.

funest: que porta a la mort, a la desgràcia.

insípid: mancat de sabor; en aquest context, mancat d'esperit, de gràcia.

consumar: portar (alguna cosa) a acomplir-se definitivament.

les promeses fetes per la Il·lustració més optimista: pau, progrés, prosperitat, alta esperança de vida, etc. Les xifres són eloqüents: només un 28 % de la població global viu ara amb menys d'un dòlar al dia, quan l'any 90 era més de la meitat. Els ingressos mitjans globals han arribat fins als 10.600 dòlars, una pujada del 25 %. La població desnodrida és cada vegada menys nombrosa, com també els nens sense vacunar o els malalts de sida. I també són més que mai els infants escolaritzats.

Més dades: la caiguda de les inversions públiques en armament, menys morts que mai en camps de batalla, la disminució de la mida del forat a la capa d'ozó. Tot hauria de portar-nos a l'eufòria, a agrair a la **providència** que ens hagi portat a viure aquest moment sublim [...]. Anem pel bon camí!

Tant una temptació com l'altra —tant l'atracció per l'**hecatombe** com el miratge del cel a la terra— responen a la mateixa pulsió: posar-nos en el centre del relat, fer-nos sentir importants, decisius, tot perquè així posem un rostre, una causa, a tots els desgavells o a totes les meravelles. Fet i fet, però, tot és **narcisisme**: una manera com una altra d'inflar-nos l'orgull. [...]

Les dues postures, però, són igualment deshonroses. Per als uns, la història està condemnada a desaparèixer; per als altres, els sembla obligada a progressar. Els apocalíptics abandonen qualsevol possibilitat de millorar aquest món amb l'excusa que aquest ja està perdut i que la desfeta és inajornable; els integrats diuen que coneixen la realitat i la descriuen de continu amb estadístiques, però en el fons la menyspreen amb la mateixa **fruïció**; així, el seu optimisme salta per sobre dels problemes reals, de les víctimes presents, de les que encara no participen de l'idil·li terrestre, ja que, tanmateix, només són considerades passos més o menys **reeixits** cap a un magnífic final. Però s'ha de tenir el cor de glaç, una cuirassa d'un cinisme al·lucinant per citar uns quants milers de morts i dir després que les coses funcionen, tot perquè són menys que ens els segles passats.

Tot això ens amaga la realitat, ja sigui rere el fum de l'apocalipsi o rere el confeti de la festa. [...] Tant el pessimisme més negre com aquest optimisme carrincló només aconsegueixen distreure'ns del deure d'estar alerta. No hi ha cap dinàmica històrica irreversible, ni en sentit positiu ni en sentit negatiu. Rere les xifres més lluminoses s'hi pot amagar un gran daltabaix, de la mateixa manera que amb els pronòstics funestos sota el braç podem entrar en una altra dècada profitosa. Ningú l'ha encertat mai a l'hora de preveure el futur: per què hauríem de poder-ho fer nosaltres?

Melcior Comes, *El Punt Avui,* 27-8-2010 (adaptació).

[1] **Thomas Malthus.** Economista britànic (1766-1834). Autor d'una obra molt cèlebre, *Un assaig sobre el principi de població,* on va desenvolupar una teoria segons la qual la població humana creix a un ritme més elevat que els aliments. Considerava que arribaria un moment en què no hi hauria prou recursos per a tothom i la subsistència de l'espècie humana seria inviable. Els detractors d'aquesta teoria diuen que el desenvolupament econòmic, tècnic i cultural, com també un millor repartiment de la riquesa, garanteixen el futur de la humanitat.

[2] **L'escalfament global** és el procés d'augment gradual de la temperatura de la Terra per la intensificació de l'efecte d'hivernacle, entre altres causes. L'efecte d'hivernacle és el fenomen pel qual l'atmosfera s'escalfa a causa de la calor que irradia el mateix planeta, que no és emesa a l'espai. Hi ha científics que s'oposen a les hipòtesis sobre l'escalfament global, però la majoria coincideixen que la Terra s'escalfa per l'emissió abundant de gasos com a conseqüència de l'activitat humana. L'efecte d'hivernacle que provoquen aquests gasos pot comportar un canvi climàtic a la Terra, tot i que no s'ha determinat la relació entre aquests fenòmens.

Vocabulari

providència: previsió i cura que Déu té de les seves criatures.

hecatombe: gran matança.

narcisisme: amor dirigit vers el propi jo; amor a un mateix.

fruïció: plaer per la consecució d'una cosa desitjada.

reeixir: algú, tenir èxit en alguna cosa que emprèn.

Et recomanem

Si t'agraden les narracions futuristes o que parlen de com serà la humanitat, no et perdis aquesta lectura!

Any 2083

Vicente Muñoz Puelles. Col·l. Periscopi. edebé.

Després de llegir

Obtenció d'informació

1. Respon les següents preguntes sobre la lectura.

— Quina obsessió té la humanitat des de sempre?

— A quina llegenda maia es refereix l'autor? N'has sentit a parlar? En què consisteix?

— Què advertia Thomas Malthus fa dos segles? S'ha complert la seva predicció?

— Quins arguments apunten els partidaris de la gran desfeta per donar suport a les seves prediccions?

— Quin és el motiu pel qual ens agrada sentir aquesta mena de prediccions?

— La revista *Foreign Policy* va publicar un article molt optimista on diu que estàvem a punt d'acabar la millor dècada de la història. De què havíem gaudit durant aquell decenni?

— Identifica els arguments i les xifres que fonamenten aquesta visió pròspera i positiva de la humanitat.

— L'autor, per tant, ens parla de dues posicions: la de la fi del món i la de la consumació del paradís terrenal. Com les qualifica? Per quina raó?

— Té un efecte positiu aquest debat entre les dues posicions? Per què?

Interpretació

2. Melcior Comes anomena de maneres diferents les dues visions enfrontades del futur del món, així com els seus partidaris. Completa la taula amb els termes que utilitza per a parlar-ne.

Visió negativa	Visió positiva
...	...

3. Llegeix la frase: «*Tant l'atracció per l'hecatombe com el miratge del cel a la terra responen a la mateixa pulsió: posar-nos en el centre del relat*». Quins dels enunciats següents en són sinònims?

☐ Tant els arguments pessimistes com els optimistes tenen un origen narcisista.

☐ Tant els arguments pessimistes com els optimistes són de caire literari.

☐ Tant els arguments pessimistes com els optimistes volen fer-nos protagonistes de la història.

4. En el text l'autor utilitza frases fetes i expressions com: *tot se n'anava en orris, treure la pols (a una antiga llegenda), fan bullir (la xarxa), tenir el cor de glaç*. ~~Com les diries amb unes altres paraules~~?

5. En les darreres línies del text, l'autor hi exposa les seves conclusions.

— Quin és el missatge final que vol transmetre?

Àgora

En contextos com el de la lectura, de la incertesa en què vivim en la societat actual, és necessari fer una gestió responsable del món. Un món sostenible és la millor garantia per a les generacions futures.

» **Les visions massa catastrofistes o optimistes sobre el futur del nostre món respecten aquesta idea de responsabilitat?**

6. Completa aquest esquema en el teu quadern i obtindràs l'estructura del text.

Interès per les prediccions sobre el futur de la humanitat

Visió positiva:

- …
- …
- …
- …

…

Totes dues situen l'ésser humà com a centre de l'univers.

Visió negativa:

- …
- …
- …
- …

…

Conclusió final:

…

Reflexió

7. L'ésser humà, a diferència dels animals, té la capacitat de reflexionar sobre la seva pròpia existència. I un dels principals interrogants amb què s'enfronta és **el sentit de la vida.**

— Saber que tot comença i tot acaba pot tenir una influència negativa o positiva sobre nosaltres? Reflexiona-ho.

8. Llegeix l'opinió dels directors de la pel·lícula *Los últimos días,* rodada a Barcelona:

Durant segles de progrés i evolució, hem desenvolupat estils de vida cada cop més allunyats de la natura i de la vida per a la qual foren dissenyats els nostres cossos. Vivim en entorns artificials i climatitzats. Les nostres feines són sedentàries. Asseguts als ordinadors fem tasques repetitives que, només indirectament, estan connectades amb la nostra existència. Ja no som aquells caçadors-recol·lectors que es mantenien actius i feien tota mena de tasques i desenvolupaven habilitats per trobar menjar i refugi. I com ens afecta tot això? Cada any pugen els nivells d'al·lèrgies i d'obesitat. Segons l'OMS, l'any 2020 la segona causa principal de mort serà la depressió. Vivim enganxats a pastilles que tracten les nostres disfuncions (somnífers, antidepressius…). El progrés no ens fa més feliços.

— Hi estàs d'acord? Organitzeu un debat a classe i argumenteu les vostres opinions a favor o en contra.

Expressió

9. *«Ningú l'ha encertat mai a l'hora de preveure el futur»* diu el text. I tu, t'arriscaries a fer una predicció sobre el futur de la Terra?

— Escriu un text breu que reflecteixi la teva predicció i llegeix-lo a classe.

— Després d'escoltar totes les prediccions, valoreu si són majoritàriament apocalíptiques o més aviat de salvació.

— Amb els companys, comenteu les vostres prediccions i argumenteu-les. Mireu d'arribar a punts d'acord.

Comunicació oral

En grups de quatre alumnes, cliqueu a l'enllaç següent:

http://links.edebe.com/uFD

— Escolteu atentament aquesta entrevista al famós arqueòleg Eudald Carbonell.

— Anoteu la previsió que l'arqueòleg fa a propòsit del futur de l'espècie humana.

— Es tracta d'una previsió positiva o negativa?

— Esteu d'acord amb aquesta previsió de futur? Per què?

El text predictiu

Les prediccions són una constant en la nostra vida quotidiana, ja sigui quan parlem de l'economia d'un país, del temps que farà la propera setmana, quan pensem què farem durant les vacances, com serà la nostra vida quan siguem vells, etc.

En la lectura inicial de la unitat es comenten diferents prediccions que s'han fet sobre la fi del món al llarg de la història.

Els **textos predictius** informen sobre fets que poden ocórrer en el futur més o menys immediat, basant-se en situacions i circumstàncies actuals, i en observacions objectives o subjectives. Elaborar prediccions sobre fets futurs permet preparar-se per a afrontar el moment en què es produeixin.

Podem dividir els textos predictius en dos grups. D'una banda, les **prediccions científiques,** que es basen en l'anàlisi objectiva i rigorosa de les dades: les prediccions meteorològiques, les previsions econòmiques i polítiques, els programes electorals dels partits polítics, els canvis en el comportament dels valors borsaris, les conjectures sobre els resultats esportius, etc.

De l'altra, les **no científiques,** que treballen amb la inspiració, les creences i l'observació subjectiva; no es basen en una anàlisi rigorosa i científica de la realitat, i parteixen del do profètic de qui les emet. Són d'aquest tipus les profecies i els horòscops.

— Llegeix els dos textos següents i fixa't en les seves diferències pel que fa al contingut i a l'objectivitat/subjectivitat de les prediccions que s'hi expressen.

Millorar la raça humana

El científic britànic Stephen Hawking estava convençut que durant el pròxim segle es descobrirà la manera de modificar tant la intel·ligència com instints com ara l'agressivitat. Tanmateix, alertava que hi haurà persones que «no resistiran la temptació de millorar característiques com la capacitat de la memòria, la resistència a les malalties o la durada de la vida».

L'aparició d'aquests «superhumans» crearà problemes polítics greus amb els humans «no millorats», que seran incapaços de competir-hi. Aleshores, segons Hawking, aquests darrers «moriran o es convertiran en irrellevants» i, al seu lloc, hi haurà «éssers autodissenyats que es milloraran a si mateixos a ritmes cada cop més elevats».

www.324.cat

L'any del porc

El 5 de febrer de 2019 comença l'any del porc segons l'horòscop xinès. Serà un any on passaran coses inesperades, fruit de plans elaborats i ocults. De vegades serem nosaltres els que traçarem el pla, i altres vegades (la majoria) estarem dins del pla d'algú sense adonar-nos-en fins a l'últim moment, tot i que per a cada signe de l'horòscop xinès hi ha una tendència diferent i una predicció particular.

Característiques

Els textos predictius utilitzen un seguit de recursos lingüístics per a expressar la possibilitat o la probabilitat que certes situacions o esdeveniments tinguin lloc, com ara **temps verbals en futur o en condicional, enllaços que expressen condició, perífrasis de probabilitat...**

PBL

L'Associació de Propietaris de Finques d'Interès Micològic del Pirineu vol elaborar un tríptic per a promocionar la propera campanya de recollida de bolets. Per això us encarreguen un **informe** del règim de pluges de juliol i agost, i una previsió de les precipitacions entre setembre i desembre. Segons la repercussió d'aquestes dades en el territori, es podrà fer una estimació sobre la campanya de recollida de bolets.

En concret, us demanen la **redacció d'un informe predictiu** que inclogui:

- El **règim de pluges** durant aquest període, representat amb taules i mapes.
- La influència de la meteorologia en la **producció de bolets** al Pirineu.

Com a font d'informació consulteu:

» **http://links.edebe.com/4v7q**

» **www.ctfc.cat (Centre Tecnològic Forestal de Catalunya)**

» **www.meteo.cat**

» **www.meteosat.com**

Altres fonts: articles i notícies que trobis al teu cercador.

— Fixa't en l'exemple següent i en els recursos lingüístics que s'hi utilitzen.

Aquest any els boletaires hauran d'esforçar-se molt per trobar bolets

L'escassetat de precipitacions, les temperatures elevades i el vent seran decisius en el retard de l'inici de la campanya de bolets al Pirineu

La temporada de bolets d'aquesta tardor ja **hauria** d'haver començat en algunes comarques catalanes, principalment al Pirineu. De fet, ja s'han trobat alguns bolets (pocs) al Pirineu, tot i que les temperatures elevades d'aquestes darreres setmanes, l'escassetat de precipitacions i el vent han paralitzat i **retardaran** la fructificació dels bolets.

Tenint en compte les prediccions climàtiques a llarg termini, que preveuen una tardor una mica menys plujosa en el conjunt de Catalunya, **és previsible que** aquesta campanya de bolets **sigui** inferior a la mitjana dels darrers 17 anys, estimada en 65.000 t de bolets a tot Catalunya. **En cas que** es mantingui aquesta climatologia, l'estimació de la producció mitjana a Catalunya per a aquest any serà de 42.000 t, inferior a la campanya anterior (54.000 t). La quantitat real de bolets variarà depenent de la distribució de les pluges, de com siguin d'espaiades, i del vent, de manera que no totes les comarques tindran les mateixes produccions.

- **Futur:** **retardaran** la fructificació dels bolets...
- **Condicional:** **hauria** d'haver començat en algunes comarques...
- **Present de subjuntiu:** que aquesta campanya de bolets **sigui** inferior a...
- **Enllaços que expressen condició:** **en cas que** es mantingui...
- **Perífrasis de probabilitat:** **és previsible que** aquesta campanya...

Activitats

10. Llegeix atentament aquests textos predictius i respon.

> Sembla clar que avui hi haurà cel serè amb alguns intervals de núvols al litoral. A partir de mig matí creixeran nuvolades al prelitoral. És possible que es produeixin alguns ruixats febles a l'Empordà, que acumularan quantitats minses. Pel que fa a les temperatures, la màxima serà similar, si bé baixarà lleument a l'extrem nord-est.
>
> http://meteo.cat

> **Sagitari**
>
> Les converses sinceres i la ment oberta us ajudaran a resoldre els vostres problemes personals. Feu servir la imaginació i trobareu amics nous que us donaran suport.

— Quin d'aquests dos textos fa una predicció més objectiva?

— Identifica els trets característics de cada tipus de predicció en aquests dos textos.

11. Fes el mapa del futur de la teva vida: «Quan tingui trenta anys jo...». Explica'l als teus companys.

12. Llegeix aquest titular sobre l'Amazones i escriu un text predictiu a partir de les dades que s'hi donen.

> **Societat**
>
> Brasília
>
> **El ritme de desforestació a la selva amazònica arriba a un nivell «mai vist»**

Causes:
- La tala d'arbres tropicals per a la indústria de mobles.
- La crema de massa forestal per a la replantació d'arbres aptes per a la indústria paperera.
- La crema per a aconseguir terres per a la ramaderia i per al cultiu tradicional, majoritàriament de soja.
- La construcció de carreteres.

Conseqüències:
- L'erosió del sòl.
- La pèrdua de biodiversitat.
- L'aniquilació de tribus amazòniques.
- Les inundacions massives.

13. Visioneu aquest vídeo sobre la tecnologia a Futuroscope i redacteu un text predictiu que es correspongui amb les imatges. **http://links.edebe.com/mFf**

Categories lèxiques

Les paraules es classifiquen en categories lèxiques segons si comparteixen propietats semàntiques (el significat), morfològiques (la forma, variable o invariable) i sintàctiques (la relació amb altres mots i la seva funció dins l'oració).

El nom

El nom és la categoria lèxica que designa o representa **entitats reals o imaginàries:** persones, animals, objectes, sentiments, etc.

Tipus de noms

Des del punt de vista semàntic, és a dir, segons l'entitat que designen, els noms es classifiquen en: comuns i propis; concrets i abstractes; individuals i col·lectius.

NOMS

- **Comuns:** designen tots els individus de la mateixa espècie o totes les coses de la mateixa classe *(home, taula, gos...)*.
- **Propis:** es refereixen a una persona o un individu, a un lloc o una cosa en concret, i s'escriuen amb majúscula inicial *(Xavier, Maria, Jesucrist, Ebre, Granollers, Catalunya, Quixot, Harry Potter, Dràcula, Gàndalf...)*.
- **Concrets:** fan referència a coses que podem percebre amb els sentits *(faldilla, muntanya, llapis, llibre...)*.
- **Abstractes:** designen qualitats, actituds o sentiments que no podem percebre amb els sentits *(bondat, pensament...)*.
- **Individuals:** fan referència a un sol ésser o objecte *(abella, riu, roca, cançó...)*.
- **Col·lectius:** designen un conjunt d'éssers o objectes de la mateixa classe *(eixam, ramat, vaixella, exèrcit, cançoner...)*.

El gènere i el nombre dels noms

Des del punt de vista morfològic, els noms són mots variables. Presenten una forma diferent segons el gènere i el nombre.

El gènere

Els noms poden ser masculins o femenins:

— En els noms que designen **persones i animals,** el gènere depèn del sexe: si són mascles, masculí *(home, cavall...)*, i si són femelles, femení *(dona, euga...)*.

— En els noms que designen **coses, objectes o idees,** el gènere s'atribueix de manera arbitrària. Aleshores cal fixar-se en l'article: masculí *(el cotxe, el peu, el desordre...)* o femení *(la màquina, la cara, la desorientació...)*.

Formació del femení

— Afegint una *-a* al masculí: *regidor/regidor**a**, nen/nen**a**...* És la manera més habitual de formar el femení.

— Canviant *-e, -o* o *-u* per *-a: sogre/sogr**a**, monjo/monj**a**, europe**u**/europe**a**...*

— Afegint *-na, -essa, -ina* al masculí: *romà/roma**na**, metge/metg**essa**, gall/gall**ina**...*

— Canviant *-dor/-tor* per *-driu/-triu: empera**dor**/empera**driu**, ac**tor**/ac**triu**...*

— Canviant *-leg* per *-loga: filò**leg**/filò**loga**, radiò**leg**/radiò**loga**...*

— Canviant la paraula: *ase/somera, marit/muller, boc/cabra...*

— **Sense canviar** el mot; aleshores els distingim canviant l'article o afegint *mascle* o *femella* darrere el substantiu: ***el** captaire / **la** captaire, **el** publicista / **la** publicista, **el** gimnasta / **la** gimnasta, el rossinyol **mascle** /el rossinyol **femella**...*

— Cal destacar que en algunes paraules el **masculí** es forma canviant *-a* per *-ot: bruix**a**/bruix**ot**, nin**a**/nin**ot**, merl**a**/merl**ot**...*

Noms amb doble gènere

En els noms amb doble gènere, el significat és diferent segons si són masculins o femenins: *el llum* (aparell) / *la llum* (claror), *el son* (fet de dormir) / *la son* (ganes de dormir), *el cremallera* (ferrocarril) / *la cremallera* (tancament), *el terra* (sòl) / *la Terra* (planeta), etc.

En alguns casos, el significat és el mateix o un de molt semblant, tot i que l'ús depèn del context: *el mar / la mar* (nivell del mar / mar arrissada), *el vessant / la vessant*, etc.

El nombre

Diem que el nombre d'un nom és **singular** quan es refereix a un sol element, i diem que és **plural** quan es refereix a més d'un element.

Formació del plural

— Afegint una *-s* al singular: *actor/actor**s**, edifici/edifici**s**...* És la manera més habitual de formar el plural.

— Canviant *-a* àtona per *-es: cadir**a**/cadir**es**, llibret**a**/llibret**es**...*

— Afegint *-ns* al masculí dels mots aguts acabats en vocal tònica: *pa/pa**ns**; cosí/cosi**ns**...*

— Afegint *-os* al masculí dels mots aguts acabats en *-s, -ç, -x, -ix* i *-tx: pis/pis**os**, nas/nass**os**, esquinç/esquinç**os**, annex/annex**os**, calaix/calaix**os**, despatx/despatx**os**...* Cal tenir en compte que una sèrie de mots plans acabats en *-x* fan el plural afegint-hi només *-s: índex/índex**s**, matx/matx**s**; tòrax/tòrax**s**...*

— Afegint *-s* o *-os* (segons el grau de formalitat) al masculí de mots acabats en *-sc, -st, -xt, -sp* o *-ig: disc/disc**s** o disc**os**, test/test**s** o test**os**, text/text**s** o text**os**, gesp/gesp**s** o gesp**os**, faig/faig**s** o fa**jos**, passeig/passeig**s** o passe**jos**...*

— Sense canviar la paraula; aleshores diem que són **mots invariables**: *el dilluns/els dilluns, el globus/els globus, el llapis/els llapis, el tipus/els tipus...*

Activitats

14. Classifica aquests noms segons l'entitat que designen: *tristesa, nina, Carles, escola, ciutat, peixateria, colla, gana, fusta, Catalunya, estol, pineda, angoixa*.

Concrets			Abstractes
Comuns		Propis	
Individuals	Col·lectius		
...	...	...	...

15. Escriu tres exemples de cadascun dels següents tipus de noms.

Noms concrets	Comuns	
	Propis	
	Individuals	
	Col·lectius	
Noms abstractes		

16. Per a cadascun dels següents noms individuals, escriu-ne el col·lectiu.

faig • ovella • jugador • plat • flor
abella • arbre • professor

17. Escriu una oració amb cadascuna de les paraules següents en què se'n vegi clarament el significat.

- El llum / la llum
- El son / la son
- El cremallera / la cremallera
- El clau / la clau

18. Escriu el plural dels noms següents:

degà • cor • temps • camí • vaga • greix
concordança • veïna • gas • dimecres • interès
mestra • comitè • marquès • pols • gust

19. Completa en el teu quadern aquestes oracions amb el femení de les paraules que hi ha entre parèntesis.

- La meva mare és *(psicòleg)*.
- Aquella dona és la *(sogre)* del meu germà.
- L'*(emperador)* d'Àustria va morir molt jove.
- La *(ase)* és un animal molt tranquil.
- La *(propietari)* de la botiga era molt agradable.
- La *(metge)* de capçalera sembla molt competent.
- Aquell pagès només tenia una *(gall)*.
- La *(marquès)* de la ciutat gaudia de certs privilegis.

20. + Classifica els noms següents a la columna que els correspongui. Escriu-ho en el teu quadern.

allau • aroma • anàlisi • afores • avantatge
bacteri • calor • compte • corrent (d'un riu)
costum • dent • dot • dubte • espinacs
llegums • lleixiu • marge • olor • pendent
postres • resta • senyal • síndrome • suor • titella

Femenins	Masculins

Quan prescindim de l'article definit?

— En els dies de la setmana usats com a adverbis: *Dimarts i dijous tinc classe de català, Dissabte anirem d'excursió...*

— En els noms propis acompanyats de cognoms: *Narcís Oller, Caterina Albert, Steve Jobs...*

— En els títols de llibres, articles, etc.: *Diccionari general de la llengua catalana, Gramàtica de la llengua catalana...*

— En els refranys i els proverbis: *Ovella que bela no beu, Novembre humit et farà ric...*

— En els rètols i les indicacions: *Entrada, Sortida, Ajuntament, Zoo, Generalitat de Catalunya...*

Els determinants

Un determinant és la categoria lèxica que acompanya un nom i en precisa o especifica el significat; hi concorda en gènere i nombre. Segons com precisen el significat del nom, poden ser **articles, demostratius** o **possessius.** Fixa't en aquest exemple, extret d'una frase d'un discurs de Steve Jobs: *«Heu de confiar que **els** punts, d'**alguna** manera, es connectaran en el **vostre** futur [...]. Mai no he abandonat **aquesta** perspectiva...».*

Els articles

Especifiquen el nom al qual acompanyen, de manera que n'indiquen el gènere i el nombre. Es classifiquen en definits, indefinits i personals.

— **Articles definits:** especifiquen un nom conegut *(**el** pa, **l'**estudi, **la** família, **els** professors, **les** amigues...)*. En alguns parlars occidentals (lleidatà, tortosí...) s'usen els articles *lo, los: **lo** gat...*; el balear utilitza els articles salats *es, sa, es, ses: **sa** cova...*

— **Articles indefinits:** especifiquen un nom de manera indeterminada *(**un** llibre, **una** noia, **uns** regals, **unes** caixes...)*.

— **Articles personals:** precedeixen els noms de persona *(**en** Joan, **na** Marta...)*. La forma *na* és usada sobretot en els parlars baleàrics. L'article definit també pot precedir els noms de pila i els cognoms, cosa que marca un to de familiaritat: ***la** Montserrat, **el** Vila...*

Els demostratius

Mostren proximitat o llunyania, en l'espai o en el temps, del nom respecte de la persona que parla, de la que escolta o de totes dues alhora: *No vull fer **aquest** viatge tan llarg, **Aquella** casa sembla que estigui a punt de caure...*

	Singular		Plural	
	Masculí	**Femení**	**Masculí**	**Femení**
Proximitat	aquest	aquesta	aquests	aquestes
Llunyania	aquell	aquella	aquells	aquelles

Els possessius

Indiquen possessió, pertinença o relació envers el nom que acompanyen: *el **meu** germà, la **teva** àvia, la **seva** cosina, la **nostra** mare, les **vostres** claus...* Són aquests:

	Singular		Plural	
	Masculí	**Femení**	**Masculí**	**Femení**
Un posseïdor	meu	meva/meua	meus	meves/meues
	teu	teva/teua	teus	teves/teues
	seu	seva/seua	seus	seves/seues
Més d'un posseïdor	nostre	nostra	nostres	nostres
	vostre	vostra	vostres	vostres
	seu	seva/seua	seus	seves/seues
	llur		llurs	

Aquests possessius, anomenats *tònics*, van acompanyats de l'article definit quan precedeixen el nom que determinen: ***la meva** prestatgeria...*

Els possessius àtons

Ens referim a ***mon***, ***ton***, ***son*** (singular masculí), ***ma***, ***ta***, ***sa*** (singular femení), ***mos***, ***tos***, ***sos*** (plural masculí) i ***mes***, ***tes***, ***ses*** (plural femení).

Els acostumem a utilitzar per a referir-nos a persones de la família *(mon pare, ma tia...)*, en poesia *(En ma terra del Vallès...)*, en expressions com *en ma vida, Sa Majestat, Sa Santedat...* i en refranys *(Per sa casa mira poc, el que juga o mira el joc)*.

Els quantificadors

És la categoria lèxica que acompanya el nom i en delimita, d'una manera més o menys precisa, la quantitat. Segons el grau de precisió poden ser **indefinits, numerals** i **quantitatius.** Poden funcionar també com a pronoms.

Els indefinits

Aporten una significació d'imprecisió o vaguetat: ***alguna*** *relació,* ***qualsevol*** *possibilitat...* Es classifiquen en variables i invariables.

Variables	algun, alguna, alguns, algunes; altre, altra, altres; ambdós, ambdues; cada un, cada una, cadascun, cadascuna; cert, certa, certs, certes; mateix, mateixa, mateixos, mateixes; qualsevol, qualssevol; tot, tota, tots, totes...
Invariables	algú, altri, cada, cap, hom, quelcom, res, sengles, tothom...

Tingues en compte que:

— *Cap* s'usa en oracions negatives, interrogatives i condicionals: *No té* ***cap*** *idea; Que saps* ***cap*** *poema?; Si tens* ***cap*** *problema el resoldrem*.

— *Tot* és invariable davant de noms de ciutats o de països que no van precedits de l'article: *Ha conduït per* ***tot*** *Europa*.

— Cal evitar els castellanismes *varis, vàries* i *demés.*

Els numerals

Especifiquen el nom expressant una quantitat o un ordre de manera precisa. Poden ser de diversos tipus:

— **Cardinals:** indiquen una quantitat exacta *(zero, un, dos, dues, tres...)*.

— **Ordinals:** expressen ordre. Es formen afegint -è al cardinal *(cinquè, sisè, setè, vint-i-unè...)*, tret de *primer, segon, tercer* i *quart*.

— **Partitius:** indiquen parts d'un tot *(mig, mitja, terç, quart...)*.

— **Múltiples:** expressen multiplicació *(doble, triple, quàdruple, quíntuple...)*.

— **Col·lectius:** indiquen l'agrupació de quantitats diverses *(parell, dotzena, centenar...)*.

Els numerals ordinals expressen ordre: *primer, segon, tercer...*

Els quantitatius

Indiquen una quantitat inexacta o poc precisa: *Té* ***bastants*** *dubtes, Va pagar* ***força*** *diners per entrar al concert...* Poden ser variables o invariables.

	Singular		Plural	
	Masculí	**Femení**	**Masculí**	**Femení**
Variables	molt	molta	molts	moltes
	poc	poca	pocs	poques
	quant	quanta	quants	quantes
	tant	tanta	tants	tantes
	gaire		gaires	
	bastant		bastants	
Invariables	força, gens, més, menys, massa, prou, que			

L'ús del guionet en els cardinals

Per a saber quan hem d'escriure el guionet en els numerals cardinals, cal recordar la regla **D-U-C** (desenes-unitats-centenes); és a dir, el guionet es col·loca entre les desenes i les unitats *(vint-i-u, trenta-quatre, quaranta-cinc...)* i entre les unitats i les centenes *(dos-cents, trescents, quatre-cents...)*.

Àgora

La solidaritat entre nacions és indispensable per a la construcció d'un món sense desigualtats ni conflictes.

» **Assenyala com es reflecteix aquesta afirmació en la Declaració Schuman (activ. 22).**

En l'àmbit col·loquial s'empra la variació de gènere de *bastant*: *bastanta, bastantes*.

Les formes *força, massa* i *prou* no fan el plural:

*Mai no he tingut **prou** paciència per fer **massa** coses alhora.*

*Darrerament tinc **força** dificultats per concentrar-me en els estudis.*

Els quantitatius *gens* i *gaire* funcionen sempre en oracions negatives, interrogatives i condicionals:

*No tinc **gens** de gana. Hi ha **gaire** públic? Si tens **gens** de son, fes la migdiada.*

21. Subratlla els determinants de les oracions següents i digues de quin tipus són.

- Cada dia de la meva vida em llevo d'hora.
- Ha viatjat per tot Catalunya.
- Aquest cap de setmana anirem a la fira de Sant Ponç.
- Hi havia força gent en aquell partit de futbol.
- Quants diners et calen per a reformar el teu pis?
- Si trieu ambdues opcions, tindreu més possibilitats d'èxit.
- Mon pare sempre deia que en Pere era un home bo.

22. En el text següent falten determinants i quantificadors. Completa'l de manera que tingui sentit.

...... pau mundial no es pot salvaguardar sense ...... esforços creadors equiparables als perills que l'amenacen.

...... contribució que ...... Europa organitzada i viva pot aportar a la civilització és indispensable per al manteniment d'...... relacions pacífiques [...]. Europa no es construí i hi hagué la guerra.

Europa no es farà d'un ...... cop ni en ...... obra de conjunt: es farà gràcies a realitzacions concretes, que creïn en ...... lloc una solidaritat de fet. L'agrupació de ...... nacions europees exigeix que l'oposició secular entre França i Alemanya quedi superada [...].

Declaració Schuman, 9-5-1950 (text adaptat).
Discurs pronunciat per Robert Schuman (1886-1963).

23. Digues què indiquen o expressen els següents tipus de numerals i escriu una oració amb un exemple de cadascun.

- Cardinals: ....
- Ordinals: ....
- Partitius: ....
- Múltiples: ....
- Col·lectius: ....

24. Substitueix les xifres del text següent per quantificadors numerals en lletres.

A la televisió han dit que aquest cap de setmana, el 28è de l'any, han sortit de la ciutat 64 329 vehicles, amb un total de 138.525 persones. El telèfon d'emergències de trànsit és el 928 282 829.

Com que passem tot l'estiu al poble, quan acaben les seves vacances, que duren 28 dies, el pare ha de recórrer al matí i a la tarda els 125,5 km que hi ha fins a Barcelona per anar a la feina. Hi ha una 12a *(numeral col·lectiu)* d'autobusos de línia, però ell agafa el 242 i després el tren 177. El viatge dura gairebé 2,5 hores, però anar amb cotxe seria molt car: gastaria més d'1/3 del dipòsit cada dia, a més de l'autopista; tot plegat, 465 euros mensuals.

El seu despatx és al carrer de la Pineda 472, 7è 1a. A la 8a planta de l'edifici hi ha els magatzems.

25. ☒ Corregeix els determinants i els quantificadors incorrectes de les oracions següents:

- La Júlia té bastantes amigues.
- El dilluns i el dimecres fem classes pràctiques.
- Potser vindran masses persones a la festa.
- No tenim prous diners per pagar aquesta factura.
- Fa forces dies que va venir, i no s'hi va estar gens estona.

La síl·laba

Recorda que una síl·laba és cadascun dels cops de veu amb què pronunciem una paraula. La síl·laba està formada per un nucli, que és la vocal, la qual sol anar acompanyada d'una o més consonants:

*ll**i** - br**e** - t**a***

Dominar la **separació sil·làbica** és important per a escriure textos correctament. Així, per exemple, quan és necessari tallar una paraula a final de ratlla cal tenir en compte fenòmens com els diftongs, els hiats, els dígrafs, els mots compostos, els mots amb ela geminada, etc.

Els diftongs

Anomenem diftong **dues vocals** que **formen part de la mateixa síl·laba;** una de les vocals és una *i* o una *u* àtones. Les vocals d'un diftong no es poden separar.

***fei**-na* *   * ***cui**-na* *   * ***qua**-tre* *   * *se-**güe**nt*

Els diftongs poden ser decreixents o creixents.

Diftongs decreixents

ai ▸ *flai-re*	**eu** ▸ *veu-re*
ei ▸ *fei-na*	**iu** ▸ *riu-re*
oi ▸ *al-moi-na*	**ou** ▸ *mou-re*
ui ▸ *cui-na*	**uu** ▸ *duu*
au ▸ *plau-re*	

Es formen quan les vocals ***i*** o ***u*** apareixen darrere d'una altra vocal. Són els més comuns.

Diftongs creixents

gua ▸ *guant*	**qüe** ▸ *qües-ti-ó*
güe ▸ *un-güent*	**qüi** ▸ *ter-ra-qüi*
güi ▸ *pin-güí*	**quo** ▸ *quo-ci-ent*
guo ▸ *ai-guós*	
qua ▸ *qua-si*	

Es formen quan les vocals ***i*** o ***u*** apareixen davant d'una altra vocal en els grups esmentats.

També es consideren diftongs creixents *i* o *hi* a principi de paraula i seguides de vocal *(**io**-de, **hie**-na...)* i *i* o *u* entre vocals *(jo-**ia**, ca-**ue**n...)*. En aquests casos, la *i* i la *u* representen un **so consonàntic o semivocàlic.**

Finalment, cal assenyalar que anomenem **triftong** la pronunciació de tres vocals en la mateixa síl·laba.

guai**-tar*   *cre-**ueu

Casos pràctics per a separar paraules

— En els **mots derivats o compostos,** hem de separar els elements que els formen:

- Prefix + paraula: ***des**-a-pa-rèi-xer, **in**-ex-pert, **sub**-ma-ri-nis-me...*
- Mots amb una *h* intercalada: *ad-**he**-siu, ex-**hau**-rir, sub-**has**-ta...*
- Altres: ***ben**-en-tès, **mal**-au-rat, nos-al-tres, **vos**-al-tres...*

— Quan separem en síl·labes un mot amb **ela geminada,** hem de substituir el punt volat per un guionet:

***col-le**-gi, **il-le**-gal...*

— No es pot deixar **cap lletra sola** ni a començament ni a final de ratlla; si hi ha un apòstrof, no es pot partir per l'apòstrof:

***l'a**-mic, **d'a**-hir...*

ORTOGRAFIA

ORTOGRAFIA

D**i**-**e**-ta

Els hiats

Les combinacions de **dues vocals** que no formen diftong perquè **pertanyen a síl·labes diferents** s'anomenen hiats. Formen hiat:

— Les vocals *i, u* quan es troben entre consonant i les vocals *a, e, o*:

*in-dús-tr**i-a*** *d**i-e**-ta* *s**u-o**r* *f**u-e**t*

— Dues vocals *a, e, o* juntes:

*p**a-e**-lla* *p**a-ó*** *g**e-ò**-leg*

— Les vocals *a, e, o* quan van seguides de *i, u* amb accent gràfic o dièresi:

*p**a-í**s* *v**e-ï**-na* *he-r**o-ï**-ci-tat*

— Els prefixos acabats en vocal seguits de mots que comencen amb vocal:

*pr**e-a**-cord* *in-fr**a-u**-ti-lit-zar*

— Els lexemes d'una forma verbal acabats en vocal seguits d'un morfema flexiu que comença amb vocal:

*trad**u-i**ràs* *estud**i-ï**s* *p**a-i**rem*

Els dígrafs

Quan **dues lletres** representen un **únic so** *(ferro…)*, tenim un dígraf. Tingues en compte els dígrafs més habituals a l'hora de separar síl·labes:

ix ▸ *cai-xa*	**rr** ▸ *ser-ra*	**gu** ▸ *a-pa-gues*	**ny** ▸ *ba-nya*
ss ▸ *bos-sa*	**tg** ▸ *fet-ge*	**ig** ▸ *maig*	**qu** ▸ *pa-quet*
tj ▸ *plat-ja*	**ts** ▸ *pot-ser*	**ll** ▸ *ro-se-lla*	
tx ▸ *met-xa*	**tz** ▸ *at-zar*		
Se separen		**No se separen**	

En els parlars occidentals, *ix* no és un dígraf perquè la *i* es pronuncia.

Puntua bé!

El signe d'interrogació

- El **signe d'interrogació (?)** al final d'una oració indica que li hem de donar una entonació interrogativa: *Vols aigua?*
  — No s'ha d'escriure més d'un signe d'interrogació al final d'una oració.

El signe d'admiració

- El **signe d'admiració (!)** al final d'una oració o d'una interjecció indica que li hem de donar una entonació exclamativa; expressa sorpresa, admiració, enuig, entusiasme… També es pot utilitzar en frases imperatives.
  — No s'escriu més d'un signe d'admiració al final d'una oració o d'un mot.

Finalment, cal tenir en compte que no s'escriu punt després dels signes d'interrogació i d'admiració.

Practica-ho:

26. Corregeix quan calgui els signes de puntuació de les oracions.

- A quina hora dius que va marxar la Joana anit??
- De debò m'ajudaràs?
- ¿És veritat?
- És meravellós!!!
- No me'n sé avenir!
- ¡Vine cap aquí!

27. Separa les síl·labes d'aquestes paraules:

serra	família	hivernacle	metzina
dies	rebaixes	llenguatge	bossa
fi	neu	raig	noia
ruïna	paciència	canviïn	roques
metgessa	peixera	col·legi	brutícia

28. Classifica aquestes paraules amb l'ajut de la taula segons que tinguin diftongs o hiats i segons que els diftongs siguin creixents o decreixents.

v***ui***t	paraig***üe***s	***ia***ia	introducc***ió***
auster	v***ia***nant	pr***eu***	diòptr***ia***
q***ua***dra	***ae***roport	r***aï***m	pèrd***ua***
Europa	ca***ue***n	m***ou***re	c***oï***ssor
r***eu***nir	ping***üi***ns	c***au***sa	no***ie***s

Diftongs	Hiats
vuit	...
...	...
...	...

Diftongs decreixents	Diftongs creixents
vuit	...
...	...
...	...

29. Treu la síl·laba tònica de cada paraula i obtindràs una altra paraula. Observa l'exemple.

gavina • cadira • patinet • època • animador
onada • penyora • vorera • portar • propi
marcar • èpica • purgar

Paraula	Síl·laba tònica	Paraula nova
Gavina	*Gavina*	*Gana*
...	...	...
...	...	...

30. Copia en el teu quadern les oracions d'aquest text deixant les mateixes línies, però corregint les errades de separació de les paraules a final de ratlla.

La nena es va espantar molt en sentir-lo i es va a-
rrambar a la paret de la dreta, tot esperant que l'
avió passés de llarg. La seva mare potser feia una
hora que havia sortit de casa. Abans ella havia pa-
ssat davant del forn de pa però encara no havia tor-
nat. Ara ja estava una mica preocupada. Què li ha-
uria pogut passar? Aquesta guerra era terrorífica i
pràcticament des dels primers dies del mes de ma-
ig que no tenien gairebé res per menjar.
Tot seguit la nena va veure un nen que feia sen-
yals des de la porta d'una casa. Semblava que volia
que hi anés i ella s'hi va dirigir arrossegant la ca-
ixa de fusta envernissada on duia la seva nina. A-
leshores se sentí un espetec i el nen va desaparè-
ixer del portal: vaig mirar amb atenció i una me-
txa al terra em va fer sospitar que havia encès un
petard i l'havia fet petar. Quines ganes de gresca!

31. Identifica les paraules que tenen algun triftong, escriu-les en el teu quadern i separa-les en síl·labes.

- No us creieu el que us estic explicant?
- La capital del Paraguai és Asunción.
- Com dèieu que es diu el president del Govern?
- Els arqueòlegs han descobert una torre de guaita.

32. Dividiu la classe en grups de quatre membres i apliqueu la **tècnica cooperativa** del *trencaclosques:*

— Cada membre prepara a fons un dels conceptes que s'acaben d'estudiar (1. La síl·laba; 2. Els diftongs; 3. Els hiats; 4. Els dígrafs).

— Els membres de cada grup que hagin triat el mateix concepte es reuneixen i posen en comú els seus coneixements (amb esquemes, taules...).

— Finalment, cadascú torna al seu grup i explica a la resta el concepte que ha preparat i del qual s'haurà convertit en tot un expert o experta.

33. Llegeix el text i troba-hi diftongs, hiats o dígrafs.

A veure si m'explico.

No és del tot veritat que m'agradi donar males notícies.

Però encara m'agrada menys que la gent no m'escolti.

I per experiència sé que si vols que algú t'escolti molt atentament, la millor cosa que pots dir és: «T'he de donar una mala notícia».

Això no falla mai.

El que passa és que, quan dones una mala notícia, molta gent es pensa que la mala notícia ets tu, i aleshores les coses es poden començar a embolicar de tal manera que val més sortir d'allà cames ajudeu-me.

És igual que quan expliques un gran secret: ja res no torna a ser com abans.

El meu nom és Ivan.

R. Santiago i J. Olmo, *Mai no tingueu catorze anys.*
Col·l. Periscopi. edebé.

34. Completa aquesta cadena sil·làbica col·locant en cada casella les síl·labes de les paraules de la llista, de manera que es puguin llegir correctament.

		COM	TES	SA		
	BREL				MO	
			TU			

acomplert	dallada	expia	homòfon
comtessa	deshonor	extreure	natura
confondre	dormidor	frenada	ombrel·la
conrador	drenador	germanor	palafrè
parada	passades	passatger	reomplert

Dictat

35. Prepara aquest dictat. Per fer-ho, respon les preguntes que hi ha a continuació.

El llamp blau

Encara tinc present, com si fos avui, l'enrenou que es produí a Europa, l'any 1912, quan la premsa publicà la nova sorprenent del gran esdeveniment científic. Un savi il·lustre acabava de descobrir el llamp blau.

El meravellós descobriment era una força formidable posada per la Providència en mans del sortat inventor, i constituïa una positiva amenaça contra l'equilibri europeu, en aquell moment tan compromès i inestable.

Greus successos, motivats per l'etern problema d'Àfrica, feren treballar totes les cancelleries i hi hagué un moment que els més pessimistes eren considerats com els més raonables.

Joaquim M. de Nadal, «El llamp blau», a *Els altres noms de la literatura catalana*. Galaxia Gutenberg / Cercle de Lectors.

— Torna a escriure les següents paraules del dictat, separant-ne les síl·labes com en l'exemple.

encara	en - ca - ra		
avui		**constituïa**	
enrenou		**inestable**	
produí		**successos**	
il·lustre		**treballar**	
Providència		**raonables**	

— De quin tipus és el diftong de la paraula *avui?* I el de *enrenou?*

— Busca, entre les paraules que has separat en síl·labes, un exemple de dígraf que se separa i un altre de dígraf que no se separa.

— Justifica la separació de síl·labes en la paraula *inestable.*

— Quin fenomen relacionat amb la separació sil·làbica es produeix en la paraula *raonables?*

El signe lingüístic

Quan ens comuniquem, utilitzem diferents senyals per a transmetre missatges: les icones, els indicis i els símbols. Vegem-los separadament.

— Les **icones** mantenen una relació de semblança amb allò que representen; per exemple, un rètol que indica que fem silenci.

— En els **indicis** hi ha una relació de causa-efecte amb allò que representen; per exemple, el fum d'una xemeneia indica que hi ha foc.

— Els **símbols** mantenen una relació arbitrària i convencional amb allò que representen. Arbitrària, perquè no hi ha cap semblança entre el símbol i el que representa, i convencional, perquè és fruit d'una convenció o un acord en una comunitat de parlants perquè el símbol signifiqui una cosa en concret.

La creu de la Creu Roja, per exemple, és un símbol que indica assistència sanitària; als països àrabs, en canvi, no és una creu sinó una mitja lluna, perquè així ho van decidir d'acord amb la seva pròpia cultura.

Els elements que formen el llenguatge humà pertanyen a la categoria dels símbols i s'anomenen *signes lingüístics.*

El signe lingüístic: significant i significat

El signe lingüístic està format per dues parts: el significant i el significat. Fixa't en l'exemple següent a partir de la paraula ***cavalls.***

Una prova que la relació entre significant i significat és el resultat d'una convenció és que el significat mateix de *cavalls* es representa amb significants diferents: per exemple, en català en diem *cavalls* i en holandès en diuen *paarden.*

El **signe lingüístic** és la unió d'un significat i un significant. El significat és el concepte o idea que representa; el significant és la representació sonora o escrita del significat.

Els senyals de trànsit són signes lingüístics que sovint combinen icones i símbols.

Cre@ctivitat:

«Codi de convivència»

Us proposem crear un codi de convivència a l'escola. Representeu-lo creant signes: icones i símbols. Inventeu-vos icones i símbols nous on es posin en relació el significat i el significant (per exemple, una icona que indiqui la prohibició d'escriure missatges de mòbil a classe).

Com dissenyararem els signes?

— Podeu utilitzar els següents programes gratuïts:

- www.flashpaint.com/
- www.queeky.com/
- http://flockdraw.com/

Com ha de ser el vostre codi?

— Estructureu-lo en temes (ús, relació amb els altres...) i adjudiqueu a cada temàtica els signes que hàgiu inventat.

— Cadascun dels vostres signes ha de tenir una petita explicació del seu significat i de la relació amb el seu significant.

— Creeu un document informàtic amb el vostre codi.

— Compartiu-lo amb els altres grups i trieu entre tots els signes més adients.

— Amb el codi definitiu, pengeu-lo al web, al blog de l'escola o al taulell d'anuncis de la classe.

Fust**eria**

Característiques del significant

El significant, o paraula, es pot dividir en un lexema i un morfema. Vegem-ho:

cavall - s

Lexema	**Morfema**
(part invariable del mot que aporta el significat a la paraula): mamífer herbívor de grans dimensions.	(part variable del mot que aporta el gènere i el nombre en els noms i els adjectius; i el temps, el mode, la persona, el nombre i l'aspecte en els verbs): aquí, *-s* indica nombre plural.

Els morfemes, per la seva banda, poden ser flexius o derivatius.

— **Morfemes flexius:** són els que en els noms i els adjectius indiquen el gènere i el nombre; i en els verbs, el temps, el mode…

agaf **aves** — Morfema de persona i de nombre (segona del singular), i de temps i de mode (imperfet d'indicatiu).

— **Morfemes derivatius:** serveixen per a formar, amb el lexema, els mots derivats. Poden ser prefixos (van davant del lexema), infixos (entre el lexema i el sufix) i sufixos (al darrere; són els més abundants).

__ex__president — Prefix
port__ic__ó — Infix
fust__eria__ — Sufix

36. Segons el que hem explicat, digues si aquests signes són símbols, icones o indicis:

- Olorem la flaire d'un pastís acabat de fer.
- El logotip olímpic de l'esport de la natació.
- Un semàfor amb el llum vermell encès.

37. Reconeixes aquestes imatges? Digues si són indicis, icones o símbols.

— Com és el significant d'aquests signes?

— I el seu significat?

— Ara, explica la relació que hi ha entre aquests significants i el seu significat.

38. Separa el lexema, o arrel, dels morfemes.

bestiola - gotellada - avantprojecte - drapaire - pedrís

39. Anota la informació que aporten a cada paraula els morfemes flexius destacats: *cantar**íeu**, nen**s**, mestr**a**, permet**és**, aquell**s**, alumn**e**, dormi**ran**, nin**es**, monj**o**.*

	cantaríeu	nens	……
Gènere	—	Masculí	……
Nombre	Plural	Plural	……
Persona	Segona	—	……
Temps	Condicional	—	……
Mode	Indicatiu	—	……

40. Relaciona cada grup de morfemes derivatius amb aquests significats: establiment i ofici, lloc d'origen, diminutius i augmentatius, conjunt.

…………	*-enc, -í: sabadell**enc**, giron**í**…*
…………	*-eria, -er: carniss**eria**, carniss**er**…*
…………	*-ar, -eda, -erar: bled**ar**, arbr**eda**, fruit**erar**…*
…………	*-et, -eta; -às, -assa: pobl**et**, cas**eta**, par**às**…*

El llenguatge literari: gèneres i estructures

En la vida quotidiana fem servir el llenguatge com a eina de comunicació. Ara bé, si en l'ús del llenguatge hi afegim una intencionalitat estètica, sobrepassem la comunicació i ens endinsem en la literatura.

La **literatura** és l'art que té com a finalitat l'expressió de la bellesa mitjançant les paraules i que produeix un plaer en el nostre ànim.

El **text literari** es caracteritza per:

— El predomini de la **subjectivitat:** l'autor ens aporta sempre una visió personal.

— L'ús d'un llenguatge **connotatiu:** les paraules emprades poden suggerir múltiples significats segons la subjectivitat de l'autor.

— Una **intenció estètica:** es vol aconseguir la bellesa per mitjà del llenguatge.

— L'ús de **recursos estilístics:** la mètrica, la rima, les figures retòriques, etc.

Els gèneres literaris

Els textos literaris es poden expressar de maneres diferents. Cadascuna d'aquestes formes s'anomena *gènere literari*, i té característiques pròpies. Els textos literaris s'agrupen principalment en tres grans gèneres: la narrativa, la poesia i el teatre.

La narrativa

Aquest gènere es caracteritza principalment perquè presenta de manera ordenada uns **fets,** reals o imaginaris, que duen a terme uns **personatges,** en un **temps** i un **espai** determinats. Sempre hi ha un **narrador** que ens explica els fets.

Els textos narratius generalment estan escrits en **prosa** i estructurats en paràgrafs. Intercalats en la narració, acostumem a trobar-hi descripcions i diàlegs.

La poesia

El poeta expressa els seus sentiments per mitjà de poemes on la forma pren tanta importància com el contingut. El **vers,** organitzat en **estrofes,** és l'instrument més habitual. Tanmateix, la poesia pot manifestar-se també mitjançant la prosa poètica.

L'expressió en **primera persona** de les experiències vitals, els records, les angoixes, etc. s'identifica tradicionalment amb aquest gènere.

El teatre

Podem definir el teatre com la literatura destinada a ser **representada.** Per tant, és un gènere eminentment oral. L'autor teatral recrea situacions i planteja temes per mitjà del **diàleg directe** dels personatges; no existeix cap narrador. En una representació tots els elements tenen un significat per a l'espectador: el vestuari, el maquillatge, el so, la il·luminació, etc.

Ja hem dit que el **llenguatge** —o **registre**— **literari** té una **intencionalitat artística** de crear **bellesa** i despertar **emocions** en els lectors, utilitzant les paraules de manera elaborada. Per això els autors —narradors, poetes, dramaturgs— treballen amb cura els **aspectes formals** de les seves obres, particularment l'**estructura,** i fan servir diferents **recursos literaris** o **estilístics,** anomenats també **recursos retòrics** o **figures retòriques.** A continuació estudiarem els principals recursos literaris.

L'estructura dels textos literaris

Les **obres narratives** generalment s'estructuren en tres parts —plantejament, nus i desenllaç— i es divideixen en capítols. Narren fets i hi predomina la descripció de llocs, ambients i personatges.

Els **poemes** s'estructuren en versos i estrofes. Per a donar forma als poemes es fan servir la mètrica —els versos segueixen una mesura i musicalitat concretes (recompte de síl·labes i rima)— i recursos retòrics diversos.

Quant al **gènere teatral,** l'estructura és semblant a la de les obres narratives. Però les obres de teatre es divideixen en actes i escenes, hi predominen els diàlegs i s'hi inclouen acotacions (indicacions de l'autor per a la representació teatral).

En els comentaris de text dels monogràfics d'aquest llibre practicarem l'anàlisi de l'estructura dels textos literaris: *El text narratiu* (pàg. 97-98), *El text poètic* (pàg. 185-187) i *El text teatral* (pàg. 273-274).

Els recursos retòrics

Per a crear bellesa amb el llenguatge, en el registre literari s'usen recursos retòrics.

> Els **recursos literaris**, o **recursos retòrics**, són els artificis lingüístics que fan servir els autors per a fer més expressiu i estètic el seu missatge.

Els recursos retòrics es classifiquen en: recursos fonètics, sintàctics i semàntics.

Recursos fonètics

Busquen crear un efecte de sonoritat combinant els sons de les paraules.

L'espant **porta pertot**, **pertot porta** la mort
Joan Ramis

Al·literació: Repetició de sons iguals o semblants amb la intenció de produir uns determinats efectes en el lector. Aquí, es repeteixen les grafies *p* i *rt* per a produir sensació de duresa.

xics i **xavals**, **xipollejant-hi**, es **xopen**
Joaquim Ruyra

Onomatopeia: Imitació dels sons o sorolls reals. Aquí s'imita el so del xipolleig a l'aigua amb les grafies *x, j, ll.*

Recursos sintàctics

Juguen amb l'estructura de l'oració i amb l'ordenació dels seus elements, les paraules. Els més destacats són:

Tres reis d'Orient
Tres reis caminaven
Josep Sebastià Pons

Anàfora: Repetició d'un o més mots al principi de dos o més versos, per tal de remarcar-los. En l'exemple, la repetició reforça el significat dels versos i marca un ritme determinat.

Vivim de mort, i no ens és grat;
morim d'amor, i no s'hi pensa.
Carles Riba

Antítesi: Contraposició d'un mot o oració amb un altre de sentit oposat.

Flaires blaves, branques
roses, malves, cauen.
Bartomeu Rosselló-Pòrcel

Asíndeton: Supressió de les conjuncions de coordinació *i, ni* per donar més ritme al vers. En l'exemple, la supressió de la conjunció *i* accelera el ritme del vers.

pels ulls conec, i estimo, i crec, i sé,
i puc sentir i tocar i escriure i créixer
Miquel Martí i Pol

Polisíndeton: Repetició de les conjuncions *i, ni.* Així, l'atenció del lector es fixa sobre cada element.

Cerquem un racó que sigui palau
de l'amor vespral o sigui cabanya
Carme Guasch

Encavallament: L'oració sintàctica continua en el vers següent.

Caminava tranquil·la, joiosa, segura,
plena d'orgull, sense por.

Enumeració: Hi ha un seguit de paraules, sovint adjectius, per a descriure un fet o un element qualsevol del text.

enfront, movien, entre la fina boira,
els verds pollancres les fulles.
Blai Bonet

Hipèrbaton: Alteració de l'ordre lògic de les paraules de l'oració. En l'exemple, l'ordre lògic seria: *enfront, els verds pollancres movien les fulles entre la fina boira.*

Demanaves un mot per oblidar
i jo et deia: —T'estimo.
Demanaves un mot per recordar
i jo et deia: —T'estimo.
Josep Maria López-Picó

Paral·lelisme sintàctic: Repetició d'estructures sintàctiques en dos versos o en dues oracions.

Recursos semàntics

Es basen en la relació entre el significat (contingut) i el significant (forma) de les paraules.

Definició	Recurs	Exemple
Relació entre dos termes a partir d'una semblança real o imaginària mitjançant un nexe: *com, sembla*... Aquí es compara l'olor de la noia amb la de l'espígol.	**Comparació o símil**	Aquest matí m'he despertat flairosa com una mata d'espígol. Joan Vinyoli
Ús de mots exagerats (augmentatius o diminutius) per a expressar qualitats d'una persona o una cosa.	**Hipèrbole**	L'excelsa personalitat de la senyora ens deixà sense alè i estabornits.
Identificació que s'estableix entre un terme real (R) i un d'imaginari (I) a partir d'una relació de semblança, però sense enllaç. En l'exemple, s'identifiquen les línies dels palmells de les mans amb els camins d'un mapa.	**Metàfora**	Cerca en el mapa de les mans camins tenaços cap a llavis lents. Susanna Rafart
Designació d'una cosa amb el nom d'una altra amb què hi ha una relació física o lògica. En l'exemple «el Picasso» vol dir un quadre de Pablo Picasso.	**Metonímia**	El Picasso del museu de la guerra era denúncia, de la pau, un altaveu. Ferran Pérez
Afirmació de sentit aparentment contradictori.	**Paradoxa**	Sia'm la mort ma major naixença. Joan Maragall
Atribució de trets humans a objectes inanimats. En l'exemple, s'atribueix a les estrelles la capacitat humana de parlar.	**Personificació**	Les estrelles xerraires són fetes a tallets. Joan Salvat-Papasseit
L'autor expressa una pregunta que no espera resposta.	**Interrogació retòrica**	Què se n'ha fet, de la pau i l'amor? Com ha perdut aquest món els valors?
Hi ha mots innecessaris perquè el text tingui sentit, però que el reforcen.	**Pleonasme**	No t'ho tornaré a repetir, entra a dins! Ho vaig veure amb els meus ulls. Això no pot ser, és impossible.

Activitats

41. Identifica els recursos retòrics dels poemes següents. Justifica la resposta en cada cas.

És bo sentir-se gran i lliure i assenyat,
com aquests arbres vells que tot ho saben

Antoni Marí

No em preguntis, amor, per què t'estimo,
si no trobo raons. ¿Però podria
dir-te del rossinyol la meravella
ni el batec de la sang, ni la segura
dolcesa de l'arrel dins de la terra,
ni aquest plorar suau de les estrelles?

Rosa Leveroni

Doneu-me una llanterna: —on és el cavall?
Doneu-me carbons durs i guixos lluminosos,
doneu-me murs de nit a les ciutats lunars.

J. V. Foix

Hi feia fred allà dins i la llum
de les bombetes era agònica.
Vam sortir a fora i la claror i el
sol eren excessius com tots els
estius de foc.

Maria Barbal

[...] veig un ametller florit.
Déu te guard, bandera blanca,

Joan Maragall

Tots els migdies zumzeig de
mosques.

Josep Maria de Sagarra

Així una fulla pensa que es fa lliure quan cau.

Màrius Torres

El riure és com la claror del dia
el plorar com l'obscuritat de la nit.

Anselm Turmeda

Tanta vida que per viure
sols demana
el trepig assaonat d'una mirada.

Guillem d'Efak

La nit em clava / el seu ullal / i el coll em sagna.
Sota les pedres / l'escorpit / balla que balla.
La pluja, lenta, / fa camí / fins a la cambra.

Maria Mercè Marçal

SÍNTESI

El text predictiu

Els textos predictius informen sobre fets que **poden ocórrer en el futur** més o menys immediat, basant-se en observacions objectives o subjectives. Es caracteritzen per l'ús d'un seguit de recursos lingüístics, com ara **temps verbals en futur o en condicional,** enllaços que expressen **condició,** perífrasis de **probabilitat...**

El nom

És la categoria lèxica que designa **entitats reals o imaginàries.** Els noms es classifiquen en: **comuns i propis, concrets i abstractes, individuals i col·lectius.** Poden ser de **gènere** masculí o femení.

El gènere, pel que fa a les persones o animals, coincideix amb el sexe; quant a les coses, es determina de manera arbitrària. La norma general és que el **femení** es forma **afegint una *-a*** al mot **masculí.**

El **nombre** d'un nom és **singular** quan es refereix a un sol element; quan es refereix a més d'un, diem que és **plural.** La norma general és que el plural es forma **afegint una *-s*** al singular.

Els determinants

Acompanyen un nom i en precisen el significat; hi concorden en gènere i en nombre. Poden ser **articles, demostratius** o **possessius.**

Els quantificadors

Delimiten la quantitat del nom. Poden ser **indefinits, numerals** o **quantitatius** i funcionen també com a pronoms.

La síl·laba: diftongs, hiats, dígrafs

Un **diftong** es produeix quan es troben dues vocals seguides, una de les quals és una *i* o una *u* àtones, en una mateixa síl·laba. Els diftongs poden ser creixents o decreixents. Un **hiat** és la combinació de dues vocals que no formen diftong perquè pertanyen a síl·labes diferents. Un **dígraf** el formen dues lletres que representen un so (*ll, rr*...).

El signe lingüístic

El signe lingüístic és la unió d'**un significat** (concepte o idea que representa) i **un significant** (representació sonora o escrita del significat). El **lexema** o arrel és la part invariable que aporta el significat de la paraula. I el **morfema** completa el significat del mot indicant-ne el gènere, el nombre o el temps (**morfemes flexius**), o forma una paraula derivada (**morfemes derivatius**).

El llenguatge literari: gèneres i estructures. Els recursos retòrics

La finalitat del llenguatge literari és expressar **bellesa, idees** i **emocions** mitjançant les **paraules.** Els recursos retòrics són l'instrument per a arribar a aquesta bellesa. Els principals gèneres literaris són la **narrativa,** la **poesia** i el **teatre.**

Activitats finals

El text predictiu

1. Redacta un text predictiu sobre els fets que deuen haver portat a viure segons el que veus en aquestes imatges.

— Utilitza els temps verbals adients i altres recursos: enllaços per a indicar condició, perífrasis de probabilitat, etc.

Els noms. Els determinants. Els quantificadors

2. Assenyala tots els determinants, quantificadors i noms del text següent.

Castells oberts a tothom

Els Castellers del Poble Sec organitzen per quart any consecutiu el taller 'Tots som colla' per apropar els castells a les persones nouvingudes

BARCELONA - JOAN VALLÈS

Els castells estan oberts a tothom. No existeix cap tipus de discriminació. És de les poques activitats en què qualsevol persona és benvinguda i ràpidament té feina. Aquest element integrador, de pertinença a un col·lectiu, a una colla, és essencial per a entendre els castells com una porta d'entrada a la cultura catalana per als nouvinguts. Els Castellers del Poble Sec, amb el suport de la Coordinadora de Colles Castelleres de Catalunya i la Generalitat, han organitzat per quart any consecutiu el programa *Tots som colla*, una iniciativa que ha estat tot un èxit. El taller, celebrat el 8 de maig, es va dividir en dues parts, una de teòrica i una altra de pràctica. En la primera els van explicar la història i la tècnica dels castells, i en la segona es van enfaixar per fer les primeres construccions.

El Punt Avui, 19-5-2013.

— Indica quin tipus de determinant, quantificador i nom és cadascun dels mots que has assenyalat.

La síl·laba: diftongs, hiats, dígrafs

3. Llegeix aquest text i duu a terme les qüestions.

És possible que la dieta del futur sigui a base de paquets d'aliments precuinats, capses amb pastilles de vitamines, bosses de complements alimentaris, etc. Diuen que serà una alimentació quasi sense fruites i verdures fresques. Esperem que aquestes previsions no siguin del tot veritat.

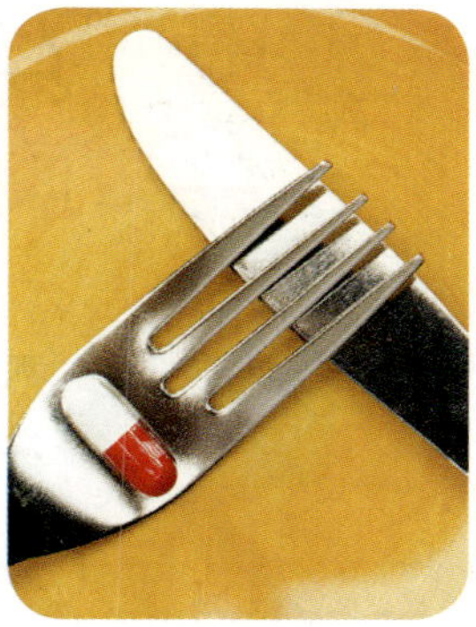

— Assenyala les paraules del text que contenen algun dígraf i separa-les en síl·labes.

— Escriu en el teu quadern les paraules que tinguin un diftong. Separa-les en síl·labes.

— Classifica els diftongs que has trobat en creixents i decreixents.

— Trobes alguna paraula que contingui un hiat? Escriu-la tot separant-la en síl·labes.

El signe lingüístic

4. Indica si aquests senyals són símbols, icones o indicis. Justifica la resposta.

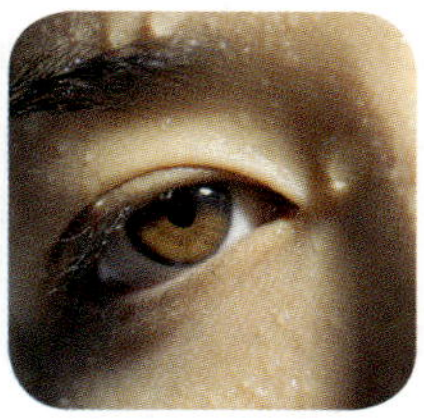

5. Explica què indiquen els morfemes flexius i els morfemes derivatius destacats en les paraules següents:

aliment**s** fruit**eria** **precuinat** esper**em** urban**a** pedr**era**

Posa a prova les teves competències

Mapa del temps

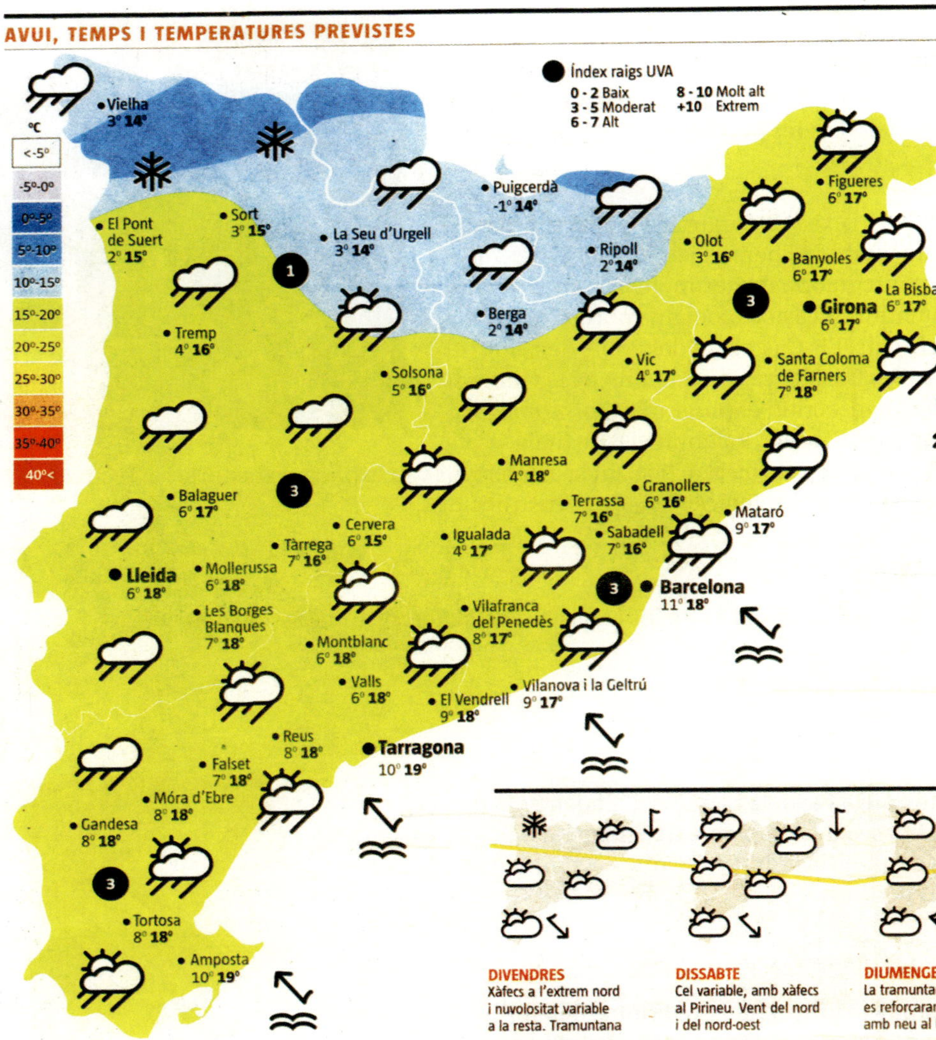

Més núvols i xàfecs

L'arribada avui d'un altre front ennuvolat provocarà xàfecs, alguna tempesta i fins i tot nevades al Pirineu. Aquest matí hi haurà clarianes a la costa, però a la resta els núvols seran més abundants i cobriran el cel des de primera hora del dia. Els primers xàfecs cauran a les comarques de ponent i al Pirineu, on nevarà per sobre dels 1.800 metres. Abans del migdia plourà feblement a l'interior, i aquesta tarda la pluja arribarà a la costa. Les temperatures màximes baixaran, mentre que les mínimes pujaran. Els vents seran fluixos del sud, però la tramuntana bufarà al final del dia. / **Jordi Miralles**

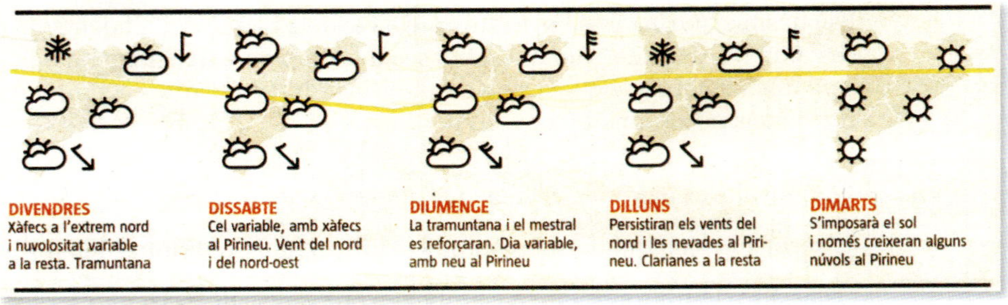

@ **www.lavanguardia.com**

1. El mapa del temps és un text:

   ☐ Publicitari ☐ Instructiu ☐ Predictiu

2. Observa amb atenció aquests mapes del temps.

   — Explica quin temps fa avui a Catalunya (temperatures, precipitacions...), tenint en compte totes les dades que hi ha en el mapa més gran. Explica les diferències entre les diverses zones del territori.

   — Digues com evolucionarà el temps al llarg de la setmana, a partir de la informació dels mapes més petits.

3. On pots trobar mapes com aquests?

4. Per què són necessaris aquests tipus de mapes?

5. Llegeix el text *Més núvols i xàfecs* i respon les preguntes.

   — En quina zona hi haurà menys núvols al cel? On començarà primerament a ploure? On nevarà?

   — Fes-ne un resum amb les dades més importants.

6. Explica què signifiquen aquestes paraules i expressions: *front ennuvolat, xàfec, tempesta, clariana, comarques de ponent, tramuntana, raigs UVA*. Si no coneixes algun mot, consulta el diccionari o cerca a internet.

7. Torna a escriure *Més núvols i xàfecs*, però fent que s'ajusti el màxim possible a una de les cinc prediccions que hi ha a sota d'aquest text (les que van de divendres a dimarts).

8. Completa el text següent amb les paraules del requadre.

prelitoral • llarg • extrem • intervals
cel • vessant • alts • mitja

El .... estarà poc o puntualment mig ennuvolat per núvols .... i alguns de mitjans. A més, a partir de .... tarda apareixeran alguns .... de núvols baixos al litoral i ...., sobretot al sector central i sud, així com al .... sud del Pirineu i Prepirineu. D'altra banda, a l'.......... nord del litoral hi haurà alguns estrats baixos al .... del dia.

9. Digues a quina classe pertany cadascun dels noms següents (comuns, propis, concrets, abstractes, individuals, col·lectius):

investigador • opinió • ajuntament • bioquímic
maig • llibreta • tast • Girona • ramaderia
club • bosc • Emili • ocell • text

— Justifica la resposta.

— Anota al teu quadern el plural de cada mot.

— Escriu un text breu en què apareguin algunes d'aquestes paraules.

10. Llegeix aquest text i fes les qüestions de sota.

L'escalfament de la Terra és una conseqüència de la contaminació atmosfèrica. Els gasos presents a l'atmosfera produeixen de manera natural l'efecte d'hivernacle. Aquest fet produirà un ascens de la temperatura que podria conduir a la fusió del gel polar, la qual cosa provocaria l'augment del nivell dels mars i la inundació de zones litorals àmplies. A més a més, podria canviar la distribució dels climes i dels ecosistemes del planeta.

— Torna a escriure el text separant les paraules en síl·labes. Pensa que pots trobar-hi diftongs, hiats i dígrafs. Assenyala'ls.

— Fixa't en les particions de paraules a final de línia: són correctes? Corregeix els possibles errors.

— Ara observa aquestes dues paraules del text i separa el lexema o arrel del morfema de cadascuna.

produeixen **ecosistema**

• Quina informació ens aporten els morfemes de les dues paraules? Quin tipus de morfema són?

11. Quin tipus de senyals trobes en els mapes del temps: icones, indicis o símbols? Justifica la resposta.

Reflexiona

Diari d'aprenentatge

— Quin contingut de la unitat t'ha costat més? Com has resolt aquesta dificultat?

— Quins errors has comès? De quina manera pots aprendre dels teus errors?

— Quin aprenentatge assolit en aquesta unitat et pot ser més útil per a la vida diària i de cara al futur?

2 Unitat

» CONTINGUTS

LECTURA I COMPRENSIÓ

Mou-te en la direcció correcta / 1 bus = 50 cotxes / Zoològic és que vinguis!

EXPRESSIÓ

El text persuasiu

GRAMÀTICA

L'adjectiu. Els pronoms

ORTOGRAFIA

L'accentuació

LÈXIC I SEMÀNTICA

La derivació: els prefixos

LITERATURA

La literatura del segle XVI: context històric i sociocultural. La poesia

Rutina de pensament

INICI - MIG - FINAL

— Formeu parelles i observeu aquesta imatge durant una estona.
— Tot seguit escolliu una d'aquestes preguntes i responeu-la:

- Si aquesta imatge fos l'inici d'una història, què podria passar a continuació?
- En el cas que mostrés el mig d'una història, què podria haver succeït abans? Què podria succeir després?
- I si fos el final, quina seria la història?

— Feu servir la imaginació.
— Poseu en comú les vostres històries i comenteu-les.

SAVE
OUR

Observa les il·lustracions d'aquesta secció —cartells i bàners de diferents campanyes publicitàries— i llegeix atentament els textos. L'objectiu de les dues primeres és promoure formes de mobilitat sostenibles, l'ús del transport públic col·lectiu i d'altres mitjans (anar en bicicleta, caminar), en comptes d'utilitzar els vehicles particulars. A la pàgina següent trobem cartells i bàners de promoció del Zoològic de Barcelona.

Mou-te en la direcció correcta

Cartell publicitari de la Setmana de la Mobilitat Sostenible i Segura que se celebrà a Barcelona el setembre del 2012.

1 bus = 50 cotxes

L'Associació per a la Promoció del Transport públic (PTP) fomenta l'ús del transport públic col·lectiu i sostenible. La tardor del 2012 la PTP i l'Ajuntament de Sabadell organitzaren una **demostració estàtica comparativa** de la capacitat i característiques d'un autobús en comparació amb els vehicles privats. Sota aquestes ratlles, hi ha el bàner publicitari d'aquesta campanya per a promoure el transport públic.

Zoològic és que vinguis!

Aquests cartells publicitaris i bàners es van difondre l'estiu del 2012 com a promoció del Zoo de Barcelona. La missió principal del Zoo és la conservació de la fauna silvestre i la biodiversitat del món. Per això promou accions en el camp de l'educació i l'entreteniment.

Aquesta campanya publicitària va ser present als carrers de Barcelona la primavera del 2013, amb motiu del 120è aniversari del Zoo. Per una quota anual, el Zoo Club permet accedir al parc els 365 dies de l'any. Aquesta aportació econòmica és cabdal per a contribuir als projectes de recerca, protegir espècies amenaçades d'extinció i fomentar el respecte per la natura.

Després de llegir

Mou-te en la direcció correcta

Obtenció d'informació

1. Què et proposa aquest anunci? Quins són els objectius de la Setmana de la Mobilitat Sostenible i Segura? Què creus que vol dir la frase «Mou-te en la direcció correcta»?
2. Què et suggereixen les imatges de l'anunci? Quines tres formes de moure's ens mostra el cartell?
3. En quines dates es va fer aquesta activitat? Quin organisme o entitat difonia l'anunci?

Interpretació

4. Indica quins d'aquests recursos lingüístics s'utilitzen en l'eslògan «Mou-te en la direcció correcta». Exemplifica-ho.

   - ☐ Pronoms de 3a persona
   - ☐ Metàfores
   - ☐ Verbs en imperatiu
   - ☐ Pronoms de 2a persona
   - ☐ Comparacions
   - ☐ Verbs en subjuntiu

5. Descriu els elements gràfics del cartell. Amb quins materials semblen estar fets? Té això cap relació amb la filosofia d'aquesta campanya?
6. Què significa «mobilitat sostenible i segura»?

1 bus = 50 cotxes

Obtenció d'informació

7. Observa les imatges. Quins recursos gràfics utilitzen aquí els publicistes per a fomentar el transport públic col·lectiu?
8. Quina institució o organisme difon aquesta publicitat?

Interpretació

9. Atès el que ja saps, transforma en una oració la identificació **1 bus = 50 cotxes.**
10. Quina diferència, pel que fa a les **emissions de CO_2**, el **consum energètic** i l'**espai de circulació,** s'estableix entre l'ús del bus i del cotxe?

    — Defineix els mots que hem destacat en negreta i que apareixen en aquesta publicitat.

11. Completa la taula amb les abreviacions que apareixen en aquesta publicitat. Digues què representa cada símbol o sigla.

Tipus d'abreviacions	Definició	Exemples del cartell
Sigles	Abreviatures, generalment d'entitats, partits polítics o empreses, formades amb la primera lletra de cada mot.	...
Símbols	Són signes utilitzats internacionalment com a representacions d'un mot.	...

12. Hi ha cap lligam entre les emissions de CO_2 i la contaminació atmosfèrica? Quin dels dos mitjans de transport té més impacte mediambiental? Per què?
13. Quins hàbits vol modificar aquesta publicitat? De què et vol persuadir? Et convenç? Per què?

Reflexió

14. Utilitzem racionalment el cotxe? És una veritable alternativa el transport públic? Quina és la situació actual de la mobilitat a les grans ciutats? I a la teva població?
15. El programa *Lletra petita* de TV3 analitza en el capítol 6è la mobilitat des del punt de vista del consumidor.

    — Entra al següent lloc web i visualitza el programa.

    http://links.edebe.com/76d

    — Analitza els avantatges i inconvenients del vehicle privat i del transport públic. Quin és el més ràpid? I el més econòmic? I el més contaminant?

16. Explica què tenen en comú aquest capítol de *Lletra petita* i els cartells publicitaris «Mou-te en la direcció correcta» i «Transport de 60 persones en hora punta». Quin problema analitzen? Quines solucions proposen? Plantegen alternatives?

Zoològic és que vinguis!

Obtenció d'informació

17. Quina frase es repeteix i té més protagonisme en aquesta publicitat? Què pretén?

18. Fixa't en els colors, les textures i les siluetes de cada anunci. Quina relació tenen amb el text *(faràs família, aprendràs, estalviaràs)*? Els anuncis s'adrecen tots a un mateix públic o a públics diferents? Explica-ho.

19. Visita la següent pàgina web i respon les preguntes.

@ **www.zoobarcelona.cat**

— Explica quines activitats i projectes té el Zoo.

— Quan es va fundar el Zoo? Amb quina finalitat?

— Quina és la principal missió del Zoo? Quants visitants rep a l'any?

Interpretació

20. Fixa't en la frase més destacada o eslògan i digues el mateix però d'una manera «normal» i correcta lingüísticament. Explica quins canvis hi has fet.

21. Assenyala els temps verbals i les persones gramaticals que apareixen en els textos d'aquests anuncis:

- ☐ Imperatiu
- ☐ Present de subjuntiu
- ☐ Futur
- ☐ Condicional
- ☐ 1a persona singular
- ☐ 2a persona singular
- ☐ 2a persona plural
- ☐ 3a persona plural

— Per què la publicitat utilitza aquestes formes verbals?

22. Què et suggereix la frase «Viu 365 dies de ZOO CLUB»? @ Què és el Zoo Club? Quins en són els avantatges?

— Busca informació a la pàgina web del Zoo de Barcelona sobre les diferents tarifes i què ofereixen.

Reflexió

23. Responeu individualment aquestes preguntes i després debateu-les a classe.

— La missió del zoo és ajudar a la conservació de la fauna silvestre: la supervivència d'una espècie justifica la captivitat d'un exemplar? Per què?

— Les persones i els animals tenen els mateixos drets? Què ens fa diferents? O no ho som?

Expressió

24. En parelles, canvieu els eslògans dels anuncis de les pàgines 38-39 per uns altres de creació pròpia.

— Exposeu els vostres resultats a classe i plantegeu un debat per valorar quins eslògans us han agradat més.

25. Imagina que un dels anuncis, amb el nou eslògan, s'ha d'emetre per televisió. Quina banda sonora acompanyaria el teu anunci? Cerca la més adient i presenta-la a classe. Entre tots, trieu l'eslògan i la banda sonora que més us agradin.

26. Feu anuncis! En grups de quatre, trieu una de les opcions següents i planifiqueu el vostre anunci publicitari tenint en compte a qui s'adreça, quin és el missatge, si ha d'incloure textos o explicacions i quines imatges hi apareixeran.

- ☐ Visitar el Saló Internacional del Còmic.
- ☐ Menjar fruita cinc cops al dia.
- ☐ Veure cinema en català.
- ☐ Fomentar l'intercanvi de llibres per Sant Jordi.

— Cada membre del grup ha d'exposar oralment les seves idees davant dels companys. Cal que arribeu a un acord per repartir les tasques (redacció de textos, tria d'imatges...) i crear el vostre anunci.

— Un cop enllestits els vostres anuncis publicitaris, expliqueu-ne les característiques principals a la resta del grup classe.

Comunicació oral

En parelles, aneu a l'enllaç següent:

www.catradio.cat

— Feu clic a *Àudios* i trieu-ne un. Veureu que abans de poder escoltar l'àudio que heu triat s'emet un anunci o falca publicitària. Escolteu-la amb atenció i anoteu el que us sembli més important.

- Quin és l'eslògan? A quin públic s'adreça?
- Quins elements de l'anunci creieu que fan que sigui atractiu i convincent?

— Poseu en comú les vostres idees i entre tots dos expliqueu l'anunci i les seves característiques a la resta de la classe.

Steve Jobs (1955-2011) va pronunciar un cèlebre discurs on va repassar la seva trajectòria vital i professional.

El text persuasiu

A «Lectura i comprensió» d'aquesta unitat has vist cartells i bàners de campanyes publicitàries, amb imatges i textos destinats a convèncer el públic que modifiquin els hàbits de mobilitat i utilitzin els serveis públics. Són textos persuasius.

> Els **textos persuasius** tenen com a objectiu convèncer, seduir, commoure o motivar algú perquè faci alguna cosa; és a dir, intenten influir en les persones perquè actuïn d'una manera, perquè comprin un producte concret, etc.

Hi ha **molts tipus** de textos persuasius (discursos, textos publicitaris...). De fet, tots fem servir, per a convèncer els altres, el **llenguatge persuasiu,** basat en l'ús de recursos per a captar l'atenció del públic i impactar-lo.

El discurs

Un discurs és un text, escrit o oral, que tracta una qüestió que pot interessar un **col·lectiu** de persones determinat. L'**emissor** (qui l'escriu o el pronuncia) té certa **autoritat** (director d'una institució o d'una empresa, president d'un país...) i s'adreça a un **receptor** (les persones que el llegeixen o l'escolten) perquè **es posicioni** sobre la qüestió i, si s'escau, **actuï** per aconseguir l'objectiu plantejat. N'és un exemple el discurs del president d'Apple, Steve Jobs, a la Universitat de Stanford el 12 de juny de 2005. A continuació pots llegir-ne un extracte.

Em sento honorat de ser aquí avui amb vosaltres, en una de les millors universitats del món. Jo mai no m'he graduat. [...]

Vaig ser afortunat perquè vaig descobrir aviat què volia fer a la vida. Woz i jo vam començar Apple al garatge dels meus pares, quan tenia vint anys. Vam treballar de valent, i al cap de deu anys Apple havia crescut [...] fins a esdevenir una companyia amb més de 4.000 treballadors [...]. Havíem presentat la nostra creació més grandiosa, el Macintosh, un any abans i jo acabava de fer els trenta.

I aleshores em van despatxar. [...] Va ser devastador. [...] Va ser un fracàs públic absolut. [...] Molt a poc a poc, vaig començar a entendre alguna cosa. Que encara estimava allò que feia. El daltabaix d'Apple no m'havia fet canviar, en això, ni un mil·límetre. M'havien foragitat, però continuava enamorat. I vaig tornar a començar.

Llavors no ho vaig entendre, però l'acomiadament d'Apple va ser la millor cosa que podia haver-me passat. [...] Això em va alliberar i vaig entrar en una de les etapes més creatives. [...] Vaig fundar NeXT, Pixar, i em vaig enamorar d'una dona sorprenent que va esdevenir la meva muller. [...] En un capgirament dels fets, vaig tornar a Apple. [...]

Amb Laurene tenim una meravellosa família. Estic segur que res d'això no hauria passat si no m'haguessin despatxat d'Apple. [...] No perdeu la fe. Estic convençut que l'única cosa que em va permetre de continuar va ser que jo estimava les coses que feia. Heu de trobar què estimeu. [...]. L'única manera de [...] fer una gran feina és estimar-la. Si encara no l'heu trobada, continueu cercant. No us atureu. Igual que amb les coses del cor, prou que ho sabreu, quan l'haureu trobada. I igual que qualsevol relació important, millorarà amb el pas dels anys. Continueu cercant, doncs. I no us atureu.

Font: Vilaweb (text adaptat).

Les característiques del discurs

Com en tots els textos persuasius, sovint es fan **promeses** i s'apel·la a les **emocions** i **sentiments.** Característiques exemplificades a partir del text anterior:

- L'**emissor** (Jobs) s'adreça a un **receptor,** els assistents, i als milions de persones que posteriorment sentiran o llegiran el seu discurs (receptor col·lectiu).
- S'hi exposa una **situació** (trajectòria de Jobs) i les **solucions** (identificar què ens agrada) per a assolir un objectiu: l'èxit i la felicitat personal i professional.
- Persuadeix i mira de convèncer el receptor. En aquest cas vol convèncer el receptor que pot assolir un objectiu *(continueu cercant, no us atureu)*.
- Pel que fa al llenguatge, generalment fa ús de **perífrasis d'obligació, verbs en futur** i formes en **plural** per a **implicar** el receptor *(no perdeu la fe, heu de trobar què estimeu)*.

L'anunci publicitari

En els mitjans de comunicació i a internet sovintegen els anuncis destinats a **informar i persuadir,** és a dir, captar l'atenció del receptor per convèncer-lo que faci alguna activitat o compri algun producte. Per això es consideren textos persuasius. Els anuncis poden ser **institucionals,** com el de la dreta (campanya per a promoure una actitud, una opinió, un comportament) o **comercials** (vendre un producte).

Cartell d'una campanya del Servei Català de Trànsit per a promoure la seguretat viària dels motoristes.

Un anunci es compon sobretot d'imatge, eslògan i text:

— **Imatge.** És suggeridora respecte del missatge que es vol transmetre. En l'anunci de la dreta veiem quatre motoristes amb casc.

— **Eslògan.** Expressió breu, senzilla i fàcil de recordar que sintetitza la informació i la comunica al receptor de manera colpidora; respon a **les tres «c»**: és curta, clara i concisa *(No te la juguis)*. L'objectiu és captar l'atenció i identificar el missatge: aquesta campanya del Servei Català de Trànsit vol transmetre que els motociclistes actuïn amb precaució per a evitar accidents.

— **Text.** Sovint acompanya l'eslògan i n'amplia la informació; sol incloure dades sobre el producte o els objectius de la campanya. A la part inferior de l'anunci hi ha diversos enllaços amb consells per a evitar accidents.

@ **www20.gencat.cat/portal/site/transit**

Cal tenir en compte també un altre element característic dels anuncis publicitaris, el **logotip,** que és el símbol de l'empresa o l'organisme responsable de l'anunci. La seva finalitat és associar allò que s'anuncia amb l'entitat que promou el producte o l'organisme encarregat de la campanya.

Un altre factor característic dels anuncis és el **públic** a qui s'adrecen (en el cas de l'exemple, tots els ciutadans), al qual s'acomoden tots els recursos publicitaris. No és el mateix crear un anunci adreçat als joves que fer-ne un per a la gent gran.

Recursos i categories del text publicitari

A l'hora d'elaborar un text publicitari, els recursos lingüístics que s'empren són:

— Pronoms de segona persona: *Suma'**t** a la generació carnet jove; TV3, la **teva**.*

— Imperatiu: ***Aturem** el foc; **Dona** corda al català; **Planta** cara per la igualtat.*

— Frases fetes: *Qui la fa, la paga; El temps és or.*

— Metàfores: *Tu ets el teu carrer.*

— Rimes: *Si no ets en**vàs**, al groc no **vas**.*

— Anàfores (repeticions): ***Nosaltres** som aigua, **nosaltres** som vida.*

Segons la funció o propòsit del llenguatge emprat, el text publicitari pot ser:

— **Conatiu.** Pretén que l'interlocutor faci alguna cosa o reaccioni d'una determinada manera. Es caracteritza per l'ús de verbs en imperatiu, vocatius i pronoms de segona persona *(**Encistella** i **mulla't** per l'esclerosi).*

— **Representatiu.** Explica les característiques del producte, com ara el nom, què ofereix, com funciona... Reconeixem clarament la relació que s'estableix entre el missatge i el producte *(L'aigua **natural** del Pirineu).*

— **Emocional.** Apel·la als sentiments del receptor, a la seva relació amb l'entorn, per convèncer-lo que el producte el farà feliç *(Et sentiràs bé, Els teus diners salven vides).*

— **Simbòlic.** Identifica el producte amb un significat concret de manera que representi els nostres desitjos *(T'agrada conduir?).*

Visió 360º

Els orígens de la publicitat

La publicitat no és pas una activitat recent, sinó que existeix des de l'Antiguitat.

Sabies que un document conegut amb el nom de «papir de Shem», d'uns 3.000 anys d'antiguitat i trobat a la ciutat de Tebes, és considerat el primer anunci publicitari de la història? Es tracta d'un escrit que ofereix una recompensa per la captura d'un esclau fugit. Una part del text diu:

> [...] a qui el retorni a la botiga de Hapu, el teixidor, on es teixeixen les teles més belles al gust de cadascú, se li lliurarà una peça sencera d'or.

Ens trobem davant del primer reclam publicitari de la història.

- Ara és el moment que facis d'investigador o investigadora i intentis trobar altres mostres publicitàries antigues.

27. Llegeix amb atenció el text i respon les preguntes.

@

Els periodistes som gent que mirem, observem, preguntem coses i després intentem explicar el que ens sembla que pot resultar interessant a la gent.

Els ciutadans tenim molta força. I si ho sabem i la usem podem condicionar el futur. Això ha de ser la democràcia. La clau és defensar allò que és nostre.

Necessitem líders. Ens falten líders de debò, que tinguin el valor de l'autenticitat. Que treballin, s'exigeixin, s'esforcin i estiguin convençuts d'allò que ens diuen. Que te'ls miris als ulls i te'ls creguis.

Joaquim M. Puyal, «Pregó de les Festes de la Mercè». Barcelona, setembre 2011 (text adaptat).

— De quina classe de text es tracta? Per què? Identifica'n les característiques principals.

— Qui n'és l'emissor? I el receptor? Per què?

— Cerca a internet un discurs que t'interessi. Assenyala'n els trets principals i fes-ne un resum.

28. Escriu un text persuasiu per a cada situació:

- Convèncer el professor perquè et deixi sortir cinc minuts abans de classe.
- Convèncer la mare perquè et deixi sortir el cap de setmana amb els amics.
- Convèncer un amic perquè et compri el teu ordinador vell.
- Convèncer el veí per usar la seva xarxa Wi-Fi.

29. Analitza l'anunci següent: com combina imatge, text i eslògan per transmetre un missatge concret?

— Quin missatge vol transmetre? A qui s'adreça?

— Cal fer aquesta mena de campanyes?

— Proposa un eslògan alternatiu per a l'anunci.

30. Escriu un eslògan per fomentar les idees següents:

- Que els joves mengin més fruita i verdura.
- Que la gent faci més exercici físic.
- Que els ciutadans facin servir el transport públic.
- Que els ciutadans reciclin i estalviïn aigua.
- Que augmenti el turisme a la teva ciutat.

— Quines imatges triaries? Justifica la resposta.

31. Observa el cartell següent i respon les preguntes.

— Quin missatge transmet aquest anunci? Quin és l'objectiu d'aquesta campanya?

— Identifica l'eslògan. N'hi ha més d'un?

— Descriu els recursos que utilitza aquest text publicitari. En quina categoria el classificaries? Justifica la resposta.

32. Entra a la pàgina web del Servei Català de Trànsit:

@ **www20.gencat.cat/portal/site/transit**

En el menú de l'esquerra, fes clic a *Seguretat viària* → *Campanyes publicitàries* → *Anys* → *Any 2014*.

— Observa amb atenció el cartell de la campanya dedicada als motoristes. Quin n'és l'eslògan? Explica la relació que s'estableix entre la imatge i l'eslògan.

— Escolta la falca radiofònica i explica en el teu quadern la idea principal d'aquesta campanya.

33. Tria la banda sonora de tres anuncis de la televisió. Porta les cançons a classe i escolteu-les entre tots.

— Quants alumnes relacionen correctament la cançó amb la marca que la utilitza per al seu anunci?

— Debateu quina relació s'estableix entre les cançons dels anuncis i els productes a què s'associen.

L'adjectiu

L'adjectiu és la categoria lèxica que semànticament expressa una **qualitat** o una **característica** del nom que acompanya. Per això també rep el nom d'**adjectiu qualificatiu.** Des del punt de vista morfològic, els adjectius varien de forma segons el gènere i el nombre.

Un petit grup d'estudiants: són *joves*, semblen *alegres*, *optimistes*. Els adjectius permeten expressar les qualitats o característiques de les persones i de les coses.

El gènere i el nombre de l'adjectiu

Segons el gènere, els adjectius poden ser variables i invariables. Els adjectius variables són els que tenen una forma per al masculí i una altra per al femení *(vermell / vermella, vermells / vermelles)*. Els adjectius invariables tenen una forma única per al masculí i per al femení *(amiga fidel / amic fidel, amigues fidels / amics fidels)*.

Adjectius de dues terminacions o variables

Tenen una forma per al masculí i una altra per al femení.

— El **femení** es forma afegint una *-a* al masculí: *concret* → *concret**a***.

Aquesta alternança *-Ø/-a* és la més nombrosa, però n'hi ha més:

Alternança	Masculí	Femení
Ø → a	*satisfet*	*satisfet**a***
e → a	*pobr**e***	*pobr**a***
o → a	*moren**o***	*moren**a***
u → a	*europe**u***	*europe**a***

— El **plural** es forma afegint *-s* o *-es* al singular: *petit* → *petit**s**, petit**es***.

Els adjectius variables aguts acabats en *-s, -ç, -x, -ix, -tx* fan el plural masculí afegint *-os* al singular: *seriós* → *serios**os**; dolç* → *dolç**os**; fix* → *fix**os**; moix* → *moix**os**; gavatx* → *gavatx**os***.

Els acabats en *-sc, -st, -xt, -ig* formen el plural masculí afegint *-s* o *-os* al singular: *basc* → *basc**s**, basc**os**; trist* → *trist**s**, trist**os**; mixt* → *mixt**s**, mixt**os**; boig* → *boig**s**, boj**os***.

Quan formem el femení i el plural es poden produir **canvis ortogràfics:**

Alternança	Singular	Plural
j → g	*monjo / monja*	*monjos / monges*
t → d	*adequat / adequada*	*adequats / adequades*
l → l·l	*nul / nul·la*	*nuls / nul·les*
c → qu	*famolenc / famolenca*	*famolencs / famolenques*
u → v	*actiu / activa*	*actius / actives*
g → gu	*pròdig / pròdiga*	*pròdigs / pròdigues*
leg → loga	*anàleg / anàloga*	*anàlegs / anàlogues*
c → g	*rònec / rònega*	*rònecs / rònegues*
s → ss	*espès / espessa*	*espessos / espesses*
Canvis d'accent i dièresi	*erroni / errònia*	*erronis / errònies*
	oblic / obliqua	*oblics / obliqües*

Àgora

Reforçar l'autoestima dels qui ens envolten pot contribuir a facilitar la convivència entre els éssers humans.

» **Pensa tres adjectius amb connotacions positives que caracteritzin els teus amics o amigues.**

Adjectius d'una sola terminació o invariables

Tenen una única forma per al masculí i per al femení.

Terminació	Singular	Plural	Excepcions
	(Masculí/Femení)	**(Masculí/Femení)**	
-a	*dormilega*	*dormilegues*	
-e	*lliure*	*lliures*	*exacte, culte, digne...*
-al, -el, -il	*igual, fidel, fàcil*	*iguals, fidels, fàcils*	*mal, paral·lel, tranquil...*
-ant	*amargant*	*amargants*	*sant...*
-ent	*prudent*	*prudents*	*valent, content, dolent, lent, violent...*
-ar, -or	*auxiliar, superior*	*auxiliars, superiors*	*avar, car, clar, sonor, durador...*
-ista	*bromista*	*bromistes*	
-cida	*insecticida*	*insecticides*	
-ble	*afable*	*afables*	
-aire	*xerraire*	*xerraires*	

Els **adjectius invariables** acabats en *-aç, -iç, -oç* tenen una terminació per al singular, però dues per al plural.

Terminació	Singular	Plural	
		Masculí	**Femení**
-aç	*capaç*	*capaços*	*capaces*
-iç	*feliç*	*feliços*	*felices*
-oç	*precoç*	*precoços*	*precoces*

El grau de l'adjectiu

L'adjectiu pot expressar diversos graus o nivells d'intensitat mitjançant marques morfològiques (el sufix *-íssim, -íssima*) o bé sintàctiques (els adverbis *tan, més, menys* i *com*, i la conjunció *que*). Aquests graus són:

— **Positiu.** Expressa tan sols una qualitat: *tranquil·la...*

— **Comparatiu.** Expressa amb quina intensitat es posseeix una qualitat respecte d'altres elements:

menys *tranquil·la* ***que***... (**inferioritat**)
tan *tranquil·la* ***com***... (**igualtat**)
més *tranquil·la* ***que***... (**superioritat**)

— **Superlatiu relatiu.** Expressa una qualitat en el grau més alt en relació amb la d'un conjunt: ***la més*** *tranquil·la* ***de*** *totes...*

— **Superlatiu absolut.** Expressa una qualitat en el grau més alt i la posseeix sempre: *tranquil·**líssima**...*

Alguns adjectius per si sols ja indiquen grau comparatiu de superioritat o grau superlatiu. És el cas dels adjectius en positiu *gran, petit, bo, dolent*, als quals corresponen els comparatius *major, menor, millor, pitjor* i els superlatius *màxim, mínim, òptim, pèssim*.

En el llenguatge col·loquial, per a expressar el grau superlatiu utilitzem diversos recursos, com, per exemple: el prefix *re-*: ***re**difícil, **re**dolent...*; la repetició de l'adjectiu: *petit, petit; preciós, preciós...*; la repetició de l'adjectiu afegint-hi *més que*: *bonic **més que** bonic...*

L'aposició

Consisteix a afegir a un mot un element que en completa o en complementa el significat. Per exemple: *La Mercè*, ***la meva millor amiga***; *El Quixot*, ***excel·lent novel·la clàssica.***

Hi ha dues classes d'aposició:

— **Explicativa.** No afegeix informació nova al mot que complementa, sinó que n'explica alguna característica ja coneguda. Per exemple: *Maria*, ***mare de Jesús***.

— **Especificativa.** Explica alguna característica de l'element que complementa i, a més, el concreta, de manera que no es pugui confondre amb cap altre element del mateix gènere. Per exemple: *la reina* ***mare***.

34. Encercla els adjectius del text següent:

> Entre una espessor d'arbres es veia una casa. Una casa fora poble, aïllada, voltada d'una gran extensió de terreny llis com el palmell de la mà. [...]. Ran de reixa, abocat a la carretera, hi havia un mur de baladres amb flors roses i vermelles. Se sentia un perfum espès, aturat, com si no es mogués del clos del jardí, de xuclamel i de troana.
>
> Mercè Rodoreda, «Orleans, 3 quilòmetres», a *Tots els contes*. Edicions 62.

— Elimina els adjectius del text i torna'l a llegir. Reflexiona sobre la diferència entre un text i l'altre.

35. Corregeix els adjectius incorrectes de les oracions.

— Quina dona més digne!

— És la via més directe per resoldre el teu problema.

— La llibreta gris és de la Maria.

— La Sònia és molt alegra, sempre riu.

— El carrer on visc és el més ampla del meu barri.

36. Completa en el teu quadern les sèries d'adjectius.

	rústega		
innocent			
		crus	
			amargues
	veloç		
	boja		
cruel			
		negatius	
			fixes
coherent			

37. Escriu oracions utilitzant els adjectius següents, però canviant-ne el gènere. Tingues en compte els canvis ortogràfics que s'hi poden produir.

barroer • estimat • viu • lliure
submís • rebel • eficaç • educada

38. Canvia el gènere dels sintagmes següents:

- un gall roig
- unes treballadores felices
- un jutge tranquil
- un veí cortès
- una pobra òrfena
- un pendent abrupte
- una noia andalusa
- una jove tenaç

39. Construeix oracions amb els adjectius proposats en el grau indicat.

- Adjectiu *bo* en grau comparatiu de superioritat.
- Adjectiu *alt* en grau superlatiu relatiu.
- Adjectiu *dolent* en grau comparatiu d'inferioritat.
- Adjectiu *feliç* en grau comparatiu d'igualtat.
- Adjectiu *pobre* en grau superlatiu absolut.

40. Canvia el gènere i el nombre dels adjectius següents:

precoç • boig • avara • obliqua • groguenc
anàloga • audaç • enginyós • voluble

41. Digues si les oracions següents són explicatives o especificatives.

- La reunió és a Copenhaguen, capital de Dinamarca.
- Vam travessar l'oceà Atlàntic.
- Viu al carrer de Provença.
- Josep Pla, gran escriptor, té una obra molt extensa.

42. Usa els diversos graus dels adjectius per a comparar les dues imatges, en un text de caire descriptiu.

Ell és investigador al meu departament.

Els pronoms

El pronom és la categoria lèxica que semànticament es refereix a un element conegut del text i el substitueix. Fixa-t'hi:

L'Enric treballa al laboratori?
SUBJECTE
Sí, ell és investigador al meu departament.
SUBJECTE

Has localitzat el bacteri?
COMPLEMENT DIRECTE
Sí, el veig amb el microscopi.
COMPLEMENT DIRECTE

Hi ha diversos tipus de pronoms: els pronoms personals (forts o febles) i els pronoms relatius.

Els pronoms personals forts

Es refereixen a les tres persones del verb, tant del singular com del plural. Poden funcionar i pronunciar-se sols:

Ells *encara investiguen sobre el virus, però* ***nosaltres*** *ja no tenim prou recursos.*

Els pronoms personals forts són els següents:

	Singular	Plural
1a persona	*jo, mi*	*nosaltres*
2a persona	*tu*	*vosaltres*
3a persona	*ell, ella*	*ells, elles*
Pronom reflexiu	*si*	
Altres	*vostè, vós*	*vostès*

Vostè, vostès i *vós* són formes de cortesia: *És vostè el responsable del laboratori?*

Els pronoms personals forts funcionen com a subjecte si van sols *(**Ells** investiguen)* i com a complement verbal si van precedits d'una preposició *(Es va oblidar d'**ell**)*.

En molts casos es pot estalviar l'ús de pronoms personals forts que fan de subjecte, ja que se'n pot identificar la persona mitjançant les terminacions verbals: ***Jo*** *estudiar**é** biologia.* → *Estudiar**é** biologia.*

Els pronoms personals febles

Són els pronoms monosíl·labs àtons que es col·loquen davant o darrere d'un verb. Segons la forma que adopten i la posició que ocupen respecte del verb, els podem classificar en aquests grups:

— Formes **reforçades.** Van davant dels verbs començats en consonant: ***el*** *crida,* ***et*** *respecta...*

— Formes **elidides.** Van davant dels verbs començats en vocal o *h:* ***m'****ha avisat,* ***l'****espera...*

— Formes **plenes.** Van darrere dels verbs acabats en consonant o *u: fes-**les**, espereu-**los**...*

— Formes **reduïdes.** Van darrere dels verbs acabats en vocal que no sigui *u: busca**'ls**, escolti**'ns**...*

Pronoms demostratius, possessius, indefinits i interrogatius

Hi ha determinants i quantificadors que poden funcionar com a pronoms. Fixa-t'hi:

— **Demostratius:** *Aquesta casa és enorme.* → *Aquesta és enorme.*

— **Possessius:** *Els teus amics són divertits.* → *Els teus són divertits.*

— **Indefinits:** *Una persona ha marxat.* → *Algú ha marxat.*

— **Interrogatius:** *Quin és el teu abric?* → *Quin és?*

Les formes dels pronoms personals febles són les següents:

	Singular				Plural			
	Davant del verb		**Darrere del verb**		**Davant del verb**		**Darrere del verb**	
	Reforçada	**Elidida**	**Plena**	**Reduïda**	**Reforçada**	**Elidida**	**Plena**	**Reduïda**
1a persona	*em*	*m'*	*-me*	*'m*	*ens*	–	*-nos*	*'ns*
2a persona	*et*	*t'*	*-te*	*'t*	*us*	–	*-vos*	*-us*
3a persona	*el*	*l'*	*-lo*	*'l*	*els*	–	*-los*	*'ls*
	la	*l'*	*-la*	–	*les*	–	*-les*	–
	li	–	*-li*	–	*els*	–	*-los*	*'ls*
Reflexiu	*es*	*s'*	*-se*	*'s*	*es*	*s'*	*-se*	*'s*
Neutre	*ho*	–	*-ho*	–				
Adverbial	*en*	*n'*	*-ne*	*'n*				
	hi	–	*-hi*	–				

Com a norma general, els pronoms febles precedeixen el verb amb el qual enllacen:

Ens explicarà tot ***el que ha descobert.*** → *Ens* **ho** *explicarà tot.*

Quan enllacen amb un verb en infinitiu, en gerundi o en imperatiu, van al darrere: *perdre-***la**, *anant-***hi**, *truca-***li...**

Amb les perífrasis verbals amb infinitiu o gerundi, els pronoms febles poden anar tant al davant com al darrere: ***Hi*** *hem d'anar / Hem d'anar-****hi****.*

En la combinació de dos pronoms febles, l'apòstrof va tan a la dreta com sigui possible:

se + ***els*** *venen* → ***se'ls*** *venen*

imaginar + ***se*** + ***en*** → *imaginar-****se'n***

Els pronoms relatius

Es refereixen a un nom aparegut abans en l'oració, que s'anomena *antecedent*, i alhora, fan d'enllaç entre les dues parts o proposicions que formen l'oració composta.

L'amiga amb ***qui*** *vaig venir treballa a la universitat.*

Antecedent

Les farmàcies ***on*** *sols comprar són massa lluny.*

Antecedent

Els pronoms relatius són aquests:

Variables	Invariables
el qual: *El vaixell en* ***el qual*** *van arribar era gran i molt luxós.*	**què:** *La situació en* ***què*** *em trobo és difícil.*
la qual: *La senyora amb* ***la qual*** *viatgem és molt simpàtica.*	**qui:** *El noi amb* ***qui*** *parlava sembla sincer.*
els quals: *Vindran els companys amb* ***els quals*** *vas parlar.*	**que:** *Mira les fotografies* ***que*** *vam fer.*
les quals: *Trucaré a les tietes amb* ***les quals*** *vaig viure.*	**on:** *La cadira* ***on*** *seies es va trencar.*

Evitem errors en l'ús dels pronoms relatius

Els grups ***el que, la que, els que, les que*** són incorrectes quan equivalen a ***el qual, la qual, els quals, les quals*** o bé a ***què*** o ***qui.***

~~*És un amic amb* ***el que*** *no ens trobem mai.*~~

És un amic amb ***el qual*** */ amb* ***qui*** *no ens trobem mai.*

~~*Les preguntes en* ***les que*** *tothom s'equivoca.*~~

Les preguntes en ***les quals*** */ en* ***què*** *tothom s'equivoca.*

43. Omple en el teu quadern els buits amb el pronom personal fort més adequat en cada cas.

- Ja t'ho vaig dir, ... no sap res de la festa.
- Dilluns .... anireu al teatre i .... anirem al cinema. .... ja han vist la pel·lícula.
- .... i la Júlia endreçareu l'armari.
- Avui .... ens explicaran la lliçó.

44. Separa convenientment els pronoms febles del verb.

- explicam un conte
- poseules
- porteuvos bé
- agafat fort
- meltreu
- diguesho
- deixal
- lhe llegida
- fesho
- trucans
- etvigila
- senadona
- compramel
- tho diré

45. Tria l'opció de pronom feble adequada.

- Les jaquetes? Deixa .... dins l'armari.
  a) -la b) -les c) 'ls d) 'n
- De la Núria, la mare i jo .... parlem molt sovint.
  a) en b) hi c) ho d) la
- .... va regalar (a vosaltres) una rentadora.
  a) ell b) vos c) us d) en
- A Cubelles, ens .... estarem tot l'hivern.
  a) l' b) ho c) n' d) hi
- Els teus germans, vaig veure .... ahir.
  a) els b) 'ls c) -los d) -les
- El material d'oficina, lliura .... a la recepció.
  a) -ho b) -lo c) 'l d) -li

46. Llegeix el text, subratlla'n tots els pronoms personals que hi trobis i explica a qui fan referència.

> La dona ha entrat a la botiga de sempre, ha dit: «Bon dia». Li han contestat: «¿Com està, senyora Mercè?». I li han posat damunt el taulell allò que la clienta demanava: 150 grams de pernil, una lliura de mongetes tendres, mig quilo de cireres... Quan la clienta diu que no vol res més, la dependenta agafa un dels retalls de paper que té sobre el taulell i un llapis i es dedica a sumar. Tant d'això —i ho escriu—, tant de les mongetes, del mig quilo de cireres... I diu a la clienta el resultat de la suma.
>
> Josep Maria Espinàs, «Cada vegada parlem menys», a *El Periódico de Catalunya*, 14-6-2014 (fragment).

47. Digues si els mots en negreta de les oracions següents són pronoms o determinants.

- **Aquest** estoig és de l'Anna? No, és **meu.**
- **La nostra** àvia és molt amable.
- De tots **aquells** abrics, no podia saber **quin** era el **teu**.
- Mira **quina** noia més eixerida.
- No **la** vull **aquesta, m'**agrada més **la** jaqueta **que es** veu al fons.

48. Omple els buits amb els pronoms corresponents, com en l'exemple.

Exemple: *Em pentino M'aixeco Digues-me Dona'm*

- Et veig
  .....agrada donar..... agafa.....
- Es reflecteix
  .....enfada cansar..... begui..... la llet!
- La saludarem
  .....ha feta rebutjar..... escolta.....
- Us admiro
  ..... escric atureu..... vaig veure.....
- Ho farem
  ..... amagarem deseu..... recorda.....

49. Tria les opcions correctes per a cada oració (pot haver-n'hi més d'una).

- La noia *(amb qui, amb la que, amb la qual)* vas de vacances és la meva veïna.
- L'obra *(de què, de la que, de la qual)* et parlava m'ha agradat molt.
- La casa *(en què, en la que, en la qual, on)* viu és preciosa.
- Les classes *(a què, a les que, a les quals)* assistia eren molt interessants.

50. Uneix les oracions següents mitjançant el pronom relatiu *que.* Les oracions que hi ha en segon lloc són les que van introduïdes pel pronom.

- Aclareixo els dubtes. Els estudiants tenen dubtes.
- El llibre no m'ha agradat gaire. Em vas deixar el llibre.
- La redacció s'ha de lliurar la setmana vinent. La professora de català ens va demanar una redacció.
- El material arribarà avui. Vaig demanar material.
- El moble és nou. El moble és de fusta de noguera.

L'accentuació

Ja saps que l'accent gràfic ens indica quina és la síl·laba tònica d'una paraula i així sabem com l'hem de pronunciar.

*Fabri**cà** molts cotxes durant els anys noranta.*

*Fa**bri**ca cent cotxes al mes.*

*La **fà**brica de cotxes és a Martorell.*

Per a saber quan s'ha d'escriure l'accent gràfic, cal tenir presents les normes d'accentuació.

Normes d'accentuació

— Les **paraules agudes** s'accentuen quan acaben en *-a, -e, -i, -o, -u; -as, -es, -is, -os, -us; -en, -in: musulmà, novè; traspàs, París; sorprèn, Berlín...*

— Les **paraules planes** s'accentuen quan **no** acaben en *-a, -e, -i, -o, -u; -as, -es, -is, -os, -us; -en, -in: màgic, mòdul, líquid, pètal, gòtic, núvol...*

— Les **paraules esdrúixoles** s'accentuen totes: *època, pel·lícula, símptoma, república, partícula, història...*

Fixem-nos en quina és la síl·laba tònica de les paraules següents, ja que podem dubtar a l'hora de pronunciar-les.

Agudes	*beisbol, cautxú, futbol, handbol, interval, mil·ligram, oboè, poliglot, Tibet, timpà, xandall, xassís...*
Planes	*acne, atmosfera, consola, intèrfon, Kíev, medul·la, míssil, omòplat, policíac, rèptil, tèxtil, Ucraïna...*
Esdrúixoles	*aurèola, diòptria, èczema, olimpíada, Himàlaia, període, pneumònia, rubèola, Sàhara, vàlua...*

L'accent ens permet saber on hi ha la síl·laba tònica d'una paraula i com es pronuncia. Fixa't que la síl·laba tònica determina el significat d'aquestes tres paraules: ***fà**brica, fa**bri**ca, fabri**cà***.

L'accent obert i l'accent tancat

Com ja saps, en català hi ha dos tipus d'accent gràfic:

— L'accent **greu** o **obert** (`), que s'escriu sempre sobre la *a (ànima...)* quan s'accentua, i de vegades sobre la *e (cafè...)* i la *o (ressò...)* quan són obertes.

— L'accent **agut** o **tancat** (´), que es posa sempre sobre la *i (camí...)* i la *u (embús...)* quan s'accentuen, i de vegades sobre la *e (succés...)* i la *o (regió...)* tancades.

L'accentuació de *e* i *o*

Les vocals *e* i *o* en posició tònica poden ser obertes o tancades. Les indicacions següents ens ajudaran a escriure correctament l'accent quan n'hagin de dur. Fixa-t'hi:

Mots aguts amb *e*

Accent obert	En les paraules acabades en **-è** *(alè, cafè, comitè, perquè, vostè...; cinquè, sisè, setè...; amè, serè...)*; **-ès** *(burgès, francès, pagès...)* i **-èn** *(aprèn, comprèn, mossèn...)*.
Accent tancat	En els verbs *(diré, faré...; cantés, volgués...)*, en paraules com *consomé, ximpanzé, puré...*; en mots compostos de ***bé*** *(gairebé, malbé, també...)*, en verbs acabats en ***-tén*** *(entén, estén, pretén...)* i en ***-cén*** *(encén...)*.

Paraules acabades en diftong decreixent

A l'hora d'accentuar una paraula aguda o plana, cal tenir en compte que si acaba en diftong decreixent *(-ai, -ei, -oi, -ui; -au, -eu, -ou...)*, la *i* i la *u* finals no es consideren vocals sinó semivocals. Per tant:

— No s'accentuen aquests mots aguts: *entreu, ompliu, Feliu, perdiu...*

— Sí que s'accentuen aquests mots plans: *fóssiu, hàgiu, sortíssiu...*

Mots plans amb *e*

Accent obert	En la majoria: *cèntim, conèixer, dèbil, elèctric, esfèric, mèrit, paciència...*
Accent tancat	En els **infinitius:** *créixer, ésser, néixer, prémer, témer...*; en l'**imperfet d'indicatiu** de ***ésser:*** *érem, éreu*; en el **passat simple** i l'**imperfet de subjuntiu:** *coneguérem, coneguéreu...; coneguéssim, coneguéssiu...*

Mots esdrúixols amb *e*

Accent obert	En la gran majoria: *anècdota, diferència, comèdia, genètica, matèria, mètode, paciència, pèrdua, sèrie...*
Accent tancat	En els mots *cérvola, església, feréstega, llémena...*

Mots aguts amb *o*

Accent obert	En els mots *això, allò, però...; arròs, espòs, repòs, terròs...*; en els **participis passats compostos** de ***-clos:*** *exclòs, inclòs, reclòs...*
Accent tancat	En la majoria: *atenció, botó, cançó, camió, excursió, nació, pavelló...; ambdós, neguitós, sucós...*; en adjectius com *boirós, gloriós, saborós...*

Mots plans amb *o*

Accent obert	En la majoria: *apòstol, autògraf, dipòsit, lògic, fenòmens, mòbil, pròxim, sòcol, sòlid...*
Accent tancat	En els mots *córrer, estómac, furóncol...*; en formes verbals de ***ésser*** *(fórem, fóreu, fóssim, fóssiu...); Gósol, Sóller...*

Mots esdrúixols amb *o*

Accent obert	En la gran majoria: *colònia, còmode, crònica, custòdia, demòcrata, memòria, mòmia, quilòmetre, òpera...*
Accent tancat	En els mots *fórmula, góndola, tómbola, tórtora...*

Desplaçament incorrecte de l'accent en alguns verbs

Cal pronunciar tònica la *i* del lexema dels verbs acabats en *-iar* en les tres persones del singular i en la tercera del plural dels temps següents: present d'indicatiu, present de subjuntiu i imperatiu.

— Present d'indicatiu: *canvio, canvies, canvia, canvien.*

— Present de subjuntiu: *canviï, canviïs, canviï, canviïn.*

— Imperatiu: *canvia, canviï, canviïn.*

Puntua bé!

El punt

- El punt indica una pausa llarga en el text. N'hi ha de diversos tipus segons la funció que desenvolupen:
  - — **Punt i seguit:** separa oracions que expressen, en un mateix paràgraf, diversos aspectes d'una mateixa idea.

    Escalfeu la planxa per daurar-hi la cuixa i garantir l'enrossit de la peça. Daureu la cuixa al foc. Tot seguit, poseu-la a la plata del forn.

  - — **Punt i a part:** separa paràgrafs, cadascun dels quals expressa una idea.

    Max no va fer comentaris. Se'n va acomiadar i, seguit d'Henri, va abandonar la casa.

    Un parell de dies més tard, va rebre una carta de Jules Bronac.

    Laura Gallego, *La filla de la nit.* ebebé.

  - — **Punt i final:** indica l'acabament total d'un text.

Practica-ho:

51. Separa les oracions del text amb punt i seguit i punt i a part; escriu majúscula quan calgui.

[...] Penseu que l'èxit està en el to de la veu, en saber dir les coses de manera que la veu gairebé acaroni les persones i no deixeu de pensar mai que la veu és una part rellevant del nostre cos comunicatiu tot, en nosaltres, es manifesta en la veu: l'alegria, el nerviosisme, les expectatives, l'autoritat, la motivació, la por o l'interès la veu ofereix als altres un indici determinat de nosaltres mateixos de fet, n'és la carta de presentació, i, tanmateix, massa sovint la negligim per això deixeu, encara que sigui a cau d'orella, que us presenti la meva petita guia de la veu procurem de projectar una bona ressonància, plena sí, però mai aclaparadora i useu com Déu mana els llavis, la llengua i la boca per articular i pronunciar amb claredat i distinció.

Sebastià Serrano, *El regal de la comunicació.* Ara Llibres.

52. Anota les paraules del text següent que porten accent gràfic i classifica-les segons que siguin agudes, planes o esdrúixoles.

> Una vegada vaig anar a Birmània vigilant una expedició de blanc d'Espanya.
>
> El viatge va anar força bé i en arribar a Yakri, un reietó local m'oferí hospitalitat de bona llei. Haventhi per allí pocs europeus, aquell senyor va tenir interès a fer evident la brillantesa de la seva cort i em retenia, feia que el meu repòs s'allargués més del que m'havia proposat.
>
> Perquè la meva presència occidental no desllluís l'etiqueta de palau, el monarca em va donar una capa tota brodada de perles i pedres fines, amb la condició que només me la podia treure per dormir.
>
> Les residències reials d'aquells països són com una mena de parc, on bèsties i persones viuen en comú, guardant determinades diferències. Hi ha una gran quantitat d'ocells, elefants de jardí, felins, tortugues sagrades i profanes, insectes de la temporada i altres animals, tan rars que arriben a fer respecte.
>
> Pere Calders, «Els catalans pel món», a *Cròniques de la veritat oculta* . Edicions 62 (fragment).

53. Tenint en compte que les paraules següents són totes agudes, accentua-les si cal.

camins • altaveu • camio • preten • remei
tobogan • timpa • interval • cançons • busqueu

54. Les paraules següents tenen una *e* o una *o* tòniques. Accentua-les si cal. Tingues en compte que l'accent pot ser obert o tancat.

enten • allo • esglesia • portico • cervol
excursio • entra • remou • ciencia • estol
retens • penyora • virrei • mobil • resta
historia • ferestec • córrer • arros • coneixer

55. Amb cadascun dels següents parells de mots, escriu una oració en què es vegi clarament la diferència de significat per la diferència en l'accentuació.

- record / rècord
- fàbrica / fabrica
- avís / avis
- nomina / nòmina

56. En el text que tens a continuació han desaparegut alguns accents gràfics. Posa'ls-hi.

> L'arribada al port i a la ciutat de Napols ha aigualit molt el pintoresc. El port, amb excel·lent utillatge, s'ha refredat notoriament de color i d'escenes de caracter. La ciutat, modernitzada, és una excel·lent novetat. Els napolitans afectats pel patriotisme local diuen que les cançons s'han acabat. És possible. No es poden fer gaires bromes amb la politica. Itàlia ha estat objecte d'una gran invasió, i els pobles dominants sempre deixen un rastre de sentit antitradicional. Les velles cançons napolitanes eren i són una delicia.
>
> Josep Pla, *En mar* (OC 18). Destino.

Dictat

57. Prepara aquest dictat fixant-te en els mots accentuats i fes les qüestions que hi ha a continuació.

Tal com les aparences feien témer, després de l'examen fitosanitari practicat per experts de la Universitat, s'ha confirmat l'existència d'una greu malura que afecta els plàtans de la zona central de l'Eixample barceloní. Encara no s'han descobert les raons del mal i es continua investigant per tal de trobar una solució perquè els arbres puguin vèncer els organismes invasors que els estan atacant amb virulència. Les primeres hipòtesis apunten que l'acumulació de diversos fenòmens atmosfèrics inusuals durant les últimes setmanes a Barcelona pot haver reduït les defenses dels arbres.

— Busca en el text els següents tipus de paraules:
  - Quatre paraules agudes amb accent i quatre paraules agudes sense accent.
  - Quatre paraules planes amb accent i quatre paraules planes sense accent.
  - Quatre paraules esdrúixoles.

— Escriu-les en el teu quadern i mira de memoritzar com s'escriuen.

— Subratlla tots els mots amb una *e* o una *o* obertes accentuades, i intenta pronunciar-los correctament.

La derivació: els prefixos

Afixos

Els afixos són els morfemes que s'afegeixen a un mot per a crear-ne un de nou o per a expressar alguna categoria lèxica. Aquests morfemes són els prefixos, els infixos i els sufixos.

Anomenem derivació el procés que permet obtenir noves paraules **mitjançant la unió d'un afix** (prefix, infix o sufix) a un **lexema.**

Un dels processos de derivació és la **prefixació.** Fixa't en aquests dos exemples:

sub	+	*estimar*	→	*subestimar*
Afix		Lexema		Paraula derivada
vice	+	*presidenta*	→	*vicepresidenta*
Afix		Lexema		Paraula derivada

Els afixos *sub-* i *vice-* són **prefixos** perquè s'han afegit **davant** dels lexemes *estimar* i *presidenta*; en aquests casos, el procés de derivació rep el nom de ***prefixació.***

El **prefix** és un afix que afegim davant d'un lexema per modificar-ne o matisar-ne el significat: ***avant**posar, **in**descriptible, **des**humanitzar, **hiper**tròfia...*

Prefix	Significat	Exemples
a-, an-	sense	***a**moralitat, **a**rrítmia, **an**orèxia...*
ante-, avant-	abans	***ante**penúltim, **avant**projecte...*
anti-	oposició	***anti**ràbica, **anti**natura...*
bes-, bi-	duplicació	***bes**avi, **bi**nocle...*
con- (com-, col-, cor-, co-)	companyia, participació en comú	***con**fiança, **com**provar, **col**·laborar, **cor**responsable, **co**fundador...*
des-, de-	el contrari de	***des**cansar, **de**créixer...*
dis-	difícil	***dis**lèxia, **dis**funció...*
ex-	de dins a fora; que fou	***ex**cèntric; **ex**president...*
extra-	situat enfora	***extra**ordinari, **extra**parlamentari...*
hiper-	sobre, més que	***hiper**mercat, **hiper**activitat...*
hipo-	a sota	***hipo**calòric, **hipo**centre...*
in- (i-, il-, im-, ir-)	negació del lexema que precedeix; cap a dins	***in**sípid, **i**rreal, **il**·legal, **im**pensable, **i**rrellevant; **in**filtrar...*
infra-	inferioritat	***infra**utilitzar, **infra**humà...*
entre-, inter-	al mig; l'un amb l'altre	***entre**acte; **inter**canviar...*
juxta-	al costat de	***juxta**lineal, **juxta**posició...*
menys-	matís de negativitat o d'inferioritat	***menys**tenir, **menys**preu...*
neo-	nou	***neo**clàssic, **neo**rural...*

La paraula ***bes**avi* designa el pare de l'avi; és un mot derivat, amb un prefix *(bes-)* que modifica el significat del lexema *(avi).*

Prefix	Significat	Exemples
pre-	amb anterioritat	***pre**ocupació, **pre**veure...*
pro-	a favor de, en lloc de	***pro**americà, **pro**nom...*
re-	repetició, duplicació	***re**fer, **re**pensar...*
semi-	la meitat, quasi	***semi**circumferència, **semi**directe...*
sots-	immediatament inferior	***sots**president, **sots**inspector...*
sub-	a sota	***sub**aquàtic, **sub**sol, **sub**títol...*
super-	a sobre, en excés	***super**posar, **super**població...*
supra-	situat damunt de	***supra**orbital, **supra**branquial...*
trans-, tras-	a través, d'una banda a l'altra	***trans**portar, **tras**mudar...*
vice-	substitut de, càrrec immediatament inferior	***vice**consellera, **vice**secretari...*

La ***super**població* és una de les grans ***pre**ocupacions* en alguns països ***sub**-desenvolupats.*

Activitats

58. Relaciona els prefixos de l'esquerra amb el significat corresponent de la dreta. Consulta, si cal, el diccionari.

re-	al mig
pre-	nou
arxi-	anterioritat
neo-	molt
pro-	a favor
inter-	inferior
sots-	duplicació

59. Marca els prefixos d'aquests mots derivats:

internacional	transnacional
apàtrida	supermercat
biplaça	posposar
semivocal	antisèptic

60. Forma una paraula derivada amb cadascun d'aquests prefixos i després escriu una oració per a cadascuna.

a- ....

hiper- ....

neo- ....

pre- ....

semi- ....

trans- ....

61. Escriu una paraula derivada del mot que hi ha entre parèntesis. Tingues present que el prefix pot patir transformacions segons la lletra amb la qual entri en contacte.

- La meva àvia és la .... *(avi)* de la meva filla.
- Han trobat un laboratori .... *(legal)*.
- L'analítica ha detectat .... *(cos)* de la sida.
- Aquest nus no el podràs pas ....*(fer)*.

62. Substitueix les paraules destacades per un mot derivat que expressi la idea contrària. Utilitza els prefixos *in- (im-, ir-, il-), des-, dis-* i *a-*.

- un acord **acceptable**
- un acte **lleial**
- una situació **típica**
- una persona **honesta**
- una línia **regular**
- un fet **normal**

63. + Substitueix els mots en negreta per una paraula derivada que expressi la idea contrària. Utilitza els prefixos *des-, dis-, a-, in- (im-, ir-* o *il-)*.

- Vaig comprar una caixa de mides **regulars** i una figureta molt **típica**.
- La seva actitud era **normal**, força **acceptable**.
- No és un fet **repetible**.
- És una persona **honesta**, sempre **lleial**, **noble**.
- La sentència reconeix que les seves activitats són **lícites**, totalment **legals**.
- El moble del despatx té un prestatge **mòbil**.

La cort de Germana de Foix

Germana de Foix, segona esposa i vídua de Ferran II, va ser nomenada virreina de València. Hi instal·là una cort culturalment activa i en certa manera fastuosa, i aviat va captar l'interès de la noblesa local. S'envoltà d'intel·lectuals i artistes, i s'inclinà per l'ús del castellà. Això va contribuir a la castellanització de l'aristocràcia, que ho considerava un signe de distinció. Aquesta va ser la darrera ocasió en què València va acollir la cort.

La literatura popular

Les composicions més pròpies de la literatura popular són les següents:

- **Goigs.** Cançons religioses impreses en un full solt que lloen la Mare de Déu o els sants.
- **Nadales.** Composicions poètiques que tracten temes relacionats amb les celebracions i els costums nadalencs. Es caracteritzen pel to festiu i alegre.
- **Corrandes.** Cançons curtes de temàtica molt diversa: cants d'amor, d'enyorança, de treball...
- **Cançons de bandolers.** El bandolerisme que assolava Catalunya durant aquest segle va originar un bon nombre de cançons.

La literatura del segle XVI

Després d'una època en què la literatura catalana va destacar amb noms i obres com Ausiàs March, *Curial e Güelfa* o *Tirant lo Blanc*, el segle XVI es presenta com l'entrada a un període de tres segles en els quals el panorama és força diferent.

Tradicionalment s'ha considerat una època de producció literària escassa i poc brillant, mancada de creativitat en comparació amb les precedents i que coincideix amb la puixança de la literatura castellana, especialment en el segle XVII. Un període de davallada que es coneix amb el nom prou revelador de Decadència i que abasta del segle XVI al XVIII.

Tot i això, recentment els estudis han portat a reconsiderar aquest plantejament i es decanten per un enfocament nou, tenint en compte especialment el vigor de la literatura popular en aquest període.

El context històric i polític

Els fets històrics amb més repercussió en l'àmbit polític en el segle XVI són els següents:

- El casament de Ferran II de Catalunya-Aragó amb Isabel, hereva del tron de Castella (l'any 1476), que suposa la unió de la Corona d'Aragó amb el Regne de Castella. Aquesta unió culmina quan el seu net Carles I hereta el tron i la cort queda establerta a Castella.
- L'enfrontament entre l'aristocràcia valenciana i els estaments socials inferiors en la revolta de les Germanies (1519-1523).

La societat

L'aristocràcia es desplaça amb la cort, primerament a València i després a Castella. Adopta també el seu estil de vida i la seva llengua.

L'ús de la llengua catalana s'afebleix. Tot i que encara és present en tots els àmbits i manté l'oficialitat, va perdent pes com a llengua de cultura i en els organismes oficials. Molts autors són bilingües i utilitzen tant la llengua catalana com la castellana, en un equilibri que es va decantant progressivament cap al castellà.

L'espai de la llengua de cultura també és ocupat en part pel llatí, que rep un nou impuls gràcies a l'humanisme i el Renaixement, corrents que recuperen l'interès per l'antiguitat clàssica.

En canvi, en l'àmbit familiar el català manté la vitalitat. I el mateix es pot dir de les formes de la literatura popular, de temàtica variada i plenes de riquesa.

L'ambient cultural

El Renaixement, que es va estendre per Europa des d'Itàlia, arriba també als països de parla catalana. Aquest moviment reivindica la vigència de la civilització clàssica. Es reprèn l'interès pels textos clàssics, s'imiten els models literaris i arquitectònics grecollatins, i s'exalta el paper de l'ésser humà.

En el segle XVI es deixa sentir l'absència d'un organisme com havia estat la Cancelleria Reial, impulsora i reguladora de la llengua catalana, i hi ha també una manca de referents literaris considerats vàlids. Per això, a més de la castellanització de les elits culturals, progressivament es produeix una fragmentació de l'ús de la llengua. Es perd la consciència d'unitat lingüística, i el català pren noms diferents a les Illes, a València i a Catalunya.

La poesia del segle XVI

La poesia culta està adscrita, principalment, al moviment cultural d'aquest segle: el **Renaixement.** La poesia d'arrel popular catalana destaca per la seva varietat i riquesa.

Pere Serafí

Conegut amb el sobrenom de *lo Grec.* Com era habitual al Renaixement, no es va dedicar en exclusiva a un àmbit de l'art. Així, va conrear la pintura, la música i la poesia.

Va incorporar les noves formes poètiques renaixentistes, tot i que va mantenir alhora els models heretats de la tradició medieval dels trobadors i d'Ausiàs March.

Malgrat que se'l considera un bon poeta renaixentista, se li retreu una creativitat limitada i poca decisió per abraçar els nous models literaris.

Sonet

L'aigua, lo foc, la terra i lo vent,
luna i estels, per ma sort i ventura
són contra mi perquè la nit escura
era al descans en part del meu turment:

Glaça'm lo Sol al temps que és més ardent,
lo gel me fa cremar, oh cosa dura,
que puguen tant mos fats i desventura
en contrastar al cel de l'element!

Mas perquè clam sino del principal
que ha replegats los altres accidents
per augmentar en mi tristor i mal.

Puix los planets i tots los elements
a son voler seran tots de un igual
si em vol levar o créixer mos turments.

Portada del *Llibre primer d'amors*, obra amb poemes i gravats de Pere Serafí.

El sonet

Tot i que sorgeix en el segle XIII, aquesta estructura mètrica d'origen italià pren rellevància en el XIV amb l'ús que en fan Dante i sobretot Petrarca al *Canzonere*, per tractar el tema amorós. Es compon de dos quartets seguits de dos tercets, amb versos d'onze síl·labes que rimen.

Joan Timoneda

Poeta valencià que va escriure tant en català com en castellà. La majoria de les seves composicions, d'un to proper a la literatura popular, són de tema amorós.

Só qui só, que no só io, / puix d'amor mudat me só. /
Jo crec cert que res no sia, / o, si só, só fantasia, /
o algun home que somia / que ve a alcançar algun do, / puix d'amor mudat me só.

Só del tot transfigurat; / só aquell que era llibertat, /
i ara, d'amors cativat / me veig molt fora raó, / puix d'amor mudat me só.

Sí só, puix que en lo món vixc / i a mi mateix avorrixc, /
i segons que discernixc / veig la qui em dona passió / puix d'amor mudat me só.

En aquest enllaç pots sentir una versió del poema musicada per Raimon:
www.musicadepoetes.cat/app/musicadepoetes/servlet/org.uoc.lletra.musicaDePoetes.Titol?autor=218&titol=1532

Joan Timoneda en un gravat de l'època.

La poesia popular

La literatura popular segueix un camí al marge de la culta, no pateix els efectes de la castellanització. Es manté viva i fresca i conserva els vincles amb la música i el cant.

Es tracta de composicions anònimes escrites en català, la llengua d'ús quotidià del poble. Són fàcils de memoritzar, plenes de recursos expressius propis de la llengua oral (onomatopeies, interjeccions, diminutius), amb versos curts i un vocabulari senzill. Sovint inclou un refrany o una tornada, que es repeteix en cada estrofa. A vegades la tornada ja existia i va servir de punt de partida per a compondre la poesia.

La poesia popular tracta temes diversos (vegeu el requadre a l'esquerra), però relacionats amb l'experiència i la vida diària dels seus creadors, transmissors i destinataris (l'amor, les feines del camp, els jocs dels infants), i també amb la moral (vides de sants, lloances religioses) i la història (batalles, personatges famosos).

64. Indica si les afirmacions següents són vertaderes (V) o falses (F).

- ☐ El segle XVI es caracteritza per ser una època especialment brillant pel que fa a la producció literària en català.
- ☐ L'aristocràcia es desplaça amb la cort a Castella i adopta també la seva llengua.
- ☐ La llengua catalana s'afebleix com a llengua de cultura i deixa de parlar-se també en l'àmbit familiar.
- ☐ El Renaixement és el moviment que impera en aquest segle i que reivindica la vigència de la civilització clàssica i reprèn l'interès pels textos clàssics.
- ☐ El Renaixement exalta la figura de Déu en detriment de l'ésser humà.

65. Llegeix aquest poema de Pere Serafí i respon les preguntes.

Sí em lleví aquest matí
i aníme'n tota soleta
i entrí-me'n dins mon jardí,
—de matinet
l'aire dolcet la fa rira-riret—
per collir la violeta.
Ai llasseta!, què faré
ni què diré?
Val Déu que estic dolenta!
L'amor és que em turmenta.

A mon dolç amat trobí,
adormit sobre l'herbeta.
Despertà's dient així:
—de matinet
l'aire dolcet la fa rira-riret—
si vull ésser sa amieta.
Ai llasseta!, què faré
ni què diré?
Val Déu que estic dolenta!
L'amor és que em turmenta.

Io li'n responguí que sí,
mas que no fos sentideta.
Ai, que tant pler mai prenguí!
—de matinet
l'aire dolcet la fa rira-riret—.
Que restí consoladeta!
Ai llasseta!, què faré
ni què diré?
Val Déu que estic dolenta!
L'amor és que em turmenta.

— Tenen el mateix nombre de síl·labes tots els versos?

— De quin tipus és la rima? (Indica si és assonant o consonant i quins versos rimen entre si).

— Quins versos es repeteixen a cada estrofa?

— Pere Serafí adoptava tant versos amb una mètrica rígida com d'altres d'origen medieval i més propers a les composicions populars. De quin tipus és aquest poema?

— Com es diferencien els versos que componen el refrany en cada estrofa?

66. @ Cerca a internet el sonet que Pere Serafí va dedicar a Isabel d'Aguilar. Comprova que segueix l'estructura del sonet i explica quines peculiaritats té aquesta composició.

67. @ Utilitza diferents fonts de consulta, les que et semblin més adequades en cada cas, per a trobar informació i respondre les preguntes següents.

— En quina data es va publicar el cançoner català de Pere Serafí?

— Quines obres pots esmentar com a mostra de l'activitat pictòrica de Pere Serafí?

— Quin títol tenia el poemari que va publicar Joan Timoneda i en quina ciutat ho va fer?

— En quina llengua estaven escrits la major part dels poemes d'aquest recull de Joan Timoneda?

— Qui és l'autor del poema que conté els versos següents?

Bella, de vós som amorós,
ja fósseu mia!
La nit i el jorn quan pens en vós
mon cor sospira!

— En cada cas, anota la font que has utilitzat i la referència concreta (adreça dels llocs web, referència bibliogràfica de les publicacions impreses).

68. Llegeix aquests fragments de poesies populars i indica de quin tipus es tracta en cada cas: corranda, nadala o goig.

Pastorets de les cabanyes,
que dormiu amb tant repòs,
desperteu i veniu prompte;
veureu nat el Redemptor.

Aquí dalt de la muntanya,
mare deixeu-m'hi anar;
hi ha un fadrinet alegre
que em farà saltar i ballar.

De la nació romana
sou sant benaventurat
en convertir gent pagana
haveu molt temps empleat;
predicant amb energia
la llei de l'Omnipotent.
Socorreu-nos, nit i dia
Papa i màrtir Sant Climens.

— Explica, amb exemples dels poemes, quines són les característiques de cadascuna d'aquestes composicions populars.

Història, art i literatura

L'any 1937 la població basca de Gernika (en català, Guernica) fou objecte d'un cruel bombardeig per part de l'aviació alemanya. Aquest fet es produí en el marc de la Guerra Civil espanyola. El juny d'aquell mateix any, davant l'horror que suposà aquesta acció, el pintor Pablo Picasso va pintar el *Guernica*.

1. Observeu l'obra d'art i fixeu-vos bé en cadascun dels detalls i elements que formen el quadre: les dones desesperades, el guerrer mort, el cavall ferit...

Guernica, Pablo Picasso. Museo Nacional Centro de Arte Reina Sofía.

2. Allò que Picasso va expressar per mitjà de la pintura, et proposem que tu ho facis mitjançant la literatura. Escriu un text teatral, una narració o un poema.

El teatre

Si t'inspira una escena en què els fets s'expliquen per mitjà d'una **representació.**

- Cal tenir clar el **tema** que representa l'escena: l'horror produït pel bombardeig.
- Identifica els **personatges** de la imatge, adjudica'ls un nom i posa'ls veu: la dona dins casa seva que s'enfonsa, la dona amb el fill mort, la dona que surt d'una finestra i porta un llum, la dona que camina perduda, el soldat ferit a terra...
- Intercala amb el diàleg les teves **acotacions,** determinant l'actitud i els moviments dels personatges.
- Un cop tinguis el text teatral, organitzeu una representació.

La narrativa

Si t'inspira el fet que la imatge és el desenllaç d'uns esdeveniments dramàtics, escriu una **narració.**

- El text ha de transmetre el tema: la denúncia d'uns fets històrics. Per fer-ho recorda que qualsevol narració s'estructura en **plantejament, nus** i **desenllaç.**
  - — En el plantejament és on has de determinar l'**espai**, el **temps** i els **personatges.**
  - — En el nus cal descriure la **successió de fets** que, d'una manera **ordenada,** han portat a aquest desenllaç.
  - — Ja saps que el **narrador** pot ser omniscient o la veu d'un dels personatges.

La poesia

Si t'inspira un seguit d'emocions i sentiments, escriu un **poema.**

- A partir de l'emoció que comunica el quadre, identifica els sentiments que et desperta.
- Ara tria les paraules més adequades per a expressar aquests sentiments.
- Recorda que un poema s'estructura en **versos** i aquests s'agrupen en **estrofes.**
- Per tal que el teu poema transmeti musicalitat i ritme, tingues en compte la **mètrica** (la quantitat de síl·labes que té cada vers) i la **rima** (consonant o assonant).

SÍNTESI

El text persuasiu

Els textos persuasius tenen com a objectiu **convèncer, seduir, commoure** o **motivar** algú perquè faci alguna cosa mitjançant diverses tècniques: amb arguments, amb promeses o apel·lant a les emocions o els sentiments de les persones.

Els textos persuasius, entre els quals hi ha els discursos i els anuncis publicitaris, es caracteritzen per l'ús d'un seguit de recursos lingüístics, com ara les **perífrasis d'obligació,** els **temps verbals en futur** i la **primera persona del plural.**

L'adjectiu

L'adjectiu és la paraula que expressa una **qualitat** o una **característica** del nom que acompanya i amb el qual concorda en gènere i en nombre.

Els adjectius poden ser de dues terminacions o variables *(estret/estreta)* o d'una sola terminació o invariables *(agradable)*; també n'hi ha que són invariables en singular i variables en plural *(capaç, capaços/capaces).*

L'adjectiu pot expressar graus o nivells d'intensitat: positiu, comparatiu, superlatiu relatiu i superlatiu absolut.

Els pronoms

Són les paraules que es refereixen a un element conegut del text i el substitueixen. Els **pronoms** es classifiquen en **personals forts** *(jo, tu, ell...)*, **personals febles** *(em, et, es...)* i **relatius** *(què, qui, que, on...).*

L'accentuació

En català hi ha dos tipus d'accent gràfic: obert i tancat. S'accentuen: a) les paraules **agudes** acabades en *-a, -e, -i, -o, -u; -as, -es, -is, -os, -us; -en, -in;* b) les paraules **planes** que no acaben en *-a, -e, -i, -o, -u; -as, -es, -is, -os, -us; -en, -in;* c) totes les paraules **esdrúixoles.**

La derivació: els prefixos

La derivació és el procés que permet obtenir **noves paraules** unint un afix (prefix, infix o sufix) a un **lexema.**

La literatura del segle XVI: context històric sociocultural. La poesia

L'ús del català s'afebleix, tot i l'auge de la **literatura popular:** goigs, nadales, corrandes, cançons de bandolers...
Poesia renaixentista: Pere Serafí, Joan Timoneda.

Activitats finals

El text predictiu. El text persuasiu

1. Llegeix amb atenció el text següent i indica si té característiques pròpies dels textos persuasius, dels predictius o de totes dues tipologies. Justifica la resposta.

A partir d'avui, hem de reanimar-nos, hem de treure'ns la pols de sobre i hem de començar a treballar per refer els Estats Units. Mirem on mirem, hi ha feina per fer. L'estat de la nostra economia exigeix accions ràpides i dràstiques, i actuarem no només per crear llocs de treball, sinó també per establir una nova base per al creixement. Construirem ponts i camins, xarxes elèctriques i línies digitals que impulsin el nostre comerç i ens uneixin. Restaurarem la ciència i la posarem allà on li pertoca, i enarborarem les meravelles tecnològiques per elevar la qualitat de la salut i rebaixar-ne els costos. Aprofitarem el sol, el vent i la terra com a combustible per als nostres cotxes i fàbriques. Transformarem les nostres escoles i universitats per cobrir les demandes d'una nova era. Tot això ho podem fer. I tot això és el que farem.

Discurs de Barack Obama, president dels Estats Units, 20-1-2009 (text adaptat).

2. Escriu un discurs orientat a convèncer els teus companys de la importància de fer conèixer la nostra cultura a la població nouvinguda. Prepara bé els teus arguments perquè resultin entenedors i convincents.

El nom. Els determinants. Els quantificadors

3. Reflexiona sobre l'ús dels determinants i els quantificadors responent aquestes preguntes.

— Quina és la funció que acompleixen els determinants i els quantificadors respecte del nom que acompanyen?

— Com afectaria el nostre llenguatge si no existissin els conceptes de determinant i quantificador?

— Quina especificació aporten els tipus de determinants i quantificadors respecte del concepte general de determinant i quantificador?

Poseu en comú les vostres respostes i responeu de nou les tres preguntes anteriors.

— Les teves respostes són ara les mateixes que abans? Com han canviat?

La síl·laba: diftongs, hiats, dígrafs. L'accentuació

4. Separa en síl·labes les paraules següents i, si cal, accentua-les.

desgracia • centimetre • unic • public • opera • fossiu • cervol • prediccio • esglai • semafor
atlantic • colonia • clinica • castig • projecte • genesi • proleg • disfuncio • arab • sobrevaloracio

5. Localitza en el text següent les paraules amb diftongs, hiats i dígrafs. Escriu-les en el teu quadern.

Al mes de maig la carretera encara era gelada i això, juntament amb els revolts de línies sinuoses, feia molt difícil la conducció. Alguns vehicles lliscaven a causa del gel i quedaven entravessats a la calçada, sense moure's; d'altres s'aturaven i ocupaven gairebé tot l'espai als vorals.

A mitja tarda molta gent sortia de la feina, de les botigues o dels grans magatzems i omplia els carrers. El terra de les voreres es veia quasi tot ple de brutícia. Els vianants caminaven de pressa trepitjant la neu, desfeta a mitges, i les petjades deixaven un rastre grisós sobre l'asfalt. Ben abrigats amb guants i barrets, alguns amb bosses i paquets, corrien per tal d'arribar com més aviat millor a casa, amb l'objectiu d'alleujar la intensa sensació de fred. Potser la qüestió era dutxar-se amb aigua calenta, seure tranquil·lament a prop del foc fins a suar o, senzillament, preparar un bon àpat a la cuina amb un somriure...

— Marca la divisió sil·làbica d'aquests mots i justifica-la en cada cas.

La derivació: els prefixos

6. Escriu els noms corresponents a aquestes definicions. Tingues en compte que es tracta de paraules derivades mitjançat l'addició d'un prefix. Te'n donem la primera lletra com a pista.

- Retrat d'algú fet per ell mateix: A...........
- Construir de nou: R...........
- Mancat de sabor: I...........
- Que mai no pot ser vençut: I...........
- Veure, concebre, per endavant (allò que ha d'ocórrer): P...........
- Que es troba dellà els Pirineus: T...........

Fullet informatiu

@ **www.coamb.cat/userfiles/transgenics.png**

1. Quina és la finalitat del fullet?
   - ☐ Donar a conèixer l'obra de cinc investigadors.
   - ☐ Fer publicitat de la Sala Montblanc del Club Muntanyenc Sant Cugat.
   - ☐ Informar d'una taula rodona i debat sobre els transgènics.
2. Bàsicament existeixen dos tipus d'anuncis publicitaris: comercials i institucionals. A quin tipus creus que pertany aquest fullet? Per què?
3. Quin organisme organitza aquesta jornada sobre els transgènics i amb la col·laboració de quina entitat?
4. Quins elements caracteritzen aquest text? Assenyala la resposta correcta.
   - ☐ Imatge, eslògan i text.
   - ☐ Avanttítol, títol i entrada.
   - ☐ Presentació, nus i desenllaç.
5. Identifica l'eslògan d'aquest anunci i justifica la teva elecció.
   - ☐ Generar coneixement per crear opinió.
   - ☐ Els transgènics.
   - ☐ Som allò que mengem?

6. Què tenen en comú els participants en el debat que s'anuncia al fullet?

7. Digues si les afirmacions següents són vertaderes (V) o falses (F).

- L'acte és organitzat per una empresa de productes transgènics.
- L'acte se celebra a l'Ajuntament de Sant Cugat.
- Els ponents tenen bons coneixements sobre els transgènics.

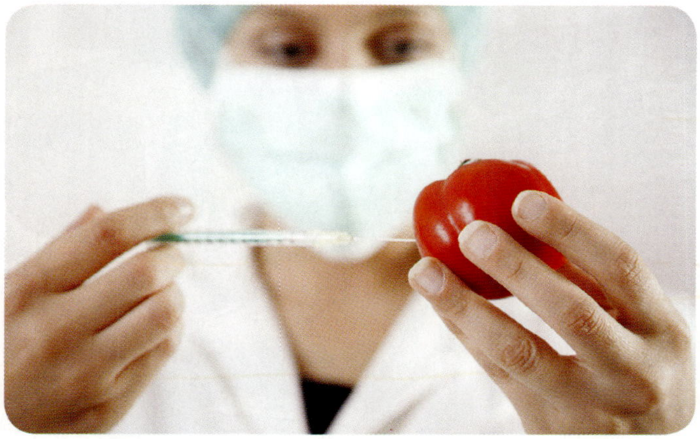

8. Comenta la frase «*Generar coneixement per crear opinió*». Per què creus que l'han triada?

— Explica la relació que s'estableix entre aquesta frase i la seva representació gràfica en el fullet.

9. Llegeix amb atenció l'eslògan següent:

Som allò que mengem?

— Anota el pronom que hi apareix i determina de quin tipus de pronom es tracta.

— Quin concepte substitueix aquest pronom?

10. Busca en el text del fullet tots els adjectius que hi trobis. Escriu-los i classifica'ls segons que siguin variables o invariables.

11. Busca en el fullet dues paraules que continguin un prefix (han de ser diferents) i construeix-ne un parell més amb els mateixos prefixos.

— Explica quin significat aporten aquests prefixos a les paraules que has triat.

12. En el fullet de la pàgina anterior hi ha tres xifres que ens indiquen l'any, el dia i l'hora d'aquesta jornada sobre els transgènics. Escriu amb lletres aquests cardinals numerals.

13. Busca en el fullet dos exemples de:

- Paraules agudes (l'una amb accent i l'altra sense accent).
- Paraules planes (l'una amb accent i l'altra sense accent).
- Paraules esdrúixoles.

— Justifica l'accentuació de cada paraula.

14. Escriu un text narratiu breu (unes 15 ratlles) en què adoptis el punt de vista d'un dels participants en el debat, que explica la seva experiència en la jornada *Som allò que mengem?*

— Poseu en comú els vostres textos i discutiu entre tots les diferents opinions plantejades.

Reflexiona

Diari d'aprenentatge

— Quins dels continguts sobre l'adjectiu i els pronoms creus que et seran més útils amb vista a millorar la teva expressió escrita?

— Què t'ha semblat més interessant de l'apartat dedicat al discurs? Ets capaç de preparar un discurs breu, ben estructurat, i defensar les teves opinions davant del grup?

— Quins aspectes del que has après sobre el text persuasiu creus que podràs aplicar en el teu dia a dia?

3 Unitat

» CONTINGUTS

LECTURA I COMPRENSIÓ

Gay Talese: Els periodistes som artistes, no empleats

EXPRESSIÓ

Els gèneres periodístics

GRAMÀTICA

El verb (I)

ORTOGRAFIA

L'accent diacrític. La dièresi

LÈXIC I SEMÀNTICA

La derivació: els sufixos i els infixos

LITERATURA

Teatre culte i popular en el segle XVI. El teatre religiós. El teatre profà

Rutina de pensament

3-2-1 PONT

Actualment coneixem les notícies minuts després d'haver-se produït. Però... com i qui ens les fa arribar? Et proposem una reflexió: Què en saps, del **periodisme?**

— Escriu tres **pensaments,** dues **preguntes** i una **analogia o metàfora** que et suggereixi **el periodisme.**

— Després de fer la lectura de la unitat i d'haver treballat els gèneres periodístics, torna a escriure tres pensaments, dues preguntes i una analogia o metàfora sobre el periodisme.

— En parelles, compartiu el pensament inicial i el nou, explicant com i per què ha canviat el vostre pensament.

Gay Talese

Els periodistes som artistes, no empleats

El periodista i escriptor nord-americà Gay Talese (Ocean City, Nova Jersey, 1932) és un dels pares del Nou Periodisme.* Autor d'alguns llibres de referència, ha publicat nombrosos articles en diaris i revistes dels Estats Units.

Abans de llegir

A continuació reproduïm dos extractes de dues notícies sobre una de les visites d'aquest periodista a Barcelona. Durant les seves intervencions, Talese reflexiona sobre el periodisme clàssic i el confronta amb les noves tecnologies. També explica quines són les receptes del bon reporter.

Gay Talese: Els periodistes som artistes, no empleats

Amb corbata vermella, un barret blanc estiuenc i un vestit de tres peces impecable, que rememora la seva infantesa a la sastreria dels seus pares, Gay Talese entra somrient i saluda els assistents amb un gest proper i simpàtic. El periodista nord-americà, creador amb Tom Wolfe de l'anomenat Nou Periodisme, afirma que la professió s'ha de fer «al carrer» i no «googlejant». Sobre les noves dinàmiques dels mitjans és contundent: «Els periodistes som artistes, no empleats». Talese reivindica la figura del periodista com el garant de la veritat en la societat. I per a exercir aquest honor, cal anar sempre vestit per a l'ocasió.

Gay Talese, de 79 anys, ha visitat Barcelona per presentar *Honrarás a tu padre*, llibre que és un *best-seller* als Estats Units, però que arriba amb molts anys de retard a les llibreries catalanes. El periodista nord-americà narra la intimitat de la família mafiosa dels Bonnano, que va investigar i seguir de molt a prop durant sis anys. El detallisme del relat va aportar molta informació sobre aquesta organització criminal i va servir d'inspiració per a sèries com *Los Soprano.*

La paciència, la perseverança i la curiositat són les eines bàsiques del bon periodista, segons Talese, que recomana als professionals lluitar sempre per aconseguir una mica més de temps per a escriure. «A mi també em deien que no, però insistia», recorda. Gran observador, recomana buscar sempre el vessant humà dels temes. «Fins i tot l'economia o la política en tenen». També és important fixar-se en els petits detalls, observar i no limitar-se a transcriure el que diu la gravadora. «Tot el que queda enregistrat és veritat, però la veritat és més important?», es pregunta.

Els personatges que a ell li agraden no són de portada. «Tinc especial debilitat pels porters dels edificis. Observen, escolten i callen i tenen molta informació». [...] A Gay Talese sempre li han interessat les històries que hi al darrere de les persones. Ho va descobrir a la sastreria dels seus pares amb només 11 anys. «Jo era mal estudiant. Fins i tot suspenia anglès. M'agradava més escoltar el que explicaven les dones que venien a la botiga, mentre s'emprovaven les peces de roba», explica.

Gay Talese és col·laborador habitual de les publicacions més importants de Nova York: *The New York Times*, on va començar en el periodisme, com a reporter, *Times, Esquire, The New Yorker, Harper's Magazine.* En els seus llibres, entre els quals hi ha alguns *best-sellers,* narra anècdotes relacionades amb la seva vida, històries sobre la seva primera feina com a ajudant i després reporter en un diari i sobre els seus orígens.

Apassionat de la professió després d'anys d'exercir-la, Talese considera el periodisme una «celebració» i, per tant, s'ha d'anar vestit per a l'ocasió. «No importa si al davant tenim un jardiner, una superestrella o un polític. S'ha d'anar vestit com si anéssim de casament o a una primera cita amb una dona bonica». Això «ens ajudarà a tenir autoestima, molt important en la nostra feina». I és que la falta d'orgull és un dels mals endèmics de la professió.

Sobre la salut del periodisme i el seu futur, Gay Talese opina: «Diuen que el periodisme s'està morint per les noves tecnologies i els baixos índexs de lectura. Alguns adverteixen que podria desaparèixer. Els periodistes som els únics que tenim l'obligació de dir sempre la veritat. Som els garants de la veritat a la societat i això ens farà sempre necessaris».

Carla Pedret, 25-7-2011

@ www.324.cat

Gay Talese: «Per ser bon periodista no es pot ser egocèntric»

Barcelona (ACN).- «Estic molt orgullós de la meva professió perquè sempre tracta de ser veraç». Amb aquestes paraules s'ha presentat el periodista nord-americà Gay Talese (Ocean City, 1932) davant els estudiants de la Facultat de Comunicació Blanquerna. El que va ser un dels pares del Nou Periodisme dels anys 60 ha afirmat que els professionals de la comunicació han de sentir «curiositat per les altres persones» i que «per ser bon periodista no es pot ser egocèntric». El periodista, poc amic de les noves tecnologies, està segur que «el periodisme és una forma d'art, la tecnologia no matarà aquesta bona manera de fer» ja que «el periodisme mai no havia estat tan important» com ara, ha advertit.

19-5-2011

@ www.324.cat

* El Nou Periodisme (en anglès, *New Journalism*) té l'origen als Estats Units als anys 1960. És un estil periodístic que feia servir tècniques literàries no habituals en la premsa d'aquella època. El terme el va introduir l'escriptor Tom Wolfe en una col·lecció d'articles periodístics publicats el 1973 sota el nom *El Nou Periodisme,* amb textos del mateix Wolfe, Truman Capote, Hunter S. Thompson, Norman Mailer, Joan Didion, Robert Christgau i d'altres. Significà una renovació de les formes narratives dels reportatges, cròniques i entrevistes, que combinen el millor de la literatura amb el millor del periodisme.

Talese pertany a una família d'immigrants italians que van arribar a Amèrica l'any 1922. Les seves obres principals, a més d'un gran nombre de reportatges i d'articles de premsa, són: *The bridge* (1964), *Fame and obscurity* (1970), *Honor thy father* (1971), *Thy neighbor's wife* (1981), *Unto the sons* (1992), *A writer's life* (2006) i *The silent season of a hero* (2010).

Et recomanem

Si t'agrada escoltar la ràdio, aquest és el teu llibre.

La veu de matinada

Joan Manuel Gisbert.
Col·l. Periscopi. edebé.

Després de llegir

Obtenció d'informació

1. Respon les següents preguntes sobre la lectura.

— A quin públic s'adreça Gay Talese en cadascun dels dos textos? Per què?

— Com va vestit Talese? Per què creu que un periodista ha de cuidar l'aparença?

— Anomena quin tipus de periodisme va iniciar Gay Talese als anys 1960. Quins altres escriptors van conrear el mateix tipus de periodisme?

— Quin és el motiu de la seva visita a Barcelona?

— Explica la seva visió de futur pel que fa a la figura del periodista.

— Enumera les eines bàsiques del bon periodista, segons Talese.

2. Quina és la conclusió de les seves intervencions? Recull en quatre ratlles les principals idees de Talese sobre la seva professió i l'ètica periodística.

Interpretació

3. Talese diu que la professió de periodista s'ha de fer «al carrer» i no «googlejant». Què significa aquesta afirmació?

4. Analitza el mot *googlejant.* Com s'ha format aquest verb?

5. Assenyala quins dels adjectius següents es corresponen, segons les idees de Talese, amb les qualitats d'un bon periodista:

observador • curiós • maniàtic • independent • inquiet • indecís
mentider • fantasiós • desconfiat • despert • elegant

6. Què vol dir la frase «Els periodistes som artistes, no empleats»?

7. Per què Talese apareix descrit en el text com un «mestre» del periodisme? Quan acostumem a dir que algú és mestre en la seva professió?

8. Talese parla de Google i del mòbil. Quina actitud pren el periodista envers les noves tecnologies de la informació?

9. Assenyala quines d'aquestes afirmacions són vertaderes (V) i quines són falses (F) segons la relació que estableix Talese entre periodisme i tecnologia.

☐ La tecnologia pot falsejar la realitat, però un bon periodista ha de desconfiar-ne i anar més enllà. Ha de buscar la veritat i explicar-la sempre.

☐ La tecnologia actual matarà el periodisme. Qualsevol mentida pot passar per una gran veritat.

☐ Els governs sempre diuen la veritat als periodistes, sobretot ara que la tecnologia facilita la transmissió d'informació.

— Justifica les respostes.

Reflexió

10. Explica quina relació estableix Talese entre l'elegància en la manera de vestir i el seu concepte de periodisme. L'aparença és sempre important?

11. Malgrat que hom diu que la nostra era és l'era de la informació, és possible una societat sense periodistes? Per què?

12. Llegeix aquest fragment del primer text:

«Gran observador, recomana buscar sempre el vessant humà dels temes. "Fins i tot l'economia o la política en tenen". També és important fixar-se en els petits detalls, observar i no limitar-se a transcriure el que diu la gravadora.»

— A partir de les afirmacions de Talese, quines són les principals qualitats que ha de tenir un bon periodista?

— Assenyala altres trets que a parer teu també són importants i que haurien de caracteritzar la professió periodística.

— Amb els companys, poseu en comú les vostres opinions.

13. Explica quina reflexió s'amaga al darrere de l'afirmació següent:

«Els periodistes som artistes, no empleats.»

14. Quins mitjans de difusió d'informació digital coneixes? Explica les semblances i diferències entre els mitjans periodístics digitals i els tradicionals.

15. Les xarxes socials són un canal bàsic per a la difusió de rumors. Escriu un text on expressis la teva opinió sobre l'ús que se'n fa.

Expressió

16. Llegeix i valora l'afirmació següent: *«Internet i les xarxes socials són fonts d'informació fiables i de fàcil accés»*. Hi estàs a favor o en contra?

— Elabora una llista dels teus arguments i exposa'ls a classe.

— Quina opinió creus que expressaria Talese? Per què?

— Poseu en comú i debateu entre tots les vostres idees. Quina és l'opinió predominant? Podeu arribar a una conclusió consensuada entre tots?

17. Visiona l'entrevista que TV3 va fer a Gay Talese i escriu les idees fonamentals sobre el periodisme que se'n desprenen.

http://links.edebe.com/er63bx

— En parelles, prepareu una entrevista imaginària i representeu-la davant dels companys. Un de vosaltres farà el paper de reporter que cobreix la notícia de la visita de Gay Talese a Barcelona, i l'altre, el de Talese mateix.

— Compareu les entrevistes i opineu sobre quines us semblen millors, argumentant de paraula la vostra tria. Tingueu en compte que cal valorar tant les preguntes i les respostes com la forma d'expressar-se dels companys.

Comunicació oral

Analitzeu un telenotícies! Dividiu la classe en grups de quatre o cinc alumnes i trieu un dels telenotícies següents:

www.tv3.cat/telenoticies/videos

— Cada grup ha de triar una secció del telenotícies (cultura, esports, internacional...) i escoltar una notícia. Cal que totes les seccions estiguin representades a la classe.

— Analitzeu amb atenció la notícia que hàgiu triat tenint en compte la seva rellevància, com es narra, com s'estructura, quins elements visuals l'acompanyen, la dicció del periodista...).

— Debateu i valoreu entre tots les aportacions de cada notícia i les característiques pròpies de cada secció del telenotícies.

- Coincidiu en les vostres valoracions?
- Quines conclusions considereu més importants o més útils?

Els gèneres periodístics

El periodisme és la professió dedicada a l'elaboració i difusió d'informació d'actualitat i d'interès públic. La informació ha de provenir de fonts fiables i ser tractada amb la màxima objectivitat. Sovint la informació periodística també ofereix una interpretació dels fets. Els mitjans de comunicació són el canal per a arribar als usuaris i poden tenir diferents formes. Hi ha el periodisme gràfic (la premsa escrita), però també l'oral (la ràdio), el visual (la televisió) i el multimèdia (internet).

Els gèneres periodístics apareixen vinculats des del principi a la **premsa escrita,** que va ser la primera expressió del periodisme. Per aquest motiu, quan ens referim als gèneres periodístics estem parlant, bàsicament, dels diversos tipus de textos que trobem en un diari. Segons la intencionalitat informativa, es classifiquen de la manera següent.

Els gèneres informatius

La finalitat d'aquests textos és informar el lector sobre un fet o esdeveniment amb la major objectivitat possible. Segons l'extensió i el grau d'actualitat, cal esmentar principalment la notícia i el reportatge.

— **Notícia:** és un text que relata un fet o un esdeveniment d'actualitat amb la finalitat d'informar el lector. S'estructura en titulars (essència de la notícia), entrada (dades bàsiques de la notícia: qui i què) i cos (desenvolupa la notícia).

— **Reportatge:** ofereix una informació extensa sobre fets d'actualitat o d'interès general. Es caracteritza perquè aprofundeix en el tractament d'un tema. El cos de la informació pot incloure l'opinió i els testimonis dels protagonistes, així com suport gràfic del text.

Els gèneres d'opinió

L'objectiu d'aquest tipus de textos és opinar sobre diversos fets d'actualitat. Són l'editorial, l'article d'opinió i la carta al director, i també les crítiques i els acudits gràfics.

— **Editorial:** article que reflecteix l'opinió d'un diari d'una manera global; no va signat i intenta orientar l'opinió dels lectors sobre temes importants d'actualitat.

— **Article d'opinió:** és un text periodístic argumental d'una certa extensió i importància en el qual s'expressen idees, opinions i judicis sobre temes d'actualitat o d'interès humà. Va signat per un o diversos autors.

— **Carta al director:** és un text escrit que el lector adreça al director d'un diari, i tracta de fets d'actualitat, situacions personals o informacions publicades que han suscitat el seu interès. Pot expressar opinió, comentari, denúncia o agraïment.

Els gèneres informatius i d'opinió

Combinen informació i opinió; són la crònica, l'entrevista i l'enquesta.

— **Crònica:** és un relat que informa d'esdeveniments d'actualitat sobre diversos temes (esports, cultura, societat, política, etc.) i dels quals ofereix elements d'anàlisi, de valoració o d'interpretació. La crònica, per tant, combina informació i opinió.

— **Entrevista:** és un diàleg en què un entrevistador formula una sèrie de preguntes a un entrevistat, a fi de conèixer-ne la personalitat (entrevista **de personalitat**) o bé la seva opinió com a expert en una determinada matèria (entrevista **d'opinió**).

— **Enquesta:** és un instrument de recerca per a esbrinar l'opinió o el comportament d'un grup social sobre un tema. Es fa per mitjà d'un qüestionari oral o escrit.

Visió 360º

La redacció d'un diari

És molt interessant observar com funciona la redacció d'un diari, sobretot en les hores immediatament abans de tancar cada edició.

Tots els integrants de la redacció (caps de secció, redactors, documentalistes, correctors i revisors, dissenyadors gràfics, maquetistes) treballen coordinadament, sovint a un ritme frenètic, per enllestir els articles i enviar-los a la impremta.

La funció dels diaris és fer arribar les notícies d'actualitat al seu públic, i per això és essencial que els exemplars arribin cada dia amb puntualitat als quioscos i els altres punts de venda.

- Us proposem que mireu una de les dues pel·lícules següents, on veureu com es treballa en la redacció d'un diari o un estudi de televisió:

  Primera plana, Billy Wilder, 1974.

  Al filo de la noticia, James L. Brooks, 1987.

El **llenguatge periodístic** utilitzat en la premsa escrita, així com en els altres mitjans de comunicació, té les característiques següents:

- **Concisió.** Cal transmetre en un espai limitat la màxima quantitat d'informació.
- **Sintaxi senzilla.** L'ús d'oracions curtes i d'un lèxic senzill facilita la comprensió dels textos periodístics. Els elements de l'oració han d'estar col·locats seguint l'ordre lògic: subjecte, verb, complements (directe, indirecte, circumstancial). Aquest ordre només s'hauria d'alterar per destacar algun dels components de l'oració.
- **Disposició especial dels continguts.** Els continguts periodístics es col·loquen en una disposició especial a causa de la subordinació a un espai determinat i al desig de captar l'interès del lector. Una notícia, per exemple, conté les dades de més interès al principi i, a continuació, les secundàries (estructura de piràmide invertida).
- **Objectivitat.** Qualsevol informació ha de ser tractada amb la màxima objectivitat. Molts autors, però, afirmen que l'objectivitat pura no existeix. Sí que la subjectivitat es fa present en els textos d'opinió (editorial, article d'opinió, crònica...).

El periodisme difon entre la població la informació que es genera en els àmbits local, nacional i internacional.

Activitats

18. Llegeix els textos següents i indica a quin gènere periodístic pertanyen. Justifica la resposta.

Maverick obté la seva primera 'pole' del curs a Le Mans

El pilot altempordanès intentarà consolidar el seu lideratge des del primer lloc de la graella

El gironí Maverick Viñales (KTM) va engegar la temporada com el clar favorit en la categoria de Moto 3. Tot i això, no va ser fins a la tercera cursa, ara fa quinze dies a Jerez, quan l'altempordanès va poder celebrar la primera victòria alhora que assolia el lideratge de la categoria. Ahir, en els entrenaments de Le Mans, va superar l'última assignatura [...] i va signar la primera pole del curs. [...]

Diari de Girona, 19-5-2013.

Madurar?

Miquel Martín

En certs moments de la vida, potser endut per l'eufòria, la candidesa i les lectures mal païdes, un es pensa que tot és conciliable i, fins i tot, reconciliable: la feina i la família, els calés i la integritat, les opinions i els amics, les modes i el bon gust... Tot es pot compaginar i tot es pot harmonitzar sense haver de renunciar a res. Les contradiccions i les paradoxes [...] es poden superar i sintetitzar només amb una mica de diàleg, passió i mà esquerra.

Però llavors —i potser això és madurar, però només potser— te n'adones que no. [...]

Diari de Girona, 19-5-2013 (text adaptat).

—En quin moment neix la National Geographic Society?

—Es va fundar al Cosmos Club, un local de Washington davant la Casa Blanca, fa 125 anys.

—Qui la va fundar?

—Van ser 33 persones, exploradors, científics, acadèmics..., per impulsar el coneixement del planeta i compartir-lo.

—Han complert els objectius?

—Sí, però fa un decenni hem afegit un altre objectiu: cuidar, preservar el planeta. [...]

«La contra», a *La Vanguardia*, 1-4-2013 (extracte).

19. @ Relaciona els programes de televisió (TV3) de la columna de l'esquerra amb el gènere periodístic que els correspon. Si no en coneixes algun, el pots trobar a internet.

• *Telenotícies*	• Reportatge
• *30 minuts*	• Crònica
• *Al cotxe*	• Documental
• *Bèsties*	• Notícia
• *Zona Champions*	• Entrevista

20. Els gèneres periodístics apareixen vinculats des del començament a la premsa escrita. Digues, però, en quins altres mitjans de comunicació es poden trobar actualment.

21. Torna a llegir l'apartat sobre els gèneres periodístics i després completa l'esquema següent:

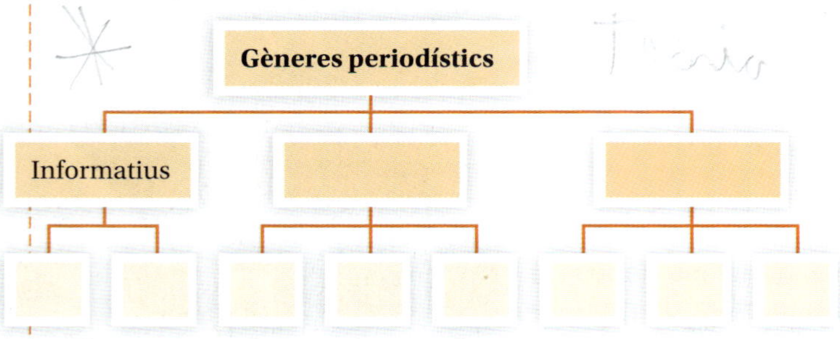

22. A quin tipus de text periodístic, dels que es troben en un diari, corresponen aquestes definicions?

- Text periodístic argumental d'una certa importància i extensió on s'expressen idees, opinions i judicis sobre temes d'actualitat. ....
- Diàleg en què una persona (periodista, locutor, presentador...) formula una sèrie de preguntes a una altra per conèixer la seva opinió. ....
- Article que reflecteix l'opinió d'un diari d'una manera global, no va signat i orienta l'opinió dels lectors sobre temes importants d'actualitat. ....
- Relat periodístic que informa el lector dels esdeveniments més importants de l'actualitat. ....
- Relat que informa d'esdeveniments d'actualitat que pertanyen a diversos temes i ofereix elements d'anàlisi, de valoració o d'interpretació. ....
- Narració amb informació extensa sobre fets que no sempre són d'actualitat, que pot incloure l'opinió dels testimonis i dels protagonistes. ....

23. Tria un dels textos periodístics de l'activitat 18 i identifica els trets del llenguatge periodístic que hi són presents.

24. Agafa un diari català, com ara *El Punt Avui, Ara, La Vanguardia, El Periódico...* Quines seccions hi ha?

— Busca un article de cada gènere periodístic treballat i explica als companys el perquè de la teva tria.

25. Reflexiona sobre els diversos tipus de text periodístic i respon les preguntes. Poseu en comú les vostres respostes.

- Quins són els principals gèneres periodístics?
- Quina és la funció de cada gènere periodístic?
- Quina importància té cadascun dels gèneres periodístics?
- Com afectaria la premsa escrita que algun d'aquests gèneres desaparegués?

26. Llegeix atentament els dos textos periodístics següents. A quin gènere pertany cadascun? Estableix les semblances i les diferències entre aquests dos textos.

Estudiants de batxillerat creen les seves pròpies miniempreses

Formen part d'una iniciativa que promou l'esperit emprenedor

MIREIA MOYA / Barcelona

Tres grups d'alumnes de secundària i batxillerat de Barcelona han aconseguit posar en marxa els seus propis projectes empresarials gràcies a Joves Emprenedors, un programa impulsat conjuntament per l'Obra Social La Caixa i l'organització sense ànim de lucre Junior Achievement. La col·laboració té com a objectiu fomentar el desenvolupament econòmic i impulsar l'ocupació.

Els joves empresaris són alumnes del col·legi Claret de Barcelona, de la Institució Cultural del CIC i del centre GEM de Mataró.

El Periódico de Catalunya, 26-4-2013 (extracte).

Horaris de pel·lícules infantils

Des de fa un parell d'anys, hem vist que televisions com Antena 3 i Telecinco es dedicaven sense cap raó explicable a emetre pel·lícules infantils en horari d'adults.

Però aquest Nadal m'ha sorprès molt veure que una televisió com TV3, de la qual sempre he estat orgullosa pel seu contingut ètic i cultural, s'unia a les altres televisions i feia aquestes emissions en els mateixos horaris intempestius per als nens. [...]

Tan complicat és fer-les a les quatre o cinc de la tarda? De debò creuen que poden perdre audiència?

Gràcies per la seva atenció i espero la seva resposta.

Olga. Barcelona.

27. Redacta per a un diari una notícia a partir d'aquestes dades:

Qui? L'Ajuntament de Barcelona. **Què?** Publicitat a la ciutat. **Quan?** Ahir. **Com?** Cartells en llocs emblemàtics. **Per què?** Ingressos. **On?** Monuments de la ciutat.

El verb (I)

El verb és la categoria lèxica que semànticament ens informa de les accions, processos o estats del subjecte. Des del punt de vista sintàctic, acompleix la funció del nucli d'un sintagma verbal. Aquest sintagma constitueix el predicat de l'oració.

Morfològicament, el verb és la categoria lèxica amb una major variabilitat de forma, ja que canvia segons la persona, el nombre, el temps, el mode i l'aspecte.

Estructura del verb

Una forma verbal es compon de lexema (o radical) i de morfemes verbals (o desinències).

redact - av - en

El **lexema** és la part invariable del verb; expressa el significat del verb.

Els **morfemes verbals** són la part variable del verb; indiquen la persona, el nombre, el temps, el mode i l'aspecte del verb.

La informació que ofereixen els morfemes verbals és la següent:

— **Persona:** indica a qui es refereix l'acció o de qui estem dient alguna cosa.
- **Primera:** qui parla *(jo entrevist**o**)*.
- **Segona:** qui escolta *(tu entrevist**es**)*.
- **Tercera:** de qui es parla *(ella entrevist**a**)*.

— **Nombre:** indica si el verb es refereix a un sol ésser o a més d'un.
- **Singular:** un ésser *(jo parl**o**)*. • **Plural:** uns quants éssers *(nosaltres parl**em**)*.

— **Temps:** moment en què té lloc l'acció en relació amb el moment en què es parla.
- **Passat:** fets esdevinguts *(ella investig**ava**)*.
- **Present:** fets que s'esdevenen *(jo investig**o**)*.
- **Futur:** fets que s'esdevindran *(tu investig**aràs**)*.

— **Mode:** indica l'actitud del parlant respecte de l'acció del verb.
- **Indicatiu:** expressa accions reals *(publica la notícia)*.
- **Subjuntiu:** expressa desitjos, dubtes… *(tant de bo es publiqui…)*.
- **Imperatiu:** expressa ordres *(cobriu la notícia!)*.

— **Aspecte:** indica si l'acció verbal està acabada o no, o bé si està en procés.
- **Perfectiu:** l'acció ha acabat; són perfectius els temps compostos *(havies entrat…)* i el passat simple *(parlí…)*.
- **Imperfectiu:** l'acció encara no ha acabat; són imperfectius els temps simples *(parlaves…)*, llevat del passat simple.

Tenint en compte el que hem vist, analitzem l'exemple inicial:

*redact-**av-en***

Lexema: el trobem a partir de l'infinitiu del verb *(redactar)* i separant-ne la terminació de la primera conjugació *(-ar): redact-*.

Morfemes: *tercera persona* (persona) *del plural* (nombre); *imperfet* (temps) *d'indicatiu* (mode); *imperfectiu* (aspecte).

L'imperatiu

És un mode amb què s'expressen ordres adreçades a l'interlocutor o els interlocutors de l'acte de parla. Per aquesta raó, l'imperatiu està mancat de la primera persona del singular.

	1a per.	2a per.	3a per.
Singular →	—	*ven*	*vengui*
Plural →	*venguem*	*veneu*	*venguin*

En les oracions imperatives hem d'utilitzar l'imperatiu (oracions afirmatives: *Calleu!*) o el subjuntiu (oracions negatives: *No entreu*). És incorrecte en aquests casos l'ús de l'infinitiu: *No enganxar cartells, Sortir…*

Els temps verbals

Anomenem **temps verbal** el conjunt de les formes verbals que tenen els mateixos temps, mode i aspecte. Alguns exemples de temps verbals són l'*imperfet d'indicatiu,* el *condicional* o el *present de subjuntiu.*

Imperfet d'indicatiu	Condicional	Present de subjuntiu
cantava	cantaria	canti
cantaves	cantaries	cantis
cantava	cantaria	canti
cantàvem	cantaríem	cantem
cantàveu	cantaríeu	canteu
cantaven	cantarien	cantin

Pel que fa a la **forma,** els temps verbals són simples, compostos o perifràstics.

— **Simples.** Estan formats per un sol mot: *escrivies, tenia, compraríeu...*

— **Compostos.** Estan formats per més d'un mot, és a dir, el verb *haver,* que actua d'auxiliar, més el participi del verb que es conjuga: *han estat, hauria anat, havien comprat...*

— **Perifràstics.** Estan formats pel verb *anar (vaig, vas, va...)* amb funció d'auxiliar seguit de l'infinitiu del verb principal: *vas publicar, van plorar...*

A continuació exposem tots els temps simples, compostos i perifràstics del verb *cantar,* que ens servirà d'exemple.

Modes	Temps simples		Temps compostos		Temps perifràstics	
Indicatiu	Present	*canto...*	Perfet	*he cantat...*	Passat perifràstic	*vaig cantar...*
	Futur	*cantaré...*	Futur perfet	*hauré cantat...*	Passat anterior perifràstic	*vaig haver cantat...*
	Condicional	*cantaria...*	Condicional perfet	*hauria cantat...*		
	Imperfet	*cantava...*	Plusquamperfet	*havia cantat...*		
	Passat simple	*cantí...*	Passat anterior	*haguí cantat...*		
Subjuntiu	Present	*canti...*	Perfet	*hagi cantat...*	Passat perifràstic	*vagi cantar...*
	Imperfet	*cantés...*	Plusquamperfet	*hagués cantat...*	Passat anterior perifràstic	*vagi haver cantat...*
Imperatiu	*canta...*		—		—	

Les conjugacions

S'anomena **conjugació** el conjunt de totes les formes que pot prendre un verb pel que fa a persona, nombre, temps i mode. Cada conjugació té formes pròpies, que s'exemplifiquen a partir d'un verb que funciona com a model. La terminació d'infinitiu indica la forma que prendrà la conjugació. Segons com es conjuguen, els verbs es classifiquen en tres grans grups:

— **Primera conjugació:** hi pertanyen els verbs l'infinitiu dels quals acaba en *-ar.* Segueixen el model de *cant**ar***.

— **Segona conjugació:** hi pertanyen els verbs amb l'infinitiu en *-er* o *-re.* La major part dels verbs de la segona conjugació, tal com veurem més endavant, tenen irregularitats, però els models són *tém**er*** i *perd**re***.

— **Tercera conjugació:** hi pertanyen els verbs amb l'inifinitiu acabat en *-ir.* Segueixen dos models: *serv**ir*** (verbs incoatius) i *dorm**ir*** (verbs purs). Fixa-t'hi:

El verb que caracteritza aquesta imatge, *dormir,* és un verb pur de la tercera conjugació. També podríem utilitzar altres verbs per a descriure la fotografia; per exemple, *dormisquejar* i *descansar,* tots dos pertanyents a la primera conjugació.

serv*eix*o

Servir afegeix l'afix *-eix-* entre el lexema i el morfema verbal en algunes persones del present d'indicatiu (*ser**veix**o, serv**eix**es*...), del present de subjuntiu (*serv**eix**i*...) i de l'imperatiu (*serv**eix***...): és un verb **incoatiu.**

dorm*o*

Dormir no afegeix cap afix entre el lexema i el morfema verbal: és un verb **pur** de la tercera conjugació.

La majoria de verbs de la tercera conjugació són incoatius. Els verbs purs més usuals són: *dormir, ajupir, bullir, sentir, fugir, morir, obrir, omplir, collir, cosir, escopir, sortir* i *tossir.*

Activitats

28. Completa en el teu quadern la taula amb les formes verbals següents, separant els lexemes dels morfemes i indicant a quina conjugació pertanyen.

descobria • afavorir • naixem • camino
compraria • digués • saltàvem • respondré
esquitxés • calleu! • caço • avorreixo
conduí • lluïa • perdi • sabés

Verb	Lexema	Morfema verbal	Conjugació
descobria	*descobr*	*-ia*	Tercera
...	...	...	...

29. Classifica en el teu quadern les següents formes verbals en simples, compostes o perifràstiques.

pensaria • vaig prendre • jagué • havia venut
aprovés • hauria escrit • vau • haver perdut
hagués acabat • vagin • haver fet

30. Completa amb les formes verbals adequades.

agrair • beneir • conduir • constituir
obeir • produir • reduir

- T'............ que em confirmis la teva assistència.
- En Joan mai no .... les ordres del seu cap.
- Aquest any es .... molts més vehicles.
- La Núria em va demanar que .... la velocitat.
- El Sant Pare .... els fidels diumenge vinent.
- Ja he .... dues hores, ara et toca a tu.
- Demà es .... el Consell Escolar.

31. Identifica els verbs i assenyala'n el mode i el temps.

- El gos bordava quan veia el carter.
- Tanca la porta quan surtis.
- Mai no he conegut ningú tan amable com el Bernat.
- Creia que arribaries a temps.
- Sigueu puntuals, no arribeu tard a l'escola.

32. Completa quadern les taules. Fixa't en l'exemple.

Mode indicatiu

Verb	1a pers. sing. Futur	3a pers. sing. Imperfet	2a pers. plural Condicional	1a pers. plural Present
jugar	*jugaré*	*jugava*	*jugaríeu*	*jugo*
conèixer				
establir				
encendre				
estudiar				
estiuejar				
saber				

Mode indicatiu

Verb	1a pers. sing. Passat simple	3a pers. sing. P. perifràstic	2a pers. plural Futur	1a pers. plural Perfet
seure				
esgotar				
regar				
assumir				
combatre				
anar				
sortir				

Mode subjuntiu

Verb	1a pers. plural Present	2a pers. sing. Imperfet	3a pers. plural Perfet	2a pers. sing. Plusquamperfet
definir				
créixer				
podar				
fer				
llegir				
dir				
pensar				

33. Converteix aquestes ordres afirmatives en negatives.

- Utilitza sempre el llapis.
- Preneu aquest medicament.
- Fuig d'aquí.
- Tria sempre l'opció més fàcil.
- Seieu a primera fila.
- Avança per la dreta.

34. Escriu en el teu quadern les formes verbals que falten en les oracions. Totes han de ser en mode imperatiu.

- Maria, ... la llar de foc, si us plau. *(encendre)*
- Au nois, ... arribar d'hora. *(intentar, nosaltres)*
- ....-me els treballs abans de divendres. *(lliurar)*
- ....-vos darrere la cortina. *(amagar)*
- Pere, ... fotografies de la sortida de dissabte. *(fer)*

35. Analitza les formes verbals del text següent:

+

De cop i volta, s'ha tornat a parlar del claustre romànic del Mas del Vent de Palamós. El seu descobridor, Gerardo Boto, va dictaminar que era autèntic, mentre que la Generalitat sostenia que es tractava d'una imitació elaborada durant el segle XX. Ara, després que el professor Boto es refermés en el convenciment sobre l'autenticitat de les peces, l'historiador i arqueòleg Eduard Riu Barrera ha afirmat taxativament que es tracta d'un engany [...].

Narcís-Jordi Aragó, «Palamós, Cuixà o Manhattan», a *El Punt Avui*, 3-6-2013.

— Fes-ho com en aquest exemple: *Ha tornat* → 3a persona del singular del perfet d'indicatiu de *tornar*.

36. Dividiu la classe en equips de quatre alumnes i apliqueu la **tècnica cooperativa** d'*El joc de les paraules:*

— El professor o professora reparteix una llista de mots clau sobre el verb (1. Estructura del verb. 2. Els temps verbals. 3. El mode verbal. 4. La conjugació…).

— A continuació, cada equip ha de consensuar en què consisteix cada concepte proposat.

— Finalment, poseu en comú les vostres conclusions; fins i tot podeu formar una taula rodona i discutir-les.

L'accent diacrític

S'anomena accent diacrític l'accent que porten uns determinats mots que, segons les normes generals, no n'haurien de dur però que s'accentuen per distingir-los d'altres mots que s'escriuen igual. Fixa-t'hi:

*La cremor del **sol** esquerda el **sòl** del desert.*

Observa la llista de mots que duen accent diacrític. És la següent:

Amb accent diacrític	Sense accent diacrític
bé (adverbi)	*be* ('xai'; lletra de l'abecedari)
déu, déus ('divinitat')	*deu, deus* (número; del verb *deure;* 'font')
és (del verb *ser*)	*es* (pronom)
mà ('extremitat')	*ma* (possessiu àton)
més (adverbi de quantitat)	*mes* ('una de les dotze parts de l'any'; 'però')
món ('univers')	*mon* (possessiu àton)
pèl, pèls ('cabell')	*pel, pels* (contracció de *per* i *el*)
què (relatiu, interrogatiu i exclamatiu; nom masculí)	*que* (relatiu, conjunció i quantitatiu)
sé (del verb *saber*)	*se* (pronom reflexiu)
sí (afirmació)	*si* (conjunció; pronom; nota musical...)
sòl ('terra')	*sol* ('astre'; adjectiu; adverbi; verb *soler*...)
són (del verb *ser*)	*son* ('ganes de dormir', possessiu àton)
té (del verb *tenir*)	*te* ('infusió'; pronom feble; nom de lletra)
ús (acció de fer servir una cosa)	*us* (pronom feble)
vós (tractament de cortesia)	*vos* (pronom feble)

L'accent diacrític ens permet distingir paraules que s'escriuen igual però que tenen un significat diferent, com per exemple quan parlem del *sol* ('astre') o bé del *sòl* ('terra').

La dièresi

Recorda que el signe gràfic anomenat dièresi (¨) s'escriu en els casos següents:

– Per a indicar que es pronuncia la *u* dels grups *güe, güi; qüe, qüi: següent, ambigüitat; conseqüència, aqüífer...*

– Per a indicar que les vocals *i*, *u* no formen diftong amb la vocal anterior: *heroïna, geniüt, actuï, increïble...*

- El participi dels verbs acabats en vocal + *ir: produïda, agraït...*
- El present de subjuntiu dels verbs acabats en vocal + *ar: renunciï, estudiï...*
- L'imperfet d'indicatiu de verbs com *coure, obeir,* etc.: *coïa, obeïes...*

Casos en què no es fa ús de la dièresi

— Quan ha d'haver-hi un accent gràfic, segons les **normes d'accentuació:** *Lluís, país, suís, veí...*

— En les paraules amb els sufixos *-isme, -ista: egoisme, altruista...*

— En els mots compostos que comencen amb els prefixos *anti-, auto-, co-, contra-, macro-, micro-, re-...: antiincendis, autoinflamació, coincidència, contraindicar, macroinstrucció, microinformàtica, reunificació...*

— En l'**infinitiu**, el **gerundi**, el **futur** i el **condicional** dels verbs acabats en vocal + *ir: reduir, reduint, reduirà, reduiria...*

— En mots que tenen les terminacions llatines *-us, -um: Màrius, pòdium...*

Puntua bé!

La coma (I)

- La coma indica una pausa breu dins de l'oració. Alguns casos en què utilitzem la coma són els següents:
  - — En els incisos, els aclariments o les explicacions: *Quan va arribar,* ***gairebé sense alè,*** *al sisè pis...*
  - — En les enumeracions, quan les paraules o expressions tenen la mateixa categoria gramatical (nom, adjectiu, verb, oració...): *Hi havia gent de tot arreu:* ***anglesos, alemanys, francesos, egipcis, peruans, canadencs, xinesos...***
  - — Darrere de connectors *(d'altra banda, en efecte, en resum, per exemple, per tant, tot seguit...).* Si aquests mots són enmig de l'oració, van entre comes: ***D'altra banda,*** *això que dius no és del tot cert.*
  - — Quan ens adrecem a algú per dir-li o demanar-li alguna cosa, és a dir, en els vocatius: ***Senyores i senyors,*** *gaudeixin de l'espectacle!*
  - — Quan s'elideix el verb: *Al matí van anar al zoo i* ***a la tarda, al cinema.***

Practica-ho:

37. En el text següent han desaparegut les comes. Torna-les-hi a posar.

Però passa que avui dia n'hi ha molts que consideren que escriure bé és refistolat i que el que mola és escriure amb faltes perquè així demostren per una banda la seva llibertat creativa i per l'altra que no són xais que es deixen dur per les vulgars normes d'una gramàtica. Ara en donem les culpes a internet i als correus electrònics i a les xarxes socials perquè sovint exigeixen escriure amb rapidesa i amb paraules escurçades però no és veritat: aquest problema ve de molt abans. [...]

Els periodistes els administratius i els encarregats de webs que aquí fan faltes poden estar ben tranquils perquè a casa nostra la immensa majoria de ciutadans no les perceben. [...]

Quim Monzó, «L'hortografia», a *La Vanguardia*, 29-5-2013 (fragment).

Dictat

38. Prepara aquest dictat i després respon les preguntes.

Resulta increïble observar com la realitat supera gairebé sempre la ficció. Les inundacions produïdes per les aigües de mars i de rius que sacsegen un país sencer, els terratrèmols, les erupcions volcàniques, els incendis, però també les guerres i els accidents atribuïbles a causes humanes, ens recorden que no vivim aïllats en una bombolla, que la vida humana és fràgil i que no existeix la seguretat total. Què podem fer per protegir-nos d'aquesta allau de possibles amenaces? Fer tot el possible per evitar allò que és evitable i mirar la sort de reüll per si ens pot servir d'ajuda.

— Busca en el dictat algun exemple de dièresi que marqui separació de síl·laba.

— Per quina raó la *i* de la paraula *gairebé* (primera línia) no porta dièresi?

— Busca en el dictat algun exemple de dièresi que no marqui separació de síl·laba.

— Busca en el dictat algun exemple d'estalvi de la dièresi.

39. Separa per síl·labes aquestes paraules, marca'n la tònica i, si cal, afegeix-hi la dièresi.

altruisme	pidolaire	questionari	reull
fluidesa	proisme	antiguitat	quocient
pasqua	enquesta	circuit	peuc
raim	reintegrar	reduir	proteina

40. Afegeix els accents i dièresis que falten en el text.

He buscat alguna informacio a enciclopedies i no he trobat que facin referencia a l'idioma suis. El que em diuen es que les llengues que es parlen a Suissa son l'alemany, el frances, l'italia, el retoromanic i el retofriules. Em permeto copiar el que diu el linguista Grau i Colell, de la Universitat de Constança i que, per tant, coneix de prop la realitat historica i linguistica de Suissa.

Josep Maria Espinàs, «Les llengües que es parlen a Suïssa», a *El Periódico de Catalunya*, 22-5-2013 (extracte).

41. Accentua quan calgui les paraules en negreta.

- **Se** sent molt de soroll, no **se que** fer.
- Aquella noia **es** la que **es** va quedar al darrere.
- **Mon** pare volia fer la volta al **mon.**
- Només **son** les vuit i ja tinc molta **son.**
- Aquest **mes** faré **us** del pis de **que us** vaig parlar.

42. Completa les oracions amb el mot correcte.

té / te

- La Laura ..... molts llibres.
- M'agraden les infusions de ..... verd.
- La pel·lícula ..... l'explicaré quan acabi.

sòl / sol

- No vull quedar-me ..... a casa.
- Els avis ara surten a prendre el .....
- Rega les plantes, que el ..... està molt sec.

són / son

- Avui ..... a la platja i demà aniran a la muntanya.
- En Joan sempre té ..... i s'adorm a classe.

sí / si

- Digues que ....., sempre fem el que tu vols!
- La nota ..... és la setena de l'escala musical.
- No sé ..... podré anar a la universitat.

43. Escriu en el teu quadern l'infinitiu, el participi i el gerundi dels verbs següents:

construiràs			
obstrueixes			
obeïa			
constituireu			
produeixo			
substituí			
conduirem			
trairies			
seduïm			
llueixen			

44. A continuació tens una llista de paraules, accentuades o no amb accent diacrític. Relaciona-les amb el significat corresponent.

be • sòl • déu • mà • que
se • pèl • món • mes

......	Superfície de la Terra considerada com a suport sobre el qual es mouen persones i animals.
......	Part terminal del braç.
......	Ésser sobrehumà a qui es ret culte.
......	Conjunt de totes les coses de l'univers.
......	Però.
......	Cabell, filament que neix a la pell.
......	Anyell, cria de l'ovella fins a l'edat d'un any.
......	Pronom feble de tercera persona.
......	Relatiu, conjunció o quantitatiu.

45. Llegeix el text i després fes l'activitat que s'indica.

Una ensaïmada és una pasta feta amb farina de blat de força, aigua o llet, ous, sucre, saïm de porc i llevat. Es va produir originàriament a Mallorca i ha estat exportada amb succés a d'altres indrets. Té forma de cargol i és habitual posar-hi sucre per sobre. És probable que sigui un derivat d'un dolç jueu, amb l'afegit del saïm de porc per a desjudaïtzar-lo.

http://ca.wikipedia.org/wiki/Ensaïmada (text adaptat).

— Busca-hi exemples de: dièresi que marqui separació de síl·laba; dièresi que no marqui separació; estalvi de la dièresi.

La sufixació és un procés de derivació mitjançant el qual s'han creat nous mots. Per exemple, l'arbre de la imatge és una *prun**era**,* paraula derivada del mot *pruna*, el fruit d'aquest arbre, al qual s'ha afegit un sufix.

La derivació: els sufixos i els infixos

La derivació és el mecanisme de formació de paraules noves mitjançant l'ús de morfemes derivatius que s'afegeixen al lexema o arrel.

La sufixació és el procés de derivació més utilitzat en la nostra llengua a l'hora de crear nous mots.

sincer + ***-itat*** → *sinceritat*

Lexema Sufix Paraula derivada

> El **sufix** és un afix que afegim darrere d'un lexema per modificar-ne o matisar-ne el significat: *atrevi**ment**, cicl**ista**, amarg**or...***

Cal no confondre els sufixos amb els morfemes flexius de gènere i de nombre: *metg**essa**, text**os**...* Alguns dels sufixos més comuns són els següents:

Significat	Sufix	Exemples
Acció o efecte expressats per un verb	*-alla, -ció, -dura, -ment, -menta, -ança, -ença*	*revif**alla**, atrac**ció**, solda**dura**, atrevi**ment**, rec**ança**, tem**ença**...*
Agent d'una acció	*-or, -ora*	*acapara**dor**, lect**ora**, seduct**or**...*
Augmentatiu	*-às, -assa; -ot, -ota; -arro, -arra*	*bon**às**, boc**assa**, paper**ot**, lletj**ota**, cotx**arro**, veu**arra**...*
Col·lectiu, conjunt de	*-ada, -al, -all, -alla, -am, -ar, -at, -atge, -eda, -eria*	*gent**ada**, person**al**, roc**all**, pobriss**alla**, vel**am**, full**atge**, fag**eda**, argent**eria**...*
Doctrina, ideologia, esport	*-isme*	*bud**isme**, sincret**isme**, cicl**isme**, dada**isme**, nacional**isme**...*
Diminutiu	*-et, -eta; -ó, -ona; -ol, -ola; -í, -ina; -ic, -ica*	*pobl**et**, german**eta**, petit**ó**, muntany**ola**, colom**í**, pobr**ica**...*
Tendència	*-ís, -issa; -ós, -osa*	*embrut**adís**, dring**adissa**, rellisc**ós**, blav**osa**...*
Nom abstracte; qualitat posseïda	*-esa, -eria, -ia, -itat, -dat, -edat, -or*	*gentil**esa**, sensibl**eria**, ximpl**eria**, absurd**itat**, mal**dat**, clar**edat**, amarg**or**...*
Ofici, practicant d'un esport...	*-à, -ana; -aire; -er, -era; -ista*	*cirurg**ià**, fir**aire**, carniss**era**, tenn**ista**...*
Objecte o instrument	*-al; -all; -dor, -dora; -er, -era; -et*	*ped**al**, son**all**, banya**dor**, munyi**dora**, sal**er**, rat**era**, pit**et**...*
Planta o arbre	*-er, -era*	*ametll**er**, ros**er**, prun**era**...*
Pejoratiu	*-astre, -astra*	*polític**astre**, medic**astra**...*
Verbs	*-egar, -ejar, -ificar, -itzar*	*encarr**egar**, bat**ejar**, beat**ificar**, normal**itzar**...*
Gentilici (lloc de procedència)	*-à, -ana; -enc, -enca; -ès, -esa; -í, -ina*	*itali**à**, sabadell**enc**, franc**ès**, mataron**í**...*

Els sufixos també es poden classificar segons la categoria gramatical que imposen en el derivat creat:

— **Nominalitzadors:** creen noms *(gentil → gentilesa...).*

— **Adjectivadors:** creen adjectius *(Sabadell → sabadellenc...).*

— **Verbalitzadors:** creen verbs *(normal → normalitzar...).*

Canvis en el lexema

En el procés de derivació, el lexema o arrel pot experimentar diversos canvis:

— Ortogràfics:

*c → qu = ro**c**/ro**qu**eta*

*ç → c = bra**ç**/bra**c**et*

*g → gu = fi**g**a/fi**gu**era*

*gu → gü = ai**gu**a/ai**gü**era*

*j → g = men**j**ar/men**g**ívol*

*s → ss = tro**s**/tro**ss**ejar*

— Consonants finals sordes que passen a sonores: *ca**p**/ca**b**ut, di**t**/di**d**al, re**c**/re**g**ar, públi**c**/publi**c**itat, roi**g**/ro**g**enc, desi**g**/desi**tj**ar...*

— La u passa a *v*: *ne**u**/ne**v**ada...*

— Canvis en l'accent: *ploma/plom**a**ll, ric/riqu**e**sa, n**ú**vol/nuvol**a**da...*

— Afegiment d'una consonant que forma part de l'arrel originària *(n, d, l...)*: *ple/ple**n**itud, gran/gran**d**ària, nul/nul·**l**itat...*

Els infixos

Són els afixos que s'intercalen entre el lexema i el sufix, i que fan de coixí fonètic. Només en alguns casos afegeixen algun matís semàntic: idea de petitesa *(raj**ol**í...)*, d'intensitat *(escrid**ass**ar...)*, distinció de dos derivats amb el mateix sufix *(carner/carn**iss**er...)*.

Infix	Exemples
-all-, -an-, -ar-, -arr-, -ass-, -at-, -atx-	*pig**all**ós, cost**an**er, flam**ar**ada, xic**arr**ó, escrid**ass**ar, llob**at**ó, esprim**atx**at...*
-eg-, -ell-, -er-, -et-	*lladr**eg**ot, gran**ell**ut, camp**er**ol, clav**et**ejar...*
-ic-, -ill-, -in-, -iny-, -isc-, -iss-, -itx-	*port**ic**ó, tronqu**ill**ó, emblanqu**in**ar, plor**iny**ar, llef**isc**ós, aferr**iss**at, magr**itx**ol...*
-ol-, -oll-, -on-, -oss-, -ot-	*rat**ol**í, pat**oll**ar, enllard**on**ar, mat**oss**ar, parl**ot**ejar...*
-uc-, -usc-, -uss-	*pell**uc**ar, pedr**usc**ada, embarb**uss**ament...*

Activitats

46. Marca els sufixos d'aquestes paraules i indica'n el significat.

blavós • saviesa • menjador • estiuenc
polsina • paperam • blanquejar • drapet

47. Escriu en el teu quadern els gentilicis corresponents a les definicions següents:

- Nacional del Brasil
- Nacional de Dinamarca
- Originari de Lleida
- Originari de Tarragona
- Habitant de l'Alguer
- Natural de València
- Natural de l'Iraq

48. Busca el mot primitiu d'aquests augmentatius i fes-ne el diminutiu. Fixa't en l'exemple.

Exemple: *bocassa* *boca* *boqueta*

barcassa • manassa • bestiota
peixot • caminàs • tassota

49. Afegeix el sufix adequat a les paraules entre parèntesis perquè l'oració tingui sentit.

- En les festes es reuneix tota la *(jove)* del poble.
- S'ha fet soci del Club *(muntanya)* de Terrassa.
- A la botiga tenen un *(ventilar)* molt potent.
- Aquella *(núvol)* tan negra amenaça tempesta.
- La *(suau)* d'aquestes teles de seda és fantàstica.

50. Pensa dues paraules que continguin cadascun dels sufixos següents: *-am, -er* o *-era, -isme, -or* o *-ora*.

— Escriu una oració utilitzant aquestes paraules.

51. Col·loca al teu quadern cadascun dels infixos següents en el mot adient perquè tingui sentit.

-in- / -oss- / -ell- / -ar- / -ass-
-atx- / -eg- / -iss- / -ol- / -uss-

blanqu........ós	embarb........ament	pell........er
pic........ada	escrid........ada	herb........ari
rat........í	fum........ada	punx........ut
fug........er	gran........ut	raj........í
llarg........ut	pols........uera	esprim........at

52. Relaciona el sufix de cada paraula de l'esquerra amb el seu significat.

absurditat	Augmentatiu
pensament	Gentilici
paperam	Verb
manassa	Qualitat posseïda
equatorià	Objecte o instrument
rentadora	Nom abstracte
cotitzar	Conjunt de
brillantor	Efecte expressat per un verb

53. Escriu un derivat de cadascuna d'aquestes paraules:

groller • verí • carn • lleig • amable • créixer
savi • escuma • escombra • ric • ignorar • dolç

Teatre culte i teatre popular en el segle XVI

A partir del segle XVI la literatura en llengua catalana es desenvolupa en un ambient de crisi a causa de les vicissituds polítiques. El teatre culte es fa majoritàriament en castellà, mentre que el català es manté molt viu en les manifestacions més populars.

En aquesta etapa d'estancament, l'art dramàtic català es refugia en les antigues formes litúrgiques medievals i els espectacles populars, que sovint es relacionen amb les festes i generalment tenen connotacions religioses.

Durant el Renaixement, doncs, en moltes localitats catalanes es continuen representant les obres dramàtiques religioses d'origen medieval, però s'hi comencen a introduir algunes innovacions en la forma, per influència dels models teatrals italians, que imiten els autors clàssics grecs i llatins.

El teatre religiós

La doctrina derivada del Concili de Trento (1545-1563) afavoreix la utilització de les llengües vulgars en la predicació i la catequesi; per això la llengua catalana manté un lloc específic i important en les manifestacions religioses i en tot l'àmbit eclesiàstic. D'altra banda, després del Concili la visió moral de l'Església esdevé molt més estricta, fet que afecta els continguts de les obres teatrals.

En aquella època la festa del Corpus Christi representava un moment rellevant d'afirmació de la fe cristiana a través de la litúrgia. Aquesta festa va donar origen a un nou gènere dramàtic, l'**acte sacramental,** que va fer fortuna a tota la Península en els segles XVI i XVII (a Castella destaquen autors com Lope de Vega, Tirso de Molina i Calderón de la Barca). Els actes sacramentals eren peces dramàtiques que mostraven als fidels bons exemples per a expressar la pròpia virtut. Els arguments s'inspiraven en els relats de la Bíblia i les vides dels sants, i solien ser representats el dia del Corpus a les places públiques.

Ball dels cossiers, dansa popular d'origen medieval que s'integrà com a espectacle en les manifestacions religioses a l'illa de Mallorca.

Joan Timoneda (València, vers 1520-1583) és l'autor dels dos únics **actes sacramentals** de què tenim constància escrits **en llengua catalana:** *El castell d'Emaús* i *L'Església militant,* tots dos publicats l'any 1573.

Representació d'*Els Pastorets*, obra clàssica del teatre popular català.

Pel que fa al teatre més popular, en aquells anys es feien moltes altres **representacions relacionades amb el cicle litúrgic,** primer a les esglésies i més endavant, després del Concili de Trento, en els espais públics i els teatres. L'escenografia sovint era fastuosa, i el públic s'integrava en l'espectacle. A continuació esmentem algunes d'aquestes obres.

- L'escenificació de la ***Passió*** de Crist està documentada a Olesa de Montserrat des del segle XVI. Però els drames sobre la vida i la mort de Crist, d'arrel popular, es remunten a l'època medieval.
- ***Els Pastorets*** són una representació teatral nadalenca molt popular a Catalunya des del segle XVI (els primers textos daten del XV). Aquesta obra, inspirada en els drames religiosos medievals, narra el naixement de Jesús, l'adoració dels pastors i la lluita entre els àngels i els dimonis. És un clàssic del teatre popular català.
- El ***Cant de la Sibil·la*** és un drama litúrgic cantat que fa referència a la fi del món (el Judici Final) i l'adveniment del Messies. El text, en català des del segle XIII, es representa la Nit de Nadal en esglésies de Mallorca, Menorca, Barcelona, Tarragona i diverses poblacions catalanes i valencianes.
- El ***Misteri d'Elx,*** que se celebra a la basílica de Santa Maria d'Elx des de l'Edat Mitjana, recrea la mort, l'assumpció i la coronació de la Mare de Déu.

El *Cant de la Sibil·la* i el Misteri *d'Elx* són els únics drames litúrgics que encara es representen avui dia a les esglésies.

El teatre profà

En les primeres dècades del segle XVI els principals centres culturals són les festes de la cort, on es fan representacions teatrals per a les classes socials elevades. El teatre profà culte experimenta una renovació que té com a base la recuperació dels **temes de la comèdia llatina clàssica** (Terenci, Plaute), que encapçalen autors italians com Bibbiena, Ariosto, P. Aretino i Maquiavel.

A aquest corrent s'adscriu l'obra dramàtica dels valencians **Joan Ferrandis d'Herèdia** (València, vers 1480-1549) i **Joan Timoneda,** que ja hem esmentat com a autor d'actes sacramentals.

Ferrandis d'Herèdia és l'autor de *La vesita,* o *Col·loqui de les dames valencianes* (1524), l'exemple més reeixit del nou teatre culte inspirat en la comèdia clàssica llatina. Es tracta d'una **comèdia burlesca en vers,** escrita en català, castellà i portuguès, que mostra una visió irònica de les classes socials benestants de l'època. De fet, l'autor retrata alguns aspectes de la vida a la cort i posa en relleu les contradiccions en la manera com actuen les dames de l'alta societat, la diferència que hi ha entre la seva conducta privada i la pública.

Representació del comediògraf llatí Plaute en una pintura de Camillo Miola (1864).

En la unitat 2 hem estudiat l'obra poètica de **Timoneda,** que a més fou editor i escriví narracions i **teatre,** sobretot en castellà, però també en català. Timoneda va traduir obres d'autors clàssics, entre els quals Plaute, i va escriure peces teatrals d'inspiració italiana, com ara *Turiana* (1564-1565).

Hi ha alguns autors castellans que inclouen en les seves obres passatges més o menys extensos en català, com fa Bartolomé de Torres Naharro a la comèdia *Seraphina* (1614-1617), amb un llenguatge precís i un estil molt acurat.

D'altra banda, hi ha algunes comèdies adreçades a un públic més ampli, com ara la *Farsa* (o *Comèdia*) *d'en Cornei*, una peça en vers d'autor anònim de la segona meitat del segle XVI. Aquesta comèdia, a partir de dos monòlegs i tres diàlegs, ens mostra la vida quotidiana d'un amo i els seus criats en clau de sainet; l'amo sembla despòtic, però en realitat és una mica beneit, i per això el criat, molt llest i resolt, l'enreda amb facilitat. El llenguatge és molt ric, farcit de frases fetes i expressions populars que reforcen la comicitat d'aquesta farsa.

Activitats

54. Resumeix per mitjà d'un mapa mental les característiques generals del teatre del segle XVI.

— Quins en són els gèneres principals?

— Quines característiques té el teatre religiós en aquesta època? I el teatre profà?

— En què es diferencien el teatre religiós i el teatre profà? Quins temes tracten?

55. Explica quina era la situació del català en el segle XVI i compara-la amb la dels segles anteriors.

— Justifica la resposta fent referència als aspectes històrics i socials. Si et cal, repassa el que has estudiat en la unitat 2.

56. Quin era el paper de la cort com a centre cultural?

— Qui participava en els espectacles cortesans?

57. On es feien les representacions teatrals al segle XVI?

58. @ Esmenta algunes obres teatrals en català vinculades al cicle litúrgic i busca informació sobre quines festes commemoren.

— Quines es representen encara avui dia?

— En coneixes alguna? Quina?

59. @ *Els Pastorets* és una obra clàssica del teatre popular català. Busca dades sobre els seus orígens i els diferents textos que se n'han escrit.

— Quan es representa aquesta obra? Quins en són els personatges principals?

— Esmenta algun autor relacionat amb *Els Pastorets* i explica alguns trets de la seva vida i la seva obra.

— Redacta una escena d'aquesta obra a partir de la informació que has trobat.

— A classe, repartiu-vos els principals papers de l'obra i representeu les vostres escenes.

La meva llegenda

La narrativa de tradició oral ens ha deixat una pila de rondalles i llegendes, com aquesta sobre l'origen del pont del Diable de Martorell (Baix Llobregat).

El pont del Diable

La llegenda comença un dia qualsevol amb una velleta que cada tarda passava pel pont per anar a buscar aigua d'una font que hi havia a l'altra banda del riu Llobregat.

Una nit hi va haver una gran tempesta a Martorell i el riu portava tanta aigua que es va endur el petit pont. L'endemà la velleta no va poder creuar el riu i es va quedar sense aigua. Preocupada, es preguntava què podia fer. Aquella nit va obtenir la resposta: se li va aparèixer el diable i li va proposar un pacte: ell reconstruiria el pont en una sola nit i el faria tan gran que mai l'aigua no el tornaria a destruir; però, a canvi, s'emportaria l'ànima i el cos del primer ésser viu que passés per aquell pont; la velleta va acceptar. El diable es va posar a treballar i, quan va sortir el sol, al mig del riu hi havia un gran pont de pedra. En veure'l la velleta es va posar molt contenta, però, és clar, ara no el podia travessar perquè, si ho feia, el diable que s'esperava a l'altra banda se l'enduria a l'infern. Aleshores va recordar les paraules del diable: *«el primer ésser viu que passi pel pont»*. Així que, abans de sortir de casa, va posar dins del seu cistell un gat i en arribar al pont va obrir el cistell. El gat va sortir disparat i va passar corrents pel pont. El diable es va enfadar molt, però va haver d'emportar-se l'ànima del gat, el primer ésser viu que va passar pel pont.

Des de d'aquell dia la velleta va poder tornar tranquil·la a buscar aigua a la font passant pel pont que el mateix diable havia construït.

Molts dels nostres cognoms tenen un significat que sovint desconeixem. Com, per exemple, **Grau,** que prové del nom germànic ***Gairoald,*** que vol dir 'govern de la llança'. Els cognoms d'origen germànic són, amb els d'origen llatí, els més antics en català. Aquest cognom és molt estès arreu del país.

1. Investiga i troba diferents versions de la llegenda *El pont del Diable.* Veuràs que els protagonistes canvien: en una altra versió els protagonistes són dos vellets, o en comptes de passar un gat pel pont hi passa un ruc. Una característica de la tradició oral és que tothom hi posa el seu gra de sorra.

2. Després d'haver llegit la llegenda *El pont del Diable,* ja saps per què aquest pont s'anomena així.

— Ara et toca a tu **inventar-te una llegenda** on expliquis l'origen d'un lloc, d'un cognom, d'una muntanya o d'un poble.

Si no saps quin element triar, en el requadre següent hi ha un seguit de noms que et poden ajudar a començar. Però, **atenció!** Alguns noms del requadre ja tenen llegenda; aleshores el que has de fer és inventar-te'n una altra o fer-ne una nova versió ben original.

Cognoms	Alemany, Casajuana, Castells, Ferrer, Garriga, Roig, Sabater, Sala, Serra
Noms de pobles o ciutats	Corbera, Hostalric, l'Hospitalet de Llobregat, Pineda de Mar, Torredembarra, Torregrossa, Viladecavalls, Vila-seca, Vilanova del Camí
Noms de muntanyes	Matagalls, Montserrat, Pedraforca, Pic del Cabirol, Pic de l'Infern, Pic del Ferro, Roca Verda, Turó de l'Home, Turó de la Bandera

Segueix les pautes...

- Tria un nom.
- Segons el que t'inspiri el nom que has triat, imagina una història que en justifiqui l'origen.
- Determina els elements narratius: personatges, espai, temps, narrador i estructura. Ha d'haver-hi elements reals i també imaginaris.
- Determina la lliçó moral o didàctica que vols que transmeti el teu relat.
- Utilitza recursos propis de l'oralitat.
- Inventa't un títol.
- Revisa l'ortografia.
- Afegeix-hi il·lustracions.

SÍNTESI

Els gèneres periodístics

Els gèneres periodístics es vinculen a la **premsa escrita** com a primera expressió del periodisme.

- Els diversos tipus de textos que trobem en un diari es classifiquen en: **gèneres informatius** (la notícia i el reportatge), **gèneres d'opinió** (l'editorial, l'article d'opinió i la carta al director) i **gèneres informatius i d'opinió** (la crònica, l'entrevista i l'enquesta).
- Els trets principals del **llenguatge periodístic** són: concisió, sintaxi senzilla, disposició especial dels continguts i objectivitat, a excepció dels gèneres d'opinió.

El verb (I)

El verb ens **informa del que fa el subjecte.**

El verb acompleix la funció de **nucli del predicat** de l'oració i designa una acció, un procés o un estat.

El verb es compon de lexema i morfemes verbals, que ens aporten la informació sobre la **persona,** el **nombre,** el **temps,** el **mode** i l'**aspecte** del verb.

L'accent diacrític. La dièresi

L'**accent diacrític** té com a funció distingir paraules que s'escriuen igual, però que tenen significats diferents, i per això no segueixen la normativa de l'accentuació.

La **dièresi** és el signe gràfic (¨) que s'usa per a trencar un diftong quan no escau l'accent gràfic, o per a indicar la pronunciació de la *u* dels grups *güe, güi; qüe, qüi*.

La derivació: sufixos i infixos

- El **sufix** és un afix que afegim darrere d'un lexema per modificar-ne o matisar-ne el significat.
- Els **infixos** són afixos que s'intercalen entre el lexema i el sufix; generalment fan de coixí fonètic.

Teatre culte i popular al segle XVI

El **teatre religiós,** molt vinculat al **cicle litúrgic,** és majoritàriament **popular** (la *Passió, Els Pastorets*...), però té un vessant culte (**acte sacramental**). El **teatre profà** s'inspira en la **comèdia clàssica** grecollatina.

Activitats finals

El text predictiu. El text persuasiu

1. Digues a quina tipologia pertany cadascun dels textos següents. Justifica la resposta.

> De fet, l'economia catalana apunta a una evolució per al conjunt de l'any per sobre de l'1,5 %. I, de moment, per al conjunt espanyol es preveu una taxa de l'1,3 %, si bé el ministre d'Economia va avançar la setmana passada que el Govern revisarà els seus plans en el quadre macroeconòmic que es donarà a conèixer el mes de setembre. Així mateix, l'evolució de l'economia catalana és millor que la mitjana espanyola, segons les dades de l'INE relatives a l'any 2013.
>
> *El Periódico de Catalunya,* 7-8-2014 (fragment).

> He vingut fins aquí per cercar una relació nova entre els Estats Units i els musulmans del món, que estigui basada en l'interès mutu i en el respecte mutu, en la certesa que Amèrica i l'Islam no s'exclouen i no els cal contendir. En canvi, coincideixen i comparteixen uns valors comuns, els principis de la justícia i el progrés, de la tolerància i la dignitat de les persones.
>
> Discurs de Barack Obama a la Universitat del Caire, 3-6-2009 (fragment).

— Resumeix amb un esquema les característiques principals d'aquests dos tipus de text.

El nom. L'adjectiu

2. Llegeix amb atenció el text següent i anota en el quadern els adjectius que hi trobis i els noms als quals qualifiquen.

9 de novembre. — Tardor a Calella. Aquest any, el pas de l'estiu a la tardor ha estat brusc i inesperat. Una nit de pluja i de vent ha canviat l'aspecte i el color de la terra i del mar. Ha canviat també l'olor. La tardor és l'estació de les bones olors. En aquestes nits tan estrellades, lleugerament boiroses, una mica humides, els camps i els arbres fan olor d'ametlles tendres i de fulla de menta picant.

Ara, a les tardes, dona gust d'anar pels camps. Les vinyes es van daurant, les pinedes tenen una capa espessa de verd fosc, les oliveres es nimben d'una grisalla aèria i platejada. Tot el paisatge cabria entre una gerra de mel i una ampolla de rom.

Josep Pla, *El quadern gris*. Destino.

L'accentuació

3. Afegeix els accents gràfics que falten en aquest text.

Unes normes ortografiques no són altra cosa que una convencio, un acord entre els parlants d'una llengua per escriure-la d'una manera determinada. Les llengües existeixen encara que no tinguin expressio escrita, va recordar Isidor Marí dijous en la inauguracio del centenari de les normes ortografiques de l'IEC. El president de la Seccio Filologica —que és la que te l'encarrec de produir les obres normatives de la llengua catalana— va definir la llengua com allo que ens permet ordenar la realitat i transmetre els coneixements; i l'escriptura és l'eina central per dur-ho a terme: «Sense la plenitud de l'escriptura no hi pot haver plenitud cultural ni nacional», va apuntar.

Magí Camps, «100 anys d'ortografia», a *La Vanguardia*, 3-2-2013 (fragment).

El signe lingüístic

4. Classifica els signes següents segons que siguin indicis, icones o símbols. Justifica la resposta.

- Petjades de cavall en un camí
- La bandera vermella en un vaixell pirata
- Una silueta femenina o masculina a la porta d'un lavabo
- El color verd en un semàfor
- El dibuix d'un assortidor de benzina en una carretera

La derivació: els prefixos

5. Assenyala els prefixos dels mots següents i digues quin matís de significat hi aporten.

extraterrestre • infravalorat • prevenir • antepenúltim • reaparèixer • subratllar

6. Afegeix el prefix *con-* als mots següents. Tingues present que el prefix pot tenir modificacions ortogràfiques (*co-*, *col-*, *com-*, *cor-*) segons la lletra amb la qual entri en contacte.

nacional • autor • mesurable • incidir • lateralitat • sogre • relació • portar

— Podries dir quin matís de significat aporta aquest prefix a cadascuna d'aquestes paraules?

Posa a prova les teves competències

El blog

www.tercersector.net/

TercerSector.net
Blog de Pau Vidal. Reflexions sobre el tercer sector

Blog | Observatori del Tercer Sector | Pau Vidal | Idiomes

« La reconversió (miraculosa) del tercer sector: Sense recursos i amb valors
"Sense ànim de lucre" vol dir "plenament compromesos amb la societat" »

Les persones no són euros amb cames

Pau Vidal - 25 febrer 2013 - 2 comentaris

Me gusta 59

Ja sabem que corren **temps durs per al finançament de projectes a partir de l'Administració pública.** Això ha portat moltes organitzacions a mirar les persones individuals com a font de finançament de les seves activitats. Així, una de les coses de les quals se sent més a parlar últimament és de campanyes de captació de fons. Lamentablement, **moltes d'aquestes campanyes no tenen els resultats esperats,** i comencen a provocar un cert desencant i desànim.

En general, l'enfocament de captació de fons peca de centrar tot el seu esforç en la dimensió econòmica de la gent. […] Considero que això provoca una sensació semblant a la que he tingut en alguns viatges com a turista, quan m'he sentit un «euro amb cames». No és una sensació agradable. De fet, sol provocar l'efecte contrari al que busca: **com més volen els meus diners, més em predisposo a guardar-los.** Una cosa semblant deu passar amb moltes d'aquestes campanyes.

La manca de diners no és la causa dels problemes de les nostres organitzacions, sinó que és la conseqüència de no haver estat capaços de generar un compromís previ cap a la nostra missió. **Les persones es comprometen en el que els importa,** i és llavors quan hi destinen temps i recursos. És a dir, voluntariat i diners per treballar per la raó de ser de l'entitat.

Les persones poden comprometre's i il·lusionar-se amb les organitzacions, i aleshores es transformen en una base social que aporta dedicació voluntària i recursos econòmics per lluitar pel que creuen que val la pena. Res de nou: **les organitzacions no lucratives sempre han estat el que les persones compromeses han volgut que siguin.**

El finançament públic ens ha donat dimensió com a sector i ens ha ajudat a créixer i estructurar, però el preu ha estat alt. En molts casos, **s'ha oblidat la importància de comptar amb una base social implicada amb l'organització** […] .

Però **no podem oblidar que les persones no són «euros amb cames»**: tenen voluntat i capacitat de comprometre's […] perquè els importa el que aportem a la societat. I el resultat d'aquest compromís seran idees, dedicació, diners, relacions, presència social, etc.

En lloc d'enfocar-nos a captar fons hauríem de centrar-nos més a generar compromís. I un cop la nostra base social compti amb persones compromeses, sí que tindrà sentit fer campanyes de voluntariat o de compromís econòmic per concretar aquesta relació en accions.

Primer el cor, després la cartera.

Go!

Subscriu-te via correu electrònic

Envia

Idiomes

Català
Castellano

Categories

- Àrees de funcionament (1)
- Base social i participació (7)
- Col·laboració organitzativa (2)
- Comunicació i captació de fons (6)
- Direcció i gestió (10)
- Emprenement social i lideratge (1)
- Estructura del Tercer Sector (5)
- General (14)
- Gestió i desenvolupament de persones (5)
- Òrgans de govern (4)
- Qualitat i avaluació (3)
- Rendició de comptes i transparència (9)
- Responsabilitat Social de les Organitzacions (RSO) (1)
- Tercer Sector (5)
- Tercer sector català (6)
- Tercer sector espanyol (5)
- Tercer sector llatinoamericà (2)
- Tercer sector mundial (2)
- TIC's (1)
- Valors organitzatius (6)
- Voluntariat (1)

Blogs interessants

- Canal Solidari
- Canal Solidario
- Carles Campuzano
- Icealware
- Joan Coscubiela
- Josep Lluís Cleries
- Josep Mª Lozano
- Omnium
- Responsabilitat Global
- Roser Batlle
- SocialCo
- SolucionesONG
- Taula d'entitats del Tercer Sector Social de Catalunya
- TecnolONGia
- Víctor Viñuales

1. El text d'aquest blog és una:

☐ Sinopsi ☐ Ressenya ☐ Opinió personal

2. Explica amb paraules teves els mots i expressions següents: *finançament, captació de fons, generar compromís*.

3. Explica el significat de sentir-se *«un euro amb cames»*.

4. Tria entre les paraules del requadre els sinònims més adequats d'aquests mots: *organització, missió, entitat, societat*. Tingues en compte el seu significat en el text.

estructuració • associació • tasca • delegació
institució • empresa • col·lectivitat • corporació

- organització: ....
- missió: ....
- entitat: ....
- societat: ....

5. Una «organització no lucrativa» és:

☐ Una organització amb personalitat jurídica que té els mitjans necessaris per a la producció i es dedica a combinar-los per obtenir benefici econòmic.

☐ Una organització dedicada a tasques d'interès públic o privat sense propòsits comercials.

☐ Una organització particular que té com a objectiu l'intercanvi de béns i serveis.

☐ Una associació amb finalitats econòmiques, industrials o comercials.

6. Segons el text, el problema principal de les organitzacions del tercer sector (les ONG) és:

☐ La manca d'aportacions econòmiques per part de la població.

☐ La manca d'aportacions econòmiques per part d'entitats privades.

☐ La incapacitat d'haver generat un compromís amb la seva tasca entre la població.

☐ Haver acceptat finançament públic.

7. Què significa *«Primer el cor, després la cartera»*?

8. Amb quin gènere periodístic relacionaries el text d'aquest bloc? Per què?

9. Torna a llegir el text i completa les oracions.

- Els mots *és* i *més* porten accent per distingir-los de ....
- Al text hi ha un altre mot amb accent diacrític, que és ...., i el porta per distingir-lo de ....
- La forma pronominal *-nos* de *centrar-nos* rep el nom de forma .... i es col·loca al darrere perquè *centrar* és una forma verbal en ....

10. Subratlla els prefixos de les paraules següents i explica com en matisen el significat: *reconversió, desencant, desànim.*

11. Llegeix les oracions següents i respon les preguntes.

- Això ha portat moltes organitzacions a mirar les persones individuals com a font de finançament de les seves activitats.
- Considero que això provoca una sensació semblant a la que he tingut en alguns viatges com a turista, quan m'he sentit un «euro amb cames».
- Col·laborar en projectes pot ajudar a millorar les condicions de vida de molta gent.
- Les persones, que no són euros amb cames, tenen la capacitat de comprometre's.

— Quins mots amb accent diacrític hi trobes? Justifica'n l'accentuació.

— Identifica els verbs d'aquestes oracions i assenyala'n el mode i el temps.

— Deriva l'adjectiu *individual* utilitzant un sufix nominalitzador i un altre de verbalitzador.

12. Redacta un article d'opinió en què argumentis el paper que tenen les ONG en la nostra societat.

Reflexiona

Diari d'aprenentatge

— Què sabies abans sobre el periodisme? Què n'has après de nou?

— Has trobat útils les activitats del Taller literari per a conèixer millor les llegendes i la narrativa oral?

— Quin contingut dels que has après en la unitat podràs aplicar més en la teva vida quotidiana?

La variació lingüística

Les diverses **maneres de fer servir una mateixa llengua** són el que anomenem *variacions lingüístiques.* Observa-les en aquest esquema.

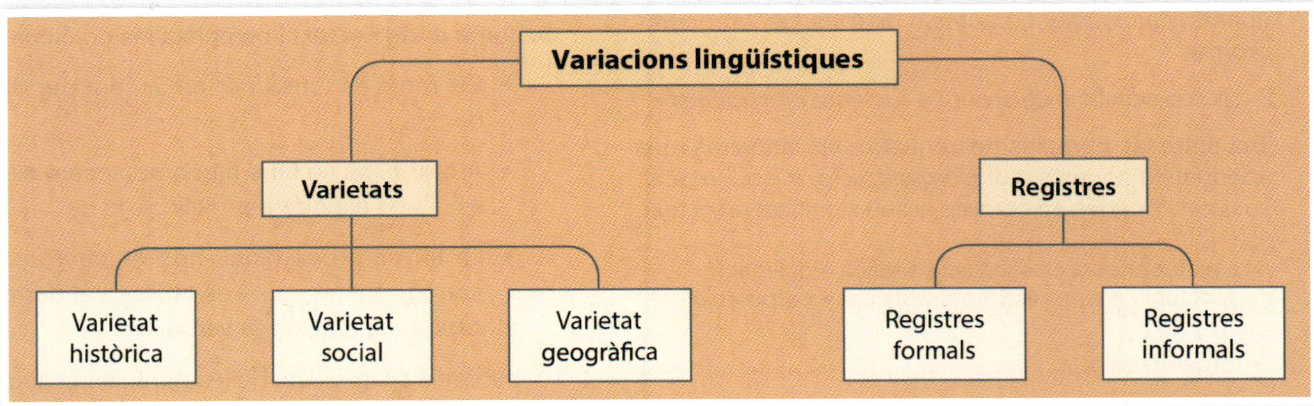

Aquestes depenen de les característiques de qui usa la llengua (**varietats lingüístiques**) i del context en què es fa servir (**registres** o **variacions estilístiques**).

Varietats

Com que els usuaris de la llengua tenen diferents edats, provenen de llocs diversos o pertanyen a classes socials distintes, es comuniquen emprant varietats pròpies de cada grup d'edat (generació), territori o grup social. Tot això són les **varietats** de la llengua: la **geogràfica,** la **social** i la **històrica** o **generacional.** Per exemple, segur que us heu adonat que no parleu igual vosaltres que els vostres avis, i que fins i tot hi ha moltes paraules que vosaltres utilitzeu i que ells no entenen. O a l'inrevés. Són variacions generacionals de la llengua.

Varietat històrica o generacional

Inclou els canvis que experimenta una llengua amb el pas del temps. Ja hem vist, per exemple, que la llengua dels nostres avis no és la mateixa que la nostra.

En aquest fragment d'una novel·la de Ramon Llull (segle XIII) veiem clarament que el català de l'Edat Mitjana no era com el nostre, tot i que s'entén força:

Aquell alberg era molt bell, e era en drecera que tota hora que aquell home ric ixia de sa casa, lo veïa e molt fortment envejava; e tan gran enveja havia d'aquell alberg, que mal mortal volia a aquell senyor de l'alberg, e tot dia cogitava con poria trobar manera perquè l'alberg pogués haver.

Ramon Llull, *Llibre d'Evast e Blanquerna,*
Edicions 62 i "la Caixa".

Fixa't en algunes diferències lèxiques i gramaticals entre el català del segle XIII del text de Llull i el català actual:

i	→	*e*
ixia	→	*sortia*
fortment	→	*intensament*
cogitava	→	*pensava*
poria	→	*podria*
haver	→	*aconseguir*

Observa les diferències sobretot en les formes verbals, conjuncions, pronoms, etc. D'altra banda, en el català antic sovint s'observa una tendència a posar el verb al final de l'oració, per influència del llatí.

Varietat social

És la varietat determinada per l'ús que fa de la llengua un **grup o col·lectiu** concret (persones que tenen la mateixa professió, la mateixa edat...), els membres del qual parlen d'una manera similar entre ells i d'una manera diferent de la de la resta de parlants. En alguns casos (àmbit professional o juvenil), les variacions socials reben el nom d'**argots:** l'argot dels advocats, dels metges, dels joves, etc.

Per a saber de quina varietat social és un text oral o escrit, cal fixar-se en el tema, el lèxic i el grau de correcció lingüística que presenta, com en aquest text d'argot mèdic:

La cataracta s'aspira fragmentant-la amb ultrasons sense necessitat de sutura, i en el seu lloc s'implanta una lent intraocular.

Varietat geogràfica

És la variació lingüística determinada per l'àrea geogràfica de **procedència** dels parlants.

Una llengua no és uniforme a tot el territori en què es parla, sinó que presenta diferències zonals. La varietat geogràfica, per tant, és la modalitat que adquireix la llengua en cada part del conjunt del territori en què es parla.

Totes les llengües del món (català, castellà, francès, anglès, etc.) solen tenir varietats geogràfiques, però això no en fa minvar la unitat, sinó que les enriqueix.

Aquestes varietats són les que anomenem **dialectals** i, si bé formen part d'una mateixa llengua, les diferències poden arribar a ser tan grans que fins i tot poden dificultar l'entesa entre dues persones de dos indrets geogràfics diferents.

En el cas del català, aquest fet no és gaire acusat, però hi ha llengües, com ara l'italià, en què la comunicació entre parlants de diferents dialectes resulta molt complicada si cadascú empra la seva varietat geogràfica.

Registres

D'altra banda, la llengua es difon a través de canals diversos i en contextos o situacions diferents. Per exemple, un professor o professora parla d'una manera més formal quan és a classe que no pas quan és a casa amb la família.

Aquest **ús concret i individualitzat** de la llengua, adequat a un context determinat, és el que s'anomena **registre** o **variació estilística.**

Els registres es classifiquen segons el grau de formalitat (més formals o menys), i aquest està condicionat per la relació que hi ha entre qui parla o escriu i qui escolta o rep el missatge. Així, tenim els **registres formals o cultes** i els **registres informals o col·loquials.**

L'ús d'un registre o un altre depèn de quatre factors:

- El **propòsit** de la comunicació (per exemple, no és el mateix mirar de convèncer algú amb un anunci que predir el temps).
- El **canal** (no és el mateix explicar a un amic quelcom que ens ha passat escrivint-li un correu electrònic que haver d'explicar això mateix a la ràdio).
- El **grau de formalitat** (una carta a l'Ajuntament la redactem d'una manera diferent que una carta adreçada a un familiar).
- El **tema** (els textos que tracten temes especialitzats empren mots específics).

Registres formals

Els registres formals, també anomenats **registres cultes,** són els usos de la llengua que s'ajusten a la normativa i no contenen incorreccions. En aquest grup es distingeixen:

- **Registre cientificotècnic:** permet transmetre coneixements i empra un lèxic específic. És el menys accessible per a la majoria de parlants, sobretot per l'especialització dels temes que acostuma a tractar. També se l'anomena **registre acadèmic**.
- **Registre literari:** té una finalitat estètica i usa recursos literaris (rima, metàfores…).

Registres informals

Els registres informals o **col·loquials** es caracteritzen per la manca de formalitat que s'associa a l'ús de la llengua en **contextos** col·loquials o **quotidians.** Incorporen mots usats de manera freqüent pels parlants en comptes dels mots més cultes, propis dels registres formals, i també hi són més habituals la comparació, els sentits figurats, les frases fetes, les metàfores, l'exageració i les onomatopeies. Se'n distingeixen dues classes:

- **Registre familiar:** l'usem en les converses habituals amb la família o els amics. És espontani i expressiu.
- **Registre vulgar:** està farcit d'incorreccions i mots grollers; sovint s'associa a persones de nivell cultural molt baix.

L'estàndard

Atès que, com hem vist, la comprensió entre els parlants de les diferents modalitats lingüístiques pot arribar a ser difícil, moltes llengües (també el català) desenvolupen una modalitat que pot ser compartida per tothom que parla aquella llengua: l'**estàndard,** que no és pròpiament ni una varietat ni un registre. És una manera d'utilitzar la llengua que es crea en gran mesura de manera artificial i pretén no apropar-se excessivament a cap varietat o registre concret, per tal de facilitar-ne una acceptació espontània i un ús global.

L'estàndard, doncs, serveix per a establir un **model comú** de parla, una eina de comunicació entre tots els parlants d'una mateixa llengua, independentment de la procedència geogràfica, la classe social o l'edat (varietats) i el grau de formalitat (registres), i és el que s'utilitza en els mitjans de comunicació (ràdio, premsa, televisió...), en l'ensenyament, en l'Administració, etc.

En el cas del **català,** la recuperació dels mitjans de comunicació i la generalització de l'ensenyament en llengua catalana, a partir del final del franquisme, han permès generalitzar una modalitat estàndard, útil per a una llengua que sortia d'una etapa molt difícil, però que no ha de fer perdre la riquesa de totes les varietats que s'empren en el conjunt de territoris de parla catalana.

Activitats

1. Llegeix aquest fragment de la novel·la cavalleresca *Curial e Güelfa* i escriu-ne una versió amb paraules teves.

> D'altra part començà Curial a pensar molt en les paraules que havia oïdes e, havent sabut que la Güelfa li havia donat e li donava ço que mester havia, estec fort pensiu. E desitjós de respondre, li semblava aquell dinar durar un any. E no obstant estigués molt apartat, encara mirava la senyora quan los qui servien a la taula e los altres qui davant estaven s'apartaven algun poc e maleïa tots aquells qui entre ell e ella s'interposaven.
>
> *Curial e Güelfa*, edició a càrrec de Ramon Aramon i Serra. ENC.

2. Identifica l'argot professional a què pertany cadascuna d'aquestes frases:

- La norma, de conformitat amb el seu caràcter bàsic, ordena els principis a què s'ha de sotmetre l'exercici d'aquesta potestat pública.
- Les analítiques presenten alteracions importants dels valors de referència, fet que, confrontat amb els símptomes, indica una patologia renal greu.
- La capacitat de la memòria determina el nombre màxim de dades processades; la capacitat insuficient es tradueix en un retard del sistema.

3. Digues de quin registre és cada text i justifica-ho.

> Dins el conjunt de les llengües romàniques, l'occità i el català presenten grans similituds. Partint de la mateixa parla llatina, el substrat lingüístic, a més de les aportacions dels pobles germànics, determina la formació i diferenciació d'ambdues llengües.

> El nou Mercat dels Encants de Barcelona està situat a la cruïlla de la Meridiana amb el carrer Castillejos i té 33.3026 m^2. L'activitat comercial es fa sota aixopluc i protegida del sol per una coberta, però es manté la sensació de comprar a l'aire lliure.

> La moto del meu nòvio és un trasto de l'any de la pera que no tira gens, i no és que no tingui pasta el tio. És que és un garrepa i està una mica tocat del bolet, perquè diu que si no el deixa penjat li ha de durar fins que trobi un altre curro.

4. Relaciona els mots amb els seus sinònims.

Culte	Estàndard	Col·loquial
finir	pegar	palmar
sostreure	boig	emprenyar
colpejar	robar	truscar
cavil·lar	enfadar	pelar
insensat	morir	pasta
pecúnia	pensar	mangar
occir	diners	sonat
irritar	matar	barrinar

5. Digues quin registre utilitzaries en cadascuna de les situacions comunicatives següents. Justifica les respostes.

- Ponència sobre drets lingüístics en un congrés organitzat pel Col·legi d'Advocats de Lleida.
- Redacció d'un relat de terror per a un concurs literari.
- Diàleg entre una parella que s'acaba de prometre.

6. A la televisió pública de Catalunya (TV3) utilitzen, com en la majoria de mitjans de comunicació, la modalitat estàndard del català.

— S'allunya molt de la teva manera de parlar? En quins aspectes?

— Creus que TV3 hauria d'incorporar altres modalitats lingüístiques?

— Penses que aquest català estàndard en els mitjans de comunicació de massa pot fer caure en desús elements de les variacions geogràfiques?

— Debateu aquestes qüestions en grup.

L'obtenció d'informació (I)

A l'hora de fer un treball, i un cop l'hem planificat, cal organitzar la recerca d'informació que es pot obtenir a partir de fonts escrites, orals, electròniques i audiovisuals. Ho treballarem al llarg d'aquest curs. Observa aquest esquema centrat sobretot en les fonts escrites.

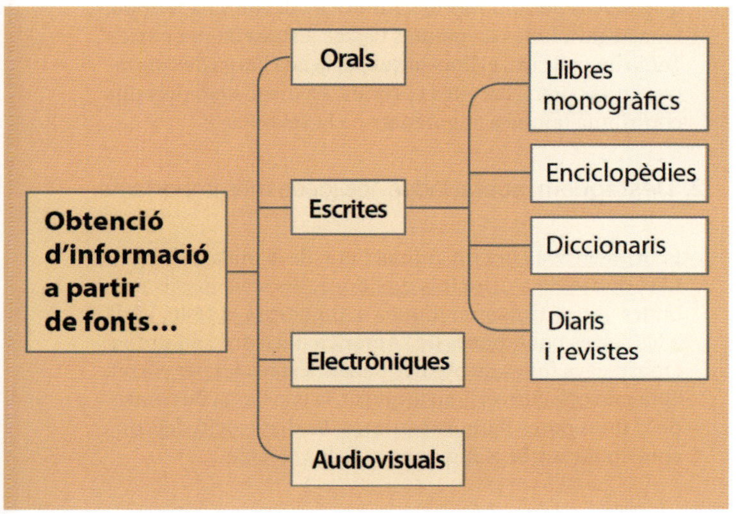

Les fonts escrites

Són un dels mitjans més habituals per a l'obtenció d'informació. Les fonts escrites són els continguts que estan impresos. N'hi ha de diversos tipus:

- **Llibres monogràfics.** Tracten un tema determinat, com ara art, biologia, filosofia, ecologia, geografia, història, literatura, etc.
- **Enciclopèdies.** Proporcionen una informació àmplia i detallada, distribuïda en **volums** ordenats **alfabèticament;** n'hi ha de generals i de temàtiques.
  - Les **enciclopèdies generals** inclouen les **definicions** i a més **informació abundant** sobre les paraules del **lèxic comú.** Així mateix, donen informació sobre **noms propis** (de persones, de llocs...). També s'anomenen **diccionaris enciclopèdics.**
  - Les **enciclopèdies temàtiques** ofereixen informació especialitzada sobre diferents **matèries** (geografia, zoologia, art, medicina, literatura, música...), organitzada per **temes** en diversos volums.
- **Diccionaris.** Permeten consultar els mots de lèxic general (diccionaris de la llengua) o els específics d'un camp determinat (diccionaris especialitzats).
- **Diaris i revistes.** Són publicacions periòdiques amb informació concreta sobre diversos fets, personatges i temes.

Ús de la biblioteca

A les **biblioteques,** a més de llibres, hi trobem col·leccions de diaris i revistes; és a dir, que són també **hemeroteques.** Sovint s'hi poden consultar **fonts audiovisuals i electròniques** (CD-ROM i CD d'àudio), amb ordinadors connectats a internet. Estudiarem aquestes fonts més endavant.

Per a localitzar un llibre concret cal consultar el catàleg, que conté la llista de tots els documents de què disposa una biblioteca. La majoria de catàlegs estan informatitzats.

El **catàleg informatitzat** es consulta als ordinadors de la biblioteca seguint aquests passos:

1) **Emplena el formulari** que veus a la pantalla de l'ordinador; conté dues finestres: «Cercar per» i «Paraula o frase».
   - A **«Cercar per»** has de seleccionar una categoria de cerca: autor, títol o matèria.
   - Després has d'anar a **«Paraula o frase»** i introduir-hi el nom de l'autor o el títol concret, o bé el tema que busques (història, ciències naturals, literatura...).
   - Un cop omplertes les dues finestres del formulari, clica a **«Cercar».**

2) A continuació **tria** la millor opció de la llista de llibres que han aparegut, en cas que hagis fet la cerca per autor o per matèria.

3) Finalment, **consulta** la **fitxa bibliogràfica,** on figuren la signatura topogràfica (identificació que ajuda a localitzar el llibre a les prestatgeries), l'autor, el títol i la publicació (lloc i editorial).

   Has de fixar-te sobretot on diu **«Estat»** per a saber si l'exemplar del llibre que busques està disponible o fins a quin dia està en préstec; altres informacions poden ser «Exclòs de préstec» o «No retornat».

Actualment, també hi ha la possibilitat d'accedir per internet al catàleg d'algunes biblioteques.

4) Un cop has trobat el llibre que t'interessa, si, a més de consultar-lo *in situ,* vols endur-te'l a casa, has de demanar-ho al taulell d'atenció a l'usuari.

Les enciclopèdies sovint es poden consultar lliurement; els diaris solen estar agrupats en **volums per mesos o anys,** i s'hi accedeix lliurement o bé omplint una fitxa de sol·licitud després de consultar el catàleg.

Pel que fa a les revistes, el número final de cada any sol contenir **índexs temàtics o d'autors** que ens ajuden a localitzar allò que busquem.

Hi ha catàlegs en línia de diverses biblioteques, com ara la Biblioteca Virtual de la Diputació de Barcelona, que aplega els fons de la Xarxa de Biblioteques Municipals (**https://bibliotecavirtual.diba.cat/**), o la Biblioteca Digital de Catalunya (BDC), vinculada a les universitats.

Com recollirem la informació de les fonts escrites

Després de localitzar el text que ens interessa (llibre, article…), cal extreure'n la informació indicant-ne la procedència. Això s'aconsegueix fent fitxes de treball, resums o esquemes.

Per fer una **fitxa de treball,** segueix aquests passos:

- **Lectura ràpida** del text, o d'una part, per copsar-ne la idea general.
- **Lectura atenta,** prenent nota de les idees principals.
- **Emplenament de la fitxa.** Informació que hi hem d'incloure:

El resum

Aquesta tècnica permet plasmar d'una manera condensada la informació d'un text que ens interessa. Vegem els passos que cal seguir per a elaborar-lo.

1. Llegim el text per tal de copsar-ne el sentit global.

> El primer cavall era un animal petit, de la mida d'una guineu, que vivia a principis de l'Eocè. Els seus fòssils més antics es van trobar en roques d'Anglaterra el 1840. Vivia a les selves pantanoses de l'Amèrica del Nord i a Europa, i mastegava fulles de plantes baixes. Estava fet per córrer. Tenia un coll curt, el llom arquejat, la cua llarga de contrapès i unes potes llargues i primes. La disposició dels dits contribuïa també a augmentar-ne la velocitat.

2. Destaquem, subratllades, les idees més importants.

> El primer cavall era un animal petit, de la mida d'una guineu, que vivia a principis de l'Eocè. Els seus fòssils més antics es van trobar en roques d'Anglaterra el 1840. Vivia a les selves pantanoses de l'Amèrica del Nord i a Europa, i mastegava fulles de plantes baixes. Estava fet per córrer. Tenia un coll curt, el llom arquejat, la cua llarga de contrapès i unes potes llargues i primes. La disposició dels dits contribuïa també a augmentar-ne la velocitat.

3. Reescrivim els fragments destacats condensant la informació al màxim.

> El primer cavall era un animal petit **de** principis de l'Eocè. Els seus fòssils es van trobar **a** Anglaterra el 1840. Vivia a les selves pantanoses i mastegava fulles de plantes. Estava fet per córrer, **ja que** tenia un coll curt, el llom arquejat, la cua llarga **i** unes potes llargues i primes.

Fixa't en els **recursos** per a reduir i enllaçar oracions: a les dues primeres ratlles hi introduïm les **preposicions** *de* i *a;* més endavant hi afegim **connectors** *(ja que, i).*

Dades bibliogràfiques: ....
....

En les **dades bibliogràfiques** has d'anotar: els cognoms i el nom de l'autor; el títol del llibre (en cursiva si fas servir l'ordinador o subratllat si l'escrius a mà) o article (entre cometes); l'editorial, el nom de la col·lecció i el número dins la col·lecció; el lloc d'edició i l'any; el nombre de pàgines.

Tema del treball: ....
....

En el **tema** del treball cal escriure el títol del treball objecte d'estudi o de la part del treball a què correspongui el contingut de la fitxa.

Resum de les idees essencials del text/llibre: ....
....
....

En el **resum** es recullen només les idees principals del contingut del text/llibre relacionades amb aspectes del tema del treball.

Text citat: ....
....

Si ens interessa reproduir literalment alguna idea exposada per l'autor, cal anotar en la fitxa el **text citat** entre cometes i, a continuació, la pàgina o pàgines del llibre on es troba.

Opinió personal: ....
....

Si una idea determinada et sembla interessant o bé no estàs d'acord amb el que diu l'autor, pot ser útil reflectir la teva actitud o **opinió personal** en aquest apartat.

L'esquema

Pots fer un esquema que representi les idees d'un text: **llegeix** el text, **destaca'n** les idees principals i expressa **gràficament** les **relacions lògiques** de les idees.

El primer cavall
- (Quan?) Va viure a principis de l'Eocè.
- (On?) Se'n van trobar fòssils a Anglaterra (1840).
- (Hàbitat) Les selves pantanoses de l'Amèrica del Nord i Europa.
- (Nutrició) Era herbívor.
- (Adaptació) Adaptat per córrer (coll curt, llom arquejat...).

Activitats

1. Navega pel web següent, visualitza el vídeo de presentació i respon les preguntes.

https://bibliotecavirtual.diba.cat/

— Què és la Xarxa de Biblioteques Municipals i quins serveis presta als ciutadans?

— Què és la Biblioteca Virtual? Per què creus que és útil? Quins tràmits en línia permet?

— Per a què serveix el carnet? Quants tipus de carnet hi ha? En què es diferencien?

— Què és l'Aladí? Per què creus que es diu així?

2. Visita una biblioteca propera al lloc on vius i esbrina com funciona, qui hi treballa i quins serveis presta.

— Quines semblances i diferències trobes respecte del funcionament de la Biblioteca Virtual?

— Informa't sobre el préstec i anota tot allò que et sembli interessant per comentar-ho a classe.

— Poseu en comú la vostra recerca i feu un resum escrit sobre els serveis de les biblioteques i els avantatges de fer-les servir.

3. Digues quines fonts escrites consultaries per fer un treball sobre els temes següents:

- La literatura catalana de postguerra
- L'arquitectura modernista a Barcelona

4. Emplena la fitxa de treball d'un llibre o text que hagis llegit fa poc seguint els passos que has vist abans. Ha de ser una lectura amb la finalitat de fer un treball. El resum recull les idees principals sobre el tema.

5. Quines dades són bibliogràfiques? Per què?

cognoms i nom de l'autor • lloc i data de naixement
títol del llibre o article • biblioteca on s'ha consultat
dia en què s'ha consultat • lloc i any d'edició
nombre de pàgines • nom de la col·lecció i número

6. Escriu un text d'unes 100-150 paraules, estructurat en tres paràgrafs, que segueixi l'esquema següent:

Música catalana
- Música tradicional
  - Cançons tradicionals
  - Sardanes
  - Cobles
- Música moderna
  - Nova cançó
  - Rock català

7. Llegeix amb atenció els textos següents i subratlla'n les idees principals. Després fes el resum i l'esquema de cada text.

La postguerra: la clandestinitat i la represa

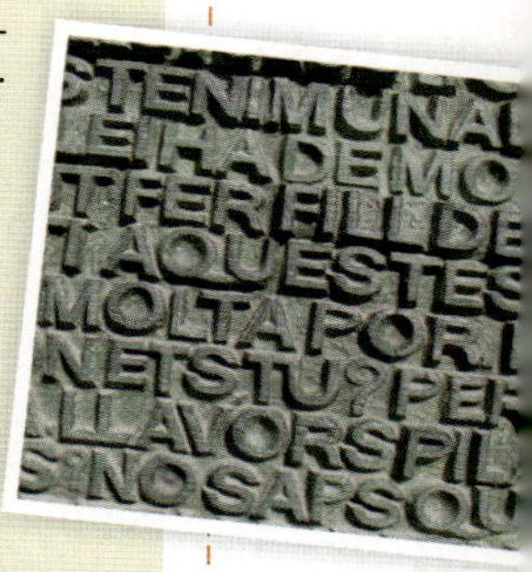

La postguerra comprèn una època inicial forçosament letàrgica perquè hagueren de desaparèixer publicacions periòdiques, institucions i llibres. La represa d'aquests cap al 1946 significà el predomini de la poesia, les reedicions, les obres de bibliòfil (*L'Odissea*, Milton, Shakespeare, Dant) i les obres sense peu d'impremta. Durant un parell de dècades les restriccions afavoriren el predomini de la poesia, primer amb la plenitud de l'obra i el mestratge de Carles Riba (*Elegies de Bierville*, 1942), i l'acció constant de J. V. Foix (*Sol i de dol*, 1947). Poetes morts molt joves (Rosselló-Pòrcel, Màrius Torres, Salvat-Papasseit) serveixen de bandera a les noves generacions. Després, en el tombant del 1960, el guiatge passà per l'obra de Pere Quart (*Vacances pagades*, 1960) i de Salvador Espriu (*La pell de brau*, 1960), ja influent des de *Cementiri de Sinera* (1946), seguits de Gabriel Ferrater, que ràpidament assolí la plenitud (*Les dones i els dies*, 1968).

«Literatura Catalana», a *Enciclopèdia Catalana* (text adaptat).

Descobreix Catalunya

Catalunya presenta un patrimoni natural i una biodiversitat excepcionals. Et presentem propostes per gaudir de Catalunya d'una manera sostenible i responsable.

Hi ha moltes rutes atractives per fer senderisme. Si t'agraden els itineraris llargs, pots recórrer la Vall d'Aran, travessar els Pirineus o fer la Ruta del Cister; els Camins de Ronda voregen el nord de la Costa Brava. També hi ha una àmplia oferta per practicar cicloturisme i bicicleta tot terreny. Els amants de l'escalada tenen una gran varietat de muntanyes i vies ferrades.

El litoral, els llacs i els embassaments ofereixen moltes activitats nàutiques. Els rius Noguera Ribagorçana, Noguera Pallaresa, Garona i Segre permeten fer descensos per aigües braves, barrancs i gorges, ràfting, canoa, caiac o piragüisme. I des de l'aire pots admirar, amb globus, parapent o helicòpter, els cims dels Pirineus, les masses boscoses, les planures i les costes de la nostra geografia.

Comentari de text

El text narratiu

Comentar un text consisteix a analitzar-ne el contingut, determinant-ne el tema i la forma, és a dir, els recursos que hi ha emprat l'autor. Resumint, podríem dir que es tracta de saber **què diu** un text i **com ho diu.**

1a Fase: Estudi del text i esborrany

Comprensió

Per tal de **comprendre** el text, primer cal fer-ne una lectura superficial a fi d'extreure'n una idea global, buscant el **significat** dels mots difícils, i després, una lectura atenta, subratllant les idees principals de cada paràgraf.

— Llegeix el següent fragment narratiu:

I va posar covadors a baix i de moment va tancar les parelles perquè s'avesessin a sortir directes per l'escala, en comptes de fer la volta per tot el pis. Els coloms vivien a les fosques perquè també els va tancar la trapa, que era feta de llates de fusta i s'alçava, per la banda de dalt, estirant una rotllana de ferro; i per la banda de dintre, quan érem al capdamunt de l'escala, l'havíem d'alçar amb el cap i amb les espatlles. No podia matar ni un colomí perquè els crits i els plors dels nens enfonsaven la casa. Quan entrava a l'habitació petita a netejar, encenia el llum, i els coloms quedaven encegats i paralitzats. En Cintet, amb la boca més torta que mai, estava molt enfadat.

–Això són coloms de presó!

I els coloms tancats a les fosques van fer ous i els van covar i van sortir colomins i quan van tenir els colomins coberts de ploma, en Quimet va aixecar la trapa, i, per una reixeta que havia fet a la porta de l'habitació, vèiem els coloms com pujaven l'escala: d'una volada, un graó o dos. L'alegria d'en Quimet... Deia que podríem tenir vuitanta coloms i amb els colomins que farien els vuitanta, ben venuts, podria començar a pensar a tancar la botiga, i potser comprar aviat un terreny i en Mateu li faria la casa amb material aprofitat. Quan arribava de treballar sopava sense ni saber què estava menjant, i de seguida em feia desparar la taula i sota del llum amb el serrell de color de maduixa començava a fer comptes damunt d'una paperina vella per estalviar paper; tantes parelles, tantes cries, tantes veces, tant d'espart... negoci rodó.

Mercè Rodoreda, *La plaça del Diamant*. Club Editor.

— Indica els mots i les idees clau i explica'n el significat: *covadors, avesar-se, coloms, a les fosques, covar, colomins, tancar la botiga, comprar un terreny, faria la casa, fer comptes, parelles, cries, veces, negoci rodó.*

Contextualització

El pas següent és recollir informació sobre l'època a què pertany l'obra, la mentalitat de l'època i la influència que té en el text analitzat. És important esmentar els trets de l'autor i de la seva obra que afectin directament el text comentat i descriure breument el moviment literari al qual pertany. Si cal, es pot parlar també del context històric i social.

Anàlisi del contingut i de l'estructura

Es tracta de **resumir** el text i veure com s'hi organitzen les idees; és a dir, esbrinar les **parts** en què es divideix.

— Identifica les parts que organitzen el text indicant els paràgrafs o les línies que ocupen.

1a part	Està formada pel primer paràgraf. Ens explica com és el colomar que ha construït en Quimet, en quines condicions viuen els coloms, com afecta això els altres habitants de la casa (en Cintet, els nens) i com es veu el colomar des de fora.
2a part	Està formada pel darrer paràgraf. Ens explica com crien els coloms i com reacciona en Quimet davant d'aquest fet. S'observen trets del caràcter d'aquest personatge, els seus somnis i projectes *(l'alegria d'en Quimet, pensar a tancar la botiga, faria la casa, per estalviar paper...).*

Amb el resum del contingut de cada part, hem d'enunciar el **tema** que desenvolupa l'autor en el text. Per a esbrinar-lo, hem de preguntar-nos: *De què ens parla el text?*

— Així doncs, assenyala el tema del text:

- ☐ La cria de coloms en el si d'una família.
- ☐ Les fantasies d'en Quimet per aconseguir una vida millor per mitjà de la cria de coloms.

Els textos narratius s'estructuren en: introducció, desenvolupament i desenllaç. Els elements que intervenen en una narració són: l'espai, el temps, els personatges, els fets i la figura del narrador.

— Digues en quina part de l'estructura narrativa se situa el text que comentem. Justifica la resposta.

Expressió

El fons i la forma són inseparables. Es tracta d'analitzar com exposa les idees l'autor. Esbrinarem quin **tipus de text** és (narració, exposició...) i els **recursos propis** d'aquesta tipologia textual. Hem de parlar, per tant, de l'estil, el llenguatge i els recursos retòrics que fa servir l'autor.

— El primer que cal identificar en un text narratiu és el narrador. Mercè Rodoreda hi utilitza:

- ☐ Un narrador omniscient en tercera persona.
- ☐ Un narrador protagonista en primera persona.

— Busca en el text exemples de nexes d'unió. Quin tipus de nexes hi predomina?

- ☐ Conjunció coordinant *i*, mostra d'un llenguatge planer i poc elaborat.
- ☐ Conjuncions subordinants, mostra d'un llenguatge culte i refinat.

Opinió crítica

Es tracta d'aplegar tota la informació que s'ha obtingut i veure la importància del tema, les idees expressades i els recursos, i contrastar-ho amb el nostre criteri. Aquesta part és la més subjectiva i lliure del comentari.

— Tingues en compte el següent:

- Creus que els recursos expressius utilitzats aconsegueixen transmetre la intenció de l'autora?
- Té vigència avui dia el missatge d'aquest text?

2a Fase: Redacció del comentari

Finalment, es redacta el comentari amb la informació obtinguda. Fes-ho seguint aquest guió:

- **Introducció.** Es comença el comentari exposant breument quina és la intenció de l'autor, això és, què vol expressar Mercè Rodoreda en el text.
- **Exposició.** Resum del text i anàlisi de l'estructura i del tema. Explicació del gènere literari emprat i dels recursos lingüístics i estilístics. Explicació de la relació que té el text amb l'època en la qual va ser escrit (contextualització) i fins a quin punt n'és representatiu.
- **Conclusió.** Represa del més important que s'ha dit i elaboració d'una valoració personal.

— Llegeix el comentari de text sobre el fragment de *La plaça del Diamant.*

En aquest fragment de *La plaça del Diamant* Mercè Rodoreda pretén deixar palès quin és el caràcter d'en Quimet a través de l'episodi dels coloms. El text es divideix en dues parts: la primera (primer paràgraf i intervenció d'en Cintet) descriu com és el colomar que ha fet construir en Quimet, en quines condicions viuen els coloms, com afecta el colomar a la família i quina impressió fa veure'l. La segona part (el darrer paràgraf) explica com crien els coloms i descriu l'actitud d'en Quimet. Així, el tema és l'infantilisme d'un home que somia que podrà canviar la seva vida mitjançant la cria de coloms.

És un text narratiu amb un narrador protagonista (que sap només allò que veu i viu), que alterna la primera i la tercera persona, personal i subjectiu. Això respon a la intenció d'aquesta novel·la, on Mercè Rodoreda pretén descriure el procés vital de la protagonista (la Colometa). El llenguatge que usa l'autora també està al servei d'aquest propòsit, ja que el nexe d'unió més utilitzat és la conjunció coordinant *i*, mostra d'un llenguatge planer i poc elaborat. Un llenguatge que utilitzaria una dona de classe social treballadora. El llenguatge, per tant, aporta versemblança al relat.

Rodoreda és una de les autores més importants del segle XX. Dona compromesa amb la realitat del seu país, va haver d'exiliar-se en acabar la Guerra Civil espanyola. La seva vida sentimental va estar marcada per la inestabilitat, fins que va conviure amb Armand Obiols. Les seves novel·les retraten dones amb trajectòries vitals generalment complicades, a causa dels homes que es creuen en la seva vida. El cas de la protagonista de *La plaça del Diamant* no n'és una excepció: ens trobem davant un personatge que fins i tot perd el seu nom (Natàlia) quan coneix el qui serà el seu primer marit. Aquest, en Quimet, és un personatge infantil, egoista, que necessita mostrar el seu domini sobre aquells que l'envolten.

Aquest fragment mostra amb claredat la personalitat d'en Quimet i com afecta la vida de la seva esposa, que ha de conviure amb coloms perquè ell pugui somiar amb una vida millor. A través dels ulls de la Colometa i de les seves paraules innocents, l'autora fa un retrat de l'home amb qui conviu, poc realista i força egocèntric, que posa els seus somnis per davant de la dona i els fills.

Activitats

1. Llegeix i analitza aquest fragment, també de *La plaça del Diamant,* i comenta'l d'acord amb el que has après.

Havia entrat feia molts anys per aquella porta casada amb en Quimet i n'havia sortit per casar-me amb l'Antoni i amb els nens al darrere. El carrer era lleig i la casa era lletja i l'empedrat era un empedrat només bo per a carros i cavalls. El fanal era lluny i la porta era fosca. Vaig buscar el forat que en Quimet havia fet a la porta, damunt del pany, i el vaig trobar de seguida: tapat amb suro damunt mateix del pany. I vaig començar a treure miques de suro amb la punta del ganivet. I el suro saltava esmicolat. I vaig treure tot el suro i aleshores vaig adonar-me que no podria entrar. Amb els dits no podia agafar la corda i treure-la enfora i estirar i obrir la porta. Havia d'haver dut filferro per fer ganxo. I quan anava a clavar dos cops de puny a la porta vaig pensar que faria massa soroll i vaig picar la paret i em vaig fer molt de mal.

Mercè Rodoreda, *La plaça del Diamant.* Club Editor.

Avalua les teves competències

1. Llegeix amb atenció el text següent i després respon les preguntes.

Seria fatal per a la nació que passés per alt la urgència del moment i que menystingués la determinació dels negres. Aquest estiu sufocant del legítim descontentament dels negres no s'acabarà fins que no hi hagi una tardor vigoritzant de llibertat i d'igualtat. Mil nou-cents seixanta-tres no és un final sinó un començament. Aquells que confien que els negres necessitaven desfogar-se i que ara ja estaran satisfets, tindran un despertar brusc si la nació retorna als seus afers com de costum. No hi haurà ni calma ni tranquil·litat a Amèrica fins que no s'atorguin als negres els seus drets ciutadans. Els ciclons de la revolta continuaran sacsejant els fonaments de la nostra nació fins que no sorgeixi el dia lluminós de la justícia.

Però, hi ha una cosa que li he de dir al meu poble que s'està en el llindar càlid que porta a l'interior del palau de justícia. En el procés per guanyar el nostre lloc legítim, no ens hem de fer culpables d'accions equivocades. No vulguem satisfer la nostra set de llibertat tot bevent de la copa de l'amargor i de l'odi.

Martin Luther King Jr., *Tinc un somni.* Discurs pronunciat a Washington, el 28 d'agost de 1963, davant el monument dedicat a la memòria d'Abraham Lincoln (fragment).

— De quin tipus de text es tracta? Justifica la resposta analitzant-ne les característiques principals.

Monument dedicat a la memòria d'Abraham Lincoln a Washington.

2. Defineix les característiques principals dels textos predictius i dels textos persuasius.

— Mitjançant un mapa mental, compara les característiques d'aquests dos tipus de textos.

3. Identifica en el text tres noms abstractes i un nom propi. Escriu-los en el teu quadern.

4. Canvia el nombre del noms següents, que apareixen en el text. Tingues en compte que hi pot haver canvis ortogràfics.

- nació ....
- urgència ....
- negres ....
- calma ....
- ciutadans ....
- ciclons ....
- procés ....
- llibertat ....

5. Completa la graella amb les formes que falten dels adjectius següents (escriu-ho en el teu quadern):

Singular		Plural	
Masculí	**Femení**	**Masculí**	**Femení**
sufocant			
	vigoritzant		
legítim			
		satisfets	
brusc			
lluminós			

— Ara classifica'ls segons si es tracta d'adjectius d'una terminació o de dues.

6. Identifica en el text de l'activitat 1 tres articles definits diferents, dos demostratius i dos possessius. Anota'ls en el teu quadern.

7. Llegeix amb atenció el darrer paràgraf del text de l'activitat 1. Després, classifica els pronoms subratllats segons si són relatius o febles. Indica quin n'és l'antecedent i escriu-lo en el teu quadern.

8. Identifica els subjectes dels verbs següents, que estan subratllats en el text anterior, i escriu-los íntegrament en el teu quadern.

- s'acabarà ....
- retorna ....
- hi haurà ....
- continuaran ....

9. En les formes verbals següents, separa el lexema del morfema.

estimarà • escrivíem • compraven • parlarem
llegeixo • caminava • estimen • parles

— Escriu l'infinitiu de cada verb i determina a quina conjugació pertany.

10. Tria tres verbs, un de la primera conjugació, un de la segona i un altre de la tercera, i escriu una forma simple, una de composta i una de perifràstica amb cadascun.

11. Separa les síl·labes de les paraules següents i encercla-hi els dígrafs.

passés • menystingués • aquest
llibertat • tranquil·litat • sorgeixi

12. Anota en el teu quadern totes les paraules del text de l'activitat 1 que continguin diftong. Assenyala els diftongs i classifica'ls en una taula com la següent.

Diftongs decreixents	
Diftongs creixents	

13. Justifica l'accentuació de les següents paraules del text.

- nació ....
- urgència ....
- legítim ....
- Amèrica ....

— A continuació busca en el text de l'activitat 1 un mot amb accent diacrític i explica per què en porta.

14. Subratlla els prefixos de les paraules següents i digues de quina manera matisen o modifiquen el significat del mot que acompanyen.

increïble • preromànic • postguerra
descontent • antítesi • contrareforma
retornar • exdirector • vicepresidenta

15. Assenyala els sufixos dels mots següents i classifica'ls segons que siguin nominalitzadors, adjectivadors o verbalitzadors.

començament • justícia • vigoritzar
culpable • irrealitat • relliscada
grandot • petitet • pastisseria • sucrera

16. Explica en què es diferencia el llenguatge emprat en els textos literaris del llenguatge que fem servir habitualment per a comunicar-nos.

— Esmenta els tres grans gèneres literaris i resumeix-ne breument els trets principals a partir d'un esquema.

17. Llegeix el poema següent i identifica els recursos retòrics que hi trobis. Justifica la resposta.

Quan es perden els ulls en el brancatge
d'un arbre espès, tot verd, on gairebé
no entra l'or pacífic del capvespre
oh, quin enyor ens ve!
Hi ha dies que les ànimes s'escapen
al floc de núvol, en el cel perdut;
hi ha dies que el camí de cada dia
ens sembla inconegut.

Josep Carner, «Enyor», a *Poesia*. Quaderns Crema.

4 Unitat

» CONTINGUTS

LECTURA I COMPRENSIÓ
El poder de la premsa

EXPRESSIÓ
La notícia

GRAMÀTICA
El verb (II)

ORTOGRAFIA
La vocal neutra

LÈXIC I SEMÀNTICA
La composició. La parasíntesi. L'habilitació

LITERATURA
La prosa del segle XVI. J. L. Vives, C. Despuig

Rutina de pensament
TITULAR

— Visiona aquesta notícia del minut 9:36 al 13:36.

www.tv3.cat/videos/4609272/Telenoticies-migdia---11062013

- Si haguessis d'escriure un titular que en captés l'essència, quin seria?

— A continuació, en parelles, compartiu els vostres titulars i trieu-ne el més adequat.
— Finalment, feu una llista de tots els titulars de la classe.

- Quin capta millor el tema de la notícia?

ATS
BATTERIES

Evelyn Waugh

Últimes notícies!

L'escriptor britànic Evelyn Waugh (1903-1966), autor de narracions, biografies i llibres de viatge, és reconegut particularment per la novel·la *Retorn a Brideshead* (1945) i també per *Sword of honour* (1952-1961), trilogia sobre la Segona Guerra Mundial, durant la qual serví en les Forces Armades. L'obra de Waugh satiritza durament l'alta societat i l'aristocràcia britànica, i ataca l'absència de valors de la vida moderna. La seva prosa estilitzada i mordaç li garantí l'èxit de públic i l'aprovació de la crítica.

Abans de llegir

Últimes notícies! (1938) és una de les primeres obres d'Evelyn Waugh i una de les més divertides. És una novel·la satírica i despietada contra el món del periodisme o, més ben dit, contra la desinformació i la confusió, escrita a un ritme que talla l'alè.

Waugh coneixia molt bé l'ofici de periodista pel fet que durant la dècada de 1930 viatjà molt com a corresponsal de premsa. Aquesta experiència, i l'àmplia varietat de gent que va conèixer aquells anys, van modelar humorísticament la seva prosa.

El poder de la premsa

A causa d'un absurd malentès, Lord Cooper, magnat de la premsa de **Fleet Street**, envia a cobrir la guerra civil d'una remota república africana a un obscur i gris redactor de notícies de jardineria, plantes i flors. I així, sense cap experiència prèvia, William Boot, de la nit al dia, es converteix en un intrèpid corresponsal de guerra. Aquest fragment explica la trobada entre en William i en Corker, enviat especial d'una agència de notícies. A bord del *Francmaçon,* el vaixell que els porta a l'Àfrica oriental, en Corker endinsa en William en un món ple de malentesos i gent estranya: el del periodisme.

—Bé, digues-m'ho honestament, havies sentit a parlar mai d'Ismaèlia, abans que t'enviessin a cobrir aquesta història?

—Molt vagament.

—Igual que jo. I el lloc del qual havia sentit a parlar era molt diferent, era a prop del Canal de Suez, en alguna banda. Saps? [...] Dilluns el cap em crida i em diu «Corker, te n'aniràs a Ismaèlia». I jo li pregunto: «És fora de la ciutat, això?». «Àfrica oriental», va dir, com si res, «fes les maletes». «I què hi passa, allà?», vaig preguntar. «Bé», va dir, «hi ha tot de negres que han entrat en guerra. Per mi no té res especial, però les altres **agències** hi estan enviant els primeres espases, o sigui que alguna cosa hi hem de fer». «Volem notícies de primera mà», va dir, «i unes quantes històries amb molt de color local. No et passis amb les despeses». «I per què estan en guerra?» —li vaig preguntar. «Això ho hauràs d'esbrinar tu mateix», em va dir, però de moment no ho he pogut esbrinar. I tu?

—No.

—No crec que tingui gaire importància, de tota manera. Personalment, no entenc com pot ser que algú anomeni notícies les històries de l'estranger. Notícies de debò, vull dir, de les que cobreix la **U.N.**

—Perdona —va dir en William. Em temo que **estic molt peix** en periodisme. [...]

Vocabulari

Fleet Street: carrer de Londres on fins als anys 1980 hi havia les seus dels principals diaris i agències de premsa britànics. El nom d'aquest carrer s'utilitza per a designar el conjunt de la premsa nacional del Regne Unit.

agències de premsa: empreses que faciliten informació escrita o gràfica a diferents publicacions (diaris, revistes) mitjançant una xarxa de professionals al seu servei que treballen arreu del món.

U.N.: sigla de *United Nations* ('Nacions Unides').

estar (o anar) peix: no saber res d'alguna matèria, no haver estudiat.

Els **cabrestants** havien callat, les **escotilles** estaven tapades. Els agents s'acomiadaven cerimoniosament de la dona del capità. En Corker es va **arrepapar** a la butaca i va encendre un cigar. [...]

—Et queda molt per aprendre, de periodisme. Pensa-hi d'aquesta manera. Una notícia és el que vol llegir l'home del carrer, que no té gaire interès per res. I només és notícia fins que ho ha llegit. Després, el tema està mort. Ens paguen per enviar notícies. Evidentment, també hi ha la nota de color. La nota de color és molt de fum sobre no res. És fàcil de llegir i fàcil d'escriure.

Aquella tarda en Corker va explicar un munt de coses a en William sobre l'ofici de periodista. El *Francmaçon* va llevar àncores, es va balancejar una mica i va avançar entre turons de color ocre, primer creuant estrets i després a mar obert, mentre en Corker li explicava les llegendes heroiques de Fleet Street, li va explicar les primícies i les enganyifes clàssiques, les confessions arrencades a sospitosos en ple atac d'histèria; les **insinuacions** i **distorsions**, el reguitzell d'invencions complexes i **seductores** que componien la història contemporània, les mentides agosarades amb què alguns havien fet fortuna; la manera com en Wenlock Jakes, el periodista més ben pagat dels Estats Units, havia donat al món el relat presencial del naufragi del *Lusitània,* en primícia mundial, quatre hores abans que l'enfonsessin; la manera com en Hitchcock, el Jakes de la premsa britànica, havia relatat el dia a dia dels horrors del terratrèmol de Messina assegut al seu escriptori de Londres [...].

El protagonista de moltes de les anècdotes d'en Corker era el fabulós Wenlock Jakes.

Il·lustració del 1912 sobre el treball dels reporters gràfics en els conflictes bèl·lics. Els fotògrafs i corresponsals de guerra fan una feina molt important, perillosa i sacrificada, per tal que el públic rebi informació veraç des dels llocs més inversemblants.

—...enviat per tot Amèrica. Guanya cent dòlars la setmana. Tan bon punt apareix en un lloc ja t'hi pots jugar el que vulguis que aquell serà el centre del periodisme mundial durant un temps.

»Fixa't, una vegada en Jakes va anar a cobrir una revolució en una capital balcànica. Es va adormir a la **diligència**, es va despertar en una estació que no tocava, no va notar la diferència,va sortir, va anar de dret cap a un hotel i va enviar un telegrama d'un centenar de paraules amb una història de carrers plens de barricades, esglésies en flames, metralladores que en aquell mateix moment responien al repic de la seva màquina d'escriure, un nen mort, una nina esquinçada al carrer que veia per la finestra... ja m'entens.

»Doncs bé. A la redacció es van sorprendre bastant de rebre un relat com aquell des d'un país equivocat, però van confiar en ell i la van imprimir en sis diaris d'abast nacional. Aquell dia tots els enviats especials d'Europa van rebre ordres d'anar a cobrir la nova revolució. En van arribar a carretades. La veritat és que tot semblava tranquil, però dir una cosa així els podia costar la feina, perquè tots sabien que en Jakes enviava mil paraules al dia plenes de sang i trons. O sigui, que ells també van seguir la música. Els fons del govern van baixar, i hi va haver un esclat de pànic financer, es va declarar l'estat d'emergència, l'exèrcit es va mobilitzar, fam, motins, i al cap de menys d'una setmana ja hi havia una revolució amb totes les de la llei, tal com en Jakes havia dit. Pren-t'ho com una prova del poder de la premsa.

»En acabat, en Jakes va guanyar el premi Nobel de la Pau per les seves esgarrifoses descripcions de les matances, tot i que allò només era la nota de color». [...]

Evelyn Waugh, *Últimes notícies!* A Contra Vent Editors.

Vocabulari

cabrestant: màquina que s'utilitza per a moure o alçar objectes molt pesants; consisteix en un torn vertical que manté enrotllat el cable que arrossega o eleva la càrrega.

escotilla: obertura en la coberta d'una nau per la qual s'accedeix a la bodega (espai de càrrega).

arrepapar-se: seure còmodament al seient, repenjant-hi l'esquena i els braços.

insinuació: fet de donar entenent alguna cosa sense explicar-la.

distorsió: deformació de la realitat.

seductor: es diu d'allò que agrada o atrau, que de vegades pot ser enganyós.

diligència: cotxe de cavalls antic que transportava viatgers.

Et recomanem

Si t'interessen els misteris i el periodisme d'investigació, aquest és el teu llibre.

El mussol i la forca

Pau Joan Hernàndez.
Col·l. Periscopi. edebé.

La tasca dels periodistes varia depenent de l'entorn on treballen. Els professionals del sector audiovisual, com els de la imatge, sovint elaboren i presenten la informació al públic sense haver de moure's del lloc de treball, gràcies a les TIC. D'altres s'acosten més als fets buscant la primícia, com els corresponsals de guerra esmentats a la lectura.

Després de llegir

Obtenció d'informació

1. Duu a terme les següents qüestions sobre la lectura.

— Relaciona els personatges de la lectura amb el seu ofici.

Evelyn Waugh	magnat de la premsa
Lord Cooper	redactor de jardineria
William Boot	enviat especial d'una agència
Corker	autor de la lectura

— El text s'inicia amb un diàleg. De què parlen els dos personatges?

— Qui és el protagonista de les anècdotes que explica en Corker? Descriu-lo.

— Assenyala si les frases són vertaderes (V) o falses (F), segons la lectura.

☐ En William Boot és corresponsal de guerra.

☐ En William i en Corker viatgen a bord del *Lusitània.*

☐ En William està una mica peix en periodisme.

☐ En William explica a en Corker un munt d'anècdotes sobre periodisme.

— Explica el concepte de «notícia» segons en Corker. Què significa «la nota de color» d'una notícia?

— Explica l'anècdota del terratrèmol de Messina. A quin periodista s'atribueix?

— I la del naufragi del *Lusitània?*

— La invenció de W. Jakes provoca un desastre. Quines conseqüències té?

Interpretació

2. La conversa entre els dos periodistes ens fa pensar que un d'ells és més experimentat que l'altre. Busca alguna frase que ho reflecteixi.

3. Defineix aquests mots: *primícia, enviat especial, corresponsal, periodista.*

— Empra aquests mots per a resumir l'argument de la narració que has llegit.

4. En el text hi ha moltes paraules que pel seu significat es relacionen amb el mot genèric *mentida* i poden formar un camp semàntic. Fes-ne una llista.

5. Explica el significat de les expressions següents: *primeres espases, de primera mà, color local, seguir la música, a carretades, amb totes les de la llei.*

6. Completa les oracions amb les formes verbals indicades entre parèntesis.

- En Jakes .... (passat simple de *anar*) a cobrir una revolució.
- En Jakes .... (passat simple de *enviar*) un telegrama.
- Tots els enviats especials d'Europa .... (passat simple de *rebre*) ordres d'anar a cobrir la nova revolució.
- Els fons del govern .... (passat perifràstic de *baixar*) i hi va haver un esclat de pànic financer.
- Hi .... (passat simple de *haver*) una revolució amb totes les de la llei.
- ....-t'ho (imperatiu de *prendre*) com una prova del poder de la premsa.

* Vocabulari

* Camp semàntic: conjunt de paraules que estan relacionades en un mateix centre d'interès

7. Numera aquestes frases seguint l'ordre en què apareixen en el text.

- *Es va declarar l'estat d'emergència, l'exèrcit es va mobilitzar.*
- *Tots els enviats especials d'Europa van rebre ordres d'anar a cobrir la nova revolució.*
- *A la redacció es van sorprendre bastant de rebre un relat com aquell.*
- *Al cap de menys d'una setmana ja hi havia una revolució amb totes les de la llei.*
- *Tot semblava tranquil, però dir una cosa així els podia costar la feina.*

— Redacta un resum breu dels fets que s'hi narren.

8. Fes una llista de tots els llocs que s'esmenten a la lectura i després respon:

— Cap a quin país viatgen en Corker i en William? En quin continent es troba?

— De quin país és en Wenlock Jakes?

— On està situada la regió balcànica?

— Busca informació a internet sobre el naufragi del *Lusitània* i el terratrèmol de Messina i explica breument on, com i quan s'esdevingueren.

9. El títol de la novel·la de la qual s'ha extret el text és *Últimes notícies!* Si haguessis de pensar un títol només per a aquest fragment, quin escriuries?

Reflexió

10. En Corker diu que la història contemporània està feta de mentides que divulguen els periodistes. Comparteixes el seu punt de vista? Per què?

— Quin sentit té que els periodistes inventin, si la seva tasca consisteix a informar d'allò que succeeix realment? Per què creus que ho fan? Justifica la teva opinió.

11. A tall de conclusió, en Corker diu: «*Pren-t'ho com una mostra del poder de la premsa*».

— Creieu que és cert? En parelles, comenteu a classe en què consisteix aquest poder.

— Llegiu i comenteu aquest article d'opinió sobre el poder de la premsa esportiva: **http://links.edebe.com/vxik**

Expressió

12. Imagina que ets en Hitchcock i relates en primera persona el terratrèmol de Messina, o bé que ets en Wenlock Jakes i narres el naufragi del *Lusitània.* Escriu la notícia en unes 15 ratlles i llegeix-la a classe.

13. Recordes la lectura de la unitat 3? El protagonista és un periodista real, Gay Talese, amb una visió molt diferent de la d'en Corker, periodista de ficció.

— Amb els companys, imagineu que sou un d'aquests dos periodistes i en William Boot us demana consell. Elaboreu una llista de recomanacions per als aprenents de periodista i llegiu-la a classe.

Refugiats del terratrèmol de Messina (1908), una de les catàstrofes naturals més greus de la història d'Europa.

Comunicació oral

En grups de quatre alumnes, aneu a l'enllaç següent:

https://www.ccma.cat/324/

— A la part superior, feu clic a *Àudios* i després a *Cultura* i trieu una notícia, la que us interessi més.

— Escolteu l'àudio amb atenció, prenent notes d'allò que us sembli més important.

— Entre tots quatre, expliqueu la notícia als companys de classe, destacant-ne els aspectes fonamentals i utilitzant un llenguatge precís i correcte.

- Quin és el tema de la notícia que heu triat? Per què us ha cridat l'atenció?
- Us sembla que la informació és prou entenedora? Hi trobeu a faltar alguna dada?

Diaris digitals

Tots els diaris disposen de versions digitals consultables a internet que, a diferència del diari en paper, ofereixen als lectors la possibilitat d'ampliar la informació en qualsevol moment. Els diaris digitals aporten:

- **Informació de darrera hora** que s'actualitza de manera immediata.
- **Suplements monogràfics** sobre temes relacionats amb la notícia en qüestió.
- **Enquestes** sobre fets d'actualitat.
- **Fòrums** de debat.
- **Galeries de fotografies** de les notícies.
- **Documents** relacionats amb la informació.
- **Hemeroteca**, amb les edicions anteriors del diari.

EL PUNT AVUI+

Follow

Dilluns, 13 d'octubre del 2014

INICI BARCELONA AGENDA CINEMA SERVEIS CANALS PARTICIPACIÓ REGISTRE BLOGS VÍDEOS

Portada Territori Societat Punt divers Política Economia Cultura Comunicació Opinió Esports

Educació

« Enrere

Enviar un comentari

L'STEPV participa activament en la campanya de la Internacional de l'Educació

Està prevista per al dia 5 d'octubre sota el lema "unim-nos per una educació de qualitat"

02/10/14 14:36 - PAÍS VALENCIÀ - RAQUEL ROVIRA

La campanya "Unim-nos" té un doble objectiu: unir forces entre la comunitat educativa internacional i les organitzacions i institucions educatives internacionals (UNESCO, GEFI -*Global Education First Initiative* de les Nacions Unides, OIT, *Action Aid*, ONU, OCDE, UNICEF, EPT, etc) al voltant d'una visió compartida sobre la necessitat de tenir sistemes educatius de qualitat i en equitat; i, d'altra banda, fer una crida als governs i

Entre els diaris digitals en català més llegits cal esmentar *ara.cat, elpuntavui.cat, vilaweb.cat* i les edicions catalanes de *La Vanguardia* i *El Periódico de Catalunya*.

La notícia

Els diaris, en format de paper i digital, i els informatius de televisió i ràdio informen del que succeeix al món per mitjà, sobretot, del subgènere periodístic de la notícia.

> La **notícia,** gènere periodístic per excel·lència, és un relat que informa dels esdeveniments actuals més importants des d'un punt de vista objectiu.

La notícia ha de donar una informació completa i certa, perquè els lectors i els oients estiguin prou informats. Els esdeveniments que comunica la notícia han de ser actuals i han d'haver ocorregut recentment en l'àmbit local, nacional o internacional.

La proximitat dels esdeveniments és un dels elements que desperta més interès en el lector o l'oient. Per aquest motiu, les notícies d'àmbit local o proper ocupen un espai més destacat als diaris (més text, titular més gran, en portada o a les primeres pàgines), a la ràdio o a la televisió. La notícia ha de respondre **sis preguntes:**

Què? → Què ha passat? (= l'esdeveniment).
Qui? → Qui n'és el protagonista? (= el responsable de l'esdeveniment).
On? → On ha passat? (= el lloc de l'esdeveniment, l'escenari).
Quan? → Quan ha passat? (= el dia, l'hora...).
Com? → Com ha passat? (= de quina manera ha tingut lloc l'esdeveniment).
Per què? → Per què ha passat? (= la causa que ha provocat l'esdeveniment).

Estructura

Pel que fa a la notícia escrita, ha de tenir una estructura determinada que consta de tres parts:

— **Titulars:** estan formats per un títol breu i de vegades un subtítol que el complementa. Tenen com a funció atreure el lector.

— **Entrada:** és el primer paràgraf de la notícia i s'hi resumeix la informació més important. Aquesta informació respon a les preguntes *què, qui, on, quan, com* i *per què.* L'entrada es pot destacar amb l'ús de la negreta o la cursiva.

— **Cos:** desenvolupa l'entrada, amplia les dades i n'afegeix de noves.

Titulars

Un 40 % d'alumnes matriculats a FP
Catalunya arriba al percentatge idoni, segons la UE
La formació professional ja no es veu com un fracàs i guanya pes entre els joves

Entrada

La formació professional ha superat l'escull del desprestigi i cada cop té més alumnes a Catalunya, en una proporció que recomana la Unió Europea (UE) i que se situa en els mateixos nivells que països com Finlàndia i Suècia.

Cos

Aquest any, 58.164 alumnes entre els 16 i els 18 anys (un 40 %) s'han matriculat per fer cicles formatius de grau mitjà respecte dels 87.469 alumnes que faran batxillerat, un 60 %. [...] La consellera va valorar positivament que s'hagi superat aquest clixé social de valorar el batxillerat per damunt de l'ensenyament més tècnic i va recordar que ara mateix a la universitat s'hi pot accedir des de totes dues branques. [...] Ensenyament ofereix uns cursos específics d'accés per a persones que no tenen l'ESO o el batxillerat per evitar les proves d'accés a l'FP necessàries fins ara. Hi ha 5.635 places.

El Punt Avui, 7-9-2013 (text adaptat).

La piràmide invertida

Les notícies es redacten seguint la tècnica de la piràmide invertida (**de més a menys importància**). En el cos de notícia, la primera informació recull la part essencial de la notícia (base de la piràmide). Després ve la informació bàsica per a entendre-la. Més endavant es desenvolupen els elements importants i s'hi afegeixen els detalls que ajuden a entendre i contextualitzar els fets (final).

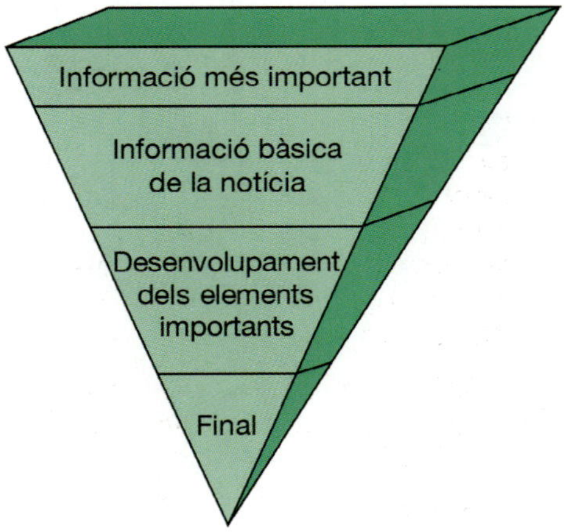

El llenguatge de la notícia

En la **premsa escrita** el llenguatge ha de ser clar, concís, senzill i objectiu. Així qualsevol lector pot entendre el text sense que el periodista hi transmeti la seva opinió personal sobre els fets. Tanmateix, l'objectivitat total és difícil d'aconseguir.

A la **ràdio** el llenguatge és planer, clar i directe, i la paraula hi té un paper primordial malgrat la importància de la música i els silencis.

A la **televisió**, el llenguatge és visual, sonor i lingüístic:

— **Visual:** la imatge té un valor fonamental en la televisió i l'ús de diferents plans, angles i moviments de càmera influeix en el missatge.

— **Sonor:** la veu del presentador i la veu en *off* són molt importants; també ho són el so ambient i la música, que han de lligar amb la informació de fons que es vol comunicar, així com els efectes sonors.

— **Lingüístic:** com que el missatge televisiu és unidireccional (no permet un intercanvi amb el teleespectador), és aconsellable usar **oracions senzilles** (estructura de subjecte + predicat), un **lèxic comprensible** per a un públic molt divers, **recursos orals** que mantinguin la tensió i l'atenció, i el temps verbal de **present,** perquè indica que l'acció està tenint lloc.

Internet ha revolucionat la manera d'entendre el món i d'interactuar-hi, i també el periodisme. A més de conjuminar text, imatges i vídeo en un mateix format, incorpora la **participació dels usuaris,** de manera que les notícies es complementen amb testimonis, opinions i, també, imatges i vídeos dels internautes. A les possibilitats gairebé il·limitades d'internet s'afegeixen les xarxes socials (Facebook, Twitter...), els blogs i moltes altres aplicacions que es desenvolupen contínuament.

Àgora

De vegades, quan tenim un conflicte amb algú, la intervenció d'una tercera persona imparcial pot ajudar-nos a reflexionar sobre la nostra posició i a entendre la de l'altre, i així facilitar una resolució dialogada del conflicte.

» **Intenta buscar un parell d'exemples a la secció d'Internacional de qualsevol diari sobre com s'ha intentat evitar un conflicte internacional o evitar que s'agreugi.**

Activitats

14. Entra al web següent, tria un dels telenotícies, visiona'l i analitza'l: **www.tv3.cat/telenoticies**

— Quina notícia obre el telenotícies? Identifica-hi el *què?, qui?, on?, quan?, com?, per què?*

— Per què creus que l'editor del programa l'ha triada?

— Quines notícies s'expliquen després?

— Estàs d'acord amb l'elecció de la primera notícia? Quina hauries escollit tu? Justifica la resposta.

— Identifica les seccions del programa segons el tema (política, esports, cultura, meteorologia...).

15. Fes de reporter d'un diari i investiga un fet que estigui d'actualitat al teu barri o localitat. Després, redacta la notícia seguint l'esquema de la piràmide invertida.

16. Completa i amplia aquest **mapa mental** sobre la notícia per tal de resumir la informació que has après.

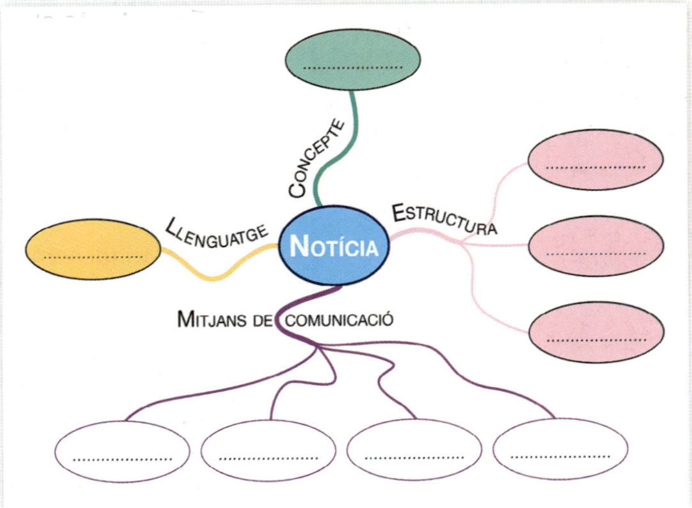

— Dibuixa el mapa mental o bé utilitza l'eina informàtica següent: *ExamTime*.

L'infinitiu, el gerundi i el participi són formes no personals del verb: ***Vendre*** *avui dia no és gens fàcil; Anem* ***venent****, però encara tenim molt de gènere; Enguany les botigues no han* ***venut*** *gaire roba d'estiu.*

El verb (II)

Després d'analitzar les característiques del verb (lexemes i morfemes verbals), així com els temps i les conjugacions verbals, ara veurem les formes no personals, les perífrasis verbals i les veus activa i passiva.

Formes no personals

Totes les formes verbals que hem vist fins ara són personals, perquè tenen morfemes de persona, nombre, temps i mode; però n'hi ha unes quantes que no en tenen i que s'anomenen formes no personals:

— **Infinitiu:** *estimar, témer, vendre, tenir...* (acaba en *-ar, -er/-re, -ir*).

— **Gerundi:** *estimant, venent, tenint...* (acaba en *-ant, -ent, -int*).

— **Participi:** *estimat, venut, tingut, servit, entès...* (acaba en *-at, -ut, -it, ès...*).

Les formes no personals poden actuar com a verbs o bé assumir les **funcions sintàctiques d'altres tipus de paraules** (nom, adverbi o adjectiu), tal com observarem tot seguit:

Forma no personal	Funció de...	Exemple
Infinitiu: quan equival a un **nom**.	Subjecte	***Riure*** *és molt sa.*
	Complement directe	*La mare vol* ***venir****.*
	Atribut	*La millor actitud és* ***ajudar****.*
	Complement circumstancial	*Va estudiar* ***sense parar****.*
	Complement del nom	*Porta la màquina* ***de cosir****.*
	Complement de l'adjectiu	*És fàcil* ***de fer****.*
Gerundi: quan equival a un **adverbi**.	Complement circumstancial	*El David es distreu* ***llegint****.*
Participi: quan equival a un **adjectiu**.	Complement del nom	*Condueix un cotxe* ***llogat****.*
	Atribut	*El malalt ja està* ***recuperat****.*

Quan actuen com a **verbs,** les formes no personals acostumen a constituir, amb altres formes verbals, temps compostos *(va* ***venir****, he* ***sortit****...)* i perífrasis verbals *(volem* ***sopar****, està* ***llegint****, m'ha deixat* ***glaçat****...).*

Tingues en compte els usos següents:

— El gerundi només s'usa de manera correcta quan expressa una **acció simultània** al verb principal *(va entrar* ***corrent*** *a l'aula)* o **anterior** *(****treballant****, ha après l'ofici)*, però mai quan indica una acció posterior:

La reunió es va allargar ~~sortint~~ tard de la feina.

→ *La reunió es va allargar i va sortir tard de la feina.*

— No podem utilitzar l'infinitiu quan cal fer servir l'imperatiu:

No ~~passar~~.

→ *No passeu.*

Formes no personals incorrectes

— Les formes d'infinitiu i de gerundi dels verbs *voler, saber, poder, valer, cabre* i *caldre* acabades en *-guer* i *-guent* són incorrectes:

✗	
~~volguent~~	volent
~~sapiguent~~	sabent
~~poguent~~	podent
~~valguent~~	valent
~~capiguent~~	cabent
~~calguent~~	calent

— Els participis d'alguns verbs com *vendre, cabre i saber* sovint es formen incorrectament. Observa aquests casos:

✗	
~~vengut~~	venut
~~capigut~~	cabut
~~sapigut~~	sabut

Les perífrasis verbals

Són formes verbals que estan formades per dos verbs que, plegats, tenen un significat específic: obligació, probabilitat, reiteració, etc.

Hem de plegar *a les sis.*

Un **verb en forma personal** que informa sobre la persona, el temps, el mode...

Un **verb en forma no personal** que aporta la informació fonamental de la perífrasi verbal.

Sovint hi ha una **preposició** entre els dos verbs que formen la perífrasi.

Les perífrasis verbals més habituals són les següents:

	Perífrasis d'infinitiu		
Significat	**Estructura**		**Exemple**
Obligació	*haver de +*	Infinitiu	***Has de llegir*** *aquest llibre.*
	caldre +		***Cal sortir*** *ben d'hora.*
Probabilitat	*deure +*		***Deuen arribar*** *en el vol següent.*
Possibilitat	*poder +*		***Podrem fer*** *activitats a l'aire lliure.*
Reiteració	*tornar a +*		***Tornaràs a suspendre*** *si no estudies.*
Intenció	*voler +*		***Vull anar*** *de vacances a Escòcia.*
Imminència	*anar a +*		***Vaig a posar*** *una rentadora.*
Inici de l'acció	*començar a +*		***Comença a fer*** *calor.*
	arrencar a +		***Arrenca a córrer*** *si no vols fer tard.*

	Perífrasis de gerundi		
Significat	**Estructura**		**Exemple**
Durada	*estar +*	Gerundi	***Estic acabant*** *la redacció.*
	continuar +		***Continua arribant*** *tard cada dia.*
Reiteració	*anar +*		***Aniré passant*** *per casa teva.*

	Perífrasis de participi		
Significat	**Estructura**		**Exemple**
Conseqüència	*deixar +*	Participi	*La seva intel·ligència ens* ***deixà impressionats****.*
	quedar +		***Vam quedar atemorits*** *després del terratrèmol.*
Resolució	*tenir +*		*Ja* ***tinc decidit*** *el color de la paret.*

L'**obligació** també es pot expressar amb la perífrasi *caldre + que +* present de subjuntiu.

Cal que vinguis *immediatament.*

És incorrecte l'ús de les perífrasis verbals *tenir que, tenir de, haver-hi que, ser precís que* per a expressar obligació.

La probabilitat no s'indica en futur

— No és correcte l'ús del verb *ser* en futur per a indicar probabilitat. Cal usar la perífrasi verbal *deure* + infinitiu:

✗ ~~***Serà*** *la seva germana.*~~

↓

Deu ser *la seva germana.*

— No podem fer servir el verb *deure* + infinitiu per a expressar obligació:

✗ ~~*Els representants* ***deuran ser*** *escollits per votació popular.*~~

↓

Els representants ***hauran de ser*** *escollits per votació popular.*

Tenir ~~que~~

He de ✓

La veu activa i la veu passiva

Els verbs poden estar en veu activa o en veu passiva.

— **Veu activa:** el subjecte és qui duu a terme l'acció del verb.

— **Veu passiva:** el subjecte rep l'acció del verb i s'anomena *subjecte pacient*, mentre que el complement del verb s'anomena *complement agent* (CAg).

Observa-ho en aquest exemple, en què passem una oració d'activa a passiva:

El diari	publicarà	la notícia.	La notícia	serà publicada	pel diari.
SUBJECTE	VERB	COMP. DIRECTE	SUBJECTE PACIENT	VERB	COMP. AGENT
	ACTIVA			PASSIVA	

El verb de la passiva es construeix amb el verb *ser* com a auxiliar i el participi del verb que conjuguem: *serà publicada.*

Activitats

17. Completa en el teu quadern la taula escrivint l'infinitiu, el gerundi i el participi de cada forma verbal, com en l'exemple.

	Infinitiu	Gerundi	Participi
pensaves	*pensar*	*pensant*	*pensat, pensada, pensats, pensades*
són			
sàpiga			
valies			
serveixo			
vivia			
dormiria			
imprimiré			

18. Completa en el teu quadern les oracions amb el participi del verb indicat entre parèntesis. Si cal, fes-lo concordar amb el complement directe.

- La professora ha .... un termini molt curt per lliurar els treballs. *(establir)*
- No les he ...., les teves ulleres. *(veure)*
- Les fulles de llorer han .... a terra. *(caure)*
- Van repartir els fulls de reclamació .... *(imprimir)*
- No m'han .... tots els vestits a la maleta. *(cabre)*
- Encara no he .... els deures. *(enllestir)*
- Finalment han .... els llibres que buscaves. *(aparèixer)*
- L'has .... mai, aquesta cançó? *(escoltar)*

19. Corregeix, quan calgui, el gerundi de les oracions següents i indica si la incorrecció és ortogràfica o d'ús.

- Molts cops es distreu mirant per la finestra.
- Hem estat rebent notes anònimes.
- L'estudiant va caure per l'escala trencant-se una cama.
- Aquestes criatures m'estan traguent de polleguera.
- Es passa la vida debent favors a tothom.
- Aneu seient tots, que aviat començarà l'espectacle.
- La Marta és molt alegre, sempre està riguent.

20. Escriu en el teu quadern els gerundis i els participis dels verbs següents:

estrènyer • comprendre • imprimir
commoure • retreure

21. Indica quines d'aquestes formes verbals no personals són incorrectes i escriu-les correctament.

lluïr	visquent	molt	incluït
enduent	construida	conclòs	evaquada
doldre	coent	constrenyent	argüir
vengudes	volguent	reduïnt	moguent

22. Subratlla les formes no personals de les oracions i digues quina funció fan en cada cas.

- L'objectiu és lluitar contra la pobresa.
- Van fugir conduint a gran velocitat.
- El pacient es passa el dia gemegant.
- El curs sembla ja superat.
- Reciclar és una obligació dels ciutadans.
- Aquelles flors eren pansides.
- Porta el paper d'embalar.
- Me'l vaig trobar comprant el pa.

23. Identifica les perífrasis verbals que hi ha en el text següent i digues de quin tipus són.

> De vegades hi ha paraules que desperten sospites injustificades. «Vaja, això fa l'aspecte de ser tot un barbarisme, cal canviar-ho per si de cas», diem tot sovint, i en molts casos aquest exercici pot ser una font d'error. D'això en diem hipercorrecció: volem ser tan pulcres amb la llengua que ens passem de frenada i acabem cometent errors en paraules que, curiosament, eren plenament correctes.
>
> Rudolf Ortega, *Tinc un dubte*. La Magrana (text adaptat).

24. Completa en el teu quadern les oracions amb una perífrasi verbal del tipus que s'indica.

- .... (*treballar* / obligació), matí i tarda, menys els caps de setmana.
- Demà, com cada dia, ... (*sortir* / reiteració) el sol.
- El conseller ja .... (*escriure* / resolució) el discurs.
- .... (*ser* / probabilitat) el teu germà qui truca.
- Els inspectors .... (*fer* / durada) un seguiment exhaustiu del projecte.

25. Corregeix les oracions següents, que contenen perífrasis verbals o gerundis incorrectes.

- Aquest estiu vaig a anar a França de vacances.
- Has mirat l'hora? Seran les onze.
- Es va tallar amb un ganivet, quedant-li com a seqüela una cicatriu a la mà.
- No tinc que tornar a casa fins després de sopar.
- Els documents deuran ser en format digital.

26. Reescriu cada oració utilitzant les perífrasis verbals adequades per a expressar el significat que s'indica en cada cas, com en l'exemple.

Tenim l'obligació de portar la documentació. → *Ens cal portar la documentació.*

- Tinc la intenció d'anar d'excursió diumenge.
- Segurament té gana.
- En un minut arribo a casa teva.
- Crida sense parar.
- La meva intenció és anar a dutxar-me.

27. Redacta la recepta del teu menjar preferit, utilitzant el mode imperatiu i les perífrasis d'obligació.

28. Digues quines d'aquestes oracions estan en veu activa i quines en veu passiva; en el segon cas, identifica-hi el subjecte pacient i el complement agent.

- Les beques de menjador són concedides pel Departament de Treball, Afers Socials i Famílies.
- La Sílvia ha estat delegada de classe a l'ESO.
- Hem celebrat la reunió amb l'assistència de tots els alumnes del cicle.
- La bellesa espectacular del paisatge ha estat reflectida per la fotografia.
- La meva família ha estat visitant la ciutat.
- La pel·lícula va ser presentada al festival pel director.

29. Redacta els textos següents en veu passiva.

> Antoni Gaudí va dissenyar la Casa Batlló entre els anys 1905 i 1907. Josep Batlló i Casanovas va encarregar la construcció de l'edifici. Els arquitectes Josep Maria Jujol i Joan Rubió i Bellver van ajudar Gaudí en la realització de la façana.

> Pablo Picasso va pintar el *Guernica* per expressar la seva visió del bombardeig d'aquesta vila. El quadre mostra persones, animals i edificis destrossats per la violència i el caos generat per les bombes. Picasso va conèixer les imatges del bombardeig a través dels diaris francesos.

> Miquel Barceló va crear un mural de ceràmica que decora la capella del Santíssim de la catedral de Palma de Mallorca. Aquest mural representa el miracle dels pans i els peixos. L'obra es va inaugurar el 2007.

Els noms i adjectius masculins amb vocal neutra final s'escriuen amb *e*, però hi ha algunes excepcions a aquesta norma, com ara la paraula *mapa*.

La vocal neutra

En català oriental, les vocals *a* i *e* en posició àtona es pronuncien de la mateixa manera: *plora*, *pobre*. Aquesta vocal s'anomena vocal *neutra*, [ə].

Per a saber quan hem d'escriure *a* o *e* en posició àtona, cal tenir en compte les normes següents.

Al final de noms i adjectius

— Els **noms** i **adjectius masculins** amb vocal neutra final s'escriuen amb *e: coure, metge, home, arbre, terme, negre, pobre, agre...*

> Són **excepcions** a aquesta norma els masculins acabats en *a:*
>
> Noms com *dia, espia, goril·la, mapa, nòmada, paraigua, titella...*
>
> Noms i adjectius invariables acabats en *-arca, -cida, -ista, -ma, -ta: monarca, insecticida, massatgista, programa, paleta...*

— Els **noms** i **adjectius femenins** amb vocal neutra final s'escriuen amb *a: corona, muntanya, sabata, neta, llunyana, mitjana, composta, teva...*

> Com a **excepcions**, és a dir, femenins acabats en *e*, tenim:
>
> Noms i adjectius invariables acabats en *-aire, -ble, -me, -ne, -re: escombriaire, comptable, infame, solemne, alegre...*
>
> Noms comuns: *febre, verge, mare, frase...; noms propis: Carme, Irene, Clotilde...; noms cultes: catàstrofe, superfície, espècie...*

— Els **plurals** que acaben en vocal neutra i essa s'escriuen amb *es*: *pobres, pediatres, taules, dones, triangles, petites, nostres, senceres, increïbles...*

A l'interior de noms i adjectius

A l'interior de paraula, per a saber si hem d'escriure *a* o *e*, buscarem la paraula **de la mateixa família** en què aquest so estigui en **posició tònica.** Per tant, buscarem la **paraula primitiva.**

cendrer → *cendra*
cullerada → *cullera*
paperina → *paper*
quarantena → *quaranta*
feblesa → *feble*
cavaller → *cavall*

Canvis ortogràfics en la formació del plural

Cal que recordis aquests canvis ortogràfics en la formació del plural:

ca → ques: *coca / coques...*
ça → ces: *plaça / places...*
gu → gües: *aigua / aigües...*
ga → gues: *alga / algues...*
ja → ges: *esponja / esponges...*
qua → qües: *pasqua / pasqües...*

Interferències del castellà en l'escriptura de les vocals *e* i *a* àtones

Convé que memoritzis una sèrie de paraules l'ortografia de les quals canvia respecte del castellà.

En català, amb *a*

afaitada, *ambaixada*, *assassí*, *arravatament*, *avaluació*, *avaria*, *avantatge*, *davant*, *encomanadís*, *maragda*, *ramat*, *rancor*, *sanefa*, *sarbatana*, *Sardenya*

En català, amb *e*

ametista, *assemblea*, *Empar*, *enyorament*, *espàrrec*, *javelina*, *meravella*, *monestir*, *orgue*, *polseguera*, *ràfega*, *rave*, *sergent*, *treball*, *vernís*

Al final de verbs

— S'escriu *e* en la penúltima lletra de la forma verbal: *cant**e**s, dèi**e**m, voli**e**s...*

— S'escriu *a* en l'última lletra de la forma verbal: *cant**a**, dei**a**, voli**a**...*

Són **excepcions** a aquesta última norma:

Els infinitius de la segona conjugació que acaben amb vocal neutra: *beure, perdre, moure, vendre, seure...*

Les formes verbals següents: *vine, corre, obre* i *omple.*

A l'interior de verbs

— Quan trobem el so de la vocal neutra a l'interior del verb, cal recórrer a la primera o la tercera persones del singular del present d'indicatiu per a saber si hem d'escriure *e* o *a.*

*p**e**nsar, p**e**nsaves, p**e**nsaràs... → p**e**nso; c**a**ntar, c**a**ntava, c**a**ntarem... → c**a**ntes*

Excepció: els verbs *jeure, néixer, péixer* i *treure* s'escriuen amb *a* en les formes àtones, malgrat que s'escriuen amb *e* en les formes tòniques: *jeu* però *jauré, neix* però *naixeu, trec* però *trauran...*

Visió 360º

Les vocals *a* i *e* en mallorquí

A diferència del català central, en mallorquí i menorquí les vocals *a* i *e* en posició tònica de vegades es pronuncien com a vocal neutra.

Escolta atentament qualsevol programa de la televisió balear.

ib3tv.com

Televisió de les Illes Balears

Escriu en el teu quadern paraules que hagis escoltat en què la *a* i la *e* tòniques es pronuncien com a neutres. Prova de pronunciar-les de la mateixa manera.

Puntua bé!

La coma (II)

- Continuem l'estudi dels casos en què cal utilitzar la coma:

  — Davant d'una conjunció adversativa com ara *però* o *sinó*, quan s'hi fa pausa breu: *El preu dels productes era assequible**, però** els clients van escassejar.*

  — Quan desplacem un element de l'oració del seu lloc habitual: *Ha arribat tard**, en Genís**.*

  — Es marquen amb comes les proposicions de gerundi compost (1) i les de participi (2).

  Havent sopat, *solia llegir una estona.* (1)

  Finalitzat l'examen, *els estudiants van anar a celebrar-ho.* (2)

  — Per tal d'evitar ambigüitats o confusions: *No és la teva jaqueta.* ≠ ***No,*** *és la teva jaqueta.*

  — En la correspondència: entre el nom de lloc i la data, en la salutació inicial i en el comiat.

Barcelona, 20 d'octubre de 2019

Benvolguda clienta,

Em complau convidar-vos a la festa d'obertura de la nostra nova botiga.

Salutacions cordials,
Teresa Grau

Practica-ho:

30. Puntua correctament amb comes les oracions.

- Les qualitats d'un professor no sempre depenen dels seus coneixements sinó de la manera com els transmet.
- Havent parlat l'orador va respondre les preguntes del públic.
- Anirem al cinema però abans enllesteix els deures.
- Ja se n'ha anat la Marta.
- A partir del curs vinent podrem dinar al centre.

31. Explica què volen dir aquestes dues oracions:

- Has de resoldre els problemes, que estan per fer.
- Has de resoldre els problemes que estan per fer.

32. Puntua correctament aquesta carta de la dreta.

Manresa 15 de desembre de 2019

Benvolguts senyors

Hem rebut els catàlegs de mobiliari però tardarem uns quants dies a prendre una decisió de compra. Havent estudiat les nostres necessitats farem la comanda en un termini de dues setmanes.

Atentament
Capdevila Arquitectes

ORTOGRAFIA

33. Completa en el teu quadern amb *a* o *e* els espais buits dels mots següents.

- M'agrada molt aquell poet... de l'...mpordà.
- Feia temps que no m...njav... peix.
- Hem d'...nll...stir aviat; si no, ...rrib...rem tard a la festa.
- He de saber quina és la superfíci... del local on es f...rà l'...ss...mble...
- L'...b...nist... va fer tots els mobles de l'...mbaixada.
- El cav...ller no parav... de bad...llar.
- L'av...ntatge d'at...rrar en aquest aeroport és que et permet accedir direct...ment al metro.
- Va passar a les darr...ri... s del segl... XVIII.
- En Joan es va disfr...ss...r de pirat... .
- L'atlet... està l...sionada i ara corr... més lent...ment.

34. Passa a plural les expressions següents (tingues en compte les alteracions ortogràfiques):

- Una puça rabiosa
- Una aigua estancada
- Poca roba arrugada
- La pluja intensa
- Una nissaga esplèndida
- Una truja grassa
- La descàrrega elèctrica
- La conseqüència iniqua

35. Algunes vocals neutres del text han desaparegut. Restitueix en el teu quadern les grafies correctes.

> Pos...s la tele i la ràdio a primer... hora del m...tí i: 1. Després de la informació del temps (l'encert...n tant que com...nço a estar fins a les orell...s de sortir v...stit de Capitán Pescanova i tornar sec com el c...rvell d'un futbolist... professional); 2. De la informació del trànsit [...] cada dia hi ha els m...teixos ...mbussos als m...teixos llocs [...] i 3. De la informació d'on fan les fires de bol...ts (diu que ...ncara hi ha un pobl... que no fa cap fira del bolet, ...spero que hi ...nviïn els Mossos ràpid...ment); ara ...ns col·loqu...n: 4. La informació de les bors...s.
>
> [...] el primer dia inclou...n a la crònica les paraul...s *pànic* i *t...rror*. L'endemà [...] hi col·loqu...n *...nsorrament* i *dia d'infart*. [...] Al manual d'adjectius per a crisis borsàri...s ja només hi qued...n *cataclism...*, *patacad...*, *debacle*, *desplomad...* i *catàstrof...* I amb la ratxa que duem, se'ls pelaran en menys d'una setmana. I això sí que serà un gran desastr...
>
> Iu Forn, «La borsa o la vida», a *Avui*, 13-10-2008.

36. Assigna cada paraula a la definició corresponent.

ambaixada • arravatament • sarbatana
javelina • orgue • sergent

	Militar que té el grau inferior entre els suboficials de l'exèrcit.
	Alienació, emoció intensa, causada per una passió.
	Dard llarg i prim.
	Missió tramesa per un govern prop d'un altre govern.
	Canó generalment de fusta on s'introdueixen petits projectils, que es disparen bufant amb força per un dels seus extrems.
	Instrument de vent que consta d'un gran nombre de tubs que sonen insuflant-hi aire i que es toca per mitjà d'un o més teclats.

Activitats

37. En el text següent hi ha sis errors relacionats amb la vocal neutra. Troba'ls i torna a escriure el text en el teu quadern de manera correcta.

L'Ampar va fer un viatge fantàstic a l'illa de Serdenya. Malgrat la polsaguera que es formava a conseqüència de les ràfagues de vent vespertines, va sentir una gran anyorança de l'indret quan el va haver d'abandonar. En arribar a casa, va lliurar a la seva germana petita una polsera de meragdes i amatistes que va ser l'admiració de tota la família.

38. Escriu en el teu quadern les formes verbals que falten en aquestes oracions, seguint les instruccions.

- Ella el .... (*reconèixer,* passat simple) com a autor de les lesions.
- Per fer el pastís, primer .... (*barrejar,* 2a pers. singular, present d'indicatiu) el sucre amb els ous i després hi .... (*afegir,* 2a pers. singular, present d'indicatiu) la farina.
- És millor que l'escola .... (*tancar,* present de subjuntiu) mentre fan les reparacions.
- L'estiu passat .... (*fer,* 1a pers. plural, passat perifràstic) un viatge a França, però enguany .... (*anar,* 1a pers. plural, futur) a Mallorca.
- .... (*tenir,* 2a pers. plural, imperatiu) en compte que sovint s'usa incorrectament l'imperatiu.
- Mentre en Josep .... (*obrir,* imperfet d'indicatiu) l'ampolla de cava, jo .... (*treure,* passat perifràstic) el pastís del forn.
- El sospitós .... (*furtar,* plusquamperfet d'indicatiu) una gran quantitat de material d'obra.
- La proposta .... (*incloure,* imperfet d'indicatiu) totes les visites del viatge.
- Normalment jo .... (*sortir,* present d'indicatiu) de casa a dos quarts de vuit.
- Si no m'ho .... (*demanar,* 3a pers. singular, plusquamperfet de subjuntiu), jo no .... (*venir,* condicional compost).

Activitats

ORTOGRAFIA

Dictat

39. Prepara aquest dictat i respon les preguntes següents, relacionades amb el text.

El professor jubilat se serveix un cafè, molt llarg, olorós, potser a la turca. S'han assegut davant per davant, en dues butaques antiquades, impossibles, ningú no té en una casa de veritat dues butaques posades així, com si fos un plató de televisió, sense mirar enlloc, encarades.

—Digui a qui l'ha enviat que no obtindrà cap altra resposta que aquesta. Que no hi haurà cap resposta oficial ni pública, que no faci cas de les declaracions que pugui llegir al diari o que senti als parlaments. Digui a qui l'ha enviat que el que proposa no és del tot impossible, però que hi ha condicions. Evidentment, cal que els altres també ho acceptin. Nosaltres ho acceptem, en principi, però no ho direm enlloc.

Vicenç Villatoro, *La derrota de l'àngel*. Cercle de Lectors.

— La forma *assegut* (primera ratlla) té una *a* i una *e* en les dues primeres síl·labes. Es pronuncien igual?

— Pel que fa a la *e* de *assegut*, escriu alguna forma del mateix verb en què l'accent tònic recaigui en aquesta síl·laba.

— Per què escrivim *casa* (segona ratlla) amb *a* final i no pas amb *e?*

— Posa en singular el sintagma *butaques posades*.

— Per què cal escriure *cap altra resposta* i no *cap altre resposta?*

— Les formes *al* i *el* (cinquena ratlla) sonen igual. Fes-ne l'anàlisi morfològica.

— Escriu totes les formes de l'adjectiu *impossible*.

Guardacostes és una paraula composta.

La composició. La parasíntesi. L'habilitació

A més de la derivació, hi ha altres procediments per a la formació de paraules noves: la composició, la parasíntesi i l'habilitació.

La composició

Observa com es forma una paraula composta:

guarda + ***costes*** → *guardacostes*

Els mots *guarda* i *costes* s'uneixen i en formen un de nou, *guardacostes*.

La **composició** consisteix a formar paraules noves a partir de la combinació de dos o més mots amb significat independent. Els mots compostos, però, constitueixen una sola paraula amb unitat de sentit.

Els mots compostos es formen a partir de combinacions entre paraules de categories gramaticals diferents (noms, verbs, adjectius...), com segueix:

Nom + nom = nom *(ferrocarril)*	Nom + adjectiu = nom *(celobert)*
Adjectiu + nom = nom *(malnom)*	Nom + adjectiu = adjectiu *(bocamoll)*
Nom + verb = verb *(ullprendre)*	Adjectiu + adjectiu = adjectiu *(agredolç)*

Tenint en compte les diverses categories gramaticals dels compostos resultants, podem classificar-los en:

Noms compostos	*parallamps, obrellaunes, filferro, llargmetratge, aiguaneu, centpeus...* També són noms compostos algunes **onomatopeies** *(xup-xup...)* i mots que usem en **locucions verbals:** (fer la) *viu-viu,* (fer la) *gara-gara...*
Adjectius compostos	*sordmut, nounat, camallarg, nord-est, blauverd, malsà...*
Verbs compostos	*foragitar, menystenir, malparlar...*
Adverbis compostos	*enlaire, sobretot, gairebé...*
Conjuncions compostes	*perquè, sinó...*
Preposicions compostes	*malgrat...*

També cal destacar els mots **compostos cultes,** integrats per elements manllevats a les llengües clàssiques (grec i llatí); sovint presenten el primer component acabat en *-o: automoció, pluviòmetre, sociocultural...*

L'ús del guionet en els mots compostos

S'escriuen amb guionet els mots compostos quan:

— Són numerals (cardinals i ordinals): *vint-i-tres, quatre-cents, vint-i-cinquè, sis-centè...*

— Comencen amb el nom d'un punt cardinal: *nord-americà, nord-est, sud-africà, sud-oest...*

— Són repetitius i expressius: *baliga-balaga, poti-poti, tic-tac, xino-xano, ziga-zaga...*

— Són manlleus no adaptats: *au-pair, best-seller, dalai-lama, foie-gras...*

— Formen un petit grup de mots o expressions: *abans-d'ahir, adeu-siau, no-res...*

— El primer element acaba en vocal i el segon comença amb *r, s* o *x: penja-robes, espanta-sogres, para-xocs...*

La parasíntesi

Les paraules parasintètiques es formen amb l'addició simultània al lexema d'un prefix i un sufix. Observa-ho en el mot *emmagatzemar:*

em	+	magatzem	+	ar	→	emmagatzemar
Prefix		Lexema		Sufix		Mot parasintètic

Cap dels mots parasintètics no existeix sense el prefix o sense el sufix. Per tant, no podem dir *magatzemar** ni *emmagatzem**, perquè aquests mots no existeixen en català.

La **parasíntesi** consisteix a afegir a un lexema un prefix i un sufix, de manera que sense un d'ells la paraula és inexistent en la llengua.

Alguns prefixos que s'usen per a formar verbs parasintètics són:

— ***a- (as-):*** *assenyat, avaluar...*

— ***des-:*** *descoratjament, desesperació...*

— ***en- (em-):*** *embrutar, enfervoriment...*

— ***es-:*** *esmicolar, esgotar...*

— ***re-:*** *recolzar, refredat...*

— ***trans-:*** *transvasar...*

L'habilitació

Un altre procés que cal conèixer en la creació de lèxic és l'habilitació. Observa com s'habilita un verb com a nom:

Mai no s'oblida de ***berenar****.* → *Qui porta el* ***berenar****?*

Verb	Nom
Menjar a mitja tarda.	Àpat que es fa a mitja tarda.

Fixa't que el verb *berenar* de la primera oració ha esdevingut un nom en la segona, és a dir, ha canviat de categoria i de significat.

L'**habilitació** consisteix a canviar la categoria gramatical d'un mot (de verb a nom, d'adjectiu a nom...), que pren un significat nou sense canviar de forma.

L'habilitació de verb a nom, que ja hem vist en l'exemple anterior, és un dels casos que podem trobar. Analitzem-los més detalladament.

— **De verb a nom:** infinitius *(el menjar, l'esmorzar, el dinar, el beure, el poder, el saber...)*, gerundis *(el comerciant, l'aprenent, el caient...)* i participis *(una abraçada, el descosit, la fallida...)*.

— **De nom propi a nom comú:** *un quadre de* ***Picasso*** → ***un Picasso****;* altres exemples: *un frankfurt, un Monet, una vamba...*

— **D'adjectiu a nom:** *un medicament* ***sedant*** → ***un sedant****...;* altres exemples: *un tranquil·litzant, l'intermitent, una aspiradora...*

— **De nom a adjectiu:** *la* ***carbassa*** *és un fruit* → *una samarreta* ***carbassa****;* altres exemples: *uns pantalons de color* ***safrà****...*

— **De pronom, preposició, conjunció... a nom:** ***jo*** *sóc el president* → *els filòsofs estudien el* ***jo****;* altres exemples: *els peròs, el perquè...*

Impermeable és un adjectiu habilitat com a nom.

40. Classifica en el quadern aquests mots compostos segons la categoria gramatical dels seus elements.

para-sol	pèl-roig	paracaigudes
nouvingut	panxacontent	espanta-sogres
cerca-raons	passamà	obrellaunes
gratacel	primfilar	setciències
camallarg	eixugamà	coliflor

Nom + nom	.....
Nom + adjectiu	.....
Verb + nom	.....
Adjectiu + verb	.....
Adjectiu + adjectiu	.....

41. Forma paraules compostes unint els elements de cadascuna de les dues columnes. A continuació, escriu en el teu quadern el significat dels mots resultants.

busca	vingut
espanta	dolç
mata	badar
mal	xocs
nou	raons
compta	sogres
escura	segells
boca	butxaques
para	quilòmetres
agre	nom

42. Digues a quina categoria lèxica ~~pertanyen~~ actuen els mots compostos d'aquestes oracions:

- La infusió de milfulles té propietats digestives.
- Deixa la jaqueta al penja-robes.
- Anirem a l'estrena del nou muntatge audiovisual.
- Era un camp ple de gira-sols.
- El director de l'autoescola és nord-americà.
- En Jordi és un tastaolletes, fa moltes activitats.

43. Destria les paraules que siguin parasintètiques.

anomenar • transbordador • assecatge
envernissar • transcórrer • reingressar
assegurar • asèptic • descodificar • recolzar
sobrevalorar • enfocament • entrebanc
destinació • esparracar • empetitir

44. Classifica aquests verbs segons el seu procés de formació. Escriu-ho en el teu quadern.

recolzar • corprendre
menystenir • embrutar
retenir • malparlar
consentir • esmicolar

Derivació	Composició	Parasíntesi
....	....	....

45. Identifica els mots que han estat habilitats:

- El seu marit feia de viatjant.
- El quadre més car venut a la subhasta va ser un Miró.
- La teva faldilla turquesa sempre m'ha agradat molt.
- Els nostres veïns són els francesos i els andorrans.
- M'he comprat unes xiruques per anar d'excursió.
- Els manifestants van recórrer la ciutat.
- Els treballadors surten de l'empresa a les 19 h.

46. ✚ Escriu dues oracions amb cadascun d'aquests mots: *pentinat, blau, rostit, cantant, partit.* Fes una oració amb la funció original, i una altra després d'haver-ne fet una habilitació.

47. Reflexiona sobre els processos de formació de paraules, i respon aquestes preguntes:

— En què s'assemblen la derivació i la parasíntesi?

— En què es diferencia la derivació de la parasíntesi pel que fa a la manera com s'uneixen els afixos al lexema?

— Poseu en comú les vostres respostes.

La narrativa del segle XVI

En aquest segle, la narrativa té sobretot una **funció didàctica.** Es pretén transmetre idees, coneixements, veritats científiques o doctrines amb la finalitat d'ensenyar-les o simplement d'explicar-les d'una manera lleugera i agradable per al receptor. Se segueix la línia didàctica que havia iniciat molt abans Ramon Llull.

Retrat de l'humanista Joan Lluís Vives en un gravat de l'època.

Joan Lluís Vives

Nascut a València el 1493, va ser una gran **figura de l'humanisme** a Europa. Per por de la Inquisició, va fugir i va viure primerament a Londres i després a Bruges. Va escriure en llatí tractats de gramàtica, estudis bíblics i obres de pedagogia i psicologia. Sempre va utilitzar el llatí i va demostrar tenir un pensament progressista i avançat.

A l'obra *De conscribendis epistolis* dona indicacions sobre la manera de redactar cartes a l'estil dels humanistes, que feien servir aquest gènere per a exposar les seves idees. A *Ad sapientiam introductio* desplega la seva concepció de l'ésser humà. En l'*Exercitatio linguae latinae,* obra escrita com un manual de llengua llatina en forma de diàleg, desenvolupa i reflecteix els valors més destacats de l'humanisme.

Spill de la vida religiosa

D'autoria **anònima** i escrita en **llengua catalana,** és una obra destacada d'aquest segle per la seva intenció clarament **didàctica.** Demostra una empremta clara del pensament i la manera d'escriure de Ramon Llull. Té una intenció clarament doctrinal, com a guia de la vida interior per a destinataris no entesos en teologia. Sota una aparença molt senzilla, aquest tractat espiritual segueix els principis de la renovadora *devotio moderna.*

Obra innovadora en el seu temps, va tenir molta difusió i va ser traduïda a moltes llengües entre els segles XVI i XIX. La primera edició es va publicar a Barcelona l'any 1515 i la segona a València, el 1529.

Es compon de dues parts. En la primera, es narra el camí que un religiós anomenat Desitjós segueix per arribar a Déu. La segona part té la forma d'un tractat d'oració.

El text següent correspon a la primera part de l'obra, en la qual un pastor guia Desitjós per una senda que el durà espiritualment des de la Casa d'Humilitat a la Casa de Caritat, passant pel Camí de Paciència.

Seria menester que vós caminàsseu per tot aquest gran desert car no y sé altre camí, ni per lo semblant n'i ha altre; mes emperò per Amor de Déu, a qui vós tant amau, si vós voldreu, yo us mostraré una cenda ho dreçera per la qual acursareu molt camí y arribareu en poquet temps. [...] En aquest desert ha vuyt cases de vèrgens, de les quals aquesta és la primera; la segona se nomena de Justícia [...]; la octava e derrera és de Charitat: aquí en esta casa està Amor de Déu, qui és porter de aquell palau. Tot aquest camí —digué ella— hauríeu de fer, emperò, com vos he dit, yo us mostraré una dreçera o cenda que y siau més prest. Emperò és menester —digué la donzella— que entreu en casa y que la mireu molt bé tota [...].

Spill de la vida religiosa (1515).

El diàleg filosòfic i doctrinal

Plató, Sòcrates i Ciceró són alguns dels autors clàssics que van escriure obres d'aquest gènere, que tenen forma de conversa. Un dels personatges exposa les seves teories i un altre les rebat amb els seus arguments. És un gènere molt adient per a argumentar i persuadir en un to didàctic.

Plató és autor de més d'una trentena de diàlegs filosòfics, obres fonamentals de la nostra cultura.

Estàtua dedicada a Plató davant de l'Acadèmia d'Atenes, institució que fundà i on ensenyà tota la vida.

Cristòfor Despuig

Cristòfor Despuig va néixer a Tortosa l'any 1510. Originari d'una família benestant, tenia una bona posició econòmica. Sembla que no era una persona amb estudis universitaris, però sí un humanista que coneixia bé els clàssics, dominava la llengua llatina i estava al corrent de la literatura del seu temps.

Panoràmica de Tortosa, amb la catedral en primer pla, vista des del castell de la Suda.

En els diàlegs de la seva obra principal, *Los col·loquis de la insigne ciutat de Tortosa,* escrita l'any 1557, queda palès que també era un bon coneixedor de la història i la política del moment.

Los col·loquis de la insigne ciutat de Tortosa

Aquesta obra està escrita seguint el recurs del **diàleg filosòfic,** amb una intenció pedagògica. Per mitjà de converses aparentment de carrer, l'autor aborda qüestions de l'actualitat del seu temps a la ciutat de Tortosa. Reprodueix el diàleg entre els personatges mentre passegen pels carrers de la vila. Tracta sobre temes relacionats amb la llengua, l'Església i els conflictes entre els diferents estaments socials. Alhora aprofita per descriure també l'entorn pel qual es mouen. Alguns dels recorreguts per la ciutat de Tortosa es podrien seguir fil per randa, i en general més aviat es pot dir que la descripció de les rutes té un aire de versemblança molt reeixit.

En *Los col·loquis de la insigne ciutat de Tortosa* intervenen tres personatges que conversen entre ells:

- Lúcio: un cavaller tortosí amb bona formació i d'idees conservadores.
- Fàbio: un ciutadà de Tortosa, d'esperit religiós i no tan culte com Lúcio.
- Don Pedro: un cavaller valencià nouvingut, amb un tarannà conciliador i mesurat.

L'obra està escrita en un **estil planer,** amb un **llenguatge col·loquial** que permet a l'autor incloure en el text frases fetes i dites populars.

LÚCIO: Deixem això per ara, i sapiam, senyor, com és açò de no ésser-vos apeat en ma casa.

DON PEDRO: No és més de perquè arribí anit tant vespre que era ja tancada la porta del Pont.

FÀBIO: La gran sí, mes la portella no, que mai se tanca i perquè com la part dellà lo Pont se va tant poblant, convé que així estiga oberta per a si alguna cosa de necessitat ocorre.

LÚCIO: Mas, com estan, a propòsit, aquells hostals allí per a remediar semblant necessitat com la que anit tingué lo senyor Don Pedro?

DON PEDRO: Sí estan, per cert, i també estan bons per als qui no volen ésser vists; mas jo poc los emplee per a aquest fi, ans bé, cada vegada que ací arribe, entre i passe per la ciutat, que per a mon gust és la més apacible del món, i com és la primera que trobam de la nostra pàtria antigua par que la mira hom amb millor gana.

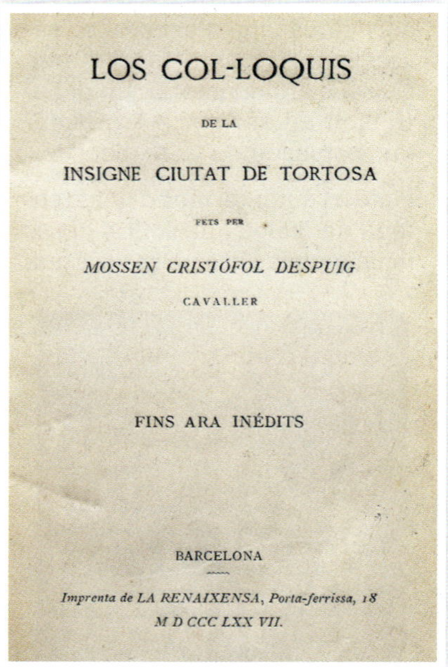

LOS COL·LOQUIS

DE LA

INSIGNE CIUTAT DE TORTOSA

FETS PER

MOSSEN CRISTÓFOL DESPUIG

CAVALLER

FINS ARA INÉDITS

BARCELONA

Imprenta de LA RENAIXENSA, Porta-ferrissa, 18

M D CCC LXX VII.

Portada de la primera edició de *Los col·loquis de la insigne ciutat de Tortosa* (1877). L'obra, escrita l'any 1557, romangué inèdita durant més de tres segles.

Los col·loquis de la insigne ciutat de Tortosa han arribat als nostres dies gràcies a l'edició que se'n va fer l'any 1877 a partir d'un manuscrit recuperat del segle XVII; és a dir, que tampoc no era l'obra original.

Per totes les característiques ja esmentades, aquesta obra de Despuig reflecteix amb gran versemblança l'ambient, les qüestions d'actualitat i la vida quotidiana d'una ciutat de la Catalunya del segle XVI.

Activitats

48. Indica quina és la funció principal de la narrativa del segle XVI.

- ☐ Funció d'evasió i d'entreteniment.
- ☐ Funció didàctica i doctrinal.
- ☐ Funció informativa per constatar uns fets històrics.

49. Joan Lluís Vives va viure en diverses ciutats europees i va entrar en contacte amb intel·lectuals i altres persones destacades del seu temps.

— Mira de trobar algunes dades sobre la vida i l'obra de les personalitats que s'indiquen tot seguit: Thomas More, Erasme de Rotterdam, Caterina d'Aragó, Enric VIII d'Anglaterra.

— Escriu un text d'unes 15 ratlles on expliquis per què aquestes personalitats són figures rellevants del seu temps i on confirmis la relació que van tenir amb Joan Lluís Vives.

50. Explica quina fou la importància de l'obra *Spill de la vida religiosa* i per què creus que es va traduir a molts idiomes.

— Cerca informació sobre la *devotio moderna*. Què vol dir? Quan sorgeix? Què pretén?

51. Explica en què consisteix el diàleg filosòfic i doctrinal i justifica per què va ser un gènere molt conreat en la narrativa d'aquest període.

52. @ En l'obra de Cristòfor Despuig els protagonistes recorren la ciutat de Tortosa. Busca informació sobre la ruta literària que es promou avui a Tortosa, a partir de l'enllaç següent:

http://links.edebe.com/yycf8

53. @ Despuig era una persona de bona formació, amb gust per la polèmica, de família benestant... Esbrina'n més coses i escriu-ne una biografia breu. En aquest enllaç hi pots trobar informació:

http://links.edebe.com/adv

54. @ Ves a l'enllaç següent i accedeix a l'edició de *Los col·loquis de la insigne ciutat de Tortosa*.

http://links.edebe.com/6wspe

— Llegeix la petita introducció que hi ha de cada col·loqui. A partir de les dades que se'n donen, resumeix el contingut principal de cadascun dels col·loquis.

55. Llegeix aquest fragment de *Los col·loquis de la insigne ciutat de Tortosa.* Com descriu la situació de la llengua catalana en aquell moment? S'ajusta al que passava en realitat? Pots consultar l'apartat «Literatura» de la unitat 2, on es parla de la situació de la llengua catalana en el segle XVI.

Don Pedro: No sé yo perquè, que, a la veritat, no és tant cupdiciada como això la llengua catalana, y la aragonesa és tinguda per millor, per semblar més a la castellana.

Lúcio: En nostres dies sí, mas en lo temps atràs no la tenien sinó per molt grosera, com a la veritat ho era, y per ço tinguda en menys que la de assí. Prova's ab que los reys, encara que priven lo apellido de Aragó no per ço parlaven aragonès, sinó català, y fins lo rey don Martín, últim rey de la línia masculina dels comptes de Barcelona, parlava català. Y son para de aquest rey, qui fonch en Pere Tercer, la *Crònica* que compongué de les ges[tes] de son avi, de son pare y seus, en llengua catalana la compongué y de la pròpia mà sua se troba per a vuy escrita dins lo real archiu de Barcelona, còpia de la qual té posada Per miquel Carbonell en la *Crònica* que de Catalunya té feta. Més avant vos diré una cosa per abonar ma rahó, que cert és de ponderar: y és que en Aragó tant com afronta lo regne ab Catalunya y València, no parlen aragonés sinó català tots los de la frontera, dos y tres llegües dins lo regne, que dins de Catalunya y València, en aquesta frontera no y à memòria de la llengua aragonesa. Açò pasa ab veritat així com ho dich, y de aquí ve lo escàndol que yo prench en veure que per a vuy tan absolutament se abrasa la llengua castellana, fins a dins Barcelona, per los principals senyors y altres cavallers de Catalunya, recordant-me que en altre temps no donaven lloch ad aquest abús los magnànims reys de Aragó. Y no dich que la castellana no sia gentil llengua y per tal tinguda, y també confessc que és necessari saber-la les persones principals, perquè és la espanyola que en tota Europa se coneix, però condemne y reprove lo ordinàriament parlar-la entre nosaltres, perqué de assò se pot seguir que poch a poch se lleve de rael la de la pàtria i així pareixeria ser per los castellans conquistada.

— Escriu una versió del text anterior adaptada al català actual. Tingues present que Despuig escrivia en un estil planer, utilitzant frases fetes i dites populars.

SÍNTESI

La notícia

La notícia és un relat periodístic que **informa el lector dels esdeveniments més importants de l'actualitat** des d'un punt de vista objectiu. S'estructura en titular, entrada i cos, i ha de respondre les preguntes **què?, qui?, on?, quan?, com? per què?** El **llenguatge** de la notícia ha de ser **clar, concís, senzill** i **objectiu.**

El verb (II)

Les **formes no personals** del verb són l'**infinitiu,** el **gerundi** i el **participi.** Poden actuar com a verbs o bé assumir funcions sintàctiques d'altres tipus de paraules. Les **perífrasis verbals** són agrupacions de dos verbs que, plegats, tenen un significat específic (obligació, imminència, reiteració...). Finalment, el verb pot estar en **veu activa** (el subjecte porta a terme l'acció) o en **veu passiva** (el subjecte rep l'acció i s'anomena pacient).

La vocal neutra

Els **noms i adjectius masculins** amb vocal neutra final s'escriuen amb ***e*** *(metge...)*; n'hi ha **excepcions:** noms i adjectius masculins que **acaben en *a*** *(mapa...)*. Els **noms i adjectius femenins** amb vocal neutra final s'escriuen amb ***a*** *(professora...)*; n'hi ha **excepcions:** noms i adjectius femenins que **acaben en *e*** *(mare...)*. Els **plurals** que acaben en vocal neutra i essa s'escriuen amb ***es*** *(mapes...)*.

- A l'**interior de noms i adjectius,** per a saber si s'escriu ***a*** o ***e*** cal buscar un mot de la mateixa família amb vocal neutra en posició tònica, la paraula primitiva.
- Al **final dels verbs,** s'escriu ***e*** en la penúltima lletra i s'escriu ***a*** en l'última lletra de la forma verbal.
- A l'**interior dels verbs,** per a saber si hem d'escriure ***a*** o ***e*** cal recórrer a la primera o la tercera persones del singular del present d'indicatiu.

La composició. La parasíntesi. L'habilitació

La **composició** consisteix a formar paraules noves combinant dos o més mots amb significat independent *(guardacostes, parallamps...)*.

La **parasíntesi** consisteix a formar paraules mitjançant l'addició al lexema d'un prefix i un sufix *(embrutar, aterratge...)*, de manera que sense un d'aquests elements el mot és inexistent en la llengua.

L'**habilitació** consisteix a canviar la categoria gramatical d'un mot que pren un significat nou sense canviar de forma *(impermeable, comerciant...)*.

La prosa del segle XVI

En l'estudi de la literatura catalana en prosa del segle XVI destaca particularment l'obra de Cristòfor Despuig.

Activitats finals

El text persuasiu. Els gèneres periodístics

1. Escriu un text persuasiu breu adreçat a un familiar en què expressis el teu desig de ser periodista.

2. Quins són els gèneres periodístics informatius? I els d'opinió? Dibuixa un mapa mental amb aquesta informació.

Els determinants. Els quantificadors. L'adjectiu. Els pronoms

3. Llegeix amb atenció el text següent i busca-hi un exemple de: article definit, article indefinit, possessiu, demostratiu, quantitatiu i numeral col·lectiu. Assenyala els adjectius que hi ha i determina si són variables o invariables.

> La seva mort [de Pompeu Fabra] significà la desaparició del català més important del nostre temps [...] perquè és l'únic ciutadà d'aquest país, en aquesta època, que, havent-se proposat d'obtenir una determinada finalitat pública i general, ho aconseguí d'una manera explícita i indiscutible. En aquest sentit, no hi ha ningú més que s'hi pugui comparar. El destí de Fabra ha estat únic, gloriós, exclusiu. Feia molts anys, feia moltes dotzenes d'anys, que no s'havia produït en el nostre país un cas semblant. En el nostre temps concretament totes les empreses de caràcter col·lectiu i els homes que s'hi posaren davant tingueren un destí mancat, foren emportats avall per una catàstrofe sense precedents. De l'inenarrable, fabulós naufragi, només queda dempeus una obra i una figura: la figura i l'obra de Pompeu Fabra.
>
> Josep Pla, *Homenots*. Destino.

4. Llegeix les oracions següents, fixa't en els pronoms destacats en cursiva i classifica'ls en forts, febles i relatius.

- Allò que em vas dir, no *m'ho* crec.
- Ahir era l'aniversari de la Marina i *li* vaig regalar un llibre.
- El préssec *que* menges és verd.
- *Nosaltres* arribarem tard.
- Amb *qui* aniràs al concert?
- Vaig viure a Menorca. A l'abril *hi* tornaré.

La síl·laba: diftongs, hiats, dígrafs. L'accent diacrític. La dièresi

5. Escriu tres paraules amb diftong, tres amb hiat i tres més amb dígraf.

— Marca la divisió sil·làbica d'aquests mots i justifica-la en cada cas.

6. Busca dues parelles de paraules en què l'accent diacrític marca la diferència de significat.

— Escriu dues oracions amb cadascun d'aquests mots.

La derivació: els prefixos, els sufixos, els infixos

7. Afegeix prefixos a aquestes paraules per formar-ne de noves, i escriu una oració amb cadascun dels mots resultants.

comprensió • presidenta • ordinari • real • valorar • legal

8. Resol les següents relacions lògiques i forma paraules derivades.

Exemple: *Dur és a duricia el que just és a justícia.*

- Ple és a plenitud el que sol és a ...
- Dormir és a dormitori el que conservar és a ...
- Buit és a buidor el que inflat és a ...
- Prioritari és a prioritzar el que relatiu és a ...
- Bellugar és a bellugadissa el que trencar és a ...
- Mestre és a mestratge el que equip és a ...

Programa

Ajuntament de Barcelona

La Ciutat | L'Ajuntament | Turisme | Negocis | Tràmits | Més ▾ | CAT | CAS

BARCELONA CULTURA

SETMANA DE LA POESIA DE BARCELONA

8-14 MAIG 2013

- Presentació
- Arxiu
- Més Poesia
- Premis
- Blog de la Setmana

App Store
Google play

Cerca per dies | Cerca per autors | Cerca per espais

Dimecres 8 | Dijous 9 | Divendres 10 | Dissabte 11 | Diumenge 12 | Dilluns 13 | **Dimarts 14**

Programa | I també |

21.00 h - XXIX Festival Internacional de Poesia de Barcelona
Els poetes que recitaran enguany al Festival Internacional de Poesia a l'escenari del Palau de la Música són Francesc Parcerisas, Bei Dao, Jorie Graham, Carles Miralles, Hans Magnus Enzensberger i Fabio Morábito
Palau de la Música (Palau de la Música, 4-6)

Llibreries a la Setmana de la Poesia

Concurs Time Out Barcelona

Descarregar programa (PDF) / Descarregar graella (PDF)

PALAU DE LA MÚSICA ORFEÓ CATALÀ

ORFEÓ CATALÀ

LA FUNDACIÓ | EL PALAU | PROGRAMACIÓ | ENTRADES I ABONAMENTS | ESCOLES I FAMÍLIES

Festival Internacional De Poesia De Barcelona

Maig 2013 **Dimarts 14** 21:00 h *Sala de Concerts*

Preus: 6 €
Organitza: Institut de Cultura de Barcelona

Sis poetes amb una carrera literària consagrada i de primer nivell ocuparan l'escenari del Palau de la Música Catalana en una nova edició del Festival Internacional que aspira a reivindicar la poesia amb un discurs al darrere: els catalans Francesc Parcerisas i Carles Miralles, el mexicà Fabio Morábito, el xinès Bei Dao, l'alemany Hans Magnus Enzensberger i la nord-americana Jorie Graham. Sis poetes que, tot i escriure en cinc llengües diferents (català, castellà, xinès, alemany i anglès), ens llegiran uns versos que ens endinsaran alhora en el món màgic de la poesia i en la realitat.

@ **http://links.edebe.com/mig84v**

@ **http://links.edebe.com/y4ejc**

1. Senyala amb una creu les afirmacions següents que siguin correctes.
   - ☐ La Setmana la patrocina la Generalitat de Catalunya.
   - ☐ Les activitats de la Setmana culminen en el Festival Internacional de Poesia.
   - ☐ El Festival Internacional de Poesia se celebra al Gran Teatre del Liceu.
   - ☐ Algunes llibreries col·laboren amb la Setmana.
   - ☐ La Setmana se celebra al llarg de l'estiu.
2. El Festival de Poesia de Barcelona és (senyala la resposta correcta amb una creu):
   - ☐ europeu i se celebra al Liceu.
   - ☐ americà i se celebra a la Rambla.
   - ☐ internacional i se celebra al Palau de la Música.

3. Qui organitza el Festival de Poesia? On se celebra? Quan es fa?

— Quins poetes hi participen? N'hi ha de catalans? Quins?

4. Escriu una notícia que reculli la informació que apareix en aquest programa.

5. Llegeix atentament les oracions següents i després completa les respostes en el teu quadern.

A. Poetes de renom internacional es van reunir a la darrera edició del Festival Internacional de Poesia de Barcelona.

B. Al llarg de la seva trajectòria, l'autor ha participat en diverses edicions de la Setmana de Poesia.

C. Tant de bo hi hagués més festivals com aquest.

D. Assisteix al festival!

- Hi ha un verb perifràstic a l'oració ...
- L'aspecte del verb de l'oració **C** és ...
- L'únic verb amb forma simple d'aquestes oracions és ...
- El mode dels verbs de les oracions **A** i **B** és ...; el de la **C**, ..., i el de la **D**, ...
- Els verbs incoatius que apareixen en aquestes oracions són ...
- L'únic verb de la primera conjugació és a l'oració ...

6. Escriu *a* o *e*, segons el que convingui.

poet...s	mani...s	frar...	poesi...
mobl...	cobl...	llengü...s	setman...
catalan...	molt...	claustr...	ofert...

7. Completa amb *a* o *e* les següents formes verbals:

recitar...n	endinsar...n	descarr...gar	fèi...m
saltav...	compreni...n	alçàv...m	trei...
fregi...	cercàv...u	pag...	podí...u

8. Llegeix els poemes i després respon les preguntes.

A les fulles del vell plàtan retrobes
els teus ulls. I és que un instant de tendresa
mulla de vegades els ulls cansats
de la vella que t'has fet i que, cada
matí, tan bon punt t'han rentat, amb penes
i treballs s'arrossega lenta a asseure's
sempre a la mateixa butaca i mira
a través del vidre sempre el mateix
tros de branques, maons i arrebossat;
perquè ha vingut la soledat a fer-te
companyia, càlida i sense amor,
des de les fulles mullades del plàtan.

Carles Miralles, «La ciutat dels plàtans»,
a *D'aspra dolcesa. Poesia 1963-2001*. Proa.

Fa hores que és fosc
i es formen caramells de gel
a les teulades.
Ara, colgat sota les flassades, tanca
els ulls i rememora aquest dia
no gaire diferent de tots els altres. [...]
¿Serà així, la mort?
¿Benvinguda com aquesta son que et pren,
dolcíssima, sense retrets ni greuges,
agraint només els dons incommensurables de la vida?
¿Serà així que, en el camí de la fosca,
anirem a l'encontre de la llum?

Francesc Parcerisas, «Retrat del poeta», a *L'edat d'or*.
Quaderns Crema.

— Anota les formes no personals del verb que trobis en aquests poemes.

— Especifica quina funció fa cadascuna d'aquestes formes verbals no personals.

— Explica amb paraules teves quines idees o sensacions has experimentat amb la lectura dels poemes anteriors.

Reflexiona

Diari d'aprenentatge

— Què sabies sobre la notícia? N'has après res de nou?

— Quin contingut de la unitat t'ha costat més entendre?

— Creus que el que has après sobre la notícia et pot ajudar a comprendre millor els diaris o els telenotícies? Per què?

5 Unitat

» CONTINGUTS

LECTURA I COMPRENSIÓ
Respostes del poeta Salvador Espriu al Qüestionari Proust

EXPRESSIÓ
L'entrevista

GRAMÀTICA
El verb (III)

ORTOGRAFIA
Les grafies *o/u* àtones

LÈXIC I SEMÀNTICA
Sigles. Acrònims. Manlleus

LITERATURA
La literatura del segle XVII: context històric i sociocultural. La poesia

Rutina de pensament

CSI: COLOR-SÍMBOL-IMATGE

— Observa atentament aquesta imatge i anota les idees que et suggereixi.

— A continuació, tria les tres idees que et semblin més poètiques.

- A la primera idea, assigna-li el color que et sembli que la representa millor.
- Pel que fa a la segona, tria un símbol que et sembli que en capta l'essència.
- Finalment, assigna a la tercera idea una imatge que et sembli que la representa.

— Posa en comú les teves respostes amb la resta del grup, i explica per què has escollit un determinat color, símbol o imatge. Heu coincidit gaire?

Lluís Permanyer

43 respostes catalanes al Qüestionari Proust

Hi ha poques coses menys originals que demanar-li a un escriptor que respongui el *Qüestionari Proust*, però tot i que saber fer preguntes interessants és un art, el repte és donar una resposta intel·ligent sempre, tant a una pregunta absurda o ingènua com a una d'intel·ligent.

Els anys 1960 el periodista català Lluís Permanyer (Barcelona, 1939) va donar a conèixer a casa nostra aquest entreteniment, primer a les pàgines de la revista *Destino* i després a *La Vanguardia*, on diferents escriptors i personalitats es van sotmetre al qüestionari. Posteriorment Permanyer va aplegar les entrevistes en el llibre *43 respostes catalanes al Qüestionari Proust* (1967).

A més de nombrosos articles de premsa, Permanyer és autor de reculls d'anècdotes i de textos biogràfics sobre escriptors i artistes com Sagarra, Clavé, Miró, Tàpies i Brossa. Les seves obres han rebut diversos premis.

Abans de llegir

Hi ha gent que pot considerar frívoles i fins i tot impertinents les preguntes del *Qüestionari Proust*. D'altres, però, consideraran que les preguntes són sempre un pretext per veure com se'n surt la persona preguntada. Les d'aquest qüestionari «són preguntes que, d'entrada, fan la impressió d'inofensives, i, si en fóssim els destinataris, ens afanyaríem a contestar-les sense pensar-nos-hi massa», diu Joan Fuster al pròleg del llibre de Lluís Permanyer abans d'avisar-nos, però, que si contestem de qualsevol manera les preguntes, amb la convicció d'estar jugant, correm el risc de caure en la trampa, perquè «parlant ens traïm. No importa de què parlem: jugant a contestar el qüestionari Proust estaríem mostrant la superfície de la nostra ànima però també el més profund del que som. Tot un repte… i un risc!».

Respostes del poeta Salvador Espriu al Qüestionari Proust

PRINCIPAL TRET DEL MEU CARÀCTER?
—Potser, si no li sembla una excessiva pretensió, una cautelosa tenacitat.

QUALITAT QUE PREFEREIXO EN UN HOME?
—L'honestedat, la decència, la tolerància, la fermesa, les quals virtuts no són gens freqüents, com vostè sap.

QUALITAT QUE PREFEREIXO EN UNA DONA?
—Una tendra, encoixinada i sempre un pensament, irònica comprensió.

ALLÒ QUE MÉS ESTIMO EN ELS AMICS?
—La lleialtat, dintre l'inevitable **bescantar-te**, tan higiènic i esportiu. Que m'entretinguin. Que no em demanin diners. Ni pròlegs. Ni poemes.

EL MEU PRINCIPAL DEFECTE?
—Un àrid i fred —encara que civilitzat— **desdeny**.

LA MEVA OCUPACIÓ PREFERIDA?
—Llegir. I no escriure.

EL MEU SOMNI DE BENESTAR?
—No em vingui ara amb preguntes malintencionades i obscenes.

QUINA FORA LA MEVA PITJOR DESGRÀCIA?
—Viure massa, viure per sempre: quina absurda i desagradable pretensió!

QUÈ VOLDRIA SER?
—Un home lúcid, no del tot dolent, tranquil.

ON DESITJARIA VIURE?
—Si l'indret existia fora del meu cap, a **Sinera**.

Vocabulari

bescantar: parlar malament, difamar.

desdeny: menyspreu, manca d'estima, d'apreciació.

Sinera: lloc mític creat per Salvador Espriu, on situa les seves obres i els seus personatges. *Sinera* és l'anagrama d'*Arenys* (la família Espriu era originària d'Arenys de Mar).

QUIN COLOR PREFEREIXO?
—Per a vestir, com que soc passablement **tètric**, el gris fosc.

QUINA FLOR PREFEREIXO?
—Al cap i a la fi, i per dissort, la rosa, [...] la verdagueriana margaridoia, les humils floretes del camp i altres agraïdes bestieses per l'estil.

[...]

ELS MEUS AUTORS PREFERITS EN PROSA?
—La Bíblia deixada de banda [...], Plató, Tucídides, Sal·lusti, Tàcit, Sèneca, Ramon Llull, Montaigne, Cervantes, Gracián, La Bruyère, Tolstoi, Proust, Joyce, Faulkner, Sartre [...] Stendhal, Dickens, Henry James, Txèkhov, Ruyra, Baroja, Pla, Llorenç Villalonga, Joan Fuster, Simenon, Dashiell Hammett [...] i Lovecraft, per exemple. Ah, i Maquiavel, que no hi pot faltar.

ELS POETES PREFERITS?
—La Bíblia a part, gairebé no en tinc. [...] Horaci, Villon, Leopardi i Machado [...] quan s'acontenta de ser un pur, senzill, incomparable líric. [...] també els antics xinesos i japonesos [...]. I Rosalia. I [...] Rosselló-Pòrcel.

ELS HEROIS DE FICCIÓ?
—Els dels mons de Cervantes, de Stendhal, de Dickens, de Tolstoi.

LES MEVES HEROÏNES DE FICCIÓ FAVORITES?
—Dulcinea, Desdèmona (per **entaforar-hi** Shakespeare), la Sanseverina, Anna Karènina, etc.

ELS MEUS COMPOSITORS FAVORITS?
—Els extraordinaris italians del XVI i del XVII. Bach, Mozart. Aquell Stravinski que va fer *Petruixka.*

ELS PINTORS PREDILECTES?
—[...] xinesos i japonesos. Taüll i tota la meravella del romànic, Giotto, els sienesos, els innombrables mestres dels ***affreschi*** italians, el Masaccio, Piero della Francesca, el Signorelli, Van Eyck, el Bosch, Dürer, Brueghel el Vell, Velázquez, Goya. L'escuma dels impressionistes, Cézanne, Van Gogh i [...] Picasso. I [...] Rembrandt.

ELS MEUS HEROIS DE LA VIDA REAL?
—Diguem que els grans metges i biòlegs. [...]

LES MEVES HEROÏNES HISTÒRIQUES?
—Santa Joana, [...] Mme. Curie [...] I la meva mare [...]

ELS NOMS QUE PREFEREIXO?
—Els més corrents: Isabel, Maria, Clara, Teresa, Roser, Eulàlia, Lluïsa, Carme, Anna, Ramon, Francesc, Pere, Joan, Pau, Jaume, Antoni, Josep, Lluís.

QUÈ DETESTO MÉS QUE RES?
—La insinceritat, la injustícia, la brutícia, el desordre, el soroll, la vanitat, l'avarícia, l'enveja.

QUINS CARÀCTERS HISTÒRICS MENYSPREO MÉS?
—Els dels incomptables **ideòlegs**, tirans **dèspotes** i que tant s'han sacrificat i han maldat tant per l'amor i el benestar, sempre futur, dels homes.

QUIN FET MILITAR ADMIRO MÉS?
—Les Termòpiles, Marató, Salamina. [...] Otumba i Lepant.

QUINA REFORMA ADMIRO MÉS?
—No me n'he assabentat de cap. Almenys, que hagi reeixit.

QUINS DONS NATURALS VOLDRIA TENIR?
—Tants, que no puc ni tan sols encetar-ne la llista.

COM M'AGRADARIA MORIR?
—Amb **lucidesa** i amb tranquil·litat. És a dir, sense cap por, tot escoltant una última i divertida estupidesa d'algun conegut.

Lluís Permanyer, *43 respostes catalanes al Qüestionari Proust*. Proa.

Curiosament, el tan famós *Qüestionari Proust* no el va inventar l'escriptor francès Marcel Proust (1871-1922), sinó que van ser Jenny i Laura Marx, filles del filòsof alemany Karl Marx (1818-1883), l'autor d'*El Capital*, «com una mena de joc familiar de sobretaula», segons que explica Permanyer. Aleshores, per què es diu *Qüestionari Proust* i no *Qüestionari Marx*? Potser perquè la versió del qüestionari que va respondre Karl Marx (en anglès) era més curta (18 preguntes) que la versió més arrodonida (31 preguntes), que va circular després pels salons de París i que Marcel Proust va respondre dues vegades (als catorze i als vint anys). O potser perquè el qüestionari s'associa més fàcilment a la imatge d'un poeta i novel·lista com Proust que a la d'un filòsof com Marx. No ho sabem.

Vocabulari

tètric: trist, depriment.

entaforar: amagar, ficar en un forat, en un racó.

affreschi: mot italià que significa «frescos», pintures murals.

ideòleg: qui elabora o creu en una ideologia.

dèspota: persona autoritària, que actua per la força, brutalment.

lucidesa: estat en què es comprenen clarament les coses.

Salvador Espriu

Salvador Espriu (Santa Coloma de Farners, 1913 - Barcelona, 1985) va ser poeta, dramaturg i narrador. Des de molt jove patí problemes de salut i es refugià en la literatura, sobretot els llibres d'història i religió i els autors clàssics.

Espriu tracta les grans qüestions socials i històriques del seu temps des d'una visió pessimista molt centrada en la mort. En els seus escrits recrea un món particular, Sinera (nom al revés d'Arenys, lloc d'origen de la seva família). Poeta d'estil modernista —*Cementiri de Sinera* (1946), *Les hores* (1952), *La pell de brau* (1960), *Llibre de Sinera* (1963)—, narrador —*Laia* (1934), *Ariadna al laberint grotesc* (1935)— i autor teatral —*Antígona* (1939), *Primera història d'Esther* (1948).

Si vols saber-ne mé,s sobre aquesta figura cabdal de la cultura catalana, escolta l'entrevista que el programa *Identitats* li va fer l'any 1985.

www.tv3.cat/videos/2683550/Salvador-Espriu

Després de llegir

Obtenció d'informació

1. Respon les següents preguntes sobre la lectura.

— El principal tret del caràcter de Salvador Espriu és:

☐ La lleialtat ☐ La tenacitat ☐ La loquacitat ☐ L'optimisme

— Quina qualitat prefereix en un home?

☐ La hipocresia ☐ La intel·ligència ☐ La decència ☐ La simpatia

— El seu principal defecte és:

☐ El desdeny ☐ La intolerància ☐ L'avarícia ☐ La tossuderia

— La seva ocupació favorita:

☐ Estudiar grec ☐ Escriure ☐ Llegir ☐ Cuinar

— Salvador Espriu voldria ser:

☐ Una persona discreta ☐ Una persona inquieta

☐ Una persona lúcida

— La insinceritat, la brutícia, la injustícia, el desordre, el soroll, la vanitat, l'avarícia i l'enveja són:

☐ Els dons naturals que voldria tenir. ☐ El que més detesta.

☐ Les qualitats que prefereix en les persones.

Interpretació

2. Defineix els mots següents, que apareixen en la lectura: *honestedat, decència, tolerància, fermesa*.

3. Busca un sinònim d'aquests substantius i fes una frase amb cadascun: *enveja, avarícia, vanitat, lucidesa.*

4. Un home «desdenyós» és una persona que:

☐ Considera que algú o alguna cosa no és digne que se n'ocupi.

☐ Simula qualitats i sentiments que no té.

☐ És un cretí o un idiota.

5. Un home «lúcid» és una persona que:

☐ Li costa entendre el significat de les coses.

☐ Comprèn clarament les coses.

☐ S'oblida ràpidament de les coses.

6. Busca en l'entrevista la pregunta que té com a resposta la següent: *«La Bíblia a part, gairebé no en tinc».*

— A què es refereix el pronom *en?*

☐ A les seves lectures ☐ Als poetes preferits

☐ Als lírics ☐ Als antics xinesos i japonesos

7. Llegeix aquest fragment del text i després respon la qüestió: *«Allò que més m'estimo en els amics? La lleialtat, dintre l'inevitable bescantar-te, tan higiènic i esportiu.»* Allò que Salvador Espriu aprecia dels amics és:

- ☐ Que siguin lleials i incondicionals (mai no diran res en contra teu, encara que t'ho mereixis).
- ☐ Que siguin lleials i sincers (malgrat que de vegades et puguin criticar).
- ☐ Que siguin lleials, nets i esportistes.

Reflexió

8. Selecciona entre els adjectius següents els que caracteritzin millor S. Espriu.

polit • endreçat • despistat • immoral • clàssic
tendre • intel·ligent • orgullós • racional • culte

— Quin adjectiu o adjectius afegiries a la llista? Justifica la teva tria.

Expressió

9. El *Qüestionari Proust* neix com un joc de saló a finals del segle XIX. Us proposem, doncs, jugar-hi!

Feu-vos a vosaltres mateixos el Qüestionari i comenteu les vostres respostes a classe. Però vigileu… en respondre correm el risc de caure en una trampa. Les preguntes del *Qüestionari Proust* són, d'entrada, inofensives, però si contestem de qualsevol manera, amb la convicció d'estar jugant…, les paraules ens poden trair. No importa de què parlem: el *Qüestionari Proust* sempre desvetlla la veritat de la nostra ànima. Per això, les preguntes estan en primera persona, com adreçades per un mateix a la pròpia consciència. Què? Us hi atreviu?

10. El lloc on desitjaria viure Salvador Espriu és *«si l'indret existia fora del meu cap, a Sinera»*. Busca informació sobre Espriu i Sinera: anys de formació, trajectòria professional, context històric. Consulta les dades sobre Espriu al web de l'Associació d'Escriptors en Llengua Catalana:

http://links.edebe.com/h4z

— Fes una redacció, d'una plana com a màxim, que resumeixi el més important de la informació que has trobat en aquesta pàgina.

— Exposa el més important de la teva cerca amb un Prezi (aplicació multimèdia per a la creació de presentacions). Per fer-ho, consulta els enllaços següents: **http://links.edebe.com/un** i **http://prezi.com/**

— No t'oblidis de consultar la pàgina VINCLES de l'Associació d'Escriptors en Llengua Catalana si vols incloure-hi algun vídeo, entrevista o intervenció televisiva d'Espriu: **http://links.edebe.com/hgw**

11. I tu? Has pensat com seria el teu món ideal? Com és aquell món, fruit de la teva imaginació, que visites quan estàs trist, avorrit o sol? Existeix o no?

— Fes un esforç creatiu i explica'ns com és. Et pots ajudar amb imatges, fotos, *collages*… el que vulguis!

— Exposeu els vostres treballs a classe i comenteu-los amb els companys.

Comunicació oral

En grups de quatre o cinc alumnes, escolteu l'entrevista a Lluís Permanyer en què un grup d'estudiants de periodisme li fa preguntes sobre el seu ofici de periodista (la primera part, fins al minut 10:30).

http://links.edebe.com/5354zp

— Preneu notes per tal de respondre les preguntes següents:

- Quina ha estat la trajectòria professional d'aquest conegut periodista?
- Com va influir en els seus inicis la censura en el periodisme?
- Per què va decidir dedicar-se a parlar de la ciutat de Barcelona?
- Per quin motiu rebutja l'etiqueta de cronista oficial de Barcelona?
- Enumera diversos aspectes que el periodista ha tractat de la ciutat.

— En aquesta entrevista les preguntes no són explícites. Mireu de formular-les vosaltres en relació amb les respostes de Permanyer.

— Poseu en comú les vostres valoracions.

Arenys de Mar, la mítica Sinera, esdevingué un símbol en la poesia d'Espriu.

Tipus d'entrevistes

Les entrevistes poden ser de diversos tipus:

- L'entrevista d'opinió, en què la persona entrevistada manifesta la seva opinió sobre un fet o un tema determinat.
- L'entrevista informativa, en què l'objectiu principal és que la persona entrevistada doni informació sobre la professió que desenvolupa o l'àmbit professional en què treballa.
- L'entrevista de personalitat, en què l'objectiu és conèixer la vida personal i el caràcter de la persona entrevistada.

L'entrevista

L'entrevista és un dels gèneres periodístics que combinen informació i opinió. S'hi estableix un **diàleg** entre l'entrevistador (periodista) i la persona entrevistada, que acostuma a ser un personatge de rellevància social per diversos motius i que, a través de l'entrevista, pot aportar unes opinions, una experiència o una visió de la vida interessants per als lectors, els oients o els espectadors. L'objectiu és **conèixer el personatge entrevistat** des de diferents punts de vista: personal, professional, polític, econòmic, d'actitud davant certes qüestions, etc.

Tota entrevista ha de tenir l'**estructura** següent:

- **Titular:** Sovint és una frase extreta d'una de les respostes del personatge entrevistat, que sintetitza la idea de l'entrevista; també pot ser un comentari que causa impacte, que crida l'atenció del públic a qui s'adreça.
- **Presentació:** Dona informació sobre les dades biogràfiques i professionals del personatge entrevistat, i revela el motiu de l'entrevista.
- **Cos:** És una successió de preguntes i respostes segons un guió establert. Les preguntes han de conduir a respostes interessants, han de ser clares i breus.

— Llegeix el següent fragment d'entrevista i observa'n les característiques.

JAUME FATJÓ, VETERINARI ESPECIALITZAT EN COMPORTAMENT ANIMAL

«Estimar els animals ens distingeix com a humans»

«Vivim en una societat dividida —diu Fatjó [...]—. La meitat té animals de companyia i la meitat no». [...] De fet, nou de cada deu persones afirmen que el gos sempre hi és quan necessiten afecte, consol, seguretat o motivació, i ho saben valorar. No substitueixen un amic, són un amic.

Quants espanyols tenen gos o gat?
El 46 % de les llars, i la xifra augmenta. Se'ls considera un membre més de la família.

Quin tipus de relació s'hi estableix?
[...] La gran majoria [...] fa mostres d'afecte al gos. [...]

Això és bo.
[...] En el cas dels humans i els animals de companyia el fenomen biològic que es dona és extraordinari: es produeix un encaix entre dues espècies diferents. [...]

No és bo que l'home estigui sol, ni el llop.
En els moments baixos es busca el suport de l'animal de companyia com es faria amb la xarxa social, amb la diferència que l'animal sempre hi és, i això la gent ho valora molt: nou de cada deu propietaris asseguren que si tothom els abandonés, el gos continuaria al seu costat, i que el gos és un motiu per llevar-se cada dia.

És el teu amic.
Un amic discret. I això es valora molt. [...]

Capten els estats d'ànim?
Efectivament: un gos sap quan l'amo està trist o content. No coneixem els mecanismes, però sabem que responen als canvis d'estat d'ànim.

Substituïm l'afecte humà pel de l'animal de companyia?
Molts pensen que tenir una relació afectiva amb els animals és un subproducte modern [...]. Però el vincle és ancestral: fa 40.000 anys que el gos viu amb l'home [...]. Els humans ens distingim per la capacitat que tenim de sentir empatia per altres espècies [...]. Estimar els animals ens distingeix com a humans.

...I el seu afecte ens manté més sans.
Sí, els propietaris de gossos o gats van un 15 % menys al metge. [...] Quan acaricies un gos o un gat alliberes una sèrie de neurotransmissors que proporcionen plaer i els indicadors químics d'estrès es redueixen.

I quina és la connexió emocional entre nens i mascotes?
Especialment forta: vuit de cada deu nens (entre 9 i 12 anys) prefereixen jugar amb el gos o gat abans que amb els videojocs, i quan senten tristesa o por els llaços afectius amb la mascota són els que més els ajuden a superar-ho. [...] L'ésser humà sempre ha viscut amb animals, i això el beneficia.

Ima Sanchís, *La Vanguardia*, 18-9-2013 (extracte; text adaptat).

Sovint aquest gènere incorpora també un darrer element, sobretot en les entrevistes audiovisuals: el **tancament.** En aquest cas, l'entrevistador aporta una conclusió breu sobre l'entrevista, que pot consistir en un resum del que ha comentat la persona entrevistada o bé en una opinió sobre el que s'ha debatut durant l'entrevista.

L'entrevista audiovisual

Una entrevista en un mitjà audiovisual difereix de l'entrevista escrita, ja que no hi ha temps per a refer preguntes, reescriure respostes, pensar els titulars... En el mitjà audiovisual preval la **immediatesa.**

— Llegeix l'extracte de l'entrevista a l'escriptor i periodista Sergi Pàmies, emesa a TV3 amb motiu de la publicació del seu llibre de contes *La bicicleta estàtica.*

Emili Manzano (conductor del programa). Una persona com en Pàmies que escriu setmanalment sobre futbol i cada quatre anys sobre campanyes electorals, té molt clars els gèneres, els tons, els registres i les actituds amb les quals s'ha de practicar cada cosa. Quan es tracta de parlar de pors, d'angoixes o de preocupacions, la mà com funciona?

Sergi Pàmies. El periodisme és una extraordinària escola de disciplina i humilitat, tens un temps i un espai. Jo amb els contes elimino el factor temps, el factor espai no, perquè jo m'imposo els espais que haig de tenir, com una deformació professional, però no tinc límit de temps. Això ho canvia tot, la correcció, la percepció, canvia una mica, com amb el vi, el temps que tu deixes que aquell vi es faci... Això no ho pots tenir amb el periodisme i al perdre aquesta immediatesa guanyes moltes altres coses, dubtes molt més, tornes molt més al text... i tot l'exercici de la correcció..., que per mi és el més interessant...

EM. És que la vertadera escriptura es fa corregint...

SP. Sí, és un luxe poder controlar l'element temps.

EM. I escriure cada quatre anys sobre una campanya política és un luxe, es pot dir tot allò que un vol?

SP. Sí, però de fet no és cada quatre anys, perquè com que cada any n'hi ha una... En general tot el que sigui situar-te en un context que no és el teu habitual i obligar-te a una feina d'observació és un exercici literari molt estimulant. Jo me'n recordo, a l'escola, que hi havia dos corrents molt diferenciats, aquells a qui els agradava que la redacció fos tema lliure i aquells a qui els agradava que la redacció fos tema concret. Jo era l'únic que demanava que el tema te'l donessin, perquè amb el tema lliure tens dos problemes: has de fer la redacció i has de decidir el tema. En canvi, si el tema ja et ve donat ja no has de pensar de què parlaré i això és molt estimulant perquè et fa concentrar-te exclusivament en la forma, gairebé...

EM. I el conte és tema lliure?

SP. Sí, és tema lliure. I, a més a més, procurant que no siguin temes ja tocats. Jo ho comparo bastant amb la música, hi ha un cert intimisme, d'entrada. En canvi el periodisme pot ser més reactiu, més momentani, no tens la necessitat que duri molt, ha de tenir una certa utilitat, funcionalitat, eficàcia, però en els contes busques alguna altra cosa.

EM. Íntima, que no vol dir autobiogràfica...

SP. Jo diria que sempre és autobiogràfic tot el que una persona escriu i, a partir d'aquí, el que sí que és veritat és que en alguns dels contes, en concret quatre, l'argument és explícitament un episodi autobiogràfic. Em va semblar més honest dir-ho.

Entrevista a Sergi Pàmies a TV3. *L'hora del lector*, 16-12-2010 (text adaptat).
www.tv3.cat/actualitat/248720/Sergi-Pamies-a-Lhora-del-lector

En l'entrevista audiovisual la comunicació es produeix mitjançant la paraula i la imatge, és a dir, el contingut del missatge es forma a partir del llenguatge verbal, el llenguatge no verbal i la disposició situacional.

El llenguatge és **planer, clar** i **directe,** en registre estàndard, amb enunciats breus: *«I el conte és tema lliure?»*

El diàleg afavoreix l'ús d'**expressions col·loquials, frases fetes, comparacions, ús d'exemples:** *«el temps que tu deixes que aquell vi es faci...».*

El ritme és **àgil,** però la proximitat, la immediatesa i la familiaritat que s'aconsegueixen tenen com a contrapartida una certa inseguretat del llenguatge, una relativa imprecisió en l'expressió, que no es produeix en el cas de les entrevistes escrites.

12. Respon les preguntes següents sobre l'entrevista a Sergi Pàmies que has llegit en la pàgina anterior.

— Indica quina és la intenció d'aquest fragment.

☐ Convèncer l'entrevistat perquè expliqui intimitats.

☐ Mostrar a l'espectador com treballa el personatge.

— En aquest tipus d'entrevistes, el llenguatge és:

☐ Molt elevat, ple de cultismes.

☐ Estàndard, tot i que amb expressions col·loquials.

— Quina és la principal diferència, segons Pàmies, entre els seus escrits periodístics i els seus contes?

— Quines diferències esmenta l'autor entre els contes i els articles d'opinió?

— Imagina't que ets un col·laborador del programa. Quines preguntes li faries, a Sergi Pàmies?

13. Els tipus d'entrevista més destacats són: d'opinió, informativa i de personalitat. Classifica les preguntes següents en funció del tipus d'entrevista a què podrien correspondre. Justifica les respostes.

- Quin és l'objectiu d'aquest nou fitxatge?
- Quantes persones formen la direcció del centre?
- Què en pensa, de les retallades del govern als pressupostos d'ensenyament?
- Quina és la data d'inauguració del nou teatre?
- Com se sent després de néixer el seu primer fill?
- Al nou hospital hi poden anar els pacients de tota la comarca o només els residents a la capital?
- Quins beneficis té aquest nou medicament?
- Diuen que els països ja no els governen els polítics ni els ciutadans. Està d'acord amb aquesta afirmació? Per què?
- Quines són les activitats que intenta compartir sempre amb la seva família?

14. Elabora una entrevista seguint aquestes pautes:

— Tria el tema procurant que sigui d'actualitat, d'interès general o que sigui un personatge de moda.

— Tria el personatge (si és perquè està de moda, ja no hi ha cap dubte): és un especialista, sap expressar-se bé, és més accessible, etc.

— Informa't sobre:

- El tema: punts interessants o conflictius, idees clau.
- El personatge: vida, feina, dades personals...

— Prepara el guió amb les preguntes:

- Unes primeres preguntes d'introducció.
- Preguntes en relació amb els punts clau.
- Has de preveure la possibilitat de noves preguntes segons les respostes.

— Fes l'entrevista: deixa que l'entrevistat s'expressi i no el tallis; has de centrar la conversa.

— Redacta: titular, presentació, transcripció (de totes o de part de les preguntes); revisa-ho tot.

15. Llegeix aquest fragment d'entrevista i respon.

PREGUNTA: Espanya necessita un rescat?

RESPOSTA: Jo no sé si vostè ha demanat un crèdit alguna vegada, però molts espanyols sí que l'han demanat per comprar una casa. Abans d'anar a demanar el crèdit pregunten les condicions: el tipus d'interès, el temps que té per pagar-lo, els avals que necessita..., és a dir, s'ho estudien. Bé, en aquest moment el Banc Central Europeu ha pres una decisió important i ara el Govern s'ho ha d'estudiar, igual que una persona s'estudia si ha de demanar o no una hipoteca i veure les condicions. I el Govern, quan es tracta dels interessos de 47 milions d'espanyols, lògicament, ha d'estudiar les coses molt bé i ser prudent.

— Hi ha algun aspecte que et cridi l'atenció? Què ha fet la persona entrevistada: creus que ha respost directament la pregunta?

— Quina pregunta li faries després d'aquesta resposta?

16. Visualitza l'entrevista amb Eduard Admetlla del programa *El medi ambient,* de TV3:

http://links.edebe.com/9zv8b

— Fes-ne una anàlisi, explicant-ne:

- La intenció.
- Les qüestions més importants que s'hi tracten.
- Les característiques del personatge entrevistat, les opinions que aporta.
- El tipus de llenguatge que s'hi utilitza, la importància de la imatge (els gestos, el moviment de les mans, el text sobreescrit a la pantalla...).

— Transcriu l'entrevista i adapta-la al format de diari: titular, presentació, cos (troba les preguntes que faries per obtenir les respostes) i tancament. Escriu un màxim de 300 paraules per al cos.

— Cerca informació per elaborar la presentació i el tancament.

El verb (III)

Per tal de completar l'estudi dels verbs hem d'assenyalar que n'hi ha que presenten variacions en el lexema o bé no es conjuguen amb els mateixos morfemes verbals. Són els anomenats ***verbs irregulars.***

Els verbs irregulars

No segueixen els models dels verbs regulars *(cantar, perdre, témer, dormir, servir)*. Cal remarcar que la segona i la tercera conjugacions tenen més verbs irregulars que no pas la primera.

— **Primera conjugació:** són tots regulars (només tenen algunes irregularitats de tipus ortogràfic), excepte *anar* i *estar.*

— **Segona conjugació:** gairebé tots els verbs presenten alguna irregularitat, de manera que la majoria dels verbs irregulars del català pertanyen a aquesta conjugació *(seure, viure, prendre, moldre...)*.

— **Tercera conjugació:** en té tants de regulars *(dormir, patir, servir...)* com d'irregulars *(collir, cosir, sortir, tenir, venir...)*.

Les irregularitats d'aquests verbs es produeixen en el lexema i en els morfemes verbals. També n'hi ha que tenen irregularitats especials, com ara *anar, dir, fer, ser...*

Irregularitats en la primera conjugació

— **Canvis ortogràfics** en els verbs de la primera conjugació acabats en *-car, -çar, -gar, -guar, -jar* i *-quar* quan la vocal que hi ha després del lexema és una *e* o una *i:*

c ▸ **qu:** *cerco / cer**qu**es...*	**gu** ▸ **gü:** *enai**gu**a / enai**gü**eu...*
ç ▸ **c:** *abraço / abra**c**es...*	**j** ▸ **g:** *menjo / men**g**is...*
g ▸ **gu:** *abriga / abri**gu**in...*	**qu** ▸ **qü:** *ade**qu**a / ade**qü**is...*

— Col·locació de la **dièresi** sobre la *i* en alguns morfemes de verbs de la primera conjugació amb el lexema acabat en vocal *(idear, estalviar...):*

ideï, ideïs, ideïn...; estalviï, estalviïs, estalviïn...

— Els verbs *anar* i *estar* tenen irregularitats especials, tant en el lexema com en el morfema verbal:

vaig, vas, va, van...; estic, estigues...

Irregularitats en la segona conjugació

La **velarització,** o aparició de les consonants velars *c* o *g* en la primera persona del singular del present d'indicatiu, en el perfet d'indicatiu, en el present i l'imperfet de subjuntiu, i en l'imperatiu dels verbs acabats en *-ldre, -ndre* i *-ler (moldre, comprendre, valer...,* excepte *voler)*, i dels verbs amb un diftong en el lexema *(seure, atraure, incloure, escriure...)*:

*mol**c**, mol**gu**i...*	*se**c**, se**gu**i...*
*compren**c**, compren**gu**in...*	*inclo**c**, inclo**gu**is...*
*val**c**, val**gu**és...*	*escri**c**, escri**gu**és...*

Collir, cosir, sortir, tenir, venir... són verbs irregulars de la tercera conjugació.

Rient, caient, bevent, movent... són gerundis irregulars amb canvi de *u* per *i* o per *v*, o bé amb pèrdua de la *u*.

Formes verbals incorrectes

En la llengua parlada es tendeix a usar la consonant *g* de manera incorrecta en algunes formes verbals:

— En el **gerundi**:

❌ *beguent, caiguent, riguent,*

en lloc de *bevent, caient, rient.*

— En l'**infinitiu**:

❌ *haguer, poguer, sapiguer, valguer, volguer,*

en lloc d'*haver, poder, saber, valer, voler.*

— En la 1a i la 2a persones del **plural del present d'indicatiu**:

❌ *beguem, beguem, riguem, rigueu, moguem, mogueu,*

en lloc de *bevem, beveu, riem, rieu, movem, moveu.*

— En la 2a persona del **plural de l'imperatiu**:

❌ *begueu, mogueu, rigueu,*

en lloc de *beveu, moveu, rieu.*

També es produeix en els verbs *aparèixer, conèixer*..., que alternen el lexema acabat en *-ix* amb l'acabat en *-c/-g:*

apareixes → *apare**gui***

coneixes → *cone**c**...*

— Canvi de la vocal *e* per *a* en verbs com ara *jeure, treure*..., quan passen de les formes tòniques (amb l'accent en el lexema) a les formes àtones (amb l'accent en el morfema verbal):

jeure → *j**a**ieu*

treure → *tr**a**iem...*

— Canvi de *u* per *v*, de *u* per *i*, o pèrdua de *u* en el gerundi dels verbs que tenen el lexema acabat en els diftongs *au, eu, iu, ou: caure, beure, riure, moure*...

*ca**u**re* → *ca**i**ent*

*be**u**re* → *be**v**ent*

*ri**u**re* → *rient*

*mo**u**re* → *mo**v**ent*

— Formació del **gerundi** *dels verbs escriure* i *viure* com si fossin de la tercera conjugació (amb una *i*). Les formes d'aquests verbs que tenen el mateix lexema que el gerundi *(escriv-, viv-)* també es conjuguen com si pertanyessin a la tercera conjugació: *escriv**int**, viv**int**, escriv**im**, viv**iu**...*

— Són irregulars els **participis** acabats en *-s* que formen els verbs acabats en *-ndre: atendre, pretendre, difondre... (atè**s**, pretè**s**, difó**s**...)* i en *-metre: permetre... (permè**s**...)*; els acabats en *-t/-st* que formen els verbs acabats en *-ldre,-ndre: dissoldre, moldre; pondre... (dissol**t**, mol**t**; pos**t**...)*; i els acabats en *-ut* que formen verbs com ara *vendre, viure, pertànyer... (ven**ut**, visc**ut**, pertany**ut**...)* i els verbs acabats en *-ler: valer, equivaler... (valg**ut**, equivalg**ut**...).*

Irregularitats en la tercera conjugació

— **Canvi de *o* per *u*** en verbs com *collir, cosir, escopir, sortir* i *tossir* quan passen de les formes tòniques (amb l'accent en el lexema) a les formes àtones (amb l'accent en el morfema verbal): *c**u**llo, c**u**so, esc**u**po, s**u**rto, t**u**sso...*

— **Canvi de *a* per *e*** en la tercera persona del singular del present d'indicatiu dels verbs *obrir, omplir, venir...: obr**e**, ompl**e**, vin**e**...* També es fa aquest canvi en el verb *córrer,* de la segona conjugació: *corr**e**.*

— **Inclusió d'una *e* eufònica** per tal de facilitar la pronúncia de la forma verbal. Aquesta irregularitat es produeix en els verbs de la segona i la tercera conjugacions que tenen el lexema verbal acabat en *c, s, ss, x* o *g (tòrcer, cosir, tossir, créixer, fugir...): torc**e**s, cus**e**s, tuss**e**s, creix**e**s, fug**e**s...*

— Col·locació de la **dièresi** sobre la *i* en alguns morfemes de verbs de la tercera conjugació amb el lexema acabat en vocal *(fruir, reduir...): fru**ï**m, fru**ï**a, fru**ï**res...*

— Els verbs *tenir* i *venir* tenen els morfemes verbals propis de la segona conjugació en el passat simple d'indicatiu, l'imperfet de subjuntiu i el participi: *ting**ué**, ting**ués**, ting**ut**...; ving**ué**, ving**uessis**, ving**ut**...*

— Són irregulars els **participis** acabats en *-rt* que formen alguns verbs:

complir → *comple**rt***	*establir* → *establе**rt***
oferir → *ofe**rt***	*omplir* → *omple**rt***
sofrir → *sofe**rt***	*suplir* → *suple**rt**...*

17. Subratlla els verbs que apareixen en aquest text, digues a quina conjugació pertanyen i indica si són regulars o irregulars.

> Enguany es compleixen 100 anys del naixement de Salvador Espriu [...]. Els admiradors de la prosa d'Espriu, sempre densa i lúcida, estem d'enhorabona.
>
> Com és sabut, la cotització literària d'Espriu ha patit oscil·lacions notòries al llarg del temps. En vida, les seues primeres obres van ser rebudes amb divisió d'opinions. [...] I així van anar les coses fins que, l'any 1960, amb la publicació de *La pell de brau*, Salvador Espriu es va convertir, tant dins com fora de Catalunya, en una mena d'estendard de la resistència de la cultura catalana contra el franquisme, del dret de les societats oprimides a expressar-se en llibertat, de la voluntat de diàleg civil contra les mordasses tiràniques i no sé quantes coses més. [...] Que aquesta entronització es basara en una lectura molt parcial —i francament errònia— d'un llibre que en realitat era molt més complex no va frenar gens el seu èxit. [...]
>
> Enric Sòria, «Finalment, l'any Espriu», a *El País, Quadern*, 23-1-2013.

18. Dels verbs de l'exercici anterior, tria'n dos de cada conjugació (almenys un ha de ser irregular). Conjuga'n la primera persona del singular i del plural del present, de l'imperfet i del futur d'indicatiu.

19. Omple els espais en blanc amb la forma que hi correspongui dels verbs entre parèntesis.

- Li demanaré al teu germà que .... *(netejar)* el jardí.
- Qui ens .... *(voler)* donar un cop de mà només ens ho ha de fer saber.
- Quan .... *(fer)* els deures ja podràs jugar amb la consola.
- Necessito que em .... *(traduir)* la carta perquè no parlo francès.
- No li .... *(dir*, tu) que he vingut.
- No cal que .... *(anar)* fins allà, queda't a casa.
- L'Anna no pot rebutjar la feina que li han .... *(oferir)*.
- Si .... *(rebre)* una notificació de trànsit, avisa'm.
- Encara no .... *(conèixer*, jo) el nou professor.
- Segur que no s'ha .... *(creure)* la teva mentida.

20. Completa les sèries conjugant la primera persona del singular dels temps indicats.

Infinitiu	Present d'indicatiu	Present de subjuntiu	Imperfet de subjuntiu
caure			
ésser			
servir			
treure			
escriure			
perdre			
sortir			

21. Escriu el participi dels verbs anteriors i indica, en cada cas, un altre verb que es conjugui de manera anàloga.

22. Escriu el participi dels verbs següents:

ploure	pertànyer	empènyer
créixer	contradir	difondre
mantenir	posseir	aprendre
compondre	viure	admetre
reabsorbir	concloure	omplir

23. Corregeix, quan sigui necessari, les formes verbals d'aquestes oracions:

- No era possible que aquell vestit valés més de mil euros.
- Ha quedat excluït de les llistes provisionals d'admesos.
- En aquest lloc, no hi cabo.
- Quan encenguis el foc, prepararem el sopar.
- No calia que traiéssiu les cadires al pati.
- Si siguessis ric podries comprar-te un iot.
- L'any passat subscrivires la pòlissa d'assegurança.
- Havia omitit dos passos necessaris per a completar amb èxit l'experiment.

24. Completa les oracions següents amb la forma adequada del participi.

- Hem .... els exercicis en un temps rècord. *(resoldre)*
- No és .... fumar dins del recinte escolar. *(permetre)*
- El meu germà havia .... la notícia de la festa d'aniversari dels pares. *(difondre)*
- Mai no es va saber qui havia .... el delicte. *(cometre)*
- Has .... tot l'excedent? *(vendre)*
- He d'estar-ne segur. Heu .... l'explicació? *(entendre)*
- Vull pensar que ha .... la pena venir fins aquí. (valer)
- Si haguéssiu .... prou aigua, ara no us trobaríeu tan malament. *(beure)*
- Sempre havia .... sentir paraules amables. *(voler)*
- La història no l'ha .... *(absoldre)*

— Classifica els participis segons la irregularitat.

Acabats en *-s*	Acabats en *-t/-st*	Acabats en *-ut*
....	....	....

25. Completa les oracions següents amb el gerundi.

- Sempre comenceu ...., però acabeu .... *(riure/plorar)*
- .... tan bé com ho fas, no sé per què no t'hi dediques professionalment. *(escriure)*
- Si continues .... aquestes notes, arribaràs molt lluny. *(treure)*
- La neu s'estava .... quan vam arribar. *(fondre)*

— Quins d'aquests gerundis presenten formes irregulars? Explica en què consisteix la irregularitat.

26. Omple els espais buits amb la forma adequada del verb entre parèntesis. Tingues en compte que tots els verbs han d'estar en present d'indicatiu.

- Si .... a terra, et poden multar. *(escopir)*
- Nosaltres mai no .... al carrer. *(escopir)*
- La meva mare cada matí .... flors del jardí. *(collir)*
- Si no .... el que us ha caigut, tindreu problemes. *(collir)*
- Quan em llevo .... moltíssim. *(tossir)*
- Les persones que fumen .... molt al matí. *(tossir)*
- L'Alba .... tota la roba dels seus fills. *(cosir)*
- Vosaltres mai no .... *(cosir)*

27. Completa les sèries següents:

		aparegui	
	comprengueres		
resol			
			volguéssim
cap			
		segui	

— Quin temps verbal hi ha en cada columna?

— Escriu l'infinitiu de cadascun dels verbs de la taula i digues a quina conjugació pertanyen.

— Explica en què consisteix la irregularitat que trobem en aquests temps verbals i amb aquests verbs.

28. Escriu un exemple per a cada irregularitat.

+

— Canvis ortogràfics en els verbs de la primera conjugació acabats en *-car, -çar, -gar, -guar, -jar* i *-quar* quan la vocal que hi ha després del lexema és una *e* o una *i*.

— Col·locació de la dièresi sobre la *i* en alguns morfemes de verbs de la primera conjugació amb el lexema acabat en vocal *(idear, estalviar...)*.

— Canvi de la vocal *e* per *a* en verbs com ara *jeure, treure...*, quan passen de les formes tòniques (amb l'accent en el lexema) a les formes àtones (amb l'accent en el morfema verbal).

— Inclusió d'una *e* eufònica per tal de facilitar la pronúncia de la forma verbal. Aquesta irregularitat es produeix en els verbs de la segona i la tercera conjugacions que tenen el lexema verbal acabat en *c, s, ss, x, g (tòrcer, cosir, tossir, créixer, fugir...)*.

Les grafies *o/u* àtones

En català oriental, *o* i *u* en posició àtona tenen el mateix so. Per a saber quan hem d'utilitzar una lletra o l'altra, cal que tinguem en compte les normes següents.

A final de paraula

— S'escriu *o* en moltes paraules: *marr**o**, burr**o**, banj**o**, mic**o**...*

— S'escriu *o* en la primera persona del singular del present d'indicatiu dels verbs regulars: *parl**o**, surt**o**, anul·l**o**...*

— S'escriu *os* en el plural dels mots masculins acabats en *-s, -sc, -ç, -sp, -st, -xt, -tx, -ig, -x* i *-ix: llis**o**s, bosc**o**s, braç**o**s, gesp**o**s, gust**o**s, text**o**s, despatx**o**s, roj**o**s, reflex**o**s, fluix**o**s...*

Es poden considerar excepcions els casos següents:

— En alguns mots s'escriu *u* (i en els plurals, *us*), com ara: *ateneu, estiu, liceu, superflu, cacau, europeu, mutu, tribu, conreu, individu, riu, trofeu...*

— En noms invariables acabats en *-us* s'escriu *u*, com ara: *cactus, fetus, globus, porus, eucaliptus, focus, lapsus, tipus...*

A l'interior de paraula

— En les paraules derivades s'escriu la mateixa vocal que dugui una paraula de la mateixa família en què aquesta vocal sigui tònica:

*s**o**rteig* → *s**o**rt*   *f**u**llaraca* → *f**u**lla*

*j**o**guina* → *j**o**c*   *j**u**ntura* → *j**u**nt*

— En els verbs, cal fixar-se en la tercera persona del present d'indicatiu per a saber si escrivim *o* o bé *u:*

*p**o**dré* → *p**o**t*   *act**u**ava* → *act**u**a*

Són excepcions a aquestes normes:

— Els verbs *collir, cosir, escopir, sortir* i *tossir*, que en posició àtona s'escriuen amb *o* encara que trobem *u* en síl·laba tònica.

colliré (però *cull*)   *escopireu* (però *escup*)   *tossia* (però *tus*)

cosiràs (però *cus*)   *sortirem* (però *surt*)

— El present de subjuntiu i l'imperatiu de *poder* i *voler*, que s'escriuen amb *u* en posició àtona (els altres temps verbals s'escriuen amb *o: podem, podeu...; voldria, voldries...*). Fixa-t'hi:

Present de subjuntiu	
pugui	vulgui
puguis	vulguis
pugui	vulgui
puguem	vulguem
pugueu	vulgueu
puguin	vulguin

Imperatiu	
pugues	vulgues
pugui	vulgui
puguem	vulguem
pugueu	vulgueu
puguin	vulguin

El mot invariable *cact**us*** és una de les excepcions a la regla d'ús de les grafies àtones a final de paraula.

— Els mots **pseudoderivats,** o falsos derivats, és a dir, les paraules manllevades directament del llatí, són també excepcions a la norma general.

bucal (però *boca*)	*humanisme* (però *home*)
curvatura (però *corba*)	*juvenil* (però *jove*)
duplicar (però *doble*)	*mundial* (però *món*)
edulcorar (però *dolç*)	*titular* (però *títol*)
ferruginós (però *ferro*)	*vulcanologia* (però *volcà*)

Interferències del castellà en l'escriptura de *o* i *u* àtones

Convé que memoritzis un seguit de paraules l'ortografia de les quals canvia respecte del castellà.

En català, amb *o*

avorrir-se	*complir*	*joventut*
brúixola	*cònsol*	*sofrir*
capítol	*escopir*	*sorgir*
cartolina	*escrúpol*	*torró*
cobrir	*joglar*	*triomf*

En català, amb *u*

bufetada	*muntar*	*suportar*
butlletí	*mussol*	*tramuntana*
butxaca	*sinus*	*turmell*
cuirassa	*suborn*	*turment*
muntanya	*sufocar*	*vidu*

Puntua bé!

El punt i coma

- Convé que recordis que el punt i coma indica una pausa mitjana en l'oració.

  — Per a separar oracions en què s'exposen un fet i la conseqüència.

  La Raquel s'ha deixat les claus del pis; no pot entrar a casa fins que les hi portis.

  — Quan volem separar enumeracions llargues que ja contenen comes.

  A París tindrem un programa de visites molt complet: dilluns, anirem al museu del Louvre; dimarts, visitarem Montmartre i el Sagrat Cor; dimecres, arribarem fins a Versalles; dijous, veurem la Torre Eiffel i el Camp de Mart.

  — Per a indicar una interrupció més llarga que la coma, abans de nexes com ara *malgrat tot, no obstant això, tot i això, tanmateix, encara que...*

  Els investigadors ja han trobat una vacuna; no obstant això, continuaran els assajos al laboratori.

  — Davant d'oracions que expressen el resum o la conclusió del que s'ha expressat en l'oració anterior. Amb aquest valor, el punt i coma és intercanviable amb els dos punts.

  La qualitat del servei, el bon menjar, el preu assequible; tots aquests aspectes fan que aquest hotel sigui la millor opció d'allotjament.

Practica-ho:

29. En aquestes oracions hi falten punts i coma. Posa'ls-hi.

- La matriculació es fa durant el mes de juliol al juny, per tant, l'institut està tancat.
- En Joan va venir a la festa amb la seva xicota, la Sònia la seva mare, l'Anna el seu germà, en Pere, i el seu millor amic, l'Antoni.
- La platja, l'arquitectura, l'oferta cultural tot això fa de Barcelona una ciutat molt interessant.
- Els professors estan organitzant moltíssimes activitats no obstant això, volen l'ajuda dels alumnes.

30. Explica l'ús del punt i coma en les oracions següents:

- Van assistir a l'homenatge d'aquell escriptor en Carles, el seu germà; l'Alba, la seva dona; l'Eugènia i en Tomàs, els seus fills, i l'Albert, el seu pare.
- Se m'ha escapat el tren; arribaré una mica tard.

Dictat

31. Prepara aquest dictat i respon les preguntes.

L'aparició del formidable taüt ple de cebes, la majoria grillades, davant del número 6 de la plaça dels Innocents, encara va despertar menys expectació que el Mortífer, el qual, al capdavall, a causa de l'extermini (amb nocturnitat i menyspreu de l'escalfor) de l'aviram casernari, havia provocat un cert enrenou i una investigació infructuosa per terrorisme instigada per la dona del comandant. Calfreds escadussers, esveraments de vianants que gairebé ensopegaren amb l'envàs macabre, i un parell de badades de gent que preguntava el nom del difunt o l'hora de l'enterrament, fou tota l'atenció reclamada per la caixa.

Jesús Moncada, *Camí de sirga*. La Magrana.

— Considera les *o* destacades en negreta de les paraules *aparició*, *formidable* i *número*, a la primera ratlla. Fixa't que no totes sonen igual. Quina sona diferent? Per què?

— *Mortífer* s'escriu amb *o* perquè és un derivat de *mort*. Escriu dos derivats més de *mort*.

— Fixa't en el mot *terrorisme*, que trobem a la tercera ratlla. Digues quina paraula de la mateixa família cal buscar per tal de saber si s'ha d'escriure amb *o* o bé amb *u*.

— Proposa derivats de les paraules del text *nom*, *hora* i *tota*, i escriu-los correctament.

— Troba en el dictat tres verbs pertanyents a la primera conjugació i escriu-ne la primera persona del present d'indicatiu.

Activitats

32. Llegeix el text següent i respon les preguntes.

Cada vegada que intenta escriure, dibuixa. Seu, agafa l'estilogràfica, pensa en la primera paraula per començar un conte, però, quan toca el full en blanc, la mà se li escapa. No pot evitar-ho. [...] fins i tot és divertit veure com neixen formes i personatges sota un traç definit i sovint admirable. El problema és que ell vol escriure i que, fins ara, no sabia dibuixar. La prova és que ja ha publicat tres llibres i se'l considera un escriptor innovador i original. Ningú no sap, però, que actualment només estripa dibuixos estranys farcits de palmeres, de dones [...] recolzades a la barana de transatlàntics [...].

Sergi Pàmies, «L'ànima del llobarro», a *Infecció*. Quaderns Crema.

— Observa les *o* de les paraules *estilogràfica*, *començar* i *conte*. Quina sona diferent? Per què?

— Fixa't en els mots *innovador* i *recolzades*. Indica quines paraules de la mateixa família hem de buscar per saber si s'escriuen amb *o* o *u*.

— Escriu bé tres derivats dels mots *full* i *prova*.

33. Buscar una paraula de la mateixa família no és útil en el cas dels falsos derivats. Completa els mots següents, però no et refiïs dels derivats.

- El personal cons...lar fugí en esclatar la guerra.
- Enguany l'empresa ha d...plicat els beneficis.
- L'h...manisme va sorgir a Itàlia, en el segle XIV.
- Vaig llegir aquell article sobre n...trició.
- La m...cosa revesteix la cavitat b...cal.

34. Completa en el teu quadern aquests mots amb *o* o amb *u:*

tit...lació	s...ledat	cr...ixent
f...guera	j...guina	...llada
escrúp...l	b...tifarra	v...lcanisme
b...ndat	ac...m...lar	m...ntanya
j...ventut	f...mera	tít...l
ridíc...l	end...lcir	tri...mf
s...miar	rej...venir	atene...
n...mbrós	emp...rdanès	trofe...

35. Completa en el teu quadern amb *o* o *u* aquestes oracions:

- Els mots esdrúix...ls s'accentuen tots.
- Els Pirine...s estaven ben nevats.
- Un brèt...l va trencar el rèt...l de la b...tiga.
- S...vint el gerundi s'utilitza de forma inc...rrecta.
- Als bosc...s hi ha b...lets verinos...s, però moltes espècies són c...mestibles.
- L'últim capít...l d'aquella n...vel·la de misteri em va decebre una mica.
- L'individ... es va p...sar la mà a la b...txaca i en va treure un ganx...
- El c...lpable del r...batori pertany a una banda j...venil.
- Va ser designat here... el cònjuge vid...
- La t...nyina és un peix de carn molt val...rada pels g...rmets, que es c...nsumeix fresc o en c...nserva.

36. Localitza en aquesta sopa de lletres sis paraules que presenten una grafia diferent de la del castellà pel que fa a la *o* i la *u*. En tens la definició més avall.

J	R	I	M	N	I	D	N	O	R	O	R
M	O	B	U	T	L	L	E	T	I	F	V
C	D	G	N	D	C	S	A	Z	P	T	R
J	G	L	T	H	F	Q	V	T	I	J	M
N	R	M	A	E	O	U	O	S	E	O	I
L	U	T	R	L	R	E	R	I	C	G	A
S	I	M	L	N	B	R	R	I	G	L	R
O	X	D	F	P	T	P	I	M	J	A	E
F	U	Z	I	R	L	E	T	Y	X	R	U
R	T	I	B	V	A	G	Ç	E	A	S	D
I	O	G	H	J	O	R	R	O	T	A	E
R	N	L	J	A	G	R	O	S	S	I	U

- Persona que sent tedi.
- Publicació periòdica sobre una matèria concreta.
- Persona que a l'Edat Mitjana cantava, ballava i feia jocs a les festes.
- Cavalcar.
- Patir, suportar, tolerar.
- Dolç que es menja per Nadal, fet amb ametlles, mel i altres ingredients.

37. Completa en el teu quadern aquesta taula conjugant la primera persona del plural dels temps indicats.

Verb	Present d'indicatiu	Present de subjuntiu	Imperatiu
collir			
cosir			
escopir			
muntar			
poder			
sortir			
tossir			
voler			

38. En els mots encreuats següents, hi apareixen paraules amb *o* o *u* àtones. Escriu-les en el teu quadern.

HORITZONTAL: 3. Estri que s'utilitza per a menjar i que té la forma d'una petita pala. 6. Avisador acústic dels automòbils. 7. Que es produeix de cop, d'improvís.

VERTICAL: 1. Barreta de ferro que va subjecta amb dues argolles a una porta o a una finestra i que fentla lliscar es fica per un dels extrems en una argolla o en un forat que hi ha en el bastiment o en l'altra fulla i tanca així la porta o la finestra. 2. Tortura infligida. 4. Pedra preciosa de color vermell. 5. Relatiu als monjos. 8. Seient de les sales d'espectacles disposat amb d'altres en files o rengleres.

39. Completa aquests mots en el teu quadern amb *o* o amb *u*.

aix.....var	Amade.....	av.....rrir
foc.....s	tip.....s	H.....ngria
Morfe.....	c.....lobra	còns.....l
r.....ssinyol	cart.....lina	sèr.....m
c.....sina	g.....belet	El Pire.....
víd.....a	Lice.....	llúp.....l

— Si desconeixes el significat d'algun dels mots, busca'l en el diccionari.

Les sigles. Els acrònims

Les **sigles** són abreviacions formades per les lletres inicials d'un mot o d'un conjunt de mots. Generalment les sigles s'escriuen amb majúscules i s'utilitzen per no haver de pronunciar o escriure el nom sencer que designen.

La majoria de les sigles corresponen a organismes culturals, polítics o econòmics (universitats, instituts, partits polítics, sindicats, bancs, empreses...), entre altres institucions públiques i privades. Però també hi ha moltes sigles que designen conceptes diversos per als quals la llengua no disposa d'un mot equivalent.

Fixa't en els exemples següents, que són sigles molt conegudes.

BCE	Banc Central Europeu
FMI	Fons Monetari Internacional
IEC	Institut d'Estudis Catalans
IOC	Institut Obert de Catalunya
ONG	Organització no governamental
ONU	Organització de les Nacions Unides
OTAN	Organització del Tractat de l'Atlàntic Nord
PIB	Producte interior brut
PIME	Petita i mitjana empresa
UCI	Unitat de cures intensives
UE	Unió Europea
UOC	Universitat Oberta de Catalunya

Segons els casos, les sigles es poden pronunciar i llegir d'un sol cop, com es fa amb qualsevol altra paraula o lletrejant les lletres que les formen (BCE → be - ce - e, FMI → efa - ema - i, ONG → o - ena - ge...), i també desenvolupant-ne el nom complet. Les sigles no tenen plural, tot i que en la parla informal a vegades se'n fa servir incorrectament (ONGs*, PIMEs*...).

Els **acrònims** són abreviacions creades a partir de lletres i síl·labes inicials o finals d'un grup de paraules. Es pronuncien com qualsevol altre mot i no sempre cal escriure'ls amb majúscules, com sí que succeeix amb les sigles.

Idescat	**I**nstitut **d'Es**tadística de **Cat**alunya
Meteo.cat	Servei **Meteo**rològic de **Cat**alunya
Termcat	Centre de **Term**inologia **Cat**alana

Els manlleus

Des dels seus orígens el català ha pres mots d'**altres llengües** i els ha adaptat a la fonètica catalana. Els mots que passen d'una llengua a una altra i **s'hi integren** s'anomenen manlleus o préstecs lingüístics.

Els **manlleus** són paraules d'altres llengües que han estat acceptades perquè en la nostra llengua no existia un terme adient per a designar aquella realitat concreta. Alguns manlleus han estat adaptats des del punt de vista fonètic i ortogràfic.

Sigles i acrònims lexicalitzats

En alguns casos les sigles i els acrònims han esdevingut paraules acceptades per la normativa i integrades en el lèxic català. És el cas dels mots següents, l'origen dels quals són sigles o acrònims:

làser (de l'anglès ***l****ight* ***a****mplification by* ***s****timulated* ***e****missions of* ***r****adiation:* 'amplificació de llum per emissió estimulada de radiació').

mòdem (de l'anglès ***mo****dulator-****dem****odulator:* 'modulador-desmodulador').

ovni ('**o**bjecte **v**olador **n**o **i**dentificat').

radar (de l'anglès ***ra****dio* ***d****etecting* ***a****nd* ***r****anging:* 'detecció i localització per ràdio').

sida ('**s**índrome d'**i**mmuno**d**eficiència **a**dquirida').

Els neologismes

L'evolució constant de la tècnica, la ciència, els esports, el món del treball i del lleure, etc. ens obliga a incorporar contínuament **nous termes.** Són els neologismes, mots creats per a designar objectes, accions o conceptes nous: *correu electrònic, escàner, multimèdia, programari...*

La manera més habitual de **crear un neologisme** és **adaptar un manlleu** i incorporar-lo a la llengua. És el cas de moltes paraules pertanyents al camp de les tecnologies, en què domina l'anglès.

electronic mail → correu electrònic

scanner → escàner

Els altres mètodes per a crear neologismes són la **derivació** *(anti + congelant, des + cafeïnat, escanej + ar, format + ar, mínim + itzar...)* i la **composició** *(alta + veu, cerca + promeses...).*

Paraula de nova creació i/o extensió de significat d'una ja existent

3 Traducció

4 adaptació

LÈXIC I SEMÀNTICA

Abús dels manlleus

Cal anar amb compte amb l'ús d'alguns manlleus o estrangerismes no adaptats, ja que força mots habituals en la parla quotidiana s'utilitzen quan no pertoca, perquè en català ja existeix una paraula equivalent acceptada.

Fixa't en els següents exemples d'estrangerismes usats incorrectament i mira d'evitar-los i fer servir sempre les paraules correctes.

Estrangerisme	Mot català
e-mail	correu electrònic
afterhours	fora d'hores
compact disc	disc compacte
déjà-vu	cosa ja vista
hit parade	llista d'èxits
impasse	punt mort
hall	vestíbul

A continuació oferim una mostra d'alguns manlleus, ordenats segons l'època aproximada d'entrada en el català.

Germanismes. De les llengües dels pobles germànics, sobretot visigots i francs: *alberg, blanc, blau, guaita, guanyar, guerra...*

Arabismes. L'àrab, llengua parlada pels musulmans que dominaren la península Ibèrica durant segles: *alcohol, catifa, magatzem, sucre...*

Occitanismes. L'occità, llengua veïna del català: *bressol, flauta, maduixa...*

Castellanismes. El castellà, llengua també veïna i que per motius històrics, polítics i socials és la que més influeix en el català des de fa segles: *amo, feligrès, guapo, maco, postres...*

Americanismes. Mots procedents de les llengües ameríndies, sovint a través del castellà: *huracà, lloro...*

Gal·licismes. El francès, llengua de prestigi cultural en l'època moderna i contemporània: *biberó, bidet, fulard, garatge, paquet, parterre...*

Italianismes. L'italià fou molt influent sobretot durant el Renaixement: *camerino, casino, confeti, escopeta, sonata, salsitxa, sonet...*

Anglicismes. L'anglès té una influència creixent en totes les llengües del món des de fa més d'un segle: *bàsquet, càmping, club, futbol, xampú...*

Cal no confondre **manlleu** amb **neologisme,** que és un nou mot, format generalment per l'adaptació d'un manlleu a la llengua que l'integra.

Activitats

40. @ Busca el significat d'aquestes sigles:

ADN • CCRTV • DOGC • CD-ROM • FGC • FM • IBI
IVA • LAN • MNAC • NIF • OMS • PNB • PAAU • VOSC

— Comprova les teves respostes a l'enllaç següent:

www.uoc.edu/serveilinguistic/criteris/convencions/abreviacions4.html

41. Escriu la forma que han adoptat en català aquests mots francesos i anglesos:

béchamel • charcuterie • toilette • menu
biberon • tire-bouchon • chantage • peluche

meeting • shampoo • sprint • squash
interview • tunnel • spray • handball

42. Llegeix aquest text i assenyala els manlleus lingüístics que hi trobis. Digues de quina llengua són originaris.

Vaig demanar espaguetis a la bolonyesa de primer plat i una pizza napolitana de segon. Els pares van preferir una pizza vegetal, perquè l'arribada de l'estiu era imminent i aquest era el seu costum, igual que escoltar aquella sonata tan famosa

43. @ Alguns diccionaris incorporen informació sobre l'origen de les paraules. És el cas del *Gran diccionari de la llengua catalana*, d'Enciclopèdia Catalana, que també pots consultar a internet.

www.diccionari.cat/

— Utilitza'l per a esbrinar quin és l'origen d'aquests mots catalans que no provenen del llatí.

adobar	Llengües ameríndies
club	
curandero	Àrab
magatzem	
tomàquet	Castellà
piano	
líder	Llengües germàniques
jaguar	
hotel	Anglès
batuta	
bacallà	Italià
llaga	
arròs	Francès
guàrdia	
garatge	Occità (inclou el gascó)
eina	

La literatura del segle XVII

El context històric i polític

Els esdeveniments històrics i polítics més rellevants del segle XVII són:

- L'expulsió dels moriscos que el rei Felip III decreta l'any 1609 i que provoca una pèrdua de població molt important a la Corona d'Aragó, sobretot a València. Els moriscos treballaven els camps, de manera que la seva absència va repercutir en l'economia.
- La guerra dels Segadors (1640-1659), que acaba amb el Tractat dels Pirineus, pel qual la Catalunya del Nord passa a mans dels francesos.

Com a conseqüència del descontentament social i de la mala situació econòmica, augmenta el bandolerisme. Es tracta d'un fenomen amb característiques i repercussions diverses. D'una banda, la noblesa utilitza els bandolers per a resoldre les seves rivalitats; de l'altra, sovint la misèria és el que empeny moltes persones a adoptar aquesta forma de vida.

La societat

Des del segle XVI que la llengua catalana es troba en regressió, ja que és desplaçada pel castellà com a llengua de cultura. Aquest procés s'agreuja en el segle XVIII, quan el català fins i tot arriba a ser prohibit. Tot i això, la llengua catalana perviu en els àmbits familiars i en la literatura popular.

L'ambient cultural

El **Barroc** deixa de banda el vitalisme i l'optimisme propis del Renaixement en un moment de canvi. Immers en una crisi política, religiosa, social, econòmica i fins i tot científica, l'art es decanta vers el preciosisme, amb uns estils recarregats que expressen l'esperit de desencís. És un art pessimista, que no defuig les imatges relacionades amb la mort, la lletjor i el declivi.

Les cançons de bandolers

En el segle XVI i sobretot en el XVII van sorgir composicions poètiques que narraven les malifetes dels bandolers i els lladres de camí ral. Sovint en mitificaven els protagonistes, entre els quals destaquen Antoni Roca, Perot Rocaguinarda i Joan de Serrallonga, personatge al qual es dediquen les dues composicions reproduïdes al marge.

Quatre bandolers
van de camarada:
un era Serrallonga,
l'altre sa amiga Joana,
fararà,
l'altre Fadrí de Sau,
fararà.
Les ninetes ploren,
ploren de tristor
perquè el Serrallonga
n'és a la presó,
fararà.

Joan Sala Viladrau
era el nom que jo tenia;
de motiu, en Serrallonga;
i a Querós era on vivia.
Tenia tres heretats
que em descansaven la vida
i em servien dos criats,
cor què vols, cor què desitges.
Un dilluns, estant-ne a Vic,
en fou la desgràcia mia,
perquè vàreig barallar-me
amb un donzell de la vila.
Paraules porten raons
i les raons no s'amiden,
i allà al trinquet de pilota
jo li en vaig llevar la vida.

Francesc Vicent Garcia, el Rector de Vallfogona

Va néixer probablement a Tortosa entre els anys 1578 i 1579 i va morir a Vallfogona de Riucorb, la població on va fer de rector, l'any 1623.

Aquest poeta, conegut popularment com el Rector de Vallfogona, va escriure un gran nombre de poemes i també una obra de teatre. Va ser l'introductor de l'estètica barroca en la literatura catalana. La seva poesia és una mostra dels inicis del Barroc a Catalunya, i hi utilitza formes i temes innovadors. S'hi pot reconèixer la influència d'alguns dels autors de més renom del Barroc castellà, entre els quals Lope de Vega, Góngora i Quevedo.

La seva obra poètica té dues vessants: l'una, la **poesia elegant i cortesana;** l'altra, les composicions de caire **irònic,** amb tot de **jocs de paraules** i estirabots. Aquesta darrera vessant de la seva poesia, de caràcter més burlesc, va ser anomenada, per la seva popularitat, ***vallfogonisme,*** corrent que es va mantenir viu fins al segle XIX.

El sonet següent, *A una hermosa dama de cabell negre que es pintava en un terrat ab una pinta de marfil,* és un exemple de la poesia de caire elegant i cortesana.

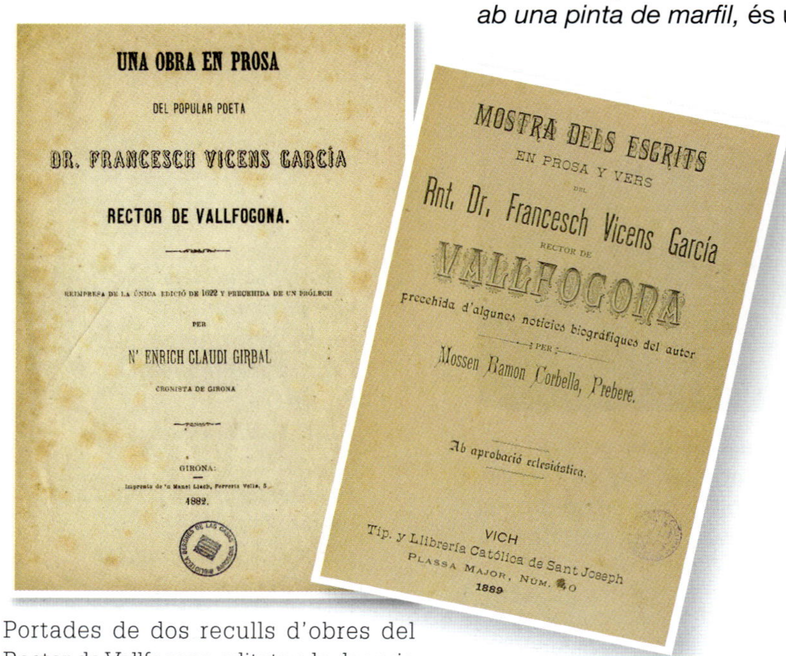
UNA OBRA EN PROSA
DEL POPULAR POETA
DR. FRANCESCH VICENS GARCÍA
RECTOR DE VALLFOGONA.
PER
N' ENRICH CLAUDI GIRBAL
CRONISTA DE GIRONA
GIRONA:
1882.

MOSTRA DELS ESCRITS
EN PROSA Y VERS
DEL
Rnt. Dr. Francesch Vicens García
RECTOR DE
VALLFOGONA
precehida d'algunas noticias biográfiques del autor
PER
Mossen Ramon Corbella, Prebere.
Ab aprobació eclesiástica.
VICH
Tip. y Llibrería Católica de Sant Joseph
Plassa Major, Núm. 40
1889

Portades de dos reculls d'obres del Rector de Vallfogona editats a la darreria del segle XIX, l'un a Girona (1882) i l'altre a Vic (1889).

Ab una pinta de marfil polia
Sos cabells de finíssima atzabeja
A qui los de or més fi tenen enveja,
En un terrat, la bella Flora, un dia;

Entre ells la pura neu se descobria
Del coll que, ab son contrari, més campeja
I, com la mà com lo marfil blanqueja,
Pinta i mà de una peça pareixia.

Jo, de lluny, tan atònit contemplava
Lo dolç combat, que ab estremada gràcia
Aquestos dos contraris mantenien,

Que lo cor, enamorat, se m'alterava
I, temerós de alguna gran desgràcia,
De prendre'ls tregües ganes venien.

Aquest altre sonet, *A una monja gravada de verola,* és una bona mostra de la seva poesia de to burlesc, satíric.

Mala pasqua us do Déu, monja corcada,
bresca sens mel, trepada celosia,
formatge ullat, cruel fisonomia,
ab més puntes i grops que té l'arada!

De alguna fossa us han desenterrada
per no sofrir los morts tal companyia,
quan eixa mala cara se us podria
i estava ja de cucs mig rosegada;

però, si sou de vermes escapada,
perquè siau menjar de les cucales
(que de mal en pitjor la sort vos porta),

mantinga-us Déu la negra burullada,
i adeu-siau, que em par que em naixen ales
i em torno corb després que pic carn morta!

S'expliquen moltes anècdotes la veracitat de les quals no és fàcil de comprovar, sobre situacions en què el rector de Vallfogona va demostrar que tenia una llengua esmolada i un enginy especial per al joc de paraules.

Per exemple, diuen que el bisbe havia d'anar a passar un parell de dies a Vallfogona, però la visita es va allargar més del previst. El rector el va tractar molt bé i se'n va acomiadar amb molta gentilesa, però tot just es va girar el bisbe, va dir «Adeu, porc». El bisbe, sorprès i indignat, li va demanar explicacions pel que havia sentit. Aleshores el rector li va dir que per a atendre'l bé s'havia gastat tots els diners que tenia guardats per poder comprar un porcell. S'havia quedat sense porc, doncs. Diuen que aleshores el bisbe li va donar els diners que necessitava per a comprar un porc.

LITERATURA

Francesc Fontanella

Va néixer a Barcelona l'any 1622 i va morir cap al 1683 a Perpinyà, on s'havia exiliat després de participar en la guerra dels Segadors.

Va escriure poesia, teatre i també alguna obra en prosa. Pel que fa a l'obra poètica, s'hi pot veure la influència d'autors castellans com Góngora i Garcilaso de la Vega.

Francesc Fontanella escriu una **poesia d'estil cultista,** amb versos plens de figures retòriques i un llenguatge carregat i de vegades artificiós, amb força castellanismes. Una bona part de les seves poesies són sonets.

El tema que més tracta en les seves composicions poètiques és l'**amor.** Dos bons exemples d'aquesta poesia amorosa són el cicle de poesies *in mortem* a una dama desconeguda anomenada Nise i les seves «giletes», obres breus —bucòliques, amb presència de nimfes i pastors— dedicades a un amor de joventut a qui anomena Gileta.

No hi ha dubte del lloc destacat que Fontanella i Francesc Vicent Garcia van ocupar en la literatura catalana del segle XVII. Els autors de la Renaixença els van recuperar i van fer palesa la seva influència.

A la mort de Nise

Oh, dures fletxes de mon fat rompudes,
rompudes per ferir més doloroses,
que, llevant-me les plomes amoroses,
deixau al cor les puntes més agudes!

Flames més eclipsades que vençudes,
aurores algun dia lluminoses,
ombres ja de ma vista tenebroses,
tenebroses, mortals, però volgudes.

Principi trist de penes inhumanes,
terme feliç de l'ànima afligida
que per alívio son dolor adora;

fletxes sereu i flames soberanes
si llevau a mon cor la trista vida
per donar a mos ulls eterna aurora.

A Gileta

Tu vols olvidar, Gileta,
i si vols ho podràs fer;
jo, si volgués, no podria,
no voldria si pogués.

Podràs, perquè no volies,
jo no puc per tant voler,
però fes tot lo que vulles,
jo faré lo que podré.

Si ton cor m'anomenaves,
jo deia que eres lo meu;
tu menties d'enganyosa
i jo d'enganyat també.

La veritat i mentida
de mon cor trist i del teu,
tu la dius i no la sentes,
jo la callo i la patesc.

I, pus que vols olvidar-me,
adeu, bella ingrata, adeu.
No sabré mudar-me, no,
no, no. Sí morir sabré.

A més de les seves poesies de caire amorós, l'obra de Fontanella comprèn poemes satírics de to burlesc, de vegades fins i tot escatològic i obscè. Després de quedar vidu per segona vegada, va ingressar en l'orde dominicà. A partir d'aleshores la temàtica religiosa també va ser present en les seves poesies.

Activitats

44. Explica les principals diferències entre el Barroc i el Renaixement. Pots consultar aquests enllaços:

http://links.edebe.com/fgfjc2
http://links.edebe.com/kzuy

45. Busca informació en enciclopèdies i a internet sobre Joan de Serrallonga.

— A partir de les dades de la seva biografia i de les cançons que se'n van fer, redacta una notícia que expliqui un dels fets de la seva vida que t'hagin cridat més l'atenció.

— Si pots, mira la pel·lícula d'Esteve Rovira sobre la vida d'aquest personatge, *Serrallonga,* estrenada el 2008, i resumeix breument per escrit els fets que s'hi narren.

46. Llegeix el poema següent i respon les preguntes.

Joan Sala i Viladrau
n'és el nom que jo en tenia,
per sobrenom Serrallonga,
casat n'era amb la pubilla.

En teníem dugues heretats
que molt descansats vivíem.
Un any, per el terç d'Ausó,
va se la fortuna mia.

Vàrem tenir quatre raons
amb un jove de la vila,
de raons a més raons
de raons venen renyines;
ja me'n 'renco del punyal,
li'n vaig prendre-li la vida.

Com que era fill de bones parts
de gent sàvia i rica,
ja en donen compte a en el rei,
i de prompte a perseguir me.

Me'n veig avorrit del món,
me'n dono a la mala vida.
Me'n vaig amb en Rocaguineu,
si em vol amb sa companyia.

Ell ja me n'ha dit que sí,
que hi vagi qualsevol dia,
que jo de matar i robar,
tant com ell en saberia.

— De quin tipus de composició poètica popular es tracta?

— En què consisteixen aquest tipus de composicions? Justifica la resposta amb exemples del poema.

47. Llegeix els següents poemes del Rector de Vallfogona i després respon les preguntes.

Crítica d'una mala pintura d'un sant màrtir

Les mans que m'aturmentaren
no foren en mi tan feres
com les torpes i grosseres
que en aquest llenç me posaren.

D'entre molts lleons isquí
tot sencer i immaculat,
i un ase m'ha atropellat
tal qual me veuen aquí.

Una dama molt gran casada amb un home petit

Tots en comú ens alegram,
Joana, que hages pres marit;
mes, com lo has pres tan petit,
par que l'has caçat al ram:

I, quan junts vos veig estar,
la junta és tan desigual
que no em par sinó un pardal
en paret de campanar;

quan abraçar-te vol,
per més que lo pobre creix,
un diürnal me apareix
sobre de un gran faristol. [...]

Que, vent a ell tan poca cosa
i a tu tan bella fadrina,
que éreu fillol i padrina
pensà, i no marit i espòs.

— A quina temàtica poètica pertanyen aquests poemes? Argumenta-ho a partir d'exemples de cada poema.

— En què consisteix l'anomenat *vallfogonisme?*

48. Llegeix aquest poema de Fontanella i respon.

Càndida, cristal·lina corrent pura,
aigua fort d'un voler de flama activa,
que en caràcter etern bronces aviva
de Nise burilant la sepultura,

És, lector, la que veus, si la ternura
no t'impedeix la vista compassiva,
que un sentiment penós los sentits priva,
i més si és d'ell objecte un'hermosura.

Oh llàgrimes d'un foc mai eixugades!,
oh flames d'un raudal mai extingides!,
de Fontano les forces alternades,

Perquè duren eternes vostres vides,
lo cor dona a les asqües abrasades
i los ulls a les aigües derretides.

— Quin és el tema del poema?

— De quin tipus de composició es tracta?

— Quines característiques pròpies del Barroc hi veus?

49. @ Mira aquest vídeo sobre una troballa recent relacionada amb Francesc Fontanella: **http://links.edebe.com/sj**. Explica per què creus que aquesta descoberta té una importància especial.

El cal·ligrama

A la unitat 1 es van treballar alguns trets dels gèneres literaris, entre els quals la poesia (temes, estructura i recursos retòrics). Ara ha arribat el moment de posar en pràctica el que heu après, i ho fareu creant un poema, però serà un poema visual.

> La **poesia visual** és un tipus de poesia experimental en què la imatge, l'element plàstic, predomina per sobre de la resta de components.

Una forma d'aquest tipus de poesia és el **cal·ligrama,** en què la disposició de les paraules (generalment poemes breus) es fa de manera que es crea un dibuix —un personatge, un animal o qualsevol objecte imaginable— que representa el contingut del text. El contingut i la seva representació gràfica estan estretament relacionats. Per això no es tracta només de llegir, sinó també de mirar, ja que els poemes tenen forma, color, textura... Observa aquest exemple:

Camí de sol.
Per les rutes amigues,
unes formigues.

Joan Salvat-Papasseit

Cal·ligrama de Joan Salvat-Papasseit corresponent a un dels seus poemes.

Passos per a fer un cal·ligrama:

1. En primer lloc, reflexiona fins a tenir una idea, una paraula, una expressió o un objecte que t'inspiri i que s'haurà de transformar en poesia mitjançant les paraules en forma d'imatge. Per tant, un cop el tinguis dibuixa'l amb llapis sobre el paper.
2. En segon lloc, escriu el poema tot resseguint el contorn del dibuix, o emplena el dibuix amb les paraules de manera que no sobrepassin els marges.
3. Les paraules guanyaran força si relaciones el contingut del poema amb el dibuix, si jugues amb els colors, amb les mides, amb els formats o amb el nombre de síl·labes de les paraules, per crear l'efecte òptic desitjat.
4. Finalment, esborra el llapis amb què s'han marcat els contorns perquè es puguin veure clarament la imatge i les paraules.

Pots usar algun programa informàtic o aplicació per a fer cal·ligrames (Corel Draw, CSSWARP, Tagxedo...).

Recorda

- Els temes que es reflecteixen més sovint en les obres del gènere poètic són: l'amor, la mort, la societat, la natura, el pas del temps...
- Pots jugar amb la mètrica i la rima per donar més musicalitat al teu poema.

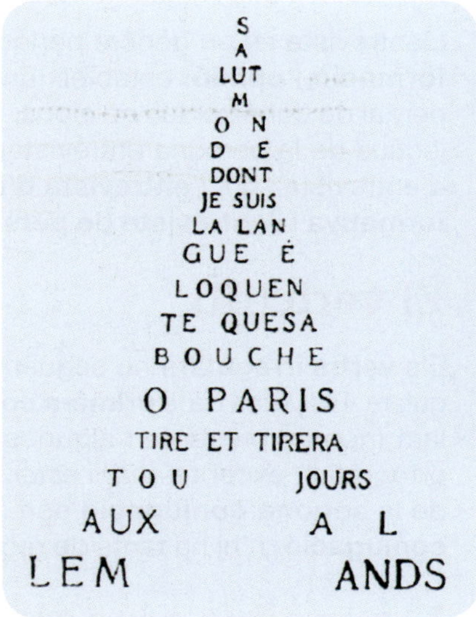

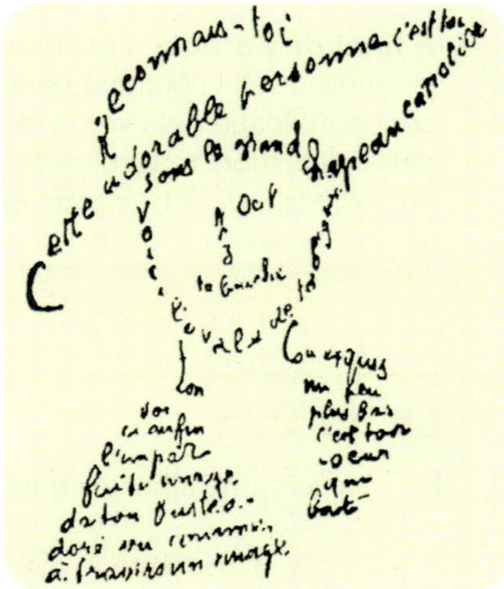

Cal·ligrames del poeta francès Guillaume Apollinaire (1880-1918). Entre els autors catalans que han publicat cal·ligrames cal esmentar J. Salvat-Papasseit, J. Brossa, J. V. Foix, R. Noguera, J. M. Junoy, C. Sindreu i J. Folguera, entre d'altres.

Pots utilitzar

- Diccionari de sinònims i antònims, per a tenir més riquesa lèxica i per a poder jugar més amb les paraules.
- Llibre de verbs.

SÍNTESI

L'entrevista

L'entrevista és un gènere periodístic que **combina informació** i **opinió:** estableix un **diàleg** entre les parts per tal de conèixer les opinions, idees, propòsits i/o objectius de la persona entrevistada. Els principals tipus d'entrevista són: l'**entrevista d'opinió,** l'**entrevista informativa** i l'**entrevista de personalitat.**

El verb (III)

Els **verbs irregulars** no segueixen els models dels regulars. Els verbs de la **primera conjugació** són tots regulars (només presenten algunes irregularitats de tipus ortogràfic), excepte *anar* i *estar.* Gairebé tots els verbs de la **segona conjugació** són irregulars. A la **tercera conjugació,** n'hi ha tants de regulars com d'irregulars.

Les grafies *o/u* àtones

- A **final de paraula** s'escriu *o* en la majoria de mots masculins i en la primera persona del singular del present d'indicatiu dels verbs regulars. S'escriu *os* en el plural dels mots masculins acabats en *-s, -sc, -ç, -sp, -st, -xt, -tx, -ig, -x* i *–ix (pi**s** → pis**os**; nu**s** → nus**os**).*
- A l'**interior de paraula** s'escriu la mateixa vocal que porti un mot de la família en posició tònica *(p**o**r → p**o**ruc; r**u**c → r**u**cada).* En els verbs, cal fixar-se en la tercera persona del singular del present d'indicatiu.

Sigles. Acrònims. Manlleus

Les **sigles** estan formades per les lletres inicials d'un mot o d'un conjunt de mots i s'escriuen amb majúscules. Els **acrònims** són abreviacions creades a partir de lletres i síl·labes inicials o finals d'un grup de mots. Es pronuncien com qualsevol altra paraula i no sempre s'escriuen amb majúscules.

Els **manlleus** són paraules que passen **d'una llengua a una altra,** algunes de les quals s'adapten des del punt de vista fonètic i ortogràfic.

La literatura del segle XVII: context històric i sociocultural. La poesia

En el context històric i sociocultural de l'època i de la producció poètica, destaca l'obra d'autors com Francesc Vicent Garcia (Rector de Vallfogona) i Francesc Fontanella.

Activitats finals

La notícia

1. Llegeix amb atenció aquesta notícia i assenyala com respon les sis preguntes: *què?, qui?, on?, quan? com?, per què?*

J. K. Rowling reprèn l'univers de Harry Potter per al cine

Warner Bros i l'autora britànica J. K. Rowling preparen una nova franquícia cinematogràfica basada en uns personatges que apareixien en el primer volum de la saga 'Harry Potter,' ha informat l'estudi.

Rowling debutarà d'aquesta manera com a guionista amb *Animals fantàstics i on trobar-los,* una història original fonamentada en el llibre de text del Col·legi Hogwarts, que va veure la llum a *Harry Potter i la pedra filosofal.* És la primera d'una sèrie de pel·lícules que inclouran personatges de la mitologia de l'univers *Harry Potter* [...].

«És un honor increïble que J. K. hagi escollit com a soci Warner en aquesta excitant exploració d'un món màgic que ha estat un grandíssim èxit», ha comentat Kevin Tsujihara, director executiu de Warner Bros.

En el comunicat, Rowling assegura que no es tracta d'una seqüela o una preqüela de les aventures de Harry Potter, sinó que la història arrencarà a Nova York, 70 anys abans que comencin les aventures del petit mag. «Tot i ubicar-se en la comunitat de bruixes i mags on vaig ser feliç els últims 17 anys, es tracta d'una extensió d'aquest món», ha afirmat.

http://www.elperiodico.cat, 12-9-2013 (text adaptat).

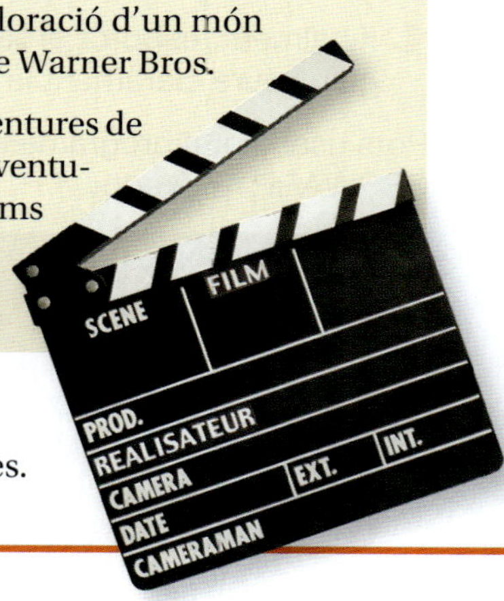

— Reconeix en aquesta notícia les diverses parts que la formen i indica-les.

— Identifica en el text com s'ha aplicat la tècnica de la piràmide invertida i posa'n exemples.

El verb

2. Busca en la notícia anterior tres verbs de la primera conjugació i tres més de la segona i conjuga'ls en primera persona del present de subjuntiu.

3. Classifica els següents verbs de la tercera conjugació en incoatius i purs. Distribueix-los en dues files i conjuga un exemple de cada tipus en primera persona del present d'indicatiu.

avorrir • dividir • dormir • grunyir • servir • reproduir • repercutir • precedir • ajupir • aconseguir
escollir • pansir • deduir • recollir • aclarir • bullir • sofrir • establir • competir • sorgir • cruixir

La vocal neutra

4. Escriu en el quadern les paraules corresponents a les definicions. Totes canvien l'ortografia respecte del castellà.

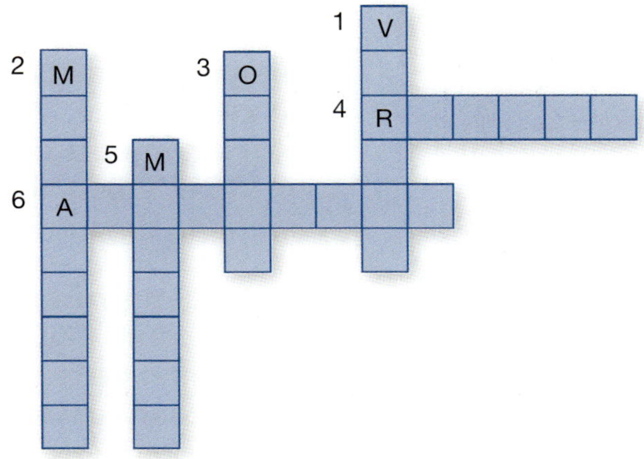

HORITZONTALS
4. Ressentiment tenaç.
6. Acció que consisteix a determinar de forma aproximada el valor d'alguna cosa.

VERTICALS
1. Dissolució d'una o més resines en un oli que s'aplica a una superfície per donar-li brillantor.
2. Cosa que colpeix d'admiració per la seva bellesa o grandesa.
3. Instrument de vent format per un gran nombre de tubs que sonen insuflant-hi aire i que es toca per mitjà d'un teclat.
5. Pedra preciosa de color verd d'herba brillant.

La derivació. La composició

5. Aplica la **destresa** *Compara i contrasta* a aquests procediments lèxics.

DERIVACIÓ ↔ COMPOSICIÓ

S'assemblen

....
....
....

Es diferencien

....
....
....

Exemple:

....
....

Exemple:

....
....

Conclusió

....

Posa a prova les teves competències

Fullet divulgatiu

Consells per a collir bolets

Al final de l'estiu i començament de la tardor es té el costum d'anar a collir bolets, ja que és l'època més fàcil de trobar-ne.

A l'hora d'anar-los a caçar, moltes persones no tenen cura del bosc i desconeixen les característiques dels bolets.

Què és un bolet?

Un bolet és un cos fructífer d'un fong, carnós, suberós o gelatinós, que es forma a partir del miceli, gairebé sempre en contacte amb l'exterior. Cal tenir en compte que els fongs duen a terme la descomposició de la fullaraca; una funció essencial del reciclatge.

Quan aneu a buscar bolets, a part de gaudir de la natura i de l'espai natural, cal que seguiu els consells següents:

Respecteu tots els bolets que trobeu al bosc. Abans de collir-los assegureu-vos que no són verinosos. Agafeu només aquells que identifiqueu sense cap mena de dubte.

No utilitzeu eines ni rasclets. Amb l'ajut d'un bastó s'han de retirar les fulles o branquetes necessàries per a agafar-los. La millor manera de fer-ho és tallant-los amb un ganivet arran de terra.

Cal que seguiu un itinerari marcat i que no us allunyeu dels vostres companys. Tingueu sempre assignat un lloc de contacte.

1. Quin és l'objectiu del fullet que acabes de llegir?
   - ☐ Informar d'uns fets importants i actuals.
   - ☐ Fer conèixer al públic en general algunes informacions pràctiques sobre la recollida dels bolets.
   - ☐ Difondre coneixements especialitzats sobre els bolets.
2. El text consta de dues parts:
   - ☐ Una de narrativa i l'altra instructiva.
   - ☐ Una de persuasiva i l'altra informativa.
   - ☐ Una d'informativa i l'altra instructiva.
3. Com definiries el fullet informatiu? Quina diferència principal hi ha amb el fullet divulgatiu?
4. Segons el text, els fongs aporten beneficis al medi ambient. Quins són aquests beneficis?
5. Explica el significat d'aquests adjectius: *carnós, suberós, gelatinós*. Marca l'arrel de cada paraula i el sufix.
6. Busca en el text un sinònim de *collir*. Després escriu dues oracions: una en la qual tingui el mateix significat que en el text i una altra en la qual en tingui un altre.
   — Anota un sinònim de *collir* que no aparegui en el text.

7. Respon si les afirmacions següents són vertaderes (V) o falses (F).

	V	F
• Hem de collir tots els bolets que trobem i després classificar-los.	☐	☐
• Podem tallar-los amb un ganivet.	☐	☐
• És aconsellable seguir una ruta i no perdre'ns.	☐	☐
• Els bolets gairebé sempre estan en contacte amb l'exterior.	☐	☐
• La millor època per collir bolets és l'estiu.	☐	☐
• És aconsellable tenir un punt de trobada per si ens perdem.	☐	☐

8. Entre les actituds positives dels éssers humans hi ha el respecte per l'entorn. Esmenta alguna indicació del fullet de la pàgina anterior que afavoreixi el respecte envers la natura.

9. Torna a llegir atentament el fullet i fes el següent:

— Busca en el text exemples de verbs de la primera, la segona i la tercera conjugacions.

— Classifica'ls segons si són verbs regulars o irregulars.

— Pel que fa als verbs irregulars que has anotat, justifica en cada cas la irregularitat.

10. Per a cadascun dels mots següents, escriu-ne un altre de la mateixa família en què el so vocàlic subratllat sigui tònic.

- collir
- trobar
- descomposició
- curvatura

— Quin cas és l'excepció a la regla que has après en l'apartat «Ortografia»?

11. Llegeix el text següent i fes les qüestions de sota.

La **Societat Catalana de Micologia** fou fundada el 1973 per uns quants naturalistes, en part universitaris, interessats en el grup dels bolets. Varen formar un club que es reunia cada setmana al Departament de Botànica de la Facultat de Biologia de la UB i freqüentaven cursets, excursions i exposicions organitzats pel mateix Departament, en col·laboració amb l'Institut Botànic de Barcelona, en aquella època també dirigit per Oriol de Bolòs, que en fou nomenat Soci Honorífic. El grup inicial de 75 fundadors ha anat augmentant fins als 300 socis.

L'SCM es reuneix setmanalment a la Facultat de Farmàcia de la UB per comentar les recol·leccions i fotografies de fongs fetes pels socis amb *zooms* especials, però disposa també d'un local social on es realitzen reunions, conferències, cursets d'iniciació, assemblees i altres activitats.

L'SCM organitza també excursions per a principiants connectats amb *walki-talkies* per comentar les troballes i les exploracions micològiques, i col·labora en nombroses exposicions i cursets sobre bolets. La publicació més coneguda de l'SCM és la col·lecció *Bolets de Catalunya*. Se n'han publicat 18 números, que cobreixen un *collage* de 900 espècies. Un cop acceptada com a entitat adherida de la ICHN, es veu possible, si hi ha prou interès, la creació d'un grup de treball de Liquenologia.

ichn.iec.cat/SCMicologia.htm (adaptat).

— Busca en el text totes les sigles que hi trobis i anota-les en el teu quadern.

— Escriu el significat de cadascuna de les sigles que has apuntat.

— Localitza en el text quatre manlleus.

Reflexiona

Diari d'aprenentatge

— Què és el que més t'ha interessat del que has treballat sobre l'entrevista? Per què?

— Sabies què és una sigla? I un acrònim? Quina utilitat tenen en la nostra vida quotidiana?

— Creus que conèixer el context sociocultural i les obres literàries d'altres èpoques et pot ajudar a comprendre millor altres textos més recents que llegeixis? Per què?

— Què destacaries del que has après sobre els cal·ligrames? T'agrada fer-ne?

6 Unitat

» **CONTINGUTS**

Rutina de pensament

PENSO - M'INTERESSA - INVESTIGO

— Observa aquesta imatge d'una de les obres més representatives del famós arquitecte català Antoni Gaudí.

- Què penses que saps sobre aquest arquitecte?
- Quines preguntes o quines inquietuds tens sobre l'obra d'aquest artista?
- Què t'agradaria investigar sobre aquest tema? Com podries investigar-ho?

— Poseu en comú les vostres respostes.

literatura

Quim Monzó

Catorze ciutats comptant-hi Brooklyn

Quim Monzó (Barcelona, 1952) és narrador, autor de contes i novel·les. També és traductor i col·laborador habitual de *La Vanguardia* i de programes de ràdio i televisió. Ha publicat novel·les —*Benzina* (1983), *La magnitud de la tragèdia* (1989)—, reculls d'articles periodístics —*Catorze ciutats comptant-hi Brooklyn* (2004), *Esplendor i glòria de la Internacional Papanates* (2010)—, i sobretot contes: *Self-service* (amb Biel Mesquida), *Uf, va dir ell* (1978), *L'illa de Maians* (1985), *El perquè de tot plegat* (1993), *Guadalajara* (1996), *Vuitanta-sis contes* (1999), *Mil cretins* (2007). La seva obra ha estat traduïda a diverses llengües i ha rebut nombrosos guardons.

Abans de llegir

El text que ara llegireu és un extracte de *L'aire a la cara,* relat inclòs en el recull *Catorze ciutats comptant-hi Brooklyn* (2004). Quim Monzó va rebre un encàrrec de tres diaris de Barcelona: recórrer mig Europa d'aeroport en aeroport sense trepitjar cap ciutat, per descriure el turista *«a qui només l'interessa la diapositiva, el vídeo o la samarreta».* Aquesta experiència li va inspirar una sèrie de textos publicats entre el 1989 i el 2002, als quals Monzó aporta el seu particular punt de vista. *L'aire a la cara* té com a marc Barcelona: l'autor recorre els indrets turístics, passeja per la ciutat, observa i reafirma la seva idea que els turistes són una molèstia: els interessen sobretot els aspectes que per a ells són més cridaners o exòtics, i no arriben a conèixer més que superficialment la ciutat que visiten.

L'aire a la cara

Als bancs de la plaça Catalunya els residents africans contemplen amb indiferència les **hordes** de turistes que corren d'un costat a l'altre, amb pells entre la pal·lidesa i la gamba. Davant de la parada del Bus Turístic, situada enfront del monument a Macià, una llarga cua de **bípedes** aguanta **impertèrrita** els sons del grup musical andí. […]

No tothom que fa cua és estranger. Hi ha un indígena, ros, que acompanya una noia de Madrid. El noi assenyala el triangle del monument a Macià i li diu:

—Saps què significa aquest mapa?

—No —diu la noia.

—Catalunya.

—Posant-hi imaginació?

—No. Fixa-t'hi: la costa és el costat de la dreta, els Pirineus el de dalt…

Fins on m'arriba la visió, en aquesta cua soc l'únic que du pantalons llargs. […] De cada dos bípedes, un porta càmera, sigui de fotos o de vídeo.

Vocabulari

horda: tribu nòmada, errant.

bípede: que té dos peus.

impertèrrit/a: que res no l'intimida.

Com és **notori** fins i tot pels barcelonins que no hi han pujat mai, els autobusos turístics són de dos pisos. Al de dalt, descobert, es va la mar de bé: l'aire et toca a la cara i es veuen els edificis sense vidres pel mig. En canvi, el pis de baix, cobert i amb finestres, resulta insuportable quan fa calor. Per això és lògic que els últims turistes que pugen s'enrabiïn quan troben que el pis de dalt va ple i han de quedar-se al de baix.

[...] El sol pica i, quan l'autobús tomba per Gran Via i passa per sota dels plàtans, s'agraeix la **remorosa** frescor de les fulles. Quan gira per agafar el passeig de Gràcia, la senyora argentina que tinc darrere llegeix el rètol de la botiga i pregunta al seu acompanyant:

—Zara... ¿Eso qué quiere decir?

Al passeig de Gràcia, la guia anuncia que «a l'esquerra poden veure uns edificis modernistes. L'Amatller és la casa amb els colors pàl·lids. La casa que hi ha a tocar, la Batlló, és d'Antoni Gaudí i representa un drac». Ha estat dir el nom màgic i, com accionats per un **ressort**, tots els caps s'han girat cap a l'esquerra; la majoria adossats a càmeres fotogràfiques o de vídeo. [...]

Quan arribem davant de la Pedrera succeeix una cosa curiosa. Cap dels turistes no para cap mena d'atenció a l'edifici fins que la guia explica que és «la Pedrera, by Antoni Gaudí». Llavors sí: tots la metrallen amb les càmeres. Tots menys un, que no encerta a identificar-la.

—Wich one is it? —pregunta.

—That one over there —li diu el del costat.

I aleshores sí: apreta el botonet i la grava, per veure-la amb calma assegut al sofà de casa seva a Milwaukee, per exemple. La senyora que l'acompanya llueix una gorra amb un ventiladoret col·locat al centre de la visera i dirigit cap a la cara.

El trajecte per la Diagonal és un gust, a escassos metres de les **udolants** branques dels arbres, plenes de cotorres que xisclen. Als turistes els fascina que a la Diagonal hi hagi cotorres. En absència d'edificis de Gaudí, són la millor opció fotogràfica. [...] La guia explica que som a «Diagonal, the most important avenue on the city», però això no sembla impressionar-los, i la cosa empitjora a l'avinguda Tarradellas, que, vista des d'aquestes alçades, és d'un avorriment tal que amb prou feines el trenca el pas d'una ambulància amb la sirena a tota pastilla. Aquesta ambulància sí que sembla interessar, perquè tots els caps es giren per no perdre-se'n ni un detall. [...]

Baixem pel carrer Tarragona. Quan anuncien que a l'esquerra hi ha una escultura de Miró, les càmeres es posen tot d'una en funcionament. Però no sembla que els emocioni gaire. Més interès suscita la plaça de toros de les Arenes, encara que la guia ni l'anuncia. Deuen de ser les formes **morunes**, que desperten el seu instint de viatgers que saben descobrir les coses *autèntiques* de debò. [...]

Quan arribem al Poble Espanyol la guia **es desfà** en elogis [...]. La «blue line» és la ruta que recorre el sud de la ciutat. De l'altra ruta en diuen «red line». Per sorpresa meva, baixen molts turistes que corren, alegres i il·lusionats, cap al simulacre de porta d'Àvila. Encara que més alegria tenen alguns dels que han estat asseguts al pis de baix i, ara, com que s'han buidat uns quants seients al de dalt, per fi tenen l'oportunitat de pujar-hi, contemplar la ciutat sense vidres pel mig i rebre l'aire a la cara, que és del que es tracta.

Quim Monzó, «L'aire a la cara», a *Catorze ciutats comptant-hi Brooklyn.* Quaderns Crema.

Vocabulari

notori: remarcable, públicament conegut o sabut.

remorós/osa: que fa remor (soroll).

ressort: allò que dona impulsió a alguna cosa, que incita a actuar.

udolant: que udola (*udolar:* fer crits prolongats i forts).

morú/una: relatiu o pertanyent als magribins o, en general, als musulmans, però en to despectiu.

desfer-se (en elogis): manifestar-los sense cap contenció.

Et recomanem

Viatjar sempre ens aporta experiència i coneixement i deixa una empremta en la nostra vida. Tant és que visitem un lloc proper com que encetem una aventura amb resultats incerts, tal com passa en aquesta novel·la clàssica de Verne.

Viatge al centre de la Terra

Jules Verne.
Col·l. Nòmades del Temps.
edebé.

Després de llegir

Obtenció d'informació

1. Indica si les oracions següents són vertaderes (V) o falses (F).

	V	F
• A la cua del Bus Turístic tothom porta pantalons curts.	☐	☐
• Un de cada dos turistes porta càmera de fotos o de vídeo.	☐	☐
• Si no troben lloc al pis de dalt del bus s'enrabien.	☐	☐
• La Casa Batlló és d'Antoni Gaudí i representa un drac.	☐	☐
• Quan passen per la Pedrera els turistes no fan ni una foto.	☐	☐
• El que els fascina de la Diagonal és que hi hagi cotorres.	☐	☐
• L'escultura de Miró no els emociona gaire.	☐	☐
• Tampoc no els suscita gaire interès la plaça de toros de les Arenes.	☐	☐
• La «blue line» és la ruta que recorre el sud de la ciutat.	☐	☐

2. De quin tipus de viatgers ens parla Quim Monzó?

☐ Viatgers instruïts que cerquen ampliar els seus coneixements sobre Gaudí i el Modernisme tot visitant la capital catalana.

☐ Viatgers que cerquen sol, paella i toros en la visita a la capital.

☐ Viatgers que cerquen, en les nostres terres, sol i festa, fer moltes fotos de les quals puguin presumir en tornar a casa i una mica d'aire a la cara.

3. El títol de l'article significa que:

☐ Els turistes venen a Barcelona per fugir del vent de la seva terra.

☐ L'interès dels turistes és prendre la fresca, veure els edificis sense vidres pel mig i fer-ne fotos.

☐ Els turistes busquen l'aire càlid i la xafogor barcelonina.

4. Quins espais recorre el relat «L'aire a la cara»? Quins llocs, edificis, monuments o carrers t'indiquen que es tracta d'una ciutat determinada?

5. Quin és el recorregut de la «blue line»?

— Indica l'itinerari dels protagonistes des de l'origen del Bus Turístic fins al final. Pots fes servir un plànol de la ciutat per a dibuixar-lo.

Interpretació

6. Quina opinió creus que té Quim Monzó sobre els turistes?

☐ Són una plaga, estan per tot arreu i fan impracticable la ciutat.

☐ Són un bé de Déu. ☐ A Barcelona ens visiten pocs turistes.

7. Quim Monzó puja al Bus Turístic. Amb quin d'aquests dos objectius?

☐ Visitar la ciutat i gaudir-ne com un turista més.

☐ Observar el comportament dels turistes i la seva actitud i transmetre-ho, formulant una opinió.

8. Segons això, quin tipus de narrador relata els fets d'aquest article?

☐ Narrador extern ☐ Narrador intern o personatge

9. De quin tipus de text es tracta?

☐ Periodístic ☐ Literari ☐ Persuasiu ☐ Científic ☐ Predictiu

10. Què significa la frase «amb pells entre la pal·lidesa i la gamba»? Quin recurs retòric utilitza Monzó en caracteritzar de *gamba* la pell dels turistes?

11. Què insinua Quim Monzó sobre l'actitud dels turistes? Segons la seva visió, creus que realment els interessen els llocs que visiten?

— Justifica les respostes esmentant oracions i expressions de la lectura.

Reflexió

12. Llegeix: «La plaga ja és aquí. De fet, dura tot l'any, però per aquestes dates és quan afecta més la ciutat, quan es desplega amb més gravetat i virulència: han arribat els guiris». Hi estàs a favor o en contra? Justifica la resposta.

13. Ja has llegit l'opinió de Quim Monzó sobre els turistes. Ara et toca a tu! Descriu com són, al teu parer, els turistes que ens visiten.

— Explica què els atrau de casa nostra, com es comporten, què busquen, què els diverteix i què no, etc. Pots incloure-hi alguna fotografia.

14. I ara... Fes de turista! Quina opinió creus que tenen els turistes que ens visiten de nosaltres, els catalans? Per què?

Expressió

15. @ Cerca informació a internet sobre Quim Monzó i redacta un text d'unes 30 ratlles sobre la seva vida i obra. Algunes adreces d'interès són:

http://links.edebe.com/7nd9x (pàgina web del mateix Quim Monzó).

http://links.edebe.com/a6y2wy

http://links.edebe.com/594w

— Fes un pòster multimèdia de Quim Monzó amb text, imatges i vídeo. Per fer-lo, consulta l'enllaç següent: **www.glogster.com/**

16. @ «Senyores i senyors: com que de discursos no n'he fet mai i no sé si en sabria, he pensat que els explicaré un conte». Així comença el discurs de Quim Monzó en l'acte inaugural de la Fira del Llibre de Frankfurt de 2007, l'any en què la literatura catalana en va ser la convidada d'honor.

— Visualitza el discurs a: **http://links.edebe.com/hqj2hb**

— Resumeix-lo i explica l'actitud de Monzó envers els llibres i la literatura.

17. @ Organitzeu un debat a classe entre partidaris i contraris d'aquesta frase: «El turisme aporta riquesa i per això hem de tolerar-ne els inconvenients».

— Prepareu els vostres arguments cercant informació a internet, apuntant citacions d'experts, confrontant dades, etc.). Feu intervencions curtes i debateu les diverses opinions. Heu arribat a alguna conclusió comuna?

Façana de la Pedrera de Gaudí.

Comunicació oral

En grups de quatre o cinc alumnes, llegiu l'article d'opinió de l'enllaç següent sobre la immersió lingüística del català a les escoles. Preneu notes destacant-ne les idees principals.

http://links.edebe.com/5ejpmw

— Reflexioneu en grup tot responent aquestes preguntes oralment.

- Com va influir l'escola en l'evolució personal de Najat, l'autora de l'article?
- Penseu que el to de l'article és positiu o negatiu respecte de la immersió lingüística en català a les escoles?
- Quina relació existeix entre el títol de l'article i el seu contingut?
- Expliqueu breument quina idea ens vol transmetre l'autora.

Josep M. Espinàs és un articulista molt reconegut arreu de Catalunya.

PBL

Una revista de divulgació sobre història de Catalunya vol fer un monogràfic sobre la Guerra Civil espanyola. Un dels protagonistes del monogràfic és la ciutat de Barcelona. Per això ens demanen un **article d'opinió** sobre la funció i l'estat actual de conservació dels refugis antiaeris construïts a Barcelona a partir del 1936. El vostre article haurà d'incloure:

- Informació sobre els **refugis** de la ciutat (data de construcció, característiques).
- Informació sobre quins **refugis** es conserven **avui dia** i l'**ús que se'n fa,** amb fotografies i plànols.
- **Valoració personal** sobre l'interès de mantenir viu el record de la guerra per tal que les generacions posteriors coneguin la història del país. Hi estàs a favor o en contra? Justifica la resposta.

Com a fonts d'informació, consulteu:

» **http://links.edebe.com/sbahc**

» **http://links.edebe.com/g5xb**

» **http://barcelonaforadada.wordpress.com/**

Altres fonts: articles i notícies que trobis al teu cercador.

L'article d'opinió

Entre els gèneres periodístics d'opinió destaca l'article d'opinió, en què una personalitat **valora** fets d'actualitat o d'interès humà.

— Llegeix aquest fragment d'un article d'opinió de l'escriptor Josep M. Espinàs.

L'èxit de la paraula 'colla'

[...] *Colla* és una paraula popularíssima en català, amb una quantitat considerable d'usos. He buscat en diccionaris d'altres llengües si apareixia *colla* en aquest sentit de grup de persones, i no l'he trobat. Almenys amb el sentit que té usualment en la llengua catalana.

Hi ha *«panda», «pandilla»*, però aquestes paraules poden tenir un matís despectiu, o fins i tot negatiu, que no té *colla* en català. *Colla* és molt més ampli. A vegades es pot traduir per *«montón» —«tengo un montón de amigos»—, però ningú gosaria dir «Carlos es de mi montón».*

En canvi, és habitual que diguem que en Joan «és de la meva colla». És una paraula curiosa, que té un punt de vaguetat —no la formen ni sis, ni vuit, ni deu persones—, però que al mateix temps indica una determinada connexió pacífica, que comparteix amistat o simple afició. «Aquesta nit me n'aniré amb la meva colla». «¿I sou molta colla?». [...]

Els catalans que no ho són d'origen han adoptat la paraula *colla* amb molta facilitat, i això vol dir que és una paraula útil. Jo he sentit a l'autobús —que és una font d'informació, des que la gent aprofita el trajecte per parlar pel mòbil, i sovint amb veu alta, com si no hi hagués ningú al costat—, he sentit, deia, frases com aquesta: *«¿Vendrás, esta noche? Estaremos toda la colla».*

Per mi, la gràcia de la colla és una invitació a compartir, no una obligació.

Josep Maria Espinàs, «L'èxit de la paraula 'colla'», a *El Periódico de Catalunya*, 16-7-2013, http://www.elperiodico.cat/ca/noticias/opinio/lexit-paraula-colla-2508465

De la lectura d'aquest article es poden deduir unes quantes **característiques** d'aquest gènere periodístic:

— Està signat per la persona que l'escriu (Josep M. Espinàs) i, per tant, manifesta la seva **opinió subjectiva.**

— Es troba en unes pàgines específiques dels diaris que constitueixen la **secció d'opinió.**

— Pot ser de dos tipus:

Fix (columna)	Textos breus que expressen l'opinió de col·laboradors habituals de la publicació. Els articles que escriu Josep M. Espinàs, un articulista de gran anomenada a Catalunya, es poden considerar columnes perquè apareixien diàriament al diari *Avui* fins al 1999 (sota l'epígraf «A la vora de...») i des d'aleshores les ha publicat a *El Periódico de Catalunya* (sota l'epígraf «Petit observatori»). Un altre exemple el tenim en l'autor de la lectura inicial d'aquesta unitat. És col·laborador habitual del diari *La Vanguardia,* on publica no solament columnes d'opinió sinó també reportatges més extensos.
Esporàdic	Se solen encarregar generalment a especialistes (economistes, polítics, científics, investigadors socials i altres experts en diverses disciplines); són textos més llargs i tracten els temes molt més a fons.

- Quant a l'**estil,** l'autor pot escollir el que més li convingui: formal, irònic, col·loquial, etc.
- L'**estructura** del text segueix la seqüència: 1) exposició de la idea, 2) desenvolupament del tema, amb els arguments necessaris, i 3) conclusió. Així, el darrer paràgraf es reserva per al plantejament d'hipòtesis o pensaments oberts a la reflexió del lector, tal com veiem en el text d'Espinàs:

> Per mi, la gràcia de la colla és una invitació a compartir, no una obligació.

- El **llenguatge** ha de ser clar i concís. Sol estar caracteritzat per un estil més aviat espontani, ja que és un text de tipus més personal. Sovint els articulistes utilitzen la primera persona del singular, cosa que apropa el text al lector, però és més freqüent l'ús de la tercera persona del singular, fet que aporta neutralitat a les opinions.
- El **títol** de l'article d'opinió sol ser breu i ple de significat, de manera que requereix enginy a l'hora de crear-lo. Els articles d'opinió, a més del nom de l'autor, també inclouen la professió de qui l'escriu i, de vegades, el correu electrònic per a facilitar la comunicació amb els lectors.

L'**article d'opinió** és un text periodístic, signat per un col·laborador habitual d'un diari o per un expert, que analitza un tema d'actualitat des del punt de vista subjectiu del redactor.

Àgora

Mostrar un esperit crític envers la realitat que ens envolta pot ajudar a fer avançar la nostra societat. És important valorar els fets que s'esdevenen al nostre voltant.

» **Com creieu que es pot relacionar aquesta afirmació amb el tipus de text, l'article d'opinió, que heu estudiat en aquest apartat?**

Activitats

18. Indica si les afirmacions següents, relacionades amb l'article d'opinió i les seves característiques, són vertaderes (V) o falses (F).

- Les que siguin falses, corregeix-les per tal que siguin vertaderes.

	V	F
• Un article d'opinió està escrit per algú que té un cert prestigi i parla de fets que s'han esdevingut en el passat.	☐	☐
• Aquests textos sempre estan signats.	☐	☐
• Els articles d'opinió apareixen sempre a la mateixa pàgina, a la meitat del diari, perquè són columnes fixes i sempre els escriuen els mateixos autors.	☐	☐
• S'hi empren diversos tipus d'estils, depenent de l'autor, del tema que escrigui i del públic al qual s'adreci.	☐	☐
• L'estructura del text és la mateixa que la de la notícia: titulars, entrada i cos.	☐	☐
• El llenguatge és clar i concís, amb un estil espontani i sempre en primera persona del singular.	☐	☐
• El títol acostuma a ser llarg i precís per reflectir la idea principal de l'escrit.	☐	☐

19. Respon les preguntes següents sobre l'article de Josep M. Espinàs de la pàgina anterior.

- Quin tema tracta l'autor en aquest text i quina és la seva opinió?
- Creus que el títol compleix les característiques pròpies d'aquest tipus d'escrit: clar, concís i amb enginy? Justifica la resposta.
- Explica, amb l'ajut d'exemples extrets del text, com és l'estil i el llenguatge que ha utilitzat.
- Pensa en paraules o expressions pròpies d'una llengua que coneguis i que, com en el cas de *colla,* s'usen en una altra llengua per la seva utilitat.

20. Analitza la lectura inicial de la unitat, que és un article d'opinió, i identifica-hi l'estructura i altres característiques d'aquest tipus de gènere periodístic.

21. En parelles, agafeu un diari que no sigui esportiu i fulllegeu-lo atentament. Quines seccions del diari creieu que es consideren també articles d'opinió? Tingueu en compte la següent definició d'article d'opinió: «Text periodístic, signat per un col·laborador habitual d'un diari o per un expert, que analitza un tema d'actualitat des del punt de vista del redactor».

— Argumenteu la vostra tria.

— Heu vist cap text que no sigui escrit per un expert i que el considereu un article d'opinió?

22. Agafa tres diaris d'un mateix dia i consulta'n les pàgines d'opinió:

— Identifica-hi els articles d'opinió fixos (columnes) i els esporàdics.

— Fes una llista dels autors que escriuen aquests articles i cerca'n informació a internet.

— Quins temes tracten? Quines diferències o semblances hi ha entre els temes de les columnes fixes i els dels articles esporàdics?

— Quins dels autors són experts? Quines professions tenen? Estan relacionades amb les qüestions que tracten en els articles? Justifica les respostes.

— Quins elements tenen en comú els autors de les columnes que els diferencien dels experts?

23. Després d'haver mirat el diari deus haver pogut observar que sempre hi apareix una tira còmica o un acudit. La seva aparició no és casual i serveix per a mostrar l'opinió sobre un tema —política, societat, esport, actualitat...— des del punt de vista del dibuixant.

— Observa amb atenció la tira còmica de sota, de Vandreik, publicada a *La Veu de l'Anoia*. De què tracta? Quina opinió hi manifesta el dibuixant? En quina data creus que es va publicar?

24. Escriu un article d'opinió seguint aquestes pautes:

— Tema: tria un tema interessant, polèmic o controvertit (com ara els *okupes,* les centrals nuclears, etc.).

— A més de l'interès que tingui, cal que puguis trobar fàcilment informació sobre el tema escollit.

— Informa't sobre el tema:

- Punts interessants o curiosos.
- Aspectes polèmics.
- Diferents posicions, arguments o opinions.

— Recomanacions per a redactar l'article:

- El text ha de ser de tipus argumentatiu.
- Cal que no abusis de la primera persona: «jo crec», «jo penso»... És millor utilitzar la tercera persona, tret del cas en què reflecteixis una acció que duguis a terme tu mateix.
- Utilitza un vocabulari ric i força nexes per a enllaçar les oracions.

25. Expresseu la vostra opinió sobre un tema d'actualitat que vosaltres trieu mitjançant la **tècnica de treball cooperatiu** *foli giratori.*

— Dividiu la classe en quatre grups base i decidiu el tema d'actualitat sobre el qual voleu opinar.

— Aneu-vos passant un foli en blanc en el qual cada membre del grup ha d'anar anotant la seva opinió sobre el tema.

— Finalment, poseu en comú totes les opinions i comenteu-les en grup.

26. Creus que és important i necessari que en els diaris es publiquin articles d'opinió, o consideres que no n'hi hauria d'haver? Per què? Exposa la teva opinió a classe i debateu-ne la importància i l'ús.

Les preposicions

La preposició és una paraula invariable que relaciona mots o conjunts de mots.

Aquestes ***botes de pell*** *m'agraden molt.*
La preposició *de* relaciona *botes* amb *pell.*

Les preposicions es poden classificar en febles o àtones, i fortes o tòniques.

Preposicions febles o àtones	*a, amb, de, en, per, per a*
Preposicions fortes o tòniques	*cap a, contra, damunt, des de, devers, dins, dintre, durant, entre, envers, fins, fins a, llevat, malgrat, mitjançant, segons, sense, sobre, sota, tocant, tret, vers, vora…*

A més de les preposicions, hi ha grups de paraules que fan la mateixa funció: s'anomenen **locucions prepositives.**

No vam sortir ***per*** *la pluja.* — Preposició
No vam sortir ***a causa de*** *la pluja.* — Locució prepositiva

Locucions prepositives	*a causa de, a excepció de, a favor de, a fi de, a la vora de, a prop de, a sobre de, a sota de, a través de, al damunt de, al dessota de, en contra de, enmig de, llevat de, lluny de, per mitjà de, per tal de, respecte de…*

Vegem ara unes recomanacions sobre l'ús de les preposicions *a, en, per* i *per a*.

La preposició *a*

— Introdueix el complement indirecte, però no el complement directe.

Dona la bossa ***a la mare.*** (CI) — *Els avis estimen* ***els nets.*** (CD)

Sí que s'escriu, però, davant dels pronoms personals forts encara que facin de complement directe: *La tieta sempre el renyava* ***a*** *ell.*

— Indica el moment o el temps en què és o s'esdevé alguna cosa: ***a*** *la nit,* ***al*** *matí...*

— S'escriu davant dels noms propis de lloc *(Vivim* ***a*** *París; Vaig néixer* ***a*** *Londres)* i dels complements circumstancials de lloc *(Penja l'abric* ***a*** *l'armari).*

La preposició *en*

— Introdueix complements circumstancials de lloc, sobretot davant de determinants indefinits *(un, algun...)* i determinants demostratius *(aquest, aquell...)*: *Treballa* ***en*** *unes oficines molt cèntriques; Comprem el peix* ***en*** *aquella botiga.*

— S'escriu davant d'un infinitiu amb valor temporal: *Rigué* ***en*** *veure'l arribar.*

Les preposicions *per* i *per a*

— La preposició *per* indica causa, mitjà, manera…, i la preposició *per a*, destinació, direcció…: *Viatgem* ***per*** *gust; Menges* ***per*** *golafreria; El llibre és* ***per a*** *la Joana.*

— Tot i que sovint en català central no es fa la distinció entre *per* i *per a*, distingir-les permet evitar ambigüitats: *He fet restaurar un moble* ***per / per a*** *una amiga.*

La funció de les preposicions, relacionar paraules o conjunts de paraules, també la fan les locucions prepositives: *No vam sortir* ***per*** *la pluja → No vam sortir* ***a causa de*** *la pluja.*

Canvi i caiguda de preposicions

Cal tenir en compte que:

— Les preposicions ***a***, ***amb***, ***de*** i ***en*** se suprimeixen davant *que*:

✗ ~~*S'ocuparà de que tot estigui a punt.*~~

S'ocuparà que tot estigui a punt.

— ***Cap a*** i ***fins a*** queden reduïdes a ***cap*** i ***fins*** davant dels demostratius, alguns adverbis i *que:*

Vindrà ***cap*** *aquí.*

T'acompanyaré ***fins*** *allà.*

No jugaràs ***fins*** *que acabis els deures.*

— ***En*** i ***amb*** queden reduïdes a ***a*** o ***de*** davant d'infinitiu.

✗ ~~*No estic d'acord en intentar-ho.*~~

No estic d'acord ***a/d'****intentar-ho.*

Viu ***molt lluny*** *de la feina i* ***sovint*** *surt* ***de pressa*** *per no perdre el tren.* Els mots *molt, lluny, sovint* i *de pressa* són adverbis.

L'ús de *doncs*, *perquè / per què* i *sinó / si no*

Cal tenir en compte les recomanacions següents:

— La conjunció ***doncs*** no es pot usar per a indicar causa:

~~*Crec que es quedarà a casa doncs ahir estava malalt.*~~

Crec que es quedarà a casa ***ja que*** *ahir estava malalt. / Crec que es quedarà a casa* ***perquè*** *ahir estava malalt.*

— Escrivim *per què* quan es tracta de la preposició ***per*** més el pronom *què:*

No saben ***per què*** *ho volia.*

— No hem de confondre ***sinó*** (conjunció que indica oposició) amb *si no* (la conjunció ***si*** més l'adverbi de negació *no*):

No parla portuguès ***sinó*** *grec. /* ***Si no*** *vens, te'n penediràs.*

Els adverbis

L'adverbi és una categoria lèxica invariable que pot modificar un **verb,** un **adjectiu** o un altre **adverbi,** i que expressa temps, lloc, manera, quantitat, afirmació, etc.

Avui *tinc pressa.* *No hi puc arribar; estic* ***molt*** *cansat.* *Ara és* ***massa*** *tard.*

Els adverbis i les **locucions adverbials** (grups de mots amb el mateix valor d'un adverbi) es classifiquen segons la circumstància que expressen:

De temps	*ahir, ara, avui, de tant en tant, demà, després, enguany, llavors, quan…*
De lloc	*allà, aquí, avall, (a) dalt, ençà, enllà, enlloc, lluny, on, pertot, (a) prop…*
De manera	*així, arran, bé, com, de mica en mica, a poc a poc, millor, pitjor, de pressa, sobretot...* Adjectius + *-ment: contínuament, difícilment, malament...*
De quantitat	*força, gaire, gens, massa, menys, més, molt, poc, prou, que, tan, tant…*
D'afirmació	*sí, àdhuc, així mateix, de debò, i tant, prou, sens dubte, també…*
De negació	*no, tampoc, no […] pas, i ara!, de cap manera…*
De dubte	*potser, tal vegada, si molt convé, qui sap, per ventura…*

Quan dos **adverbis de manera** acabats en *-ment* estan junts podem construir l'estructura de dues maneres: amb els dos sufixos *(Han tractat l'assumpte eficaç****ment*** *i discreta****ment****)* o bé suprimint el segon sufix *(Han tractat l'assumpte eficaç****ment*** *i discreta).*

En canvi, és incorrecte dir: *Han tractat l'assumpte eficaç i discretament.*

L'**adverbi de quantitat** *tant* apareix també escrit sense *-t* final *(tan)* davant d'un altre adverbi o d'un adjectiu: *És un noi tan ben educat!*

Les conjuncions

La conjunció és una categoria lèxica invariable que uneix paraules dins d'una mateixa oració, però també uneix o relaciona oracions entre elles.

La Júlia és treballadora ***i*** *responsable.*
Adjectiu Adjectiu

Vaig al gimnàs ***perquè*** *fer esport és molt sa.*
Oració Oració

Les conjuncions expressen un matís de significat entre els elements que relacionen: unió, alternativa, oposició, causa, finalitat, condició…

— **Unió** *(i, ni): Fem vacances el juliol* ***i*** *l'agost. No puc nedar* ***ni*** *córrer.*

— **Alternativa** *(o, o bé, o si no…): Pren-te un suc* ***o bé*** *un got de llet.*

— **Oposició** *(però, sinó, tanmateix, amb tot, ara bé…): Avui fem classe,* ***però*** *demà és festa.*

— **Causa** *(perquè, ja que, com que, atès que…):* ***Com que*** *no s'hi esforça, les notes no són bones; No he anat al concert* ***perquè*** *he perdut l'entrada.*

— **Conseqüència** *(doncs, per tant, així, en conseqüència…): Vaig arribar tard,* ***per tant,*** *no em van voler atendre; Jo no hi era,* ***doncs*** *no vaig veure res.*

— **Finalitat** *(a fi que, perquè, per tal de…): M'hi vaig acostar* ***per tal de*** *sentir-lo.*

— **Condició** *(si, en cas que, llevat que, sempre que, només que…): Podràs sortir* ***sempre que*** *abans facis els deures.*

27. Completa en el teu quadern amb les preposicions febles adients *(a, amb, de, en, per, per a)*.

- He parlat .... el director.
- Li va enviar la documentació .... missatger.
- Aquest ram de flors és .... tu.
- Treballo instal·lant antenes parabòliques .... la recepció .... canals .... televisió internacionals.
- .... la propera reunió ens ocuparem .... l'organització .... la festa de final de curs.
- Ens trobarem .... la placeta.
- Fa d'ajudant .... un despatx d'advocats.
- Ausiàs March va morir .... València.
- Has d'omplir els espais buits .... lletres majúscules.
- He llegit una novel·la històrica i dues .... misteri.

28. Omple els espais buits d'aquestes oracions amb les preposicions fortes adients. Utilitza les preposicions que apareixen en el requadre sense repetir-ne cap.

envers • fins • malgrat • segons
sobre • sota • vora • entre

- .... el plànol, ja hauríem de ser-hi.
- Deixa la bossa .... aquella pila d'abrics.
- .... els inconvenients, acabarem el treball abans de la data de lliurament.
- Quina diferència hi ha .... aquestes dues consoles?
- Han obert una botiga nova .... la plaça.
- .... dijous no podrem comprar els estris de cuina.
- Encara no puc expressar una opinió raonada .... aquest tema.
- No mostra cap mena d'empatia .... els seus companys.

29. Omple en el teu quadern els espais buits de les oracions amb les locucions prepositives del requadre, sense repetir-ne cap. Si cal, fes-ne contraccions.

a fi de • llevat de • enmig de • al llarg de
per tal de • a favor de • en lloc de
per mitjà de • a través de • a causa de

- .... la pluja, aquesta tarda no podrem sortir.
- El fred es filtrava .... les esquerdes.
- Ha convocat una reunió informativa .... facilitar l'acceptació dels canvis proposats.
- .... escoltar les instruccions de l'examen, es van posar a parlar.
- Van venir tots els companys de la classe, ... la Marta.
- El resultat ha estat el següent: trenta-sis vots .... la proposta i quatre en contra.
- Podràs assolir els teus objectius .... una sòlida formació.
- Vaig poder arribar a la porta de sortida .... tota aquella confusió.
- Vaig anar a visitar-lo .... donar-li suport.
- La gent esperava tot .... l'avinguda per on havia de passar el seguici.

30. Completa en el teu quadern aquestes oracions amb les preposicions *a, en, per* i *per a.* Fes les contraccions que calguin.

- He trucat .... la Júlia tan bon punt ha arribat .... casa.
- L'any que ve anirem de vacances .... el Regne Unit.
- Viurem una temporada .... algun indret d'Àsia.
- .... Tots Sants sempre mengem panellets.
- El jurat anunciarà la decisió .... un parell d'hores.
- Ho has de preparat tot .... demà.
- Necessitarem comprar alguna salsa .... el pollastre.
- S'ha afeccionat .... escoltar música clàssica, el veiem sovint .... l'Auditori.
- Ho vam trobar .... una botiga que hi ha vora el passeig.
- Hi ha descomptes exclusius .... els socis del club de tennis.

31. Corregeix, si cal, les preposicions utilitzades en les oracions següents:

- Insisteixen en que ells no van tenir res de veure en el trencament de la finestra.
- Avui he vist a la teva germana.
- No para de xerrar des que es lleva fins a que se'n va a dormir.
- Abans de sortir, dona menjar al gos.
- Veniu cap a aquí.
- Miraré d'escoltar als avis quan em donin consells.
- En arribar al semàfor, gireu a l'esquerra.
- He portat un regal pel meu nebot.
- Van trobar el nen perdut amagat en uns esbarzers.
- No m'has de dir res?

32. Busca sinònims dels adverbis o les locucions adverbials subratllades i indica la circumstància que expressen.

- <u>Pròximament</u> sortiran les notes de català.
- Se suspendrà el subministrament de gas <u>momentàniament</u>.
- Has de buidar l'armari <u>completament</u>.
- <u>Al capdamunt</u> de la muntanya hi ha una ermita.
- No feia gaire bon temps, <u>àdhuc</u> plovia.
- <u>Potser</u> podríem quedar demà.

33. Forma adverbis acabats en *-ment* a partir dels adjectius següents:

possible • permanent • digne • pobre • fàcil
ràpid • feliç • comú • boig • audaç

34. Completa les oracions amb els adverbis *tan, tant, quan, quant, bé, ben, mal, malament*.

- Aquesta porta està .... pintada (positiu).
- .... fet! Jo ho hauria fet millor.
- Era una noia .... bonica com sensible.
- I .... dius que val l'excursió a la Garrotxa?
- .... si plou com si no, anirem al cinema.
- El pare li va dir que no cridés ....
- No sé ni com ho farem ni .... costarà, però sí quan serà.
- Hi ha .... soroll que no sento res del que dius.

35. Omple els espais buits amb *perquè, per què* o *doncs.*

- T'ho vaig enviar .... m'ho vas demanar.
- Necessitaves una tovallola? .... aquí la tens.
- M'agradaria saber .... no vas venir ahir.
- No vindrà a sopar .... ja havia quedat per anar al cinema.
- Hi ha massa soroll, caldrà .... que tanquem la porta.
- Truqueu als seus pares .... l'ajudin a tornar a casa.
- Ha suspès l'examen .... no ha estudiat prou.
- Aleshores em va explicar .... s'havia enfadat.

36. Omple els espais buits amb *sinó* o *si no.*

- .... comenceu immediatament, no ho acabareu a temps.
- No tan sols va anar al mercat, ... que també va cuinar un sopar deliciós!
- No t'ho diré deu, ... mil vegades!
- No va venir la Carla, ... la Mireia.
- No hi arribarem .... ens expliques la ruta.

37. Identifica les conjuncions i assenyala'n el tipus.

- No va estudiar gens i, tanmateix, va aprovar l'examen.
- Reserva les entrades abans que s'esgotin.
- Ens veiem al restaurant llevat que arribis d'hora.
- La Marta em va trucar perquè havia trobat el meu anell.
- No vull anar al parc, sinó a la piscina.
- En cas que coincidiu, dona-li aquest sobre.
- Treballo a les tardes, ja que necessito els diners.

38. Corregiu, si cal, els adverbis o les locucions adverbials de les oracions següents:

- Quasibé 400 persones es van concentrar a la plaça.
- Demà potser arribaré tard.
- No li va agradar res que llegíssim el seu diari.
- Quan de temps et cal per a tenir-ho tot preparat?
- L'exposició oral ens ha anat malament.
- No massa lluny de l'escola han obert un gimnàs.
- L'Eloi vesteix elegantment i discretament.

La essa sorda

La llengua catalana té dos sons diferents de la essa: la **essa sorda** [s] (com el so de *ro**ss**a*) i la **essa sonora** [z] (com el so de *ro**s**a*).

El repàs de les normes següents t'ajudarà a escriure correctament les paraules que contenen els sons de la essa.

Essa sorda [s]: *s / ss / c / ç / sc*

Aquest so es pot representar amb les grafies *s, ss, c, ç* i *sc*.

Escrivim *s:*

— A començament i a final de paraula: ***s**ol, **s**ogra, **s**uau, ro**s**, curió**s**, pi**s**...*

— Davant i darrere de consonant: *bè**s**tia, pan**s**a, sal**s**a...*

Escrivim *ss:*

— Entre dues vocals: *pa**ss**atger, bro**ss**a, ma**ss**a...*

- En els mots acabats en *-gressió, -gressor; -missor, -missió; -pressor, -pressió: progre**ss**ió, transgre**ss**or; transmi**ss**or, comi**ss**ió; compre**ss**or, expre**ss**ió...*
- En els mots formats amb els sufixos *-assa, -dissa, -issa, -íssim, -ussa: boca**ss**a, bellugadi**ss**a, terri**ss**a, santí**ss**ima, pelu**ss**a...*
- En els mots que formen el femení afegint-hi el sufix *-essa: dee**ss**a, diable**ss**a, mestre**ss**a...*

Escrivim *ç:*

— Davant les vocals *a, o, u: alian**ç**a, eri**ç**ó, tra**ç**ut...*

- En les paraules acabades en *-ança* i *-ença: ordenan**ç**a, versemblan**ç**a, compareixen**ç**a, prometen**ç**a...*

— Al final de mots aguts: *auda**ç**, desenlla**ç**, gla**ç**...*

- Després de *l, n* i *r* en mots com *dol**ç**, aven**ç**, esfor**ç**...*

Escrivim *c:*

— Davant les vocals *e, i: **c**eba, sen**c**er, **c**iclista, silen**c**iós...*

Escrivim *sc:*

— Entre vocals i precedint les vocals *e, i: e**sc**ena, di**sc**iplina...*

Excepcions:

Escrivim *s* enmig de vocal i la pronunciem sorda quan apareix després dels prefixos:

a- (asimètric)	*entre- (entreson)*	*bi- (bisimetria)*
ante- (antesala)	*mono- (monosíl·lab)*	*tri- (trisíl·lab)*
anti- (antisèptic)	*sobre- (sobresaltar)*	*vice- (vicesecretari)*
contra- (contrasenya)	*para- (parasimpàtic)*	

Fem el mateix en **paraules compostes** com *aerosol, psicosomàtic...*

El so de la essa sorda es representa amb diverses grafies, entre les quals *ss, c* i *ç*. La *pe**ç**a* de *terri**ss**a* ja està gairebé *sen**c**era*.

Alguns usos de la essa sonora

— S'escriuen amb *s* les paraules formades pel sufix *-esa* quan indica propietats físiques o morals: *tendresa, duresa, fermesa, riquesa...*

— Els mots femenins com *princesa, pagesa...* es formen afegint al singular només una *-a* i no pas el sufix *-essa.*

— Hi ha un bon nombre de paraules d'origen culte amb essa sonora que s'escriuen sense *s* final en el singular: *tesi, anàlisi, el·lipsi, pròtesi, crisi, síntesi...*

La essa sonora

Essa sonora [z]: *s / z*

El so de la essa sonora es pot escriure amb les grafies *s* i *z*.

Escrivim *s:*

— Entre vocals: *camisa, nosa, base, coliseu, grisor, marquesa...*

— En el prefix *trans-: transoceànic, transacció, transalpí...*

— En els mots derivats i compostos de *-fons-* i *-dins-: enfonsar, endinsar...*

Escrivim *z:*

— A principi de mot: *zel, zenit, zinc, zoològic, zulú...*

— Entre consonant i vocal: *benzina, calze, bronze, catorze...*

Excepcions:

Escrivim *z* entre vocals en mots d'origen grec i hebreu com *amazona, bizantí, esquizofrènia, Ezequiel, ozó, trapezi...*

Puntua bé!

Els dos punts

- Els dos punts indiquen una pausa mitjana i s'usen per a:

  — Introduir una enumeració.

  A la classe de cuina ens han demanat que portem: farina, ous, mantega, ametlles i xocolata.

  — Introduir un exemple o un advertiment.

  Pots fer moltes coses per tenir cura del medi ambient; per exemple: utilitzar bombetes de baix consum.

  — Introduir un text o les paraules d'una altra persona.

  La gent estava molt nerviosa i aleshores el pilot va dir: «La situació està controlada, tan sols es tracta d'una tempesta d'estiu».

  — Introduir una explicació, una causa o una conclusió.

  I finalment els organitzadors van assolir el seu objectiu: que la festa fos inoblidable.

- Cal saber que els dos punts no s'acostumen a utilitzar dues vegades seguides o més dins d'una mateixa oració:

  ✗ *La dependenta ha dit: «En aquest passadís trobareu de tot: pinzells, pintures, dissolvent...».*

- Per a evitar-ho, farem servir altres signes de puntuació:

  La dependenta ha dit: «En aquest passadís trobareu de tot (pinzells, pintures, dissolvent...)».

Practica-ho:

39. Puntua correctament les oracions següents:

- Han assistit a la inauguració les persones següents el conseller el director general el sotsdirector i tots els secretaris a més de tres representants de l'empresa.
- La reacció de la Marta no m'ha sorprès gens és pròpia del seu caràcter.
- Ja els ho vaig dir «No vull que torneu a arribar tard».
- La meva habitació és molt senzilla un llit, una taula i una cadira per a treballar.
- Aquell jugador ja no marcarà més gols ha penjat les botes.

Dictat

40. Prepara aquest dictat i fes les qüestions de sota.

Passaren mesos, passaren anys, i el magatzem seguia obrint i tancant les seves portes amb el sol, i encara sense eclipsis ni nuvolades. De bon matí es plantificava ja l'Oleguer al brancal de la porta, i, recolzat a les saques de mostra, esperava compradors, vestit de blauet a l'estiu, de pana a l'hivern, sempre amb la mateixa roba de quan era traginer, sempre amb el mateix mocador de seda virolat, entortolligat al front, o amb la barretina musca, ja més descolorida i suada que la de cap pobre.

Narcís Oller, *L'Escanyapobres*. Edicions 62.

— Copia paraules del text que continguin les grafies amb què es representen la essa sorda i la essa sonora *(s, ss, c, ç, sc* i *z)*.

— Quines grafies de la essa sorda i la essa sonora no apareixen representades en el text del dictat? Per a cadascuna, proposa tres paraules que la continguin.

— Escriu una paraula del text que representi una essa sorda intervocàlica.

— Escriu una paraula del text que representi una essa sorda no intervocàlica.

— Escriu una paraula del text que representi una essa sonora intervocàlica.

— Escriu una paraula del text que representi una essa sonora no intervocàlica.

— Justifica com s'escriuen aquestes paraules tenint en compte les normes d'ús de la essa sorda i la essa sonora.

ORTOGRAFIA

Activitats

41. Afegeix els dos punts que s'han suprimit en aquest text.

Gran notícia marxàvem de viatge a París! La mare va dir caldrà pujar a la Torre Eiffel i a l'Arc del Triomf. El pare va respondre també passejarem pels bulevards i la riba del Sena. Encara vaig afegir jo vull anar en vaixell pel Sena i veure el monument a Napoleó. L'Elena, que és molt culta, va dir sobretot cal visitar el Louvre i altres museus. Llavors vam agafar la maleta per omplir-la amb tot el necessari roba, sabates, neceser... Al cap d'una estona vaig trobar a faltar el més important una guia i un quadern per a escriure el diari de viatge.

42. Classifica aquests mots segons que la grafia marcada en negreta sigui sorda o sonora.

admi**ss**ió • mar**ç** • gla**c**era • cerve**s**a • pau**s**a • pi**sc**ina
enfon**s**ar • **z**ebra • **s**entinella • ca**s**ual • dol**ç**os
marque**s**a • dan**s**a • pla**c**es • po**s**itiu • re**s**ultat • ra**c**ional
fa**s**e • en**c**iam • e**s**tranger • abra**ç**ar • afirma**c**ió
de**s**mai • **s**abater • e**sc**ena • al**z**inar • pre**ss**ió

43. Omple els buits en el teu quadern amb *s* o amb *c*.

...endra	...avi	...icle	...el
...afata	...erp	...ert	...im
...équia	...eqüela	...ignar	...uar

44. Completa en el teu quadern amb *s* o amb *ss*.

fantà...tic	pre...umpció	con...ell
paï...os	e...tabilitat	corro...ió
fi...ura	e...ca...os	foto...íntesi
pen...at	cur...or	biòp...ia

45. Completa aquests mots en el teu quadern amb *c* o *ç*.

pla...es	lli...ó	tra...ar
...igrons	voca...ió	tra...ut
pa...ièn...ia	esperan...a	capa...
convèn...er	conven...ut	conven...iment

46. Omple els buits en el teu quadern amb *s* o amb *z*.

aran...el	bi...antí	ane...tè...ia
po...ar	tre...or	sen...illa
agude...a	sal...e	pol...e
na...isme	de...ena	pin...ell

47. Omple els buits en el teu quadern amb *s, ss, z, c* o *ç*.

ac...e...ible	...i...alla	e...qui...ofrènic
p...ico...ocial	ximpan...é	renaixen...a
recompen...a	ordenan...a	pan...a
ex...e...iu	pre...i...ament	balan...

48. Conjuga en el teu quadern el present d'indicatiu dels verbs següents:

	dansar	desplaçar	torçar
Jo	......	......	......
Tu	......	......	......
Ell/ella	......	......	......
Nosaltres	......	......	......
Vosaltres	......	......	......
Ells/elles	......	......	......

49. Corregeix, si cal, les paraules següents:

decissiu	expocissió	capacitació
balansí	extranger	visissitud
pissarra	gacela	bensina
topazi	salsa	palliça

50. Completa el text següent amb *s*, *ss*, *c*. Escriu-ho en el teu quadern.

> L'any 1972 jo tenia vint-i-un anys i era un fraca...at ab....olut, un individu sen....e cap mena de per....pectiva en la vida, dotat d'una rebel·lia sen....e ideals, un hiperactiu de....vagat, confós, de....orientat, que no ....abia ben bé el que volia, perquè tot allò que de....itjava fer, l'únic afany que em motivava, e....tava en les profunditats de la immoralitat més manife....ta de l'època, i les exigèn....ies socials diguem-ne més ra....ionals les de....obeïa si....temàticament, sen....e acabar, però, de de....truir-les per un temor atàvic, incommen....urable, que em tenallava.
>
> Ferran Torrent, *La vida en l'abisme*. Bromera.

51. Completa en el teu quadern aquesta taula amb el plural, un verb i un derivat, com en l'exemple.

progrés	*progressos*	*progressar*	*progressió*
gros			
interès			
curiós			
llaç			
ros			
vernís			
ris			
gas			

52. Completa les frases següents amb *s, ss, z, c, ç*.

- Era un entu....iasta de la dan....a del ventre.
- La pa....ièn....ia és la mare de la ....ièn....ia.
- Aquella pu....a va fer e....tralls en el pobre gos.
- Als cator....e anys va comen....ar a treballar.
- La Ro....a és la noia ro....a de la cantonada.
- Hi havia ma....a gent enfon....ada amb el vaixell.
- Grà....ies a la tran....humància s'aprofiten millor les pa....tures.
- La pre....umpció d'inno....èn....ia és un prin....ipi bà....ic en el no....tre dret.
- *La inva....ió dels ultraco....os* és una pel·lícula meravello....a.
- Els pin....ells s'han de netejar curo....ament.

— A continuació classifica les paraules en el teu quadern segons que tinguin essa sorda o sonora.

53. Troba les errades ortogràfiques d'aquestes oracions i escriu-ne la forma correcta al teu quadern.

- Cal posar la dièresis en la paraula *terraqüi.*
- La teva hipòtesis s'allunya massa de la realitat.
- La meva germana gairebé no té amics; hi ha qui diu que és una persona antissocial.
- L'avi duu una pròtesis al maluc, no pot fer esforssos.
- Al dessert vam trobar un oasis i hi vam descansar.
- No sabem quan s'acabarà aquesta crisis; ens cal una anàlisis correcta de la situació.
- De vegades em recullo els cabells amb una pinza i d'altres amb un llas.
- Tot el que m'explicava de la seva riquessa era falç, però jo l'escoltava sense dir res.

54. Completa les oracions amb aquestes paraules i classifica-les segons que siguin sordes o sonores.

rasa / raça • rosa / rossa • cosa / coça

- El meu pare sempre portava la barba ....
- Al concurs només hi ha gossos de pura ....
- Per Sant Jordi en Pere em regalà una ....
- Tenia un blau fruit d'una .... de cavall.
- Hi ha una .... que et vull dir: t'enyoro.
- La meva germana és aquella noia ....

Denotació i connotació

En la unitat 1 vam estudiar el signe lingüístic i la distinció entre el significant i el significat. Ara anirem un pas més enllà i veurem que els signes lingüístics tenen diferents nivells de significació.

La **denotació** és la significació literal i precisa d'un mot o d'una expressió, que és entenedora en qualsevol context. Generalitzant, podríem dir que el **significat denotatiu** es basa en l'objectivitat i és essencialment informatiu i descriptiu.

Però les paraules evoquen altres significats diferents del literal, que són més subjectius i depenen de la utilització que se'n fa, del context i de les experiències de les persones: aquest conjunt de significats s'anomena **connotació.** Així, el **significat connotatiu** és en gran part valoratiu i subjectiu; parteix d'allò que el llenguatge evoca i és determinat per unes circumstàncies concretes i per les vivències, les emocions i els pensaments dels individus, com també per la cultura i la societat on viuen.

Denotació

La denotació, doncs —per oposició a la connotació—, és el **significat explícit que té una unitat lèxica,** un mot o una expressió, per als parlants d'una llengua. El sentit denotatiu és el conjunt de significats que tothom entén quan es fa referència a una paraula o una expressió determinada, i es pot analitzar independentment del context en què s'utilitza.

> La **denotació** defineix el **significat propi, objectiu,** que transmet una paraula o una expressió al conjunt dels parlants d'una llengua.

Així, podríem dir que el significat denotatiu d'un signe lingüístic, d'un mot o d'una expressió és igual o molt semblant per a la majoria dels parlants d'una mateixa llengua: en sentir o llegir una paraula o una expressió, la relacionen amb una realitat concreta; la identifiquen amb la persona, objecte o grup d'objectes a què fa referència.

Aquesta significació directa, coneguda i entesa per la majoria dels parlants, correspon a la definició principal de cada paraula o expressió que trobem als diccionaris. Per exemple, si parlem d'un gat, tothom entén que ens referim a un animal domèstic, un mamífer petit amb el pèl suau i les ungles afilades, que miola... Totes aquestes característiques són força objectives, tothom les té presents quan pronunciem o escrivim el mot *gat.* Fixa't en la definició del diccionari:

> *1 m.* Mamífer carnívor de la família dels fèlids, d'uns 50 centímetres de llarg, digitígrad, amb ungles retràctils, les varietats del qual difereixen pel color i per altres caràcters d'escassa importància *(Felis catus).*
>
> *Els gats d'Angora i Pèrsia es distingeixen per llur pèl llarg i sedós. Tenir set vides com els gats. Els gats sempre cauen de potes.*

Tot i que el significat denotatiu de les paraules és molt estable i experimenta pocs canvis, no és fix, atès que les llengües evolucionen naturalment al llarg del temps. Per exemple, el mot *ratolí* designa un animal (aquest seria un primer sentit denotatiu), però també fa referència al dispositiu que mou el cursor a la pantalla d'un ordinador; aquesta darrera significació, molt més recent, està plenament incorporada al nostre llenguatge quotidià.

Connotació

La connotació es el **conjunt de significats que se sumen al significat precís o literal** d'un signe lingüístic determinat, d'una paraula o expressió.

> La **connotació** defineix els **significats subjectius** que en l'ús del llenguatge s'associen al significat explícit d'un mot o un grup de mots. Aquests significats depenen del **context,** les **experiències** i els **pensaments** dels parlants.

Els significats connotatius poden tenir una base cultural o personal. Per exemple, el **verd** és un **color** concret, que tothom identifica fàcilment *(sentit denotatiu).* Però, alhora, el verd té unes connotacions culturals vinculades a l'**ecologia** i la defensa del **medi ambient.**

D'altra banda, un mateix mot pot tenir connotacions diverses en diferents àmbits: per exemple, si parlem d'una *operació,* un metge pensarà en una intervenció quirúrgica; un matemàtic, en regles i càlculs; un militar, en una acció de guerra; etc.

Alguns **recursos retòrics** propis del llenguatge literari, sobretot de la poesia, estan vinculats a la connotació; per exemple, la **comparació** i la **metàfora.** La connotació també es relaciona amb el llenguatge simbòlic o figurat. Així, una mateixa paraula o expressió pot tenir significats molt diferents segons el context en què s'utilitza:

> Vaig esprémer **mitja taronja** i em vaig prendre el suc abans del cafè.
> Quan la va conèixer, el pare va pensar que la mare era la seva **mitja taronja**.

En la primera oració els mots *mitja taronja* s'usen en sentit literal, denotatiu. En la segona, en sentit connotatiu.

> He de comprar **piles** noves per al comandament a distància.
> Si no et poses les **piles** suspendràs l'examen.

En la primera oració es parla de les *piles* en sentit literal, denotatiu. En la segona, en sentit connotatiu.

> Aquell arbre de la dreta és un **roure**.
> La Laia és un **roure**, treballa molt i mai no està malalta.

La primera oració parla del significat estricte de *roure* com a arbre, en sentit denotatiu. La segona es refereix a la força del *roure,* en sentit connotatiu.

La comunicació consisteix a transmetre i compartir, en contextos diferents, tant la realitat objectiva com les nostres idees i sentiments més subjectius. La denotació i la connotació es complementen i aporten varietat i bellesa al llenguatge.

Activitats

55. Destria quines oracions tenen significat denotatiu i quines, connotatiu. Justifica les respostes.

- Al meu poble ja gairebé no hi queda cap ruc.
- L'Enric fa el ruc tant com pot.
- És optimista, sempre veu el got mig ple, no mig buit.
- El meu got estava mig ple, algú ja hi havia begut.
- A l'escola nova em vaig sentir ben perduda.
- La Nora estava ben perduda al mig del bosc.

56. Tria tres paraules o expressions del teu llenguatge habitual i redacta unes quantes oracions en què apareguin tant en sentit denotatiu com en sentit connotatiu.

57. Identifica cadascuna de les paraules següents amb un color, una idea i un sentiment.

> netedat • brutícia • natura • calor • xemeneia
> foscor • biblioteca • sol • Nadal

— Justifica la resposta en cada cas.

El teatre del segle XVII

Durant el segle XVII els autors catalans abandonen definitivament els models literaris heretats de la tradició autòctona. Comencen a emmirallar-se en les innovacions procedents de la literatura castellana, que es troba en l'esplendor del seu *Siglo de Oro.* La literatura veïna és una de les més prestigioses de l'Europa d'aquell segle. Al principi aquesta influència és positiva des del punt de vista de la renovació d'alguns gèneres, però a la llarga el castellà es va imposant com a llengua preferent en tots els gèneres, i també en el teatre, sobretot en el teatre de caràcter comercial.

Amb tot, el català manté una gran vitalitat en el teatre de caràcter popular, encara marcat per la temàtica religiosa. Les poques mostres de teatre culte en català segueixen el corrent barroc, caracteritzat per la **comèdia mitològica**.

El teatre barroc: la comèdia mitològica

El Barroc va generar un teatre molt diversificat pel que fa als temes: l'amor, la mitologia, la comèdia pastoral, la història, etc.

La **comèdia mitològica** recupera els **mites grecollatins** amb els seus déus, els seus herois i heroïnes... i els recrea incorporant-hi els temes i les formes pròpies del Barroc.

Les filadores, pintura de Velázquez que recrea el mite d'Aracne, teixidora de molta anomenada que va rivalitzar amb Atena, deessa de la saviesa, la intel·ligència i l'artesania. Atena, vençuda i engelosida, va destruir el tapís d'Aracne, que se suïcidà. La deessa la convertí en aranya, perquè ella i els seus descendents teixissin per sempre.

A Catalunya, **Francesc Fontanella,** un dels representants de la segona generació barroca al Principat, a més de poeta és també un **dramaturg** destacat.

Durant aquest període compon dues obres de teatre, la *Tragicomèdia pastoral d'amor, firmesa i porfia* i *Lo desengany,* les millors obres de teatre culte barroc en llengua catalana. Dues comèdies mitològiques amb elements pastorals que recullen les influències del teatre castellà, francès i italià.

Lo desengany

Escrita en vers el 1650, és una comèdia mitològica sobre les noces dels déus Vulcà i Venus. Aquesta obra ens mostra alguns trets propis del teatre barroc del segle XVII.

L'argument

L'obra narra com dos pastors, Tirsis i Mireno, presencien una obra de teatre que mostra com la relació entre dos déus enamorats es veu impedida per un equívoc. Mart creu que Venus l'ha oblidat i s'ha llançat de grat als braços de Vulcà, amb qui el seu pare la vol casar. I, per la seva banda, Venus creu que Mart la menysprea.

Quan Mart i Venus es retroben, representen el paper que els atorguen les aparences, és a dir, el de gelós ell, i el de menyspreada i orgullosa ella.

Finalment, apareix en escena el personatge al·legòric del Desengany, que ens ensenya que la solució als patiments amorosos es troba en un mateix i en la capacitat de veure en el desengany la necessària superació de l'engany que és l'amor.

Venus a la farga de Vulcà (1641), de Mathieu Le Nain. Venus, deessa de l'amor i la bellesa, és l'esposa de Vulcà, déu del foc i dels metalls, que fabrica les armes que fan servir els déus i els herois. Però Venus estima Mart, déu de la guerra, que és el seu amant i amb qui té un fill, Cupido (l'Amor).

El tema

El tema de l'obra és la inconstància de l'amor femení, personificada en Venus, i la gelosia, representada per Mart. Aquests són els mals que pateixen els amadors Tirsis i Mireno, als quals només el Desengany pot posar remei. El desengany que pateix Mart reflecteix també un altre tema tòpic del Barroc: la frustració o el desencís davant la realitat.

Els recursos formals

El teatre d'aquest període emprava exclusivament el **vers.** En aquesta comèdia, Fontanella fa servir el romanç: versos heptasíl·labs de rima assonant en els parells, d'acord amb les recomanacions que feia el dramaturg castellà Lope de Vega. L'estil és culte i elaborat. Hi abunden les metàfores, els hipèrbatons i els jocs de paraules.

— Llegeix aquest fragment de l'obra a tall d'exemple:

VENUS: Deixa cansades **lisonges**.

VULCANO: Com lisonges? No hi ha tal!
Juro a Júpiter, mon pare,
que per ta causa, he deixat
en les coves de Sicília
ma ferramenta i **fornal**,
i he aportat, per servir-te,
mos **fàmulos espigats**,
que, com altres ballen l'aigua,
te ballen lo vi davant!

VENUS: Jo t'estimo eixes fineses.

VULCANO: I són dignes d'estimar,
puix són de mon cor penyores,
de ma **freixura** senyals.
(Sona música dintre.) [...]

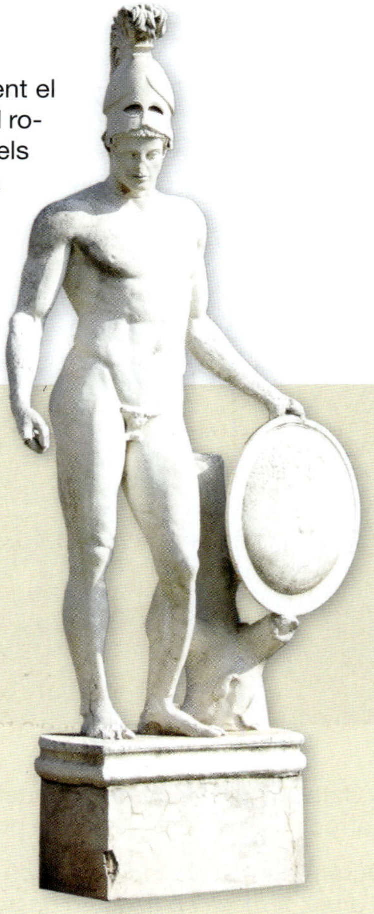

Representació de Mart, déu romà de la guerra.

Vocabulari

Venus: deesa de l'amor.

Vulcano (Vulcà): déu del foc.

lisonges (castellanisme): afalacs, adulacions.

fornal: forn que s'utilitza a les ferreries.

fàmulos (castellanisme): fàmuls, criats.

espigats: alts.

freixura: entranyes.

58. Indica si les afirmacions següents són vertaderes o falses.

- En el segle XVII els autors catalans s'emmirallen en les innovacions de la literatura castellana.
- Malgrat l'admiració que els autors catalans senten per la literatura castellana del moment, el català continua ben viu com a llengua literària.
- El català manté una gran vitalitat en el teatre de caràcter popular.
- El teatre popular abandona la temàtica religiosa que havia imperat des de l'època medieval.
- Les mostres de teatre culte són nombroses i segueixen la temàtica del corrent barroc.
- El Barroc genera un teatre molt diversificat pel que fa als temes: l'amor, la comèdia pastoral, la història i la comèdia mitològica.

59. En què consisteix la comèdia mitològica? Tria l'opció correcta:

- ☐ Composició teatral on els protagonistes són pastors que recreen temes propis del Barroc.
- ☐ Composició teatral que recupera els mites grecollatins incorporant els temes i formes del Barroc.
- ☐ Composició teatral de caire religiós on els protagonistes són personatges propis de la cristiandat.

— Quins són els dos exemples de comèdia mitològica en llengua catalana més representatius d'aquest període? Qui en fou l'autor?

60. Llegeix aquest fragment de *Lo desengany,* que correspon a la part final de l'obra, on apareix el personatge al·legòric de Desengany alliçonant els amants perquè canviïn d'actitud.

DESENGANY: Jo só lo clar Desengany,
fill constant del Temps veloç,
lo principi de l'olvit
i lo terme dels amors. [...]

Ah!, desterra d'una ingrata
los mal estimats ardors:
no pots amar-la sens culpa;
sens culpa olvidar-la pots.
Venus t'olvida, i adora
son indigníssim espòs:
qui per Vulcano t'olvida
mai meresqué ta afició.
Aprèn ja de sa mudança
una mudança millor;
que ton estat immortal
eternise lo ditxós.
Serà valor en ton pit,
si en Venus flaquesa fou,
puix adorar-la olvidat
fora olvidar ton valor.
I qui contra les mudances
s'obstina més amorós
o estima molt l'apetit o
l'honor estima en poc.
ni colèric sol·licites
venjar tos agravis nous,
puix los errors de Vulcano
seran venjança major.

(Corre's la cortina i desapareix lo DESENGANY.)

Francesc Fontanella

— Representa mitjançant un esquema l'argument de la comèdia mitològica *Lo desengany.*

— Quin és el tema d'aquesta obra?

— Qui és el personatge de Desengany? Què representa?

— Explica quin alliçonament dona Desengany al personatge de Mart en aquest fragment final.

— Analitza formalment aquest fragment i indica quin tipus de versos, d'estrofa i de rima s'hi utilitzen.

— Identifica les figures retòriques que apareixen en el fragment.

— Explica per què aquesta obra està considerada una mostra del Barroc català.

SÍNTESI

L'article d'opinió

És un **text periodístic,** signat per un **col·laborador habitual** d'un diari o per un **expert,** que analitza un tema, actual o no, des del punt de vista **subjectiu.** S'estructura en: 1) **exposició** de la idea; 2) **desenvolupament;** 3) **conclusió.**

Les preposicions

Categoria lèxica invariable que té com a funció relacionar paraules o grups de paraules. Es poden classificar en: **preposicions febles o àtones** *(a, amb, de, en, per, per a);* **preposicions fortes o tòniques** *(cap a, des de, dins, durant, entre, envers, malgrat, segons, sota, vora...).*

Els adverbis

Els adverbis modifiquen un verb, un adjectiu o un altre adverbi i es classifiquen segons la circumstància que expressen: **temps** *(ahir, després, sovint...)*, **lloc** *(aquí, enllà, lluny...)*, **manera** *(així, contínuament...)*, **quantitat** *(força, gaire, massa, més, molt...)*, **afirmació** *(sí, de debò...)*, **negació** *(no, tampoc...)*, **dubte** *(potser, qui sap...)*, etc.

Les conjuncions

Categoria lèxica invariable que relaciona mots, grups de mots o oracions i expressa diferents matisos de significat: **unió** *(i, ni)*, **alternativa** *(o)*, **oposició** *(però, sinó...)*, **causa** *(perquè, ja que...)*, **conseqüència** *(doncs, per tant...)*, **finalitat** *(a fi que...)*, **condició** *(si, sempre que...)*, etc.

La essa sorda. La essa sonora

El català té dos **sons diferents de la essa,** que pot ser:

- **sorda** [s] (com el so de *rossa*), que es pot representar amb les grafies *s, ss, c, ç* i *sc*;
- **sonora** [z] (com el so de *rosa*), que es pot representar amb les grafies *s* i *z*.

Denotació i connotació

La **denotació** és el significat literal, explícit, d'un mot, entenedor en qualsevol context. D'altra banda, les paraules evoquen d'altres significats diferents del literal, més subjectius, segons la utilització que se'n fa, el context i les vivències de les persones que parlen i escolten: aquest conjunt de significats és la **connotació.**

El teatre del segle XVII

Els autors catalans s'emmirallen en la literatura castellana del *Siglo de Oro.* Temes del teatre barroc: amor, mitologia, vida pastoral, història. *Lo desengany,* comèdia mitològica de Francesc Fontanella.

Activitats finals

L'entrevista

1. Imagineu que heu d'entrevistar el conegut escriptor i periodista català Quim Monzó per a la revista de l'escola. En grups de quatre, prepareu les preguntes que hauria de tenir la vostra entrevista.

— Apliqueu la **destresa** *pluja d'idees* per preparar les preguntes a partir d'aquest organitzador gràfic.

PLUJA D'IDEES SOBRE: PREGUNTES A QUIM MONZÓ

Relació d'idees (dades personals, trajectòria professional, la darrera obra, reconeixements…). ....

Millorem i/o eliminem idees (repetides, inviables, de poc interès…). ....

Avaluem les idees (selecció de preguntes segons el criteri establert). ....

El verb

2. Llegeix el text següent i subratlla'n tots els verbs. Escriu l'infinitiu, el gerundi i el participi de cada verb.

> Cada curs tracto més d'un centenar d'estudiants. Molts d'ells arriben a la universitat sense tenir clar què volen fer amb la seva vida. Alguns escullen els estudis universitaris pensant en les sortides professionals; altres tenen molt clar el que han escollit i tenen molt definida la seva vocació; però un gran nombre hi arriben per inèrcia, sense tenir clar el projecte personal. [...] desconeixen els seus talents potencials i, molts d'ells, ignoren els seus límits i mancances.
>
> Escollir professió sempre ha estat una tasca difícil, però avui aquesta dificultat ha crescut de to. Fins a finals del segle XX només podia escollir professió un petit segment de la ciutadania. La qüestió era sobreviure.
>
> Francesc Torralba, «Escollir professió», a *El Punt Avui*, 3-7-2013 (extracte; text adaptat).

— Escriu tots aquests verbs al teu quadern, separa'n els lexemes dels morfemes i digues a quina conjugació pertanyen.

— Classifica els verbs del text en: formes personals, formes no personals i perífrasis verbals.

— Quines funcions tenen les formes no personals en les oracions? De quin tipus són les perífrasis verbals del text?

La vocal neutra. Les grafies *o/u* àtones

3. Completa amb *a* o *e* les paraules següents. Escriu-les al teu quadern.

r.....ncor homicid..... marbr..... jov..... program..... monarc..... av.....ntatge espàrr.....c

av.....ria .....valuació d.....vant xerrair..... ass.....mblea .....nyorar m.....ravella mon.....stir

4. Escriu *o* o *u* en les paraules següents i per a cadascuna esmenta un mot que tingui el mateix lexema.

gr.....guenc ll.....nàtic cami.....neta c.....liseu s.....quet p.....ssible x.....clador r......cada

s.....bstància cabass.....s bast.....nada s.....perar p.....der .....rella enf.....rtir tard.....ral

La composició. La parasíntesi. L'habilitació

5. Classifica les paraules destacades d'aquestes oracions segons que siguin compostes, parasintètiques o habilitades.

- El **parallamps** brillava dalt de l'edifici.
- A l'**altaveu** se sentia el discurs del president.
- El meu avi era **comerciant** de teixits de llana i **emmagatzemava** les peces a la **rebotiga**.
- L'arquitecte estava **capficat** en aspectes com el **recolzament** de les bigues.
- Vaig haver de prendre un **tranquil·litzant** de tan nerviós i **enfurismat** com estava.
- En arribar a casa es van acabar tot el **beure**, perquè estaven **assedegats** després de córrer dues hores.
- Quim Monzó va publicar el llibre de relats *El* ***perquè*** *de tot plegat* l'any 1993.

6. Classifica aquests compostos segons la categoria gramatical dels elements que els formen.

baixamar • parabrises • pit-roig
ferrocarril • nord-americà • llevataps
bocamolla • agredolç • primmirat
malnom • sordmut • migdia • Pedraforca

Nom + nom	....
Nom + adjectiu	....
Verb + nom	....
Adjectiu + nom	....
Adjectiu + adjectiu	....

Posa a prova les teves competències

CULTURA

Rock-and-roll

L'apòstol Springsteen

El Boss i la E Street Band firmen a Gijón un altre concert memorable

Bruce Springsteen reitera que aquest món no és perfecte, però en el seu ofici el Boss viu molt a prop de la perfecció. La contundència amb què elabora el seu directe és directament proporcional a la taquicàrdia que provoca en l'exèrcit que el segueix. El Boss i la E Street Band van despatxar amb una aclaparadora professionalitat la seva parada espanyola en la reedició del *Wrecking Ball Tour* a l'estadi d'El Molinón.

Un *«Buenas noches, Gijón. ¿Ya estáis aquí otra vez?»* va ser suficient per guanyar-se el públic. Springsteen va obrir amb *My love will not let you down* i *Out in the street.* Un inici que no augurava sorpreses, però amb el Boss tots els pronòstics són bones notícies.

EL FRAGOR DE L'ERUPCIÓ / El solo de guitarra de Nils Lofgren al *Because the night,* el millor *The river* de tota la vida o el magistral trànsit de *Born to run* a *Born in the USA* van ser només la part més recognoscible d'una tempesta que va tenir el punt àlgid amb el *Twist and shout / La bamba.*

Springsteen, a més de fer el millor directe de la història del *rock-and-roll,* de fer-se acompanyar d'una de les bandes més solvents que existeixen i de mostrar una energia increïble als seus 63 anys, exhibeix la seva singular habilitat per connectar amb el públic.

El Boss és l'apòstol del bon rotllo. Va emocionar el públic al recitar: *«Corren malos tiempos en América, en España y en Gijón. Tengo la esperanza de que vendrán días mejores».* Va conduir el concert fins a la una de la matinada, 209 minuts després de saludar amb els punys ben alçats. Es va acomiadar amb *Thunder road,* una altra dolça metàfora del *road movie* on viu. *«Este es un pueblo de perdedores, e intento salir de aquí para ganar...».*

Luís Mugueta, *El Periódico*, 28-6-2013 (text adaptat).

@ **http://links.edebe.com/jh97y**

1. Escriu:
   - El lloc i la data del concert.
   - Els intèrprets.
   - La cançó inicial i la cançó final.
2. Amb quin sobrenom és conegut Bruce Springsteen?
3. Hi ha alguna citació textual? Quina o quines?
4. Fixa't en el títol. Per què creus que l'ha escollit l'autor? Quin sentit té? Proposa'n un altre.
5. Explica el significat de: *aclaparadora professionalitat, augurar, magistral, trànsit, punt àlgid*.
6. Quines són, segons el text, les claus de l'èxit de Bruce Springsteen?
7. Quina informació objectiva i quines valoracions i opinions subjectives hi ha en el text que acabes de llegir?
8. Digues a quin gènere periodístic corresponen cadascuna de les definicions següents:
   - Text sobre l'actualitat que combina informació i opinió.
   - Text informatiu sobre temes d'interès no sempre actuals.
   - Text que informa dels principals esdeveniments actuals.

9. Indica si les afirmacions següents són vertaderes (V) o falses (F). Escriu-ho al teu quadern.

	V	F
• Segons el text, el concert va ser digne de recordar.	☐	☐
• Bruce Springsteen ha perdut la complicitat del públic.	☐	☐
• El cantant se sent implicat amb el moment econòmic que s'està vivint.	☐	☐
• El concert va durar unes dues hores.	☐	☐

10. Torna a llegir el text de la pàgina anterior i assenyala totes les preposicions, els adverbis i les conjuncions que hi trobis.

— Classifica les preposicions que hi ha en febles o fortes.

— Digues quina circumstància expressen els adverbis que has assenyalat (temps, lloc, manera...).

— Classifica les conjuncions que hi ha segons el significat de matís que expressen (unió, oposició...).

11. Assenyala en el text de la pàgina anterior sis paraules que tinguin el so de la essa sorda i dues de la essa sonora. Classifica-les i explica perquè s'escriu *s, ss, c, ç* o *z* en cada cas.

12. Llegeix el text següent i després fes les activitats.

La galàxia pop de Lady Gaga

Brillants vestits alats coberts per un estrany pelatge, pentinats cardats de forma grotesca, referències mitològiques impossibles, ballarins en la frontera de la instal·lació al Macba i el basar que liquida existències. No hi donem més voltes, Lady Gaga va tornar ahir a la nit a la ciutat i, amb ella, la desfilada de *freaks* abillats de la manera més extrema i incomprensible. Tercera visita a Barcelona en quatre anys i un efecte sorpresa segurament ja amortitzat. Però queden els fans, molts, prop dels 18.000 segons l'organització, que ahir a la nit quasi van omplir el Palau Sant Jordi. [...]

Escenari amb construccions blanques, barreja de poblet grec i paisatge de ciència-ficció, evocador, diu el guió de la gira, del temple d'Olimp. Bé. [...] vam veure Lady Gaga passejant entre flors marcianes gegants i alternant modelets d'unes coloraines i una estridència que converteixen Ágatha Ruiz de la Prada en una bibliotecària amb ulleres. *Venus* la va cantar amb perrucot i biquini, evocant Brigitte Bardot en aquella joia de setè art que és *Fa un milió d'anys.*

Jordi Bianciotto, *El Periódico de Catalunya*, 9-11-2014.

— Identifica en aquest text les característiques pròpies de l'article d'opinió i explica-les breument.

— Quina opinió creus que té l'autor sobre Lady Gaga?

— Explica breument quins aspectes del concert destaca l'autor i com s'hi refereix. En quin to s'expressa? Quina mena de paraules utilitza per a descriure'l?

13. Redacta un article d'opinió sobre alguna de les tendències musicals següents: electrònica, *hip-hop*, pop, *indie*.

— Expressa la teva opinió, favorable o no, des d'un punt de vista seriós, irònic, etc.

Reflexiona

Diari d'aprenentatge

— Després de treballar la lectura inicial d'aquesta unitat, què has après sobre els costums d'altres persones i països? Quines conclusions en treus?

— Quina de les activitats realitzades en grup has trobat més satisfactòria? Quins aspectes del treball cooperatiu valores més? Per què?

— Quin contingut d'aquesta unitat ha valgut la pena aprendre? Per què?

Les varietats de la llengua catalana

(anotació manuscrita sobre el títol: geogràfiques)

Monogràfic Llengua i societat

En el primer monogràfic (pàgines 90-92) hem vist que una de les variacions lingüístiques és la geogràfica, determinada per la procedència dels parlants.

Les variants d'una llengua que es vinculen amb una zona determinada de l'àmbit territorial en què es parla reben el nom de **dialectes.**

Hi ha llengües amb una gran diversitat dialectal i amb formes que compliquen l'entesa entre els parlants d'un dialecte i un altre, però també hi ha llengües, com ara el català, en què la diversitat no és tan extrema: un parlant de Tortosa pot entendre un parlant de Lleida o un de Menorca, o d'Alacant, o de Tremp.

Tot seguit veurem que aquesta diversitat dialectal està influïda per dos factors: els geogràfics i els històrics.

Factors geogràfics: el domini lingüístic del català

El domini lingüístic del català és el conjunt de territoris on es parla, pertanyents a quatre estats: el Principat d'Andorra (el català n'és l'única llengua oficial), Itàlia (només en una ciutat de Sardenya: l'Alguer), França (a la zona que es coneix com la Catalunya del Nord) i Espanya (Catalunya, el País Valencià, les illes Balears, la zona de l'Aragó fronterera amb Catalunya —la Franja de Ponent— i el Carxe, a Múrcia).

Els blocs dialectals

Les varietats geogràfiques, o dialectes, del català s'agrupen en dos grans blocs: l'occidental i l'oriental.

Varietats geogràfiques de la llengua catalana
- **Bloc occidental**
  - Nord-occidental
  - Valencià
- **Bloc oriental**
  - Rossellonès o septentrional
  - Català central
  - Balear
  - Alguerès

En el mapa següent pots observar la distribució de les varietats en els territoris de parla catalana.

Les línies imaginàries amb què s'assenyala la separació entre dues àrees geogràfiques contigües que es diferencien per algun tret lingüístic són les **isoglosses;** marquen les fronteres entre llengües i entre dialectes.

El pas d'un dialecte a un altre rarament és brusc, es fa amb els **parlars de transició:** el **català septentrional de transició** (entre el rossellonès i el central), el **xipella** (frontissa entre el català oriental i l'occidental) i el **tortosí** (varietat de transició al valencià).

(anotació manuscrita: aquells parlars frontera entre dos dialectes han trobat característiques d'un i de l'altre)

(anotació manuscrita: existeixen enquestes per saber l'origen de les paraules; cada dia és més difícil (dialectològiques))

Factors històrics: la formació dels dialectes

Aquesta divisió dialectal geogràfica té uns orígens històrics. Tenint en compte aquests orígens, parlem de dialectes constitutius i dialectes consecutius.

- **Els dialectes constitutius.** Les primeres variants dialectals ja existeixen en el moment del naixement de la llengua, cap al segle VIII. Com que el català neix als dos vessants del Pirineu (nord i sud) i fins al segle XII s'estén, aproximadament, fins a la meitat de l'actual territori de Catalunya, els primers dialectes del català són el rossellonès, el central i el nord-occidental. Són els anomenats dialectes constitutius.
- **Els dialectes consecutius.** Més endavant, amb la conquesta i el repoblament de territoris cap al sud per part de la Corona catalanoaragonesa, van néixer la resta de formes dialectals: el balear, l'alguerès i el valencià. Són els dialectes consecutius.

són aquells dialectes que es parlen en zones on la llengua va ser portada

Substrat i superstrat

Centrant-nos ara en factors històrics que van afectar de forma més general l'evolució de la llengua catalana, hem d'esmentar la influència que va rebre d'altres llengües per diferents vies.

- **Substrat.** Quan els romans van arribar a la nostra terra, en el segle III a.C., aquest territori ja tenia uns pobladors amb una llengua pròpia, la ibèrica. Aquesta i altres llengües de l'època, com el celta, el fenici i fins i tot el basc (que ocupava una àrea més gran que l'actual), van deixar empremta en el **llatí vulgar,** del qual va néixer el català.
- **Superstrat.** Un cop la nostra llengua estigué més formada, durant l'Edat Mitjana, les diverses **invasions** van deixar també la seva empremta en el terreny lingüístic. Ens referim als francs i als àrabs, de les llengües dels quals prové força vocabulari català.

Activitats

1. Situa en un mapa les poblacions següents i classifica-les en el teu quadern segons l'àmbit dialectal al qual pertanyen: Manresa, Tremp, Ciutadella, Castalla, Vic, Perpinyà, el Vendrell, Pollença, Ontinyent, Ceret, Tortosa, la Jonquera, Manlleu, la Seu d'Urgell.

2. Escolta els textos de les diferents varietats dialectals catalanes, anota'n les característiques i respon.

   — **Nord-occidental.** Es pronuncia la vocal neutra? Es confon la *o* amb la *u* àtones? Indica alguna particularitat a l'hora de fer l'imperfet i en l'ús dels articles.

   — **Valencià**. Esmenta diminutius i demostratius i algun mot del vocabulari del camp propis del valencià. Escriu un resum de la rondalla en la variant que parles tu.

   — **Rossellonès**. Assenyala exemples de gal·licismes (paraules provinents del francès). Com es fan les frases negatives? La *o* en posició tònica experimenta alguna alteració?

   — **Central**. Anota exemples de vocals neutres i de confusió de *o* amb *u* en posició àtona.

   — **Balear**. Digues quins articles utilitzen i com s'anomenen de forma genèrica. El so del dígraf *ll*, experimenta algun canvi? Es confon la *b* amb la *v?*

   — **Alguerès**. En quina vocal es transforma la vocal neutra? Quines consonants s'intercanvien? Com són els articles? Esbrina el significat d'alguna de les paraules que no coneguis.

3. Identifica a quines varietats del català pertanyen els textos següents (fixa't en els mots en negreta):

   La novel·la d'**hui** explica l'aventura d'un pilot que en un vol, a la ***vesprà***, s'enfronta a una gran tempesta i corre el risc que es **produïsca** un accident. **Ací** l'autor narra **eixa** escena dramàtica i alhora una **xica** que és a prop evoca, com en un **espill**, algunes situacions difícils de la **seua** vida.

   Un relat que **recomane** a tothom que **puga** llegir-lo. **Espere** que em conteu si **vos** ha agradat. Cal que els lectors ens **escriguen** i **siguen** els millors crítics.

   Si definir la mala literatura no costa gaire, distingir la bona literatura no és pas fàcil. Un criteri que **proposirau** en el famós lema publicitari de Tintín, *'De sept à soixante-dix-sept ans.'* Algunes obres tenen el privilegi de travessar els anys i d'agradar a totes les edats. **Pensi** en [...] *Les lettres de mon moulin* d'Alphonse Daudet. [...]

   Joan-Daniel Bezsonoff, «Tom Sawyer, el nostre gran germanet», a *El Temps*, 6-8-2013.

4. Per grups, busqueu a internet cançons de Pau Alabajos, Amanida Peiot, Antònia Font, Sopa de Cabra i Claudio Gabriel Sanna. Escolteu-les i trieu la que més us agradi; cada grup ha d'escollir una cançó diferent.

   — Transcriviu la cançó i reciteu-la a classe. Intenteu pronunciar-la segons el seu dialecte i els companys hauran d'endevinar de quina varietat es tracta.

L'obtenció d'informació (II)

Anteriorment ja hem explicat que la recerca d'informació per a elaborar un treball es pot efectuar a partir de fonts escrites, orals, electròniques i audiovisuals. Després de treballar les fonts escrites, abordarem les orals.

Les fonts orals

Anomenem així la informació obtinguda en situacions de comunicació oral: les conferències, les classes magistrals (és a dir, les explicacions que fa un mestre/a a l'aula), les taules rodones, les entrevistes, etc.

Tot seguit, estudiarem les tècniques per a recollir aquesta informació; veurem la presa d'apunts, l'elaboració d'entrevistes i les enquestes.

La presa d'apunts

Quan ets a classe i escoltes les explicacions dels professors, o bé assisteixes a una conferència sobre algun tema, prendre apunts et facilita la retenció d'informació.

Què cal anotar en els apunts?

La presa d'apunts passa per tres moments: escoltar, entendre i anotar. Prendre apunts no vol dir transcriure fil per randa tot el que diu el professor o conferenciant.

En els apunts hem d'escriure:

- Les **idees més importants** que ha explicat el professor o conferenciant, escrites amb paraules nostres i ordenades.
- Les **dades concretes** importants, com ara dates, tants per cent (%), etc.
- Els **exemples** que ens ajudin a comprendre i recordar les idees més importants.
- La **bibliografia**, si el professor o conferenciant n'esmenta, ja que et pot ser d'utilitat.

Com es prenen els apunts?

Una bona presentació ens ajuda a comprendre i assimilar la informació. Tingues en compte el següent:

- Utilitza una **llibreta** per a cada assignatura. Si fas servir **fulls separats** (mida DIN A4 o foli), numera les pàgines o escriu la data a les pàgines, i agrupa-les per assignatures en classificadors.
- Deixa **marges** en blanc per a les correccions i anotacions que puguis fer-hi amb posterioritat.
- Destaca els **títols i subtítols** mitjançant el subratllat o les lletres majúscules.
- La **lletra** ha de ser clara i fàcil de llegir, i les frases han de ser breus.
- Empra **abreviatures** i **símbols** que siguin entenedors per a tu i per als altres. Per exemple:

augment	↑	més gran, més important que	>
disminució	↓	per cent	%
causa	←	perill, atenció	△
conseqüència, finalitat	→	per exemple	p. e.
diferent de	≠	no oblidar	n. o.
equivalent a	~	perquè	pq.
igual a	=	que	q.
paral·lelisme, simultaneïtat	//	llenguatge	lltge.
diners	$	història	ha.
més, actiu, positiu	+	ciència	ca.
menys, passiu, negatiu	−	mascle, sexe masculí, home	♂
més o menys	±	femella, sexe femení, dona	♀
més petit, menys important que	<	mort, mortalitat	†
		casament	⚭

Tingues en compte, però, que no s'han d'utilitzar abreviatures en exàmens, treballs i altres textos formals.

- Finalment, **revisa** els apunts, resol els dubtes (dades, dates...) i completa'ls, si cal, amb paraules o idees.
- Si ho consideres convenient, passa els **apunts en net,** ja que això ajuda a refermar els continguts.

L'entrevista

A l'hora de fer un treball és recomanable que ens posem d'acord amb una **persona coneixedora** dels fets, de la matèria o de la disciplina que ens interessa perquè, per mitjà d'una entrevista, ens n'aporti més informació.

Aquestes entrevistes informatives serveixen, doncs, per a obtenir dades de primera mà, però solen ser interpretades des del punt de vista del nostre informant. Cal tenir-ho present, ja que hem de ser capaços d'**analitzar i valorar** adequadament les respostes.

Procés que ha de seguir l'entrevistador

El primer que hem de fer és seleccionar la persona o persones que volem entrevistar. Cal que tingui prou coneixements del tema o dels fets, i per això és important informar-se'n prèviament.

- **Abans de la trobada,** s'han de preparar per escrit les preguntes del qüestionari. Han de ser precises, però alhora prou obertes perquè permetin a la persona entrevistada respondre tan extensament i obertament com consideri oportú. Si ens ho permet, podem enregistrar l'entrevista. No obstant això, sempre caldrà transcriure la conversa en un text.

Recomanacions útils

- Si és possible, cal que et documentis sobre la persona que has d'entrevistar, ja que això t'ajudarà a preparar les preguntes.
- Presenta't a la persona entrevistada, tot i que se suposa que prèviament t'hi has posat en contacte. Explica-li el motiu de l'entrevista.

- **Durant l'entrevista,** hem de deixar temps a la persona entrevistada per respondre les preguntes amb tranquil·litat. No l'hem d'interrompre innecessàriament. I hem de seguir amb atenció el discurs per fer-li preguntes espontànies i adients sobre la marxa.

Recomanacions útils

- En el transcurs de l'entrevista, defuig les frases mancades de sentit i el xiuxiueig. Això afavoreix la claredat.
- Sigues educat i prudent, i evita emetre judicis de valor sobre les respostes.
- Controla l'entrevista evitant les divagacions i els comentaris al marge del tema que tracteu.

- **Un cop acabada l'entrevista,** ens caldrà fer-ne el buidatge i la transcripció corresponent en un text. Seleccionarem sobretot la informació útil per al nostre treball.

Quan haurem escrit l'entrevista, és molt aconsellable fer-ne arribar una còpia a la persona entrevistada per si vol matisar o modificar alguna de les respostes que ha donat.

Recomanacions útils

- Escolta l'entrevista enregistrada els cops que calgui per transcriure-la amb fidelitat. A l'hora de fer servir la informació obtinguda, evita manipular les respostes.

Es pot donar el cas que, quan tinguem l'oportunitat d'entrevistar algú, en aquell moment no disposem de gravadora. Aleshores caldrà recórrer a la **memorització** per tal de recordar de manera immediata el més significatiu de la conversa.

Una bona capacitat de memorització ens ajuda a entendre i classificar la informació rebuda. Per això:

- Si mantenim amb la persona entrevistada una **conversa coherent i ordenada,** la recordarem millor.
- La retenció d'**anècdotes** ens permetrà agrupar els records amb més facilitat.

L'enquesta

És una tècnica de recollida d'informació sobre un tema seleccionat que es basa a demanar, mitjançant preguntes, l'opinió de diverses persones.

És aconsellable fer les enquestes personalment. No obstant això, també et pot ser útil fer-ne per telèfon, per correu o, fins i tot, a partir d'un qüestionari en una pàgina web.

Cal que tinguis presents aquests passos a l'hora de fer una enquesta:

- **Elaboració del qüestionari.** Les preguntes han d'estar ben formulades i han de permetre respostes precises i significatives. Tant poden ser preguntes que requereixin respostes del tipus «Sí», «No» o «No ho sé», com un ventall de possibilitats de les quals s'ha de triar una resposta; han de ser, doncs, **preguntes tancades.** Per exemple:

Quant de temps dediques a l'estudi cada dia?

☐ Dues hores ☐ Una hora
☐ Menys d'una hora ☐ Més de dues hores

És convenient no formular **preguntes obertes** —les que permeten respostes lliures—, ja que són molt difícils de quantificar.

Recomanacions útils

- Pots lliurar el qüestionari al professor o la professora perquè te'l corregeixi; de ben segur que la seva revisió t'aportarà idees noves.

- **Selecció de les persones de la mostra.** Prèviament, cal definir les característiques del grup que enquestarem (edat, sexe, estat civil, professió, nivell cultural, domicili, etc.). També són admissibles les enquestes a persones seleccionades a l'atzar, però han de ser molt àmplies perquè siguin significatives.

Recomanacions útils

- Quan facis l'enquesta, no t'oblidis d'anotar les dades personals de cadascun dels entrevistats que puguin ser significatives per al tema del treball: edat, lloc de residència, professió, etc.

- **Formulació de les preguntes.** Cal ser educat a l'hora de demanar les respostes i no insistir en cas que no se'ns vulgui respondre. En acabar, hem d'agrair a la persona enquestada la participació en l'enquesta.

- **El buidatge de les dades.** Consisteix a extreure les dades de les respostes a fi d'organitzar-les mitjançant un full de càlcul o una base de dades. Els resultats es poden presentar en forma de quadres o de gràfics per a il·lustrar el treball. Hi ha programes informàtics que duen a terme aquestes funcions.

- Finalment, ens cal fer una **anàlisi dels resultats,** per tal d'extreure'n conclusions significatives. Les conclusions s'han de redactar responent fidelment a les dades obtingudes en l'enquesta. En cas que hi vulguis fer constar opinions o reflexions pròpies a tall de conclusió, han de quedar ben delimitades i no s'han de confondre amb les dades objectives de l'enquesta.

— Observa aquest model de qüestionari i fixa't en els elements que has de considerar a l'hora d'elaborar-lo. Un bon qüestionari és la base de l'enquesta i en garanteix la utilitat i uns bons resultats, ja que facilita la quantificació i la interpretació de les dades recollides.

La recollida selectiva de deixalles — Tema de l'enquesta

Nom i cognoms: ....

Edat: .... Professió: ....

Sexe: .... Localitat: .... — Dades rellevants de la persona enquestada

1. Practiqueu la recollida selectiva a casa?

☐ SEMPRE ☐ ALGUN COP ☐ MAI

2. Creus que en el teu municipi hi ha prou contenidors per a fer la recollida selectiva? — Preguntes tancades

☐ SÍ ☐ NO

3. ....

Activitats

1. Fes una entrevista a algun membre de la teva família o del teu entorn que hagi nascut abans del 1970, per tal que t'expliqui com ha canviat la manera de viure els darrers 50 anys. Tingues en compte el següent:

   — Pensa bé les preguntes que li faràs. Com que és una entrevista personal, pots preguntar-li el lloc i la data de naixement, les persones que l'han influït més, els llocs que van marcar la seva infantesa, els moments clau de la seva joventut, els fets històrics més importants de la seva vida (fes preguntes concretes: com els va viure, què va sentir...), els invents que consideri més revolucionaris o més útils, etc.

   — Transcriu l'entrevista acuradament, mirant de polir les incorreccions. Posa-hi títol, com si s'hagués de publicar en un diari, i intenta completar-la amb una fotografia de la persona entrevistada.

2. Prepara una entrevista a algun membre actiu d'una ONG per tal d'aprendre en què consisteixen els projectes de cooperació internacionals.

   — Abans de fer l'entrevista documenta't sobre l'ONG i segueix els passos que has vist en aquest apartat.

   — Prepara amb cura les preguntes i assegura't que siguin interessants i esclaridores: finalitats de l'organització, llocs on desenvolupa la seva missió, objectius assolits, projectes en marxa, etc.

3. Fes una enquesta sobre el coneixement i la implicació de la població del teu barri o municipi en les ONG.

   — Segueix les pautes que hem vist.

   — Comenta els resultats a classe amb el professor o professora i amb els altres companys, comparant les dades obtingudes per franges d'edat.

4. Prepara una enquesta sobre les activitats de temps lliure que practiquen els teus companys de classe i sobre les que els agradaria dur a terme si en tinguessin l'ocasió. Fes-ho com en el model de qüestionari que tens en aquesta pàgina, al final del text.

   — Demana'ls que l'emplenin i després avalua les dades. Recorda que has de fer preguntes tancades a fi de facilitar la quantificació i l'anàlisi de les dades.

   — Redacta un text breu en què expliquis les teves conclusions sobre l'enquesta.

El text poètic

En el monogràfic anterior, a les pàgines 96 i 97 d'aquest llibre, hem analitzat un text narratiu; ara comentarem un poema de Josep Carner, autor de la primera meitat del segle passat. Hem de tenir en compte que els textos poètics presenten unes característiques específiques, especialment rellevants pel que fa a la forma.

1a Fase: Estudi del text i esborrany

Comprensió

En primer lloc, cal fer-ne una **lectura** atenta. Subratllem les idees i els conceptes clau alhora que esbrinem el **significat** exacte de les paraules en el text.

— Llegeix aquest fragment d'un poema de J. Carner.

A muntanya

Allí dalt de la muntanya
tot el bé de Déu hi tinc:
les roses de quatre en quatre
i els clavells de cinc en cinc,
l'estimada a la finestra,
l'ovella amb l'esquellerinc;

per rellotge, el sol que passa
graonades de l'afrau,
el pollancre per la fressa
i l'alzina per la pau;
i per gaudi, cada núvol
alaestès com una nau;

per jaç d'or, una pallissa;
per llumenera, un estel;
per finestra que no es tanca,
un retall tot blau de cel;
per criats que m'hi despertin,
un quiquiriquic i un bel.

— Busca en el diccionari el significat que tenen aquestes paraules del poema:

esquellerinc • afrau • fressa
alaestès • jaç • llumenera

Contextualització

Tot seguit, recollim informació sobre la biografia i la producció literària de l'autor, i el situem en el context històric, social i cultural en què va viure.

Josep Carner és considerat el poeta capdavanter del Noucentisme, que es desenvolupà a Catalunya entre 1906 i 1923. Aquest moviment es caracteritzà per usar la poesia per a idealitzar la realitat, presentant una natura amable, idíl·lica i harmoniosa. Nascut a Barcelona el 1884, Carner es va llicenciar en dret i en filosofia i lletres. Des de jove va col·laborar en revistes i diaris amb articles i poemes. Era un home de gran cultura i polifacètic, ja que després de treballar com a lingüista a l'Institut d'Estudis Catalans va ser diplomàtic i va residir força temps a l'estranger. Després de la Guerra Civil espanyola es va exiliar i només va tornar un cop a Catalunya, l'any 1970, mesos abans de morir a Bèlgica.

Entre els seus llibres de poemes destaquen *Els fruits saborosos*, *Auques i ventalls* i *El cor quiet*, publicat l'any 1925, al qual pertany el poema «A muntanya»; en aquest llibre, els elements del paisatge ajuden a comprendre el sentit de l'existència.

Anàlisi del contingut i de l'estructura

Resumim el poema i determinem com s'hi organitzen les idees; és a dir, localitzem les **parts** en què es divideix. Amb l'ajut del resum i del contingut de cada part, enunciem el **tema** que hi desenvolupa Josep Carner.

— Identifica les dues parts en què està organitzat el text completant aquesta taula:

Estrofes	Part	Contingut
....	Plantejament	Ens situa al cim d'una muntanya, un lloc idíl·lic on hi ha tot allò que és bell.
....	....	Compara els elements de la muntanya amb elements de la vida quotidiana.

— Senyala amb una creu el tema del poema «A muntanya», després d'haver-ne reconegut les parts.

☐ Les il·lusions i els projectes d'un pagès pobre que viu a les muntanyes.

☐ Les observacions d'un científic especialista en flors i roques.

☐ El món que envolta el poeta, simbolitzat per una natura senzilla però bella, que el satisfà i l'omple de felicitat.

Expressió

L'autor exposa les idees que abans hem analitzat amb uns recursos determinats; ara els veurem.

En primer lloc, ens fixem en la **mètrica** del poema.

— Compta les síl·labes de cada vers per classificar-los:

A-llí dalt de la mun-ta-nya
1 ... ...

Recorda que en català només comptem fins a la darrera síl·laba tònica de l'última paraula del vers.

Es tracta, doncs, de versos:

☐ Pentasíl·labs ☐ Heptasíl·labs ☐ Decasíl·labs

— Ara compta el nombre de versos per estrofa i digues com s'anomena aquest **tipus d'estrofa.**

☐ Apariat ☐ Quartet ☐ Sextet

Ara ens fixem en la **rima;** és a dir, en la repetició de sons a partir de la darrera vocal tònica de cada vers.

- **Rima assonant:** es repeteixen només les vocals a partir de la darrera vocal tònica.
- **Rima consonant:** es repeteixen les vocals i les consonants a partir de la darrera vocal tònica.

— Observem, a tall d'exemple, la rima de la 1a estrofa.

Allí dalt de la muntanya
tot el bé de Déu hi tinc:
les roses de quatre en quatre
i els clavells de cinc en cinc,
l'estimada a la finestra,
l'ovella amb l'esquellerinc;

La rima del poema en els versos parells és:

☐ Assonant ☐ Consonant

Tot seguit identifiquem els diversos **recursos retòrics** que apareixen en «A muntanya».

— Identifica-hi els recursos fonètics i sintàctics.

Vers	Recurs	Nom del recurs
13-15	....	Anàfora
....	....	Asíndeton
....	....	Onomatopeia

Entre els recursos semàntics, a la unitat 1 hem estudiat la **comparació** —comparem un terme real (R) amb un terme imaginari (I) per mitjà d'un enllaç (E)— i la **metonímia** (designem una realitat amb el nom d'una altra).

— Analitza la comparació que apareix en el poema seguint l'esquema que et mostrem.

Terme real (R)	Enllaç (E)	Terme imaginari (I)
núvol alaestès	....	....

— Explica en què consisteix la metonímia del vers 18: «un quiquiriquic i un bel».

— Cada element de la muntanya és identificat amb elements de la vida quotidiana. Fes una llista amb dues columnes en què apareguin els uns i els altres.

Muntanya, natura	Vida quotidiana
sol...	rellotge...

Carner dona al poema un to popular, ja sigui amb l'estructura i la mètrica, o mitjançant el lèxic i les expressions, que es barregen amb unes altres de més cultes.

— Esmenta paraules i expressions populars presents en el poema (explica-les, si cal).

Paraules	Expressions
esquellerinc (esquella molt petita)...	bé de Déu (cosa molt, molt bona, excel·lent)...

Opinió crítica

Apleguem tota la informació obtinguda i palesem la importància del tema, les idees expressades i els recursos emprats, i ho contrastem amb el nostre criteri.

Recorda que cal donar l'opinió sobre el tema de manera argumentada, coherent i clara. Aquesta part és la més subjectiva i lliure del comentari de textos. Per a expressar l'opinió pròpia, podem usar expressions com ara: «Em sembla molt encertada l'opinió de l'autor», o bé «No estic d'acord amb aquest plantejament»...

2a Fase: Redacció del comentari

Finalment, cal redactar el comentari amb la informació obtinguda. Fes-ho seguint aquest guió:

- **Introducció.** Exposició breu de la intenció de l'autor, això és, què vol expressar J. Carner en aquest poema.
- **Exposició.** Resum del poema i anàlisi de l'estructura i del tema. Explicació del gènere literari i dels recursos lingüístics i estilístics. Explicació de la relació del poema amb l'època en què va ser escrit (contextualització) i fins a quin punt n'és representatiu.
- **Conclusió.** Represa del més important que s'ha dit i elaboració d'una valoració personal.

— Llegeix com queda el comentari de text sobre el poema «A muntanya».

«A muntanya» és un poema en què Carner expressa la satisfacció i la felicitat que li aporta el món que l'envolta, simbolitzat per una natura senzilla però bella. Desenvolupa aquest tema en cinc estrofes, de les quals veiem aquí les tres primeres: la primera, a tall de plantejament, ens situa al cim d'una muntanya, un lloc idíl·lic on hi ha tot allò que és bell; en les dues següents compara els elements de la muntanya amb elements de la vida quotidiana, a fi de demostrar que hi troba tot el que necessita. Cal remarcar que Josep Carner dona al poema un clar sabor popular: això es veu en la mètrica (versos heptasíl·labs amb rima consonant en els parells) i les estrofes (sextetes), i també en bona part del lèxic i les expressions utilitzades *(bé de Déu, esquellerinc, pallissa...)*. Els recursos més destacats són una anàfora (versos 13-15), asíndetons (versos 7, 11, 13-15, 17), una onomatopeia (vers 18), una comparació (versos 11-12) i una metonímia (vers 18).

Josep Carner és considerat el poeta capdavanter del Noucentisme, que es desenvolupà a Catalunya entre el 1906 i el 1923. Aquest moviment es caracteritzà per usar la poesia per a idealitzar la realitat, presentant una natura amable, idíl·lica i harmoniosa. Nascut a Barcelona el 1884, Carner es va llicenciar en dret i en filosofia i lletres. Des de jove va col·laborar en revistes i diaris amb articles i poemes. Era un home de gran cultura i polifacètic, ja que després de treballar com a lingüista a l'Institut d'Estudis Catalans va ser diplomàtic i va residir força temps a l'estranger. Després de la Guerra Civil espanyola es va exiliar i només va tornar un cop a Catalunya, l'any 1970, mesos abans de morir a Bèlgica. Entre els seus llibres de poemes destaquen *Els fruits saborosos*, *Auques i ventalls* i *El cor quiet*, aquest darrer publicat l'any 1925, al qual pertany el poema «A muntanya»; en aquest llibre, els elements del paisatge ajuden a comprendre el sentit de l'existència.

Josep Carner sap transmetre amb recursos i imatges pròpies de la literatura popular la importància que els noucentistes atorguen a les coses més senzilles i quotidianes de la vida. El cim de la muntanya i tot el que conté són, en definitiva, un clar exemple de la visió amable de la natura pròpia del Noucentisme, una natura dominada per l'ésser humà i que està al servei de la seva felicitat.

Activitats

1. Fes el comentari dels poemes següents. Cerca informació sobre la vida i l'obra dels autors en enciclopèdies (generals o especialitzades) i també a internet.

Tu ja no hi ets i floriran les roses,
maduraran els blats i el vent tal volta
desvetllarà secretes melodies;
tu ja no hi ets i el temps ara em transcorre
entre el record de tu, que m'acompanyes,
i aquell esforç, que prou que coneixes,
de persistir quan res no ens és propici.
Des d'aquests mots molt tendrament et penso
mentre la tarda suaument declina.
Tots els colors proclamen vida nova
i jo la visc, i en tu se'm representa
sorprenentment vibrant i harmoniosa.
No tornaràs mai més, però perdures
en les coses i en mi de tal manera
que em costa imaginar-te absent per sempre.

Miquel Martí i Pol, «Lletra a Dolors»,
a *Llibre d'absències*. Edicions 62.

Sol, solet

Quan jo era petit
vivia arraulit
en un carrer negre.
El mur hi era humit,
pro el sol hi era alegre.

Per lla a Sant Josep
el bon sol, solet
lliscava i lluïa
pel carreró estret.

I en mon cos neulit
llavors jo sentia
una esgarrifança
de goig i alegria.

Joan Maragall

— Els enllaços següents et poden ser molt útils per a redactar el comentari:

http://links.edebe.com/zi5nm
http://links.edebe.com/hc85n
http://links.edebe.com/a5ivtt
http://links.edebe.com/g55ajz

— Repassa la redacció del comentari i aclareix tots els teus dubtes ortogràfics i de contingut abans d'enllestir-lo.

Avalua les teves competències

1. Llegeix amb atenció la notícia següent i fes les activitats.

Juan Trejo, premi Tusquets de narrativa

***La máquina del porvenir* es publicarà el novembre**

L'escriptor Juan Trejo (Barcelona, 1970) ha guanyat avui a Barcelona el X Premi Tusquets Editores de Novel·la, dotat amb 20.000 euros, per *La máquina del porvenir*, la seva segona novel·la, una història de tres generacions d'una mateixa família: un fill que vol reconstruir el passat del seu pare absent, escriptor argentí d'autoajuda, i el seu avi, un visionari que ha experimentat les vicissituds del segle XX i relacionat amb un projecte per construir una màquina que permeti anticipar el futur.

El jurat del premi, presidit per Juan Marsé i integrat per Almudena Grandes, Juan Gabriel Vásquez, Ginés Sánchez, guanyador de l'anterior convocatòria, i en representació de l'editorial Tusquets, el seu director literari Juan Cerezo, ha valorat, especialment, «el formidable desplegament narratiu i l'ambició fabuladora» d'aquesta història.

Grandes ha indicat que es tracta d'una obra «tremendament ambiciosa a nivell narratiu, plena de literatura i de cine, en què es reconstrueix l'univers cultural de tres generacions, plena de troballes, i també és divertida».

El protagonista, Óscar, recorre el passat dels seus familiars en llocs com Barcelona, on viu, Berlín, on mor la seva mare, Nova York, Mèxic, Buenos Aires i Cadaqués.

El Periódico de Catalunya, 29-9-2014 (text adaptat).

— Identifica les diverses parts de la notícia que acabes de llegir.

— Mira de trobar algunes respostes a les preguntes *què?, qui?, on?, quan?, com?, per què?*

2. Defineix les característiques principals dels gèneres periodístics que has estudiat: la notícia, l'entrevista i l'article d'opinió.

— Prepara una entrevista amb almenys sis preguntes per fer-la a alguna persona gran (pares, oncles, avis...). Es tracta d'esbrinar com va ser la seva infància, quines joguines tenia, com eren casa seva i la seva escola, o el barri o poble on vivia, etc.

— Escriu un article d'opinió breu sobre el resultat de l'entrevista. Trobes que hi ha moltes diferències entre la manera com vius ara i com es vivia fa trenta o quaranta anys? Per què? Expressa la teva visió sobre cada època; els avantatges i inconvenients que hi veus en cada cas.

3. Anota tots els verbs en forma personal que apareixen en el text anterior, busca'n l'infinitiu i classifica'ls segons la conjugació a la qual pertanyen.

Primera conjugació	Segona conjugació	Tercera conjugació

4. En el text hi ha una perífrasi verbal. Identifica-la i digues de quin tipus és.

5. Ara escriu el gerundi i el participi de tots els verbs de l'activitat 3. Recorda que alguns poden presentar irregularitats.

6. Llegeix les oracions següents, identifica les preposicions, els adverbis i les conjuncions que hi trobis i indica de quin tipus són.

- Tret dels pares i poques persones més, de debò que no conec gairebé ningú que es mantingui tan tranquil, sense atabalar-se gens, quan hi ha problemes.
- La mare sí que és molt optimista: sempre diu que després de la tempesta arriba la calma.
- Ara ens arribarem fins al mercat amb l'àvia, però abans de comprar hem de saber quin menjar farem i què ens cal per a preparar-lo.
- Quants diners portes a la butxaca? —No gaires. Mira si trobes algunes monedes dins la bossa, sobre la taula o bé allà entre els papers.
- Enmig de la plaça, davant de l'escola, hi ha un arbre que ha caigut a causa de la ventada perquè era massa alt i potser no estava ben subjecte a terra.

7. En el text següent hi falten algunes *a* i *e* àtones. Escriu-les.

Al cap d'una ....stona s'acost.... en Josep, ...l de l'hostal, i seu ....l banc, ...l meu costat. M'explica que aquella casa nova ....n la qual ara hi viu algú, i jo no sabia qui, era la casa que van fer p....r ....l mestr...., i ara una família l'ha llogat aquests di....s d'....stiu. A l'esquerr...., hi ha un.... altr.... casa, que era la de la mestr..... Està ....nsorrada. I l'antiga escola va tancar, quan van canviar ....ls plans escolars. Ja no s'havi....n de fer centr....s rurals, sinó r....collir els nens amb autobusos i dur-los a vil....s allunyad....s.

Josep Maria Espinàs, «Conversa al banc», a *A peu pels camins de cendra*. La Campana.

8. Omple els buits de les oracions següents amb *o* o amb *u*.

- Antigament les noies preparaven el se.... aix....var des de ben joves.
- Era un tip....s força interessant que havia estat còns....l a H....ngria.
- Li agradava molt el cant del r....ssinyol.
- L'Amade.... es va av....rrir bastant en aquella festa.
- Quan es va quedar víd....a va c....mençar a anar al Lice.... amb les seves amigues.

9. Escriu el plural dels sintagmes següents:

- Una puça petita
- L'esponja groga
- Una alumna remarcable
- Aquella pobra noia
- L'aigua fresca
- Una mirada obliqua
- El noi trist
- Una platja turística

10. Completa amb *z, s, ss, c, ç*, segons el que convingui.

- Al ....oològic de la meva ....iutat hi ha una ....ebra molt eixerida.
- La Laia é.... una per....ona molt ....in....era, però un pèl ....arcà....tica.
- Havia ga....tat ma....a diner.... en aquella bo....a de mà.
- El capatà.... d'aquell ranxo conduïa a gran velo-....itat.
- La conferèn....ia ....obre afer.... ....o....ial.... ha e....tat for....a intere....ant.

11. Llegeix amb atenció el text i fes les activitats que et proposem.

En sortir de l'escola va començar a ploure a bots i barrals. Com que no portava paraigua, vaig marxar corrents, però no vaig poder evitar mullar-me de cap a peus. Quan vaig arribar a casa, estava esgotada i duia tota la roba xopa: la samarreta, els pantalons, els mitjons, les vambes... Encara que em vaig dutxar amb aigua calenta, no vaig poder evitar agafar un refredat espectacular.

— Busca en el text anterior un exemple de paraula composta i un d'habilitació.

— Ara explica en què consisteix cadascun d'aquests procediments per a la formació de paraules.

7 Unitat

» **CONTINGUTS**

LECTURA I COMPRENSIÓ
El dia de la revolta

EXPRESSIÓ
El text instructiu

GRAMÀTICA
L'oració. Oració simple i oració composta

ORTOGRAFIA
L'apòstrof. La contracció

LÈXIC I SEMÀNTICA
Relacions semàntiques (I). Sinonímia. Antonímia. Polisèmia

LITERATURA
El segle XVIII. Context històric i sociocultural. La prosa didàctica: Baldiri Reixac

Rutina de pensament
CERCLE DE PUNTS DE VISTA

— Observa aquesta foto que ens mostra el que significa la fama en el món de l'espectacle.

- Posa't en la pell d'una de les persones que hi apareixen (actriu, entrevistadora, públic, guardaespatlles, xofer...) i reflexiona sobre la fama.
- Explica breument el punt de vista del personatge que has triat (com si actuessis).
- Fes una pregunta des del punt de vista d'aquest personatge.

— Un cop exposats els diferents punts de vista, quines noves idees tens sobre la fama que abans no tenies?

Pere Calders

Invasió subtil i altres contes

Pere Calders (Barcelona 1912-1994), dibuixant, periodista i escriptor, és una figura importantíssima de la narrativa catalana. Va destacar com a autor de reculls de contes on es combinen l'humor intel·ligent, la fantasia i la realitat; en destaquen *Cròniques de la veritat oculta* (1955), *Invasió subtil i altres contes* (1978) —al qual pertany el text d'aquesta lectura— i *De teves a meves* (1984). També publicà novel·les: *Ronda naval sota la boira* (1966), *Aquí descansa Nevares* (1967), *Gaeli i l'home Déu* (1986)...

Abans de llegir

La lectura que segueix és un fragment del conte «La rebel·lió de les coses», inclòs en el recull *Invasió subtil i altres contes.*

El text explica com tots els objectes i productes manufacturats que utilitzem diàriament es revolten contra els humans i adquireixen autonomia pròpia. Davant d'aquest fet insòlit, la reacció de la gent és anar-se'n a viure a la muntanya, tornar a la natura...

— Si haguessis d'anar a viure en plena natura i només et poguessis endur dos objectes, quins serien?

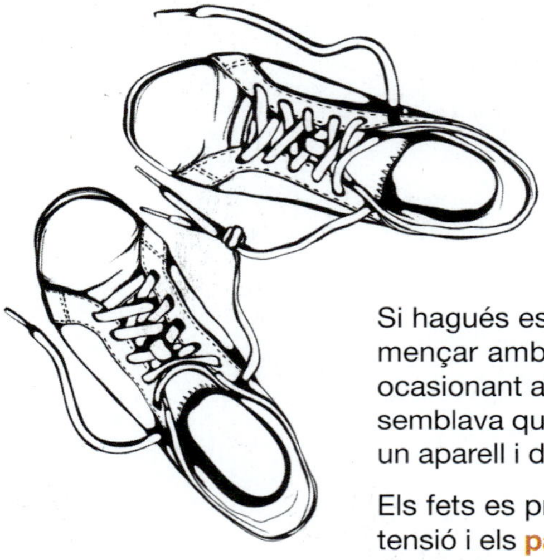

El dia de la revolta

Si hagués estat possible d'investigar el fenomen des del seu origen, s'hauria vist que tot va començar amb una vaga dels panys i dels interruptors. Les portes no s'obrien o no es tancaven, ocasionant alarmes que prenien de seguida unes proporcions difícils de controlar. Els interruptors semblava que obeïssin una consigna d'**arbitrarietat**, ja que a vegades deixaven engegat o encès un aparell i d'altres es negaven a posar-lo en marxa.

Els fets es produïen escalonadament, com si algú volgués regular malignament els períodes de tensió i els **paroxismes**. Les plomes estilogràfiques abocaven el contingut de tinta al simple contacte amb el paper, o bé es buidaven a les butxaques i els documents gairebé sortien de les carteres buscant **àvidament** la taca. El dia de la revolta de les coses es convertí en una catàstrofe que amenaçava la supervivència humana.

Pels carrers es veien ciutadans asseguts a les voreres, amb la roba pengim-penjam perquè els botons, els **cinyells** i les tires elàstiques que subjectaven les peces al cos declinaven de sobte la seva funcionalitat [...]. Les sabates es descordaven d'improvís i eren causa de caigudes [...]. De tant en tant algú sortia al balcó amb un posat d'estupor i les mans plenes de molles i d'engranatges, perquè havia provat de donar corda a un rellotge o servir-se d'un electrodomèstic i la màquina se li havia desfet materialment als dits. Grups d'automobilistes vagaven d'esma amb el volant sota l'aixella i la mirada perduda, a peu, molt allunyats de la **prosopopeia** motoritzada [...].

Vocabulari

arbitrarietat: qualitat d'allò que no segueix cap norma o llei, que depèn de la lliure voluntat.

paroxisme: període de màxima intensitat en un fenomen.

àvidament: amb moltes ganes.

cinyell: cinta, cordó o corretja que serveix per a cenyir.

prosopopeia: excessiva solemnitat o gravetat; altivesa, aires de grandesa.

El curiós era que el món natural no s'acabava pas. Al contrari: feia sol i oreig de primavera. La fallida era purament dels productes manufacturats, de coses de les quals l'home havia prescindit durant llargs capítols de la seva història i que havia anat inventant amb astúcia i paciència. A mitja tarda —dit a ull, perquè no es trobava hora fàcilment—, les aixetes, els taps i les càpsules metàl·liques dels envasos es van sumar al moviment, amb la tendència a la **volubilitat** que caracteritzava la protesta dels objectes. Alguns líquids fluïen sense aturador i d'altres quedaven retinguts en dipòsits i canonades, condemnant la gent a la sequedat o a la **mullena**. [...] Els vidres s'entelaven de mica en mica, els nusos es desfeien, les culleres deixaven caure la sopa entre el plat i la boca [...], les cordes i els cordills es trencaven en les missions de més compromís que els havien estat confiades. Moltes rodes, en ple caos, rodaven al revés i els martells, en comptes de buscar la cabota dels claus, descarregaven els cops sobre els dits dels operaris [...].

Quan la gent va sentir que les cases cruixien (poc, la veritat) es va esverar granment, per la por, tan justificada en aquelles circumstàncies, que el ciment arribés a travessar una hora baixa. Tothom va sortir al carrer, just amb el que duia al damunt [...]. Es van formar unes corrues enormes, multituds que emprenien el camí de la muntanya guiades per l'instint del retorn a la naturalesa. Tres o quatre temes de conversa animaven la marxa.

La bancarrota dels objectes ocasionà la relació dels fets per transmissió oral. Però algun **cronista** obstinat va intentar, fins al darrer moment, escriure la història que vivia:

«Enmig del desastre, quan totes les plomes, els bolígrafs, els llapis i les màquines d'escriure del país (i qui sap si de l'estranger) han quedat inútils, tinc la gran fortuna que la meva robusta portàtil aguanta bé i m'ha permès de ressenyar fins aquí, resumint-los, els extraordinaris successos d'aquests dies. Sort tinc també (potser encara més grossa) de la lleialtat de la meva secretària, una noia intel·ligent, de bona presentació i molt afavorida, que m'acompanya en el **tràngol** que passem.

Noto, tot just ara, que algunes tecles es van endurint, com si estiguessin a punt d'**enferritjar-se**. En canvi, d'altres comencen a anar balderes, com avellanes llampades, entre elles la del signe de lliures esterlines, que no sé per què l'hi posen.

Les tecles... Ja hi som! W13kluu No tindré temps ni de qq&6zz Encara bo que em queda la secretàwzy yyutu bb?? rkjooo».

Pere Calders, «La rebel·lió de les coses», a *Invasió subtil i altres contes.* Edicions 62.

Vocabulari

volubilitat: inconstància, qualitat de variar fàcilment.

mullena: aigua adherida a la superfície d'alguna cosa, que xopa els vestits.

cronista: persona que explica com ha succeït un fet històric o actual.

tràngol: conflicte, problema, cosa difícil de resoldre.

enferritjar-se: quedar travades les peces de ferro, sense moviment.

2 punts i apart
1 descripció
1 diàleg amb estil directe

Les oracions no poden ocupar més de 2 línies

Després de llegir

Obtenció d'informació

1. Quin fet extraordinari es narra en aquest fragment d'un conte de Pere Calders?
2. Respon aquestes preguntes sobre el text.
   - Com es creu que va començar tot?
   - La fallida també afecta el món natural? Justifica-ho amb el fragment del text que ho explica.
   - Com reacciona la gent quan sent que les cases comencen a cruixir?
   - Per què els fets succeïts es transmeten oralment?
   - Per què el cronista acaba escrivint malament?
3. Anota tots els objectes que es revolten i les conseqüències negatives que comporta cadascuna d'aquestes revoltes, completant aquesta taula.

Objecte	Conseqüències
......	......

Interpretació

4. Explica el significat de les següents expressions que apareixen en el text de la lectura. Si et cal, pots consultar el diccionari.
   - Proporcions difícils de controlar
   - Semblava que obeïssin una consigna d'arbitrarietat
   - Per transmissió oral
   - Declinaven de sobte la seva funcionalitat
   - Vagaven d'esma
   - Prosopopeia motoritzada
5. Llegeix amb atenció els fragments de la lectura que es reprodueixen a continuació i reescriu-los amb paraules teves. Escriu a la columna dreta de la taula la teva interpretació de cada fragment.

Els interruptors semblava que obeïssin una consigna d'arbitrarietat, ja que a vegades deixaven engegat o encès un aparell i d'altres es negaven a posar-lo en marxa.	......
Els fets es produïen escalonadament, com si algú volgués regular malignament els períodes de tensió i els paroxismes.	......
Pels carrers es veien ciutadans asseguts a les voreres, amb la roba pengim-penjam perquè els botons, els cinyells i les tires elàstiques que subjectaven les peces al cos declinaven de sobte la seva funcionalitat.	......
Quan la gent va sentir que les cases cruixien (poc, la veritat) es va esverar granment, per la por, tan justificada en aquelles circumstàncies, que el ciment arribés a travessar una hora baixa.	......
Es van formar unes corrues enormes, multituds que emprenien el camí de la muntanya guiades per l'instint del retorn a la naturalesa.	......

Reflexió

6. En el text es diu que «El dia de la revolta de les coses es convertí en una catàstrofe que amenaçava la supervivència humana». Creus que podríem sobreviure sense aparells electrònics? Com seria la teva vida sense telèfon mòbil, televisor, ordinador…?

7. Per què creus que els objectes es revolten contra les persones? Dona la teva opinió oralment i després feu un debat a classe per posar en comú les vostres conclusions.

— Quina creieu que és la idea que ens vol transmetre Pere Calders? Seleccioneu la resposta més adequada.

- ☐ La poca capacitat que tenim les persones de fer les coses per nosaltres mateixos.
- ☐ La dependència que tenim de les comoditats que ens proporcionen els aparells electrònics, els objectes, etc.
- ☐ És millor viure a la natura perquè el món industrial s'acaba.

Expressió

8. Intenta desxifrar el text que escriu el cronista i inventa-te'n el final.

9. Agrupeu-vos en equips de quatre o sis persones i apliqueu la **destresa** *Resolució de problemes* en el cas següent:

EL PROBLEMA

Avui heu d'elaborar un treball en què cal descarregar uns documents penjats al web de l'escola i cercar informació a internet. La xarxa d'internet avui no funciona i no es preveu una solució a curt termini. Com elaboraréu el treball?

POSSIBLES SOLUCIONS: Com puc resoldre el problema?

1. ....
2. ....
3. ....
4. ....

PER A CADA SOLUCIÓ…

CONSEQÜÈNCIES Què pot passar si triem aquesta solució?	PROS I CONTRES Suposa més un avantatge o un inconvenient?	VALOR És molt o poc important? Per què?
....	....	....

Comunicació oral

En grups de quatre, escolteu l'àudio següent, en què el periodista Joan Barril narra *La revolta de les màquines*.

http://links.edebe.com/ak6772

— Preneu notes mentre escolteu el relat i responeu oralment, dins el grup, les preguntes següents:

- Qui és el protagonista de la història? Per què es diu així?
- Com és aquesta persona?
- Com és l'ambient del lloc de treball?
- Quina lliçó moral se n'extreu?
- Penseu que és divertit el relat? Per què?

— En el debat de grup, cal que hi intervingueu tots.

El text instructiu

El text instructiu és un tipus de text en què es donen **ordres, recomanacions** o **instruccions.** És present en la vida diària i té unes característiques molt definides.

El **text instructiu** explica de manera entenedora com es fa una acció determinada, per a què serveix un aparell o com funciona. Són textos instructius els **manuals d'instruccions,** les **receptes de cuina,** les **regles d'un joc...**

Llegeix amb atenció el text instructiu següent, que explica com podem transferir una aplicació *(app)* des d'un servidor al nostre equip informàtic.

Com podem baixar una *app* per a Windows 8

1. Entra a Windows 8. Veuràs el nou Escriptori Metro.
2. Clica a dalt a la dreta, on llegeixes *Botiga.*
3. Les *app* de la *Botiga* s'organitzen en categories. Fes clic en els textos d'encapçalament de cadascuna per veure quines aplicacions contenen *(Destacats, Jocs, Social —xarxes socials—, Entreteniment...)*
4. Quan fas clic en una *app,* accedeixes a la pàgina d'informació. A dalt a la dreta, hi ha tres enllaços. Entra-hi per obtenir:
   - **Informació general:** descriu què fa l'aplicació i les seves característiques generals. També inclou un enllaç de suport tècnic per si hi ha problemes amb l'aplicació.
   - **Detalls:** dades com, per exemple, la llengua en què està i el tipus de processador que admet.
   - **Crítiques:** opinions dels usuaris.
5. Per instal·lar l'*app* desitjada, fes clic a l'esquerra, en el botó *Instal·lar* de la pàgina. O en el de *Comprar* si no és de franc (mira abans el preu).
6. Torna a l'Escriptori Metro prement la tecla *Windows.* Si el teu teclat no la té, col·loca el cursor del ratolí a la cantonada superior dreta i escull *Inici* a la barra.
7. La nova *app* descarregada apareixerà a la dreta de l'Escriptori. Utilitza el ratolí o la barra de desplaçament per veure-la. Obre-la clicant-hi a sobre.

http://windowsespanol.about.com/od/UsoBasicoDeWindows/ss/Instalar-Programas-Y-Apps-Windows-8.htm (text traduït i adaptat).

Després d'haver llegit les instruccions per a baixar aplicacions per a Windows 8, podem deduir unes quantes **característiques** d'aquests tipus de textos.

- En primer lloc **exposa la finalitat** que es pretén i a continuació es donen un seguit d'**instruccions.**
- El text es caracteritza per l'**esquematisme.** És a dir, es presenta la informació de manera esquemàtica (amb guions, punts, numeració, negretes, colors...). En aquest cas, hi ha una **llista** d'ordres que numeren els diversos passos que cal seguir per a descarregar una aplicació, però en altres ocasions podem trobar les **instruccions redactades.**
- Una altra característica d'aquest tipus de textos és la **concisió.** Només es dona la informació necessària per a aconseguir la finalitat i no s'aporten dades sobre res. Per això no hi ha exemplificacions.
- El **llenguatge** que s'hi utilitza és **clar i precís,** exempt d'ambigüitats.

- Es fan servir **oracions curtes i juxtaposades.** Aquestes oracions van descrivint els passos que cal seguir per a assolir la finalitat desitjada.
- Si el text instructiu és **redactat,** s'utilitzen **oracions subordinades o coordinades** que aclareixin i concretin les operacions que s'han de seguir.
- S'usen **verbs en imperatiu** i en **segona persona** del singular (com en el text que hem llegit) o del plural. També s'utilitzen **perífrasis d'obligació,** les **formes impersonals** i la **passiva reflexa** *(cal fer, cal tenir, s'ha de, es posa, es fa...).*
- Sovint es fan servir **connectors d'ordre** *(primerament, després, a continuació...)* i **adverbis de manera** *(bé, ràpidament...).*
- Els **esquemes** o **imatges** poden ajudar a entendre millor les instruccions.

EXPRESSIÓ: ESCRITA, ORAL I AUDIOVISUAL

Activitats

10. @ Recorda com es fa un avió de paper i observa el tutorial següent. Després redacta un text instructiu en què detallis els passos que s'han de seguir. Afegeix-hi un dibuix, si ho consideres necessari.

http://links.edebe.com/pihr73

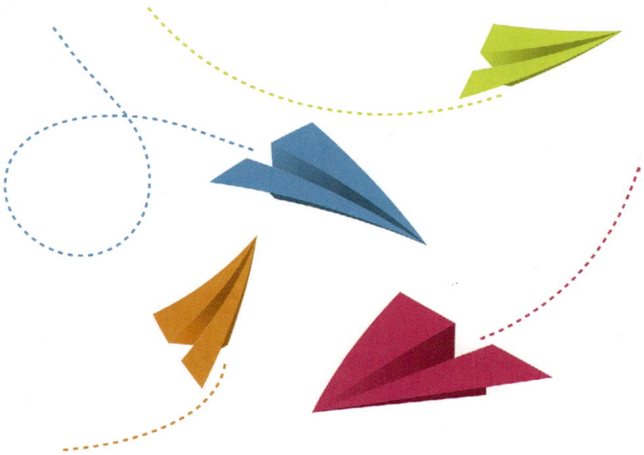

11. En la redacció del text de l'activitat anterior, tenies dues opcions: fer una llista d'ordres o bé un text redactat. Justifica la tria que has fet i comenta el tipus d'oracions que has utilitzat.

12. @ Consulta el web següent, dels Ferrocarrils de la Generalitat de Catalunya, i identifica-hi algunes característiques dels textos instructius.

http://links.edebe.com/2hfj

— Explica com podem fer ús dels ferrocarrils amb la informació que hi ha. Pots escriure el text instructiu en forma de llista enumerativa, o bé redactat.

13. Omple els buits de la recepta de la dreta amb els verbs següents:

tallar • sofregir • deixar (x 3) • afegir (x 3) • flamejar
abocar • passar • posar • rectificar • servir
apartar • decorar

— Recorda que els verbs han d'estar en imperatiu i en segona persona del plural.

Crema de bolets

Ingredients per a 6 persones:

300 g de ceps frescos
300 g de xampinyons
1 kg de carreroles fresques (o 200 g de seques)
4 llesques de pa torrat
2 litres de brou
50 g de mantega
1/2 litre de crema de llet
1/2 copa de xerès
2 cebes
2 grans d'all
1 fulla de llorer
sal i pebre blanc
formatge ratllat

Preparació:

.... la ceba a rodanxes i ....-la en una cassola d'alumini alta, juntament amb la mantega, els dos grans d'all i una fulla de llorer.
............-la coure molt lentament fins que quedi transparent.
Tot seguit, ...-hi els bolets i un pessic de sal i pebre i .... que es coguin tapats fins que es redueixi la seva pròpia aigua.
............-hi les llesques de pa torrat i ....-ho amb la copa de xerès; tot seguit ....-hi el brou i ....-ho bullir uns 40 minuts.
...............-ho tot per la batedora elèctrica i, posteriorment, torneu-ho a passar pel colador xinès.
............-ho novament al foc durant 5 minuts afegint-hi la crema de llet i ....-ho de sal i pebre.
.... la crema gratinada amb el formatge ratllat pel damunt o bé amb uns crostonets de pa torrat.
.... també alguns bolets sencers (....................-los abans de batre la crema).
Finalment, ... el plat amb una mica de julivert.

http://www.cuina.cat/ca/receptes/crema-de-bolets-118.php (text adaptat).

El meteoròleg de TV3 prediu el temps.

L'oració

Llegeix aquests grups de paraules:

El meteoròleg de TV3 prediu el temps. Avui plou.

Abriga't! Em deixes el paraigua?

Aquests grups de paraules són **oracions** perquè:

- Quant al significat (semàntica), comuniquen una informació **amb sentit complet.**
- Pel que fa a la pronúncia (prosòdia), es pronuncien **entre dues pauses** (#); la darrera és un punt o signe d'admiració o d'interrogació.
- Respecte a l'estructura (sintaxi), tenen un element imprescindible, el **verb,** sense el qual no serien oracions.

L'estructura de l'oració

Generalment, l'oració està formada per un **subjecte** i un **predicat.**

El meteoròleg de TV3	prediu el temps.
SUBJECTE	PREDICAT

De vegades, l'**ordre lògic** d'una oració (Subjecte + Predicat) es veu alterat:

L'acompanyarem (Predicat) *nosaltres* (Subjecte).

El subjecte

És la persona, animal o objecte del qual es diu alguna cosa: *El meteoròleg de TV3*. Està constituït per un **sintagma nominal** (SN), és a dir, un grup de paraules el nucli del qual sol ser un **nom.** Hi ha, però, altres elements que equivalen al nom i que poden fer de nucli del SN subjecte, entre els quals tenim:

Pronom	***Nosaltres*** *tenim fred.*
Adjectiu substantivat	***El groc*** *és el color del blat a l'estiu.*
Infinitiu substantivat	***Caminar*** *reforça la musculatura.*

El nom pot anar acompanyat d'elements que en precisen i n'amplien el significat. Són els determinants i altres mots que sintàcticament fan la funció de **complements del nom (CN),** perquè amplien la informació referida al nom. L'estructura del **SN** és:

El	meteoròleg	de TV3
	NUCLI	
Determinant	Nom	Complement del nom
	SINTAGMA NOMINAL (SN)	
	SUBJECTE	

Hi ha oracions que sembla que no tinguin subjecte, tot i que en realitat sí que en tenen però no és explícit. Es tracta d'un **subjecte el·líptic.**

(Nosaltres) Anirem a comprar. *(Ell) És el teu amic.*

Mots que complementen el nom (CN)

Són mots que amplien la informació referida al nom en una oració. Poden fer les funcions següents.

Sintagma adjectival (SAdj). Format per un adjectiu, per diversos adjectius o per un adverbi i un adjectiu: *El germà* ***petit****; La cadira* ***més alta****; És una vorera* ***massa ampla****.*

Sintagma preposicional (SPrep). És un sintagma nominal (SN) precedit d'una preposició: *El gos* ***de la Clara****; El pot* ***de vidre****.*

Sintagma nominal en aposició. És un SN que va al costat del nucli del SN subjecte, sense cap nexe d'unió i entre comes: *Dalí,* ***pintor surrealista,*** *va néixer a Figueres.*

Proposició subordinada adjectiva. És una proposició subordinada que fa la funció d'adjectiu: *El gos* ***que borda*** *és un pastor alemany.*

El predicat

És allò que es diu del subjecte: *prediu el temps.* Està constituït per un **sintagma verbal** (SV) el nucli del qual és un **verb.** El verb pot anar acompanyat de complements verbals. Per això, l'estructura del **SV** és aquesta:

prediu ········ el temps

NUCLI

Verb — Complement verbal

SINTAGMA VERBAL (SV)

PREDICAT

Un verb tot sol pot formar un predicat i, en conseqüència, una oració:

Llegeixo. / Entreu! / Vindràs?

Tipus de predicats

Els verbs poden ser **copulatius** *(ser, estar, semblar, esdevenir…)* o **predicatius** (els altres). Per això parlem de dos tipus de predicat:

— **Predicat nominal:** està format per un **verb copulatiu** i un **atribut**.

*La pel·lícula **és divertida**; La noia **sembla enfadada**; El noi **està amoïnat**; Els mitjons **estan bruts**.*

L'**atribut** completa el significat del subjecte, del qual expressa una qualitat; el verb copulatiu fa d'enllaç entre ells. Concorda en gènere i nombre amb el nucli del subjecte: *La pel·lícula* (femení singular) *és **divertidíssima*** (femení singular).

Per mitjà de la substantivació (o habilitació com a nom o substantiu), un demostratiu o un infinitiu, per exemple, poden funcionar com a atributs:

*La teva llibreta és **aquella**. / L'important és **participar**.*

El **predicat nominal** està format per un **verb copulatiu** *(ser, estar, semblar…)* i un **atribut.** Els verbs copulatius tenen com a funció unir el subjecte i l'atribut. Les oracions amb un predicat nominal s'anomenen copulatives.

— **Predicat verbal:** està format per un **verb predicatiu** que pot anar acompanyat de **complements verbals,** que completen o amplien la informació del verb. Són:

Complement directe (CD)	*L'escalador ha fet **el cim**.*
Complement indirecte (CI)	*He enviat el llibre **al client**.*
Complement predicatiu (CP)	*Els excursionistes van arribar **cansats**.*
Complement circumstancial (CC)	*Els convidats van seure **al sofà**.*
Complement de règim (CR)	*El Pere no pensava **en la feina**.*
Complement agent (Ag)	*El temps va ser predit **pel meteoròleg**.*

El **predicat verbal** està format per un **verb predicatiu** que pot anar acompanyat de **complements verbals** que no siguin un atribut. Aquests verbs aporten significat a l'oració per si mateixos. Es tracta d'oracions predicatives.

El nucli del predicat nominal és un verb copulatiu *(ser, estar, semblar…)*, com en l'exemple següent: *El noi **està** amoïnat.*

Oracions impersonals

Són oracions que **no tenen subjecte,** en les quals el verb és impersonal i designa una situació sense atribuir-la a cap persona determinada. El verb s'hi conjuga en la tercera persona del singular.

Hi ha diversos tipus de verbs impersonals:

- Els que es refereixen a **fenòmens meteorològics**.

  *Ahir **nevava**.*

- El verb ***fer*** referit a fenòmens del temps.

  ***Fa** calor en aquesta ciutat.*

- El verb ***haver-hi***.

  ***Hi ha** molta gent.*

Modalitats de l'oració

Segons l'**actitud del parlant,** les oracions es classifiquen en:

Enunciatives	Exposen una idea o una informació. Poden ser afirmatives (A) o negatives (N).	*En Joan es presenta a l'examen.* (A) *La Sílvia no menja mai carn.* (N)
Exclamatives	Expressen els sentiments del parlant (admiració, sorpresa, alegria...). S'escriuen amb un signe d'admiració al final.	*Dissabte anem a esquiar!*
Interrogatives	Expressen una pregunta que es pot formular de manera directa (amb signe d'interrogació) o indirecta.	*Has llegit aquest llibre?* *Pregunta-li si anirà a comprar.*
Exhortatives	Expressen una ordre. Es poden escriure amb un signe d'admiració al final.	*No crideu.* *Tanca la porta!*
Dubitatives	Expressen dubtes sobre un fet.	*Potser ha estat ell qui ho ha dit.*
Desideratives	Expressen un desig.	*Tant de bo puguis anar de vacances.*

Oració simple i oració composta

L'oració simple es compon d'un subjecte (SN) i un predicat (SV) i té **un sol verb.** Llegeix l'oració següent i fixa't en el predicat.

L'Eva — redacta un treball a l'ordinador.
SN SUBJECTE — SV PREDICAT

Es tracta d'una **oració simple** perquè té un sol verb *(redacta)* en forma personal. Ara observa aquestes oracions fixant-te en els verbs:

L'Eva redacta un treball a l'ordinador i la Rosa pinta un quadre.
SN SUBJECTE — SV PREDICAT — SN SUBJECTE — SV PREDICAT
ORACIÓ — ORACIÓ
ORACIÓ COMPOSTA

Quan trobem una oració amb **dos verbs** en forma personal, diem que es tracta d'una oració composta. Consta de dues **proposicions,** cadascuna de les quals té un subjecte i un predicat; per tant, són oracions amb sentit complet. Les dues proposicions estan unides per mitjà d'un enllaç (E). En les oracions compostes les proposicions poden tenir relacions de coordinació, subordinació o juxtaposició.

Proposicions coordinades

Les **dues proposicions** estan en **el mateix nivell sintàctic,** és a dir, no hi ha cap proposició que depengui de l'altra; a més, si les separem es converteixen en dues oracions simples, independents i amb sentit. Per això diem que les dues proposicions estan coordinades per l'**enllaç** *(i, o, però, és a dir...).*

L'Eva **redacta** un treball a l'ordinador i la Rosa **pinta** un quadre.
Proposició coordinada — E — Proposició coordinada

> La **coordinació** és la relació que s'estableix dins de l'oració composta entre dues o més proposicions del mateix nivell sintàctic mitjançant un enllaç.

Les oracions coordinades es classifiquen, segons els elements d'enllaç (conjuncions o locucions conjuntives), en els tipus següents:

- **Copulatives:** indiquen una suma d'informació. Els enllaços són *i, ni*.
- **Disjuntives:** expressen una relació d'exclusió o bé alternativa *(o, o bé...)*.
- **Adversatives:** indiquen una oposició total o parcial entre proposicions *(però, sinó, tanmateix, així i tot, ara bé, no obstant això, en canvi...)*.
- **Explicatives:** una proposició aclareix el significat de l'altra *(és a dir, o sigui, això és...)*.
- **Distributives:** les proposicions expressen una relació d'alternança, però no s'exclouen *(o... o, ni... ni, ara... ara, no tan sols... sinó [que] també, així... com*, etc.).
- **Continuatives:** indiquen successió entre les dues proposicions. Els enllaços són *i encara, i fins i tot, i a més, així mateix...*
- **Il·latives:** la segona proposició expressa una conseqüència del que s'ha dit en la proposició anterior *(doncs, per tant, per consegüent, en conseqüència...)*.

L'avió s'enlaira **i** el vaixell salpa.
Ella no volia truita **ni** tampoc amanida.

Amaga'l **o** llença'l.

En Harald no és suec **sinó** noruec.

En Ricard és meteoròleg, **és a dir**, estudia la previsió del temps.

O me l'envies **o** te'l vinc a recollir.

Aprovà **i fins i tot** tingué bones notes.

Neva? **Doncs** demà anirem a esquiar.

Proposicions subordinades

Diem que **una proposició** és subordinada quan no té sentit per ella mateixa, sinó que **depèn sintàcticament d'una altra.** L'element que relaciona les dues proposicions s'anomena **partícula subordinant** (P). Hi ha diferents partícules que poden unir les dues proposicions: *que, si, quan, com...*

Els professors han dit **que** tots farem servir l'ordinador.

Proposició principal — P — Proposició subordinada

Nosaltres anirem al cinema demà **si** la mare ja es troba millor.

Proposició principal — P — Proposició subordinada

Proposicions juxtaposades

En aquest cas les **dues proposicions** estan al mateix nivell sintàctic, però no **unides** per un enllaç sinó **per un signe de puntuació**: coma, punt i coma o dos punts.

Avui hem d'anar al metge, no tenim temps per dinar.

Proposició juxtaposada — Proposició juxtaposada

La porta està tancada amb dues claus; esperarem que arribi el pare.

Proposició juxtaposada — Proposició juxtaposada

Activitats

14. Indica la categoria gramatical de les paraules que formen aquestes oracions i escriu-les en el teu quadern.

- Les noies van cantar dues cançons melodioses.
- L'Eloi es gratava el clatell amb molta parsimònia.
- Aquesta casa de pedra i fusta val molts diners.
- En Josep ho sap.
- Demà anirem d'excursió a la muntanya.

Exemple: Les = determinant; *noies* = nom; *van cantar* = verb; *dues* = quantificador; *cançons* = nom; *melodioses* = adjectiu.

15. Indica el sintagma nominal (SN, subjecte) i el verbal (SV, predicat) de cada oració, i també els nuclis corresponents.

- Nosaltres hem vist l'eclipsi.
- Més tard passaré un moment per casa teva.
- Demà et trucaré a les vuit.
- Aquest televisor funciona malament.
- Els alumnes d'alemany són passius.
- Deixa'm la moto aquesta tarda.
- La mare contemplava atentament el paisatge.

16. Identifica el subjecte i el predicat de les oracions d'aquesta cançó. Algunes tenen subjecte impersonal.

BON DIA

La vella Montserrat
desperta el barri a cops d'escombra tot cantant.
Les primeres persianes
s'obren feixugues badallant.

Bon dia,
ningú ho ha demanat però fa bon dia,
damunt els caps un sol ben insolent
il·lumina descarat
tot l'espectacle de la gent.

Els Pets

17. Digues quin tipus de nucli dels SN fa de subjecte en cadascuna d'aquestes oracions:

- Nosaltres hi tenim molt d'interès.
- El ioga t'ajudarà a relaxar-te.
- El vermell és el seu color preferit.
- L'avinguda nova té molts arbres.
- Beure és necessari per a viure.
- El groc m'agrada molt.

18. Escriu un predicat nominal i un predicat verbal per a cadascun d'aquests subjectes:

- L'aparell…
- El teu pare…
- La Clàudia…
- Aquest problema…
- El veí del primer…
- La neu…

19. Classifica les oracions de les vinyetes segons la modalitat a què pertanyen.

20. A partir d'aquesta imatge, escriu una oració per a cadascuna de les modalitats oracionals.

21. Analitza aquestes oracions i identifica-hi els diversos sintagmes i les seves funcions (subjecte, predicat, complement del nom, complement directe…).

- He vist el gat de la Sònia.
- En Jaume ha enviat la carta a l'àvia.
- L'arbre va ser tallat pel llenyataire.
- L'ocell camina tranquil per la branca.

22. Classifica les oracions en simples o compostes.

- Les festes de Nadal són molt familiars.
- Els nens fan la carta als Reis i sovint demanen massa coses.
- Al meu carrer hi ha llums de colors, però no tants com anys enrere.
- Els botiguers es queixen perquè diuen que hi ha crisi.
- En Pere va sortir a patinar mentre jo estudiava.
- Al matí i al vespre baixen les temperatures.

23. Per fer aquesta activitat apliqueu la **tècnica cooperativa** del *nombre.*

— Formeu dos grans grups base, i cadascun haurà de redactar un text sobre el tema que vulgueu. La consigna és que en un dels textos només hi poden aparèixer oracions simples, i en l'altre, només oracions compostes.

— A cada alumne/a se li assignarà un nombre.

— Un cop escrits els textos, el professor o professora triarà a l'atzar un nombre, i qui el tingui assignat haurà d'explicar amb quines dificultats s'ha trobat el seu grup en la redacció del text.

L'apòstrof

Cal recordar que l'apòstrof (') és una coma volada que serveix per a indicar la supressió d'una vocal. Tot seguit en veurem unes quantes normes d'ús.

En els articles definits i personals

Els articles definits *el, la* i els personals *en, na* s'apostrofen:

- Davant de vocal o *h:* ***l'**avenç, **l'**oreneta, **n'**Enric, **n'**Àngela...*
- Davant de xifres que es llegeixen començant amb vocal: ***l'**11 (**l'**onze)...*

Són **excepcions** a aquesta norma:

- *El* davant de *i, u, hi* o *hu* seguides d'una vocal: ***el** ioga, **el** iode, **el** uadi, **el** hiat...*
- *La* davant de les vocals *i, u* àtones, precedides o no de *h*: ***la** Irene, **la** universitat, **la** història, **la** humilitat, **la** iaia...*
- No s'apostrofa l'article *la* quan parlem de l'hora (***la** una del migdia*), ni davant de les lletres i del nom de les lletres (***la** e, **la** hac...*). Així mateix, no s'apostrofen els mots ***la** ira* i ***la** host,* ni el topònim ***la** Haia.*
- No s'apostrofen els articles davant de *h* aspirada: ***el** hawaià, **la** Helen...*

En la preposició *de*

La preposició *de* s'apostrofa:

- Davant de vocal o *h:* ***d'**altres, **d'**herba...*
- Davant de xifres que es llegeixen començant amb vocal: ***d'**1 a 4 (**d'**una a quatre)...*

Excepcions:

- Davant de *i, u, hi* o *hu* seguides d'una vocal: ***de** iogurt, **de** iode, **de** Huelva...*
- Davant de *h* aspirada: ***de** Hollywood...*

En els pronoms febles

Cal estar molt atents a l'ús de l'apòstrof en els pronoms febles que acompanyen els verbs. Hem de tenir en compte els casos següents:

- Els pronoms febles *em, et, es, en, el, la* s'apostrofen davant d'un verb començat en vocal o *h:* ***m'**agafa, **t'**acompanya, **l'**espera, **s'**integra, **n'**obté...*

Excepció: El pronom feble *la* no s'apostrofa davant d'un verb que comenci en *i, u, hi, hu* àtones (***la** inclou, **la** unifiquen...*).

- Els pronoms febles *em, et, es, en, ens, el, els* s'apostrofen darrere d'un verb acabat en vocal (excepte *u: parleu-**ne***): *avisa**'m**, afanya**'t**, prendre**'s**, compra**'n**, dona**'ns**, desa**'l**, regala**'ls...***
- Quan **combinem** els pronoms anteriors amb altres pronoms febles, se suprimeix la vocal i s'apostrofa tant a la dreta com sigui possible. Fixa-t'hi:

***te'l** menges (te + el)*	***se'n** va (se + en)*
***te l'**escoltes*	***se n'**ha emportat*
***li'n** porta (li + en)*	***s'hi** implica (es + hi)*

Les combinacions següents no s'apostrofen mai: *la hi (**la hi** donaré), li ho (**li ho** demanarem)* i *se us (**se us** acudirà).*

Façana principal de ***la*** Universitat de Barcelona, bastida entre el 1863 i el 1893. L'article definit *la* no s'apostrofa davant de les vocals *i, u* àtones, precedides o no de *h.*

L'apostrofació de les sigles

- S'apostrofen els articles *el, la* i la preposició *de* davant sigles que comencen per vocal: ***l'**ISO, **l'**OTAN, **l'**ICS, **l'**UCI, **d'**IVA...*
- L'article femení *la* no s'apostrofa davant *i* o *u* àtones, precedides o no de *h:* ***la** UOC, **la** UEFA...*
- S'apostrofen *el, la* i la preposició *de* davant sigles que es lletregen i que, en ser pronunciades, comencen per un so vocàlic: ***l'**FMI, **d'**R+D...*

ORTOGRAFIA

Als Alps les muntanyes estan nevades tot l'any. La contracció de la preposició *a* i l'article *els (a + els)* fa la forma *als.*

La contracció

Amb les preposicions *a, de, per*

La contracció té lloc quan els articles *el, els* van darrere les preposicions *a, de, per.*

Preposició	Article		Contracció	Exemples
a	+ *el, els*	→	*al, als*	*Anem **al** parc; Sempre hi ha neu **als** Alps.*
de	+ *el, els*	→	*del, dels*	*És **del** professor; Abans **dels** exàmens.*
per	+ *el, els*	→	*pel, pels*	*Camina **pel** carrer; S'interessa **pels** altres.*

Amb la partícula *ca*

La partícula *ca* (contracció del mot *casa*) també es contreu amb *el, els* i l'article personal *en:*

Partícula	Article		Contracció	Exemples
ca	+ *el*	→	*cal*	***cal** botiguer, **cal** Pere...*
ca	+ *els*	→	*cals*	***cals** Vendrell, **cals** Llongueres...*
ca	+ *en*	→	*can*	***can** Manel, anar-se'n a **can** Pistraus...*

No es fa la contracció quan l'article s'ha d'apostrofar perquè el segueix un nom començat en vocal *(Hi anirem **a l'**estiu...),* o bé quan l'article forma part d'un nom propi no català *(Acaba d'arribar **d'El** Salvador...).*

Puntua bé!

Els punts suspensius

- Els punts suspensius s'utilitzen:
  - — En una enumeració que no es tanca (equivalen a *etc.*).
    Al mercat hi ha fruiteries, carnisseries, peixateries...
  - — Quan es deixa l'oració incompleta.
    L'avi sempre ho deia: qui no plora...
  - — Per a crear una interrupció que sorprèn el lector.
    A l'interior de l'armari van trobar... un cadàver!
  - — Per a indicar que el parlant titubeja o s'interromp.
    Estava a punt de dir-ho, però... no m'hi vaig atrevir.

Finalment, tingues en compte aquestes recomanacions:

— Només s'han de posar tres punts suspensius.

— Quan els punts suspensius són a final de frase, substitueixen el punt i final.

— No es poden posar punts suspensius abans o després d'un *etcètera* per a indicar que una enumeració està incompleta; el significat dels punts suspensius i de l'*etcètera* és equivalent i la informació seria redundant.

Practica-ho:

24. Puntua correctament les oracions següents:

- Has d'enviar una còpia del correu a tots els responsables: directora, cap d'estudis, cap de departament, etc...
- No entenc què està passant... . Caldrà esperar uns dies per a saber tota la història.
- Discutiu tant com vulgueu..., però no us baralleu.
- El doctor em va dir: «Els resultats... els tindrem la setmana vinent.»

25. Puntua aquest text en què s'han suprimit els punts suspensius i justifica cada cas.

Un desastre, una vida esguerrada, un castell d'il·lusions fet a miques Aquesta és la visió de la mamà quan té la fal·lera de reflexionar sobre la meva existència. Sort que no la té sovint! No és un ésser reflexiu, la mamà. I potser és una sort. Gaires matins com el d'avui arribarien a fer-me perdre el meu bon humor. No nego que té raó des del seu punt de vista Però hauria de comprendre que el seu punt de vista no és el meu i sobretot que no convé que ho sigui.

Carles Soldevila, *Fanny.* Selecta.

Dictat

26. Prepara aquest dictat i respon les preguntes.

Vaig entrar, i vaig tancar ràpidament la porta per no permetre que el fred de l'exterior s'hi esmunyís. La porta donava a un rebedor diminut, amb l'espai just per a un penja-robes, un mirall de cos sencer i un d'aquells eriçons de fusta que es fan servir per treure's el fang de les botes abans de descalçar-se. Segurament, però, la peça no servia tant per deixar-hi els abrics com per evitar que la porta d'entrada s'obrís directament a les cambres interiors.

Vaig deixar la bossa a terra, vaig pitjar l'interruptor que havia vist abans de tancar i em vaig afanyar a treure'm l'abric. [...]

Pau Joan Hernàndez, *La tripulació del Pànic*. edebé.

— Explica com s'ha produït la combinació de pronoms febles *s'hi* de la primera ratlla.

— Troba en el text dos exemples de l'article masculí *el* apostrofat davant de la vocal *e*.

— Indica els dos casos del text en què la preposició *de* s'apostrofa davant de vocal.

— En la quarta ratlla hi ha un exemple de pronom feble apostrofat: digues quin és i explica'l.

— Finalment, escriu els dos casos d'apostrofació de pronoms febles darrere de verb que hi ha en el text.

ORTOGRAFIA

Activitats

27. Escriu en el teu quadern les formes del singular d'aquestes paraules, utilitzant en cada cas l'article que correspongui.

els ullals	les opinions	les herbes
les ungles	els interessos	les illes
els índexs	les unions	els humors
les hienes	les úniques	els hòldings
les autoritzacions	les obligacions	els horaris
els impostos	els ingressos	les erres

28. Completa en el teu quadern les expressions següents afegint-hi *de* o *d'*, segons el que calgui.

boig .... il·lusió	Cap .... Any
gelat .... maduixa	quarts 1
molt .... pressa	taca .... iode
professora .... ioga	inflamat .... ira
notícia .... última hora	abans-........ ahir

29. Torna a escriure en el teu quadern les oracions següents fent servir la combinació de pronoms febles indicada amb la forma correcta.

- És important que (li + ho) recordis.
- La setmana vinent (se + en) van al Mont Blanc.
- (te + en) has adonat?
- Crec que (te + els) donaran aviat.
- La Meritxell (se + en) ha fet un tip, d'escriure cartes.
- (Me + el) va regalar per Nadal.
- No (te + en) oblidis!

30. Escriu l'article més adient, amb la contracció si cal.

- cap a ...... estació
- per ...... esquerra
- des de ...... horitzó
- a ...... racó
- per (+el) ...... cap baix
- a ca ...... Marta
- a ca ...... Ernest
- de ...... foc
- ca (+el) ...... dentista
- professor de ...... universitat

31. Completa amb *per, pel/s* o *per l'* aquestes oracions:

- Cada tarda passegem ...... avinguda.
- El subjecte és qui fa l'acció expressada ...... verb.
- Passaré ...... casa teva després de dinar.
- La decisió es va prendre ...... unanimitat.
- Vaig agafar la tassa de te ...... pèls.
- Va ser apadrinat ...... oncle Joan.

32. Corregeix en el teu quadern les combinacions de pronoms febles que siguin incorrectes.

- Emporta't el quadre sense pensar-te-ho gaire.
- No n'hem parlat mai amb els altres companys.
- Quan t'en adonis ja m'ho diràs.
- Se'n aniran de colònies a Blanes.
- Quan s'atabala, sempre se n'oblida.

33. Escriu *el* o *la* davant de les sigles i apostrofa si cal.

el BOE	.... ITV	.... UE
.... UNESCO	.... OVNI	.... IPC
.... ICS	.... UNICEF	.... FIFA
.... UPF	.... IVA	.... DNI
.... ONU	.... NIF	.... CCMA

Els mots *enfeinat* i *ocupat* són sinònims: *Aquests dies tots estem molt* ***enfeinats****. / Aquests dies tots estem molt* ***ocupats****.*

Relacions semàntiques (I)

Entre els mots de la llengua s'estableixen diversos tipus de relacions o vincles, com per exemple l'**etimològic,** segons el seu **origen;** el **contextual,** si es té en compte el **registre** o la situació en què es fan servir, i el **semàntic,** que permet de relacionar-los per les coincidències o les divergències del seu **significat.**

Tres dels fenòmens que afecten les relacions entre les paraules pel significat són la sinonímia, l'antonímia i la polisèmia.

Repassem aquests conceptes tot seguit.

Sinonímia

És la relació que afecta dues o més paraules que comparteixen **un mateix significat;** és a dir, tenen significats coincidents o molt semblants, que difereixen en un petit matís. Cal conèixer ben bé el significat d'aquests mots i tenir present el context per tal de no equivocar-nos en l'ús, ja que de vegades aquest matís impedeix que siguin intercanviables en tots els casos.

Observa l'exemple:

enfeinat / ocupat	• Aquests dies tots estem molt **enfeinats**.
	• Aquests dies tots estem molt **ocupats**.

L'ús dels sinònims aporta riquesa, precisió i varietat a la nostra expressió; també ens ajuda a evitar repeticions, cacofonies (combinacions de sons en un o diversos mots que produeixen un efecte desagradable), etc.

No tots els sinònims d'una paraula es poden utilitzar per a substituir-la en tots els **contextos;** per això cal distingir dues classes de sinonímia: la total i la parcial.

La **sinonímia total** es produeix quan a dues o més paraules els correspon **un significat únic.** Fixa't en els exemples següents:

ase / ruc	• L'**ase** és una bèstia de càrrega.
	• A la masia hi havia un **ruc** sense alforges.
portar / dur	• L'avi **portava** ulleres amb muntura metàl·lica;
	• L'Helena **duia** una samarreta ratllada blanca i negra.

La sinonímia total es produeix especialment en el cas dels **geosinònims** o sinònims dialectals: *noi* (oriental, nord-occidental) / *xic* (valencià) / *al·lot* (balear).

La **sinonímia parcial** és la més freqüent i s'estableix entre paraules de significat molt semblant però diferent en algun **aspecte o matís.** Per això aquests mots només es poden intercanviar en alguns contextos. Fixa-t'hi:

cotxe / vehicle	• Va baixar del seu cotxe.
	• Va baixar del seu vehicle.

És evident que tots els cotxes són vehicles però no tots els vehicles són cotxes: el mot *cotxe* pertany al conjunt dels vehicles.

La sinonímia en els registres de la llengua

Hem de tenir en compte que hi ha sinònims parcials l'ús dels quals depèn del registre de la llengua de què es tracta. Escollir-ne un o un altre dependrà del grau de formalitat.

Per exemple:

- *El meu veí va* ***morir*** *ahir al matí.* (Registre estàndard o col·loquial)
- *Va* ***expirar*** *lluny de la seva pàtria.* (Registre culte)

Els verbs *portar* i *dur* són sinònims: *L'avi* ***portava*** *ulleres amb muntura metàl·lica; L'Helena* ***duia*** *una samarreta ratllada blanca i negra.*

Antonímia

L'antonímia és la relació que s'estableix entre dos o més mots, els **antònims,** que tenen un **significat oposat** o contrari: *alegre / trist, eficaç / ineficaç, lent / ràpid*...

Segons la **forma,** els antònims poden ser:

— **Antònims gramaticals:** quan els mots tenen el mateix lexema. Per a formar l'antònim, s'afegeix un prefix de negació al lexema. Per exemple:

> *a-* (*an-* davant de vocal o *h*): *simètric* → ***asimètric.***
>
> *des-, dis-: embolicar* → ***des**embolicar; sort* → ***dis**sort.*

— **Antònims lèxics:** quan tenen lexemes diferents. Per exemple: *divertit - avorrit, alegre - trist*...

Segons el **significat,** s'estableix una relació diferent entre els termes contraposats. Observa:

- Hi ha antònims que presenten una **gradació** perquè hi ha termes intermedis. Exemples: *fred / calent* (intermedi: *tebi*); *blanc / negre* (intermedi: *gris*).
- N'hi ha d'altres, com *aprovat / suspès* i *engegat / apagat,* en què **l'acceptació d'un dels termes implica la negació de l'altre:** si has *aprovat* vol dir que no has *suspès;* si un aparell està *engegat* vol dir que no està *apagat.*
- Finalment, en els antònims com *comprar / vendre* i *cobrar / pagar* **un terme implica l'existència de l'altre:** quan algú *compra* és perquè algú *ven*; si algú *cobra* és que algú *paga*.

Hi ha mots antònims, com ara *comprar* i *vendre*, o *pagar* i *cobrar*, en què l'existència de l'un implica la de l'altre.

Polisèmia

La polisèmia és la propietat d'**un mot** de tenir **dos o més significats** (o accepcions) diferents.

Per exemple, si consultem el mot *fulla* al *Diccionari de la llengua catalana* hi trobarem diferents definicions:

> *f.* [BO] Òrgan laminar generalment de creixement limitat, ordinàriament verd, que neix lateralment de la tija d'una planta. *Caure la fulla.*
>
> *f.* [LC] [BO] Pètal. *Una fulla de rosa.*
>
> *f.* [LC] [IMI] Làmina prima de metall, especialment d'una arma o d'una eina. *La fulla d'un ganivet.*
>
> *f.* [LC] [AQ] [IMF] Part mòbil d'una porta, d'una finestra, etc., que l'obre o la tanca. *Una porta de dues fulles.*

La polisèmia determina els vincles d'antonímia i sinonímia (sinonímia parcial). Per exemple, *pètal* i *fulla* són sinònims si el parlant es refereix a una flor, però no si parla d'un arbre, d'un ganivet o d'una porta.

34. Relaciona els mots sinònims i, després, escriu-ne un altre que també ho sigui. Pots fer servir el diccionari.

desendreçar	malfactor	....
criminal	concòrdia	....
cansament	esgarrapar	....
raspar	desordenar	*capgirar*
gandul	escanyolit	....
harmonia	abatiment	....
prim	dropo	....

35. Assenyala la paraula que no sigui sinònima de les altres en cadascun d'aquests grups:

- bocamoll - xerraire - camallarg - llengut
- munió - aglomeració - tumult - luxúria
- setrill - homilia - sermó - prèdica
- taciturn - arenós - sorrut - reservat
- escorcollar - escorxar - esbrinar - explorar
- propens - procliu - inclinat - indigest

36. En aquest text apareix massa vegades el verb *fer.* Torna'l a escriure substituint, quan puguis, aquest verb per altres verbs o perífrasis verbals que vulguin dir el mateix.

> Com que ja havia fet els deures, es va posar a fer el sopar. Més tard, va fer un pastís per convidar la família el cap de setmana. L'endemà feia un dia preciós, apte per a fer qualsevol cosa a l'aire lliure abans que no pas tancar-se per fer classe. Li va costar decidir què faria a la tarda, perquè els companys no paraven de fer-li propostes i no sabia què fer.

37. Fixa't en en els mots en negreta i substitueix-los pel sinònim més adequat dels que tens entre parèntesis.

- El discurs del candidat a l'alcaldia va ser molt **dens**.
  (compacte - pesat - consistent)
- El jutge va ser clement i li va imposar una **pena** lleu.
  (dolor - sofriment - condemna)
- Amb la mort del rei Martí l'Humà es va extingir la línia comtal de la **casa** de Barcelona.
  (llinatge - edifici - llar)
- Quina **nota** has tret en l'examen d'anglès?
  (comentari - qualificació - factura)
- Aquells dies de vacances li van permetre recuperar la **pau** interior.
  (calma - armistici - treva)

38. Relaciona cada adjectiu amb l'antònim corresponent.

• escarransit	• còncau
• autèntic	• bondadós
• convex	• agosarat
• inoportú	• fictici
• malvat	• abundós
• hàbil	• idoni
• covard	• inepte

39. Forma antònims d'aquests mots amb els prefixos *anti-*, *des-*, *a-*, *in-* (i les seves variants *il-*, *im-*).

> simètric • interromput • confessional
> aprovar • aeri • reglamentari • avantatge
> lògic • embolicar • precís

40. Escriu a l'esquerra de cada adjectiu de la columna un sinònim dels que hi ha dins el requadre, i a la dreta, un antònim.

> impertèrrit • excel·lent • tòrrid • fluix • gèlid
> robust • miserable • odiat • vulgar
> opulent • inquiet • preat

Sinònim		Antònim
....	mediocre	....
....	acabalat	....
....	xardorós	....
....	esverat	....
....	benvolgut	....
....	feble	....

41. Classifica aquests parells d'antònims segons el tipus d'oposició que mantenen.

> gran / petit   oncle / neboda   cert / fals
> admès / exclòs   professor / alumne   gras / prim

- Presenten una gradació i hi ha termes intermedis.
- L'acceptació d'un mot implica la negació de l'altre.
- Un terme implica l'existència de l'altre.

42. Mitjançant l'addició d'un prefix, forma un antònim gramatical per a cadascun dels mots següents. Escriu també un sinònim de cada paraula.

> aprovar • endreçar • exacte • higiènic • interromput
> llegible • lleial • mesura • normal • reverent
> típic • tranquil·litat • refrenable • pacient • lògic

La literatura en el segle XVIII

En el segle XVIII es mantingué el procés de castellanització de la cultura, i la literatura en català continuà sent molt minoritària. Aquesta situació es va veure reforçada pels esdeveniments polítics i socials que s'expliquen tot seguit.

El context històric i polític

En el segle XVIII, el fet històric amb més repercussió en l'àmbit polític, tant a Catalunya com a Espanya, va ser indubtablement la **guerra de Successió.** Catalunya, com la resta de la Corona d'Aragó, va donar suport a l'arxiduc Carles d'Àustria com a pretendent al tron, enfrontant-se a Felip de Borbó, que finalment es va imposar.

Un cop acabada la guerra, això va comportar un seguit de represàlies del nou rei, Felip V, contra els catalans, entre les quals l'aprovació del **Decret de Nova Planta** (1714). Aquest decret significà la supressió de les institucions catalanes d'autogovern i la uniformització amb les lleis de Castella.

Imatge del setge de Barcelona el 1714, en un gravat de l'època.

La societat

La **persecució de la llengua catalana** i la seva desaparició dels àmbits oficials i públics va ser una de les conseqüències directes del Decret de Nova Planta. El 1717 foren suprimides totes les universitats catalanes i s'aprovà la fundació de la Universitat de Cervera, ciutat que havia donat suport a Felip V.

El català **deixà de ser la llengua oficial,** tot i que es mantingué viu en l'àmbit familiar i també, parcialment, en algunes escoles i en determinats ambients de l'Església. Però la llengua catalana ja no va recuperar l'espai perdut fins al segle XX.

L'ambient cultural

Europa viu una etapa d'esplendor intel·lectual amb el moviment de la **Il·lustració.** S'estén arreu la confiança en la **raó** i el **progrés** i s'obre un període d'optimisme respecte de les possibilitats de l'ésser humà per millorar les seves condicions de vida, tant individualment com col·lectivament.

Una característica fonamental de la Il·lustració és el paper central que atorgava a la cultura i l'educació per al desenvolupament dels individus i el progrés de les societats. Per això el moviment il·lustrat fomentà la creació de nous centres d'ensenyament. A França, impulsà la publicació de l'*Enciclopèdia,* un compendi de tots els àmbits del coneixement de l'època.

A Catalunya el moviment il·lustrat, no gaire actiu, s'expressà majoritàriament en castellà. Entre els autors d'aquest període destaca l'obra de Baldiri Reixac.

La Il·lustració

Moviment cultural, artístic i filosòfic que es va desenvolupar a Europa durant el segle XVIII i que té les arrels en el racionalisme francès i l'empirisme anglès.

El pensament il·lustrat confiava plenament en la raó, a partir de la qual calia analitzar tots els fenòmens i circumstàncies que envoltaven l'ésser humà, deixant de banda els prejudicis i les supersticions.

Entre les figures principals d'aquest moviment cal esmentar Hume, Locke i Newton, a Anglaterra, i sobretot els enciclopedistes francesos —Montesquieu, Voltaire, Diderot, Rousseau...—, els quals estengueren les idees il·lustrades per tot Europa.

Façana de l'edifici de l'antiga Universitat de Cervera.

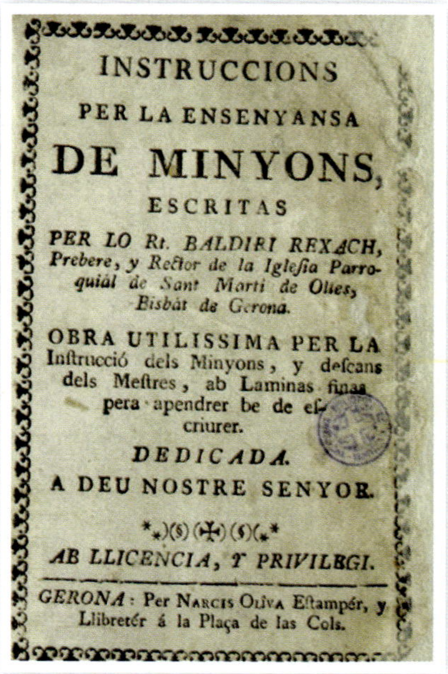
INSTRUCCIONS
PER LA ENSENYANSA
DE MINYONS,
ESCRITAS
PER LO Rt. BALDIRI REXACH,
Prebere, y Rector de la Iglesia Parroquial de Sant Martí de Olles, Bisbat de Gerona.
OBRA UTILISSIMA PER LA Instrucció dels Minyons, y descans dels Mestres, ab Laminas finas pera apendrer be de escriurer.
DEDICADA
A DEU NOSTRE SENYOR.
AB LLICENCIA, Y PRIVILEGI.
GERONA: Per Narcis Oliva Estampér, y Llibretér á la Plaça de las Cols.

Coberta de l'obra *Instruccions per l'ensenyança de minyons,* tractat didàctic de Baldiri Reixac.

La prosa didàctica

La prosa del segle XVIII, seguint la línia de la Il·lustració, té una pretensió didàctica, de transmissió d'**idees.** L'**assaig** va ser el gènere més conreat.

L'obra de Baldiri Reixac

Baldiri Reixac (1703-1781), rector de Sant Martí d'Ollers (Pla de l'Estany), es dedicà a ensenyar als infants. La seva obra més rellevant té l'**educació** com a tema central.

L'any 1749 va publicar les *Instruccions per l'ensenyança de minyons,* una obra on adaptava a la realitat de les escoles catalanes les noves tendències pedagògiques franceses. El llibre es compon de dues parts:

— La primera part conté una petita enciclopèdia, amb diccionaris i gramàtiques. També hi ha un tractat de pedagogia, que advoca per la **persuasió** en comptes de la por i defensa la **pràctica en l'aprenentatge.** I, finalment, un manual d'instruccions pedagògiques sobre qüestions com ara els càstigs, l'educació de les nenes o el paper de la diversió i el joc en l'aprenentatge.

— La segona part recull nocions de lògica, física, matemàtica i geografia.

Baldiri Reixac fa una gran **defensa de la llengua catalana.** Argumenta en favor de l'ús de la **llengua materna a l'escola** i que les obres dels assagistes més rellevants siguin traduïdes al català i no només al castellà.

Considerava que el coneixement de les llengües era indispensable: el català perquè és la llengua pròpia; el llatí, llengua de religió i de cultura; el castellà és la llengua general del Regne i adient per als negocis i per a comunicar-se; el francès, una llengua de distinció, i finalment l'italià, relacionat amb l'Església.

La repercussió d'aquesta obra respon en part a l'escassetat de tractats pedagògics en aquella època. Aquesta mena d'obres no es van difondre fins al segle XIX.

Baldiri Reixac va deixar sense publicar una mena de dietari, avui perdut, on recollia els fets més rellevants de la parròquia i també de la població.

Activitats

43. Completa la informació de la taula sobre el segle XVIII.

Fets polítics destacables	....
Situació de la llengua catalana	....
Ambient cultural	....

44. Senyala amb una creu el gènere que predomina en la prosa del segle XVIII a Catalunya i explica'n les característiques principals.

☐ Narrativa popular ☐ Assaig
☐ Diàleg filosòfic ☐ Crònica històrica

45. Digues quin dels aspectes següents volia promoure Baldiri Reixac en relació amb l'ensenyament.

- L'ús de la llengua materna a l'escola.
- L'aplicació de càstigs.
- La incorporació de la pràctica a les classes.

46. Llegeix aquest fragment del pròleg de les *Instruccions* de Baldiri Reixac i respon les preguntes.

> Jo no pretench, que ab esta Obra pugan los Minyons eixir doctes, y consumats en la sciencia, y virtut, sino que pretench solament donarlos un bon gust, y desitg per apendre sciencia, y virtut.

— En què es reflecteix l'esperit innovador de la seva concepció de la pedagogia?

— Et sembla que són unes idees aplicables a l'escola actual? Justifica la resposta.

47. Quin sentit tenen aquestes expressions subratllades?

> Una làpida recorda <u>l'oculta labor de l'eminent pedagog</u> que fou una <u>legítima glòria</u> del sacerdoci i del magisteri: MOSSÈN BALDIRI REIXACH MESTRE DE MINYONS FOU <u>LLUM, EXEMPLE I GUIA</u>.

L'anunci publicitari

A la vostra escola volen promocionar els hàbits i les activitats saludables entre els joves. Us proposen de crear i penjar **cartells publicitaris** en els diferents espais escolars. Deixeu anar la imaginació per convèncer els vostres companys!

1. Per començar, formeu grups de sis alumnes i trieu un dels següents **hàbits saludables:**
   - L'esport
   - L'alimentació sana
   - La lectura
   - Activitats d'oci a l'aire lliure
2. Determineu quin ha de ser el **missatge** que voleu transmetre i l'**objectiu** del vostre anunci:
   - Valors positius de l'hàbit que heu triat.
   - Raons per les quals cal adquirir aquest hàbit.
3. Un cop tingueu clar l'objectiu de la vostra campanya publicitària, ideeu una frase o paraula que resumeixi el missatge i que us servirà d'**eslògan.**
   — Feu una pluja d'idees sobre diferents eslògans i trieu el que sigui més original i persuasiu.
4. Cerqueu una **imatge** que acompanyi l'eslògan. Aquesta imatge ha de tenir les característiques següents:
   - Una gran força visual i plàstica, perquè resulti impactant i persuadeixi l'espectador.
   - Una relació directa amb el missatge que voleu transmetre. Les metàfores visuals són un recurs molt utilitzat pels publicistes.

Tant a les imatges com a l'eslògan i al text heu de tenir ben presents els **recursos retòrics** i utilitzar-los correctament per a crear l'efecte volgut.

5. Podeu utilitzar alguna eina informàtica per a muntar les imatges i els textos del vostre anunci. A banda dels més habituals (Word, Adobe), hi ha programes com ara Glogster, Pixlr Express o Posterino que us poden ajudar a millorar el vostre treball.
6. Editeu els vostres cartells i pengeu-los als espais de l'escola autoritzats, on estiguin a l'abast de tots els alumnes.
7. Un cop enllestits tots els vostres anuncis, podeu fer-ne una exposició.

- Quan parlem de publicitat, el primer que ens ve al cap són els anuncis que pretenen vendre un producte o un servei. Tanmateix, molts anuncis publicitaris tenen altres finalitats, com és el cas de les campanyes públiques a favor del reciclatge dels residus, per a reduir els accidents de trànsit, per a promoure el consum de fruita i verdures, etc.
- Sigui quin sigui l'objectiu, els anuncis inclouen imatges i textos atractius i almenys un eslògan o avís que cridi l'atenció de les persones a les quals s'adrecen, per tal de convèncer-les del missatge que es vol transmetre.

SÍNTESI

El text instructiu

El text instructiu ens dona **ordres, recomanacions o instruccions.** Explica amb **claredat** i **concisió** com es fa una acció determinada (**manuals d'instruccions, receptes, regles d'un joc...**). Utilitza un **llenguatge precís,** amb **oracions curtes,** verbs en **imperatiu** i en **segona persona,** formes **impersonals** i la **passiva reflexa,** i també **connectors d'ordre** i **adverbis de manera.**

L'oració. Oració simple i oració composta

Una oració és un grup de **paraules ordenades** que expressen un missatge amb **sentit complet.** Generalment està constituïda per:

- **Subjecte:** mot, o grup de mots, que designa una persona, animal o objecte del qual es diu alguna cosa. Està constituït per un SN el nucli del qual sol ser un nom.
- **Predicat:** grup de paraules que expressen allò que es diu sobre el subjecte. Està constituït per un SV el nucli del qual és un verb.

El **predicat nominal** està format per un verb copulatiu acompanyat d'un atribut.

El **predicat verbal** és el que està format per un verb predicatiu, que pot tenir o no complements verbals.

Les **oracions** poden ser **simples,** amb un subjecte, un predicat i **un sol verb;** o **compostes,** quan tenen **dos o més verbs** en forma personal. Les oracions compostes poden ser **coordinades, subordinades** o **juxtaposades.**

L'apòstrof. La contracció

L'**apòstrof** és el signe gràfic (una coma volada) que indica l'**elisió de la vocal** dels articles ***el, la, en, na*** i de la preposició ***de,*** generalment quan el mot següent comença per vocal o *h.* També s'utilitza amb els pronoms febles ***em, et, es, en, el, la, ens, els.***

La **contracció** té lloc quan alguns articles van darrere d'algunes preposicions. Les **preposicions *a, de*** i ***per*** **es contreuen** en contacte amb els articles ***el*** i ***els;*** la partícula ***ca*** es contreu amb els articles ***el, els*** i ***en.***

Relacions semàntiques (I). Sinonímia. Antonímia. Polisèmia

Dos dels fenòmens que afecten les relacions de significat entre les paraules són la **sinonímia** (quan dos o més mots comparteixen un mateix significat) i l'**antonímia** (quan els significats dels mots són oposats).

D'altra banda, un mateix mot pot tenir significats diferents, i això és el que anomenem **polisèmia.**

Literatura del segle XVIII. La prosa didàctica

La prosa del segle XVIII, seguint la línia del pensament de la Il·lustració, té una pretensió bàsicament **didàctica,** de **transmissió d'idees.** Per aquesta raó, l'**assaig** és el gènere més conreat. La prosa catalana té com a figura destacada en aquest període **Baldiri Reixac,** autor d'una obra d'esperit clarament didàctic.

Activitats finals

Els gèneres periodístics. La notícia. L'entrevista. L'article d'opinió

1. Dibuixa un **mapa mental** que resumeixi les característiques de la notícia, l'entrevista i l'article d'opinió. Quin et sembla més interessant? Per què?

2. Fes de reporter o reportera i redacta una notícia sobre algun fet que hagis viscut recentment. Aplica el que has après sobre aquest gènere.

3. T'atreveixes a escriure un article d'opinió? Escriu un text breu, d'unes 10 o 15 ratlles, en què expressis la teva visió personal sobre l'ús de les noves tecnologies en l'estudi. Mira de respondre en el teu article les preguntes següents:

— Quin tipus de pàgines web i quines activitats t'ajuden més en l'aprenentatge?

— Creus que a internet pots trobar tota la informació que et cal? Per què?

— Et resulta fàcil localitzar a la xarxa les fonts d'informació per a elaborar els teus treballs?

Les preposicions. Els adverbis. Les conjuncions. Les perífrasis i els temps verbals

4. Completa en el teu quadern les oracions amb les preposicions que hi ha entre parèntesis.

- .... aquesta gent no es pot raonar. *(amb / fins)*
- Agafaré els guants .... si neva. *(per / per a)*
- No vull que em vinguis .... més problemes! *(amb / en)*
- Aquesta noia és llicenciada .... informàtica. *(de / en)*
- Estic .... un bon embolic. *(a / en)*
- Aquell quadre és .... l'Agnès. *(per / per a)*
- Vas dir que la maleta era .... l'armari. *(a / en)*
- Ha vingut aquí .... ni un cèntim. *(amb / sense)*
- .... dalt de tot de la Torre Eiffel hi ha unes vistes espectaculars de París. *(des de / fins a)*
- Aixeca els papers, perquè em penso que et vaig deixar la citació .... la paperassa. *(sobre / sota)*

5. Completa les oracions amb l'adverbi o la locució adverbial adient.

de bat a bat • contínuament • potser • quan • gens • pertot arreu

- He buscat l'agenda .... i no la trobo.
- No m'han agradat .... les opcions que has proposat.
- .... sabrem l'hora d'arribada de l'avió?
- Dijous .... podré acompanyar-te a casa.
- Quan va arribar a casa va trobar la finestra oberta ....
- Ho repetia ....

6. Escriu en el teu quadern les conjuncions d'aquestes oracions i digues quin matís de significat expressen. Identifica també les dues perífrasis verbals que contenen i indica en quins temps verbals estan els verbs.

- Demà no he d'anar a treballar; per tant, puc sortir.
- No hi saps anar? Doncs t'hi haurà d'acompanyar algú.
- Vam sentir com sonava el telèfon, ja que érem al replà.
- Avui no he vingut perquè no he tingut temps.
- La Carme parla francès, anglès i alemany.
- No vull sopar peix, sinó carn.

La essa sorda i la essa sonora

7. Completa les paraules d'aquestes oracions que tenen els sons de essa sorda i de essa sonora.

- Molts a...alariats fan vacan...es exclu...ivament a l'estiu.
- A ca...a sovint coin...idim tots en els me...os d'ago...t i ...etembre.
- L'a...o...iació ...elebrarà el ...entenari de la seva funda...ió abans que pa...in quin...e dies.
- Els so...is fan les seves a...emblees a la ...ala gran cada mes.
- El despatx de la metge...a està ...ituat al segon pis d'un edifi...i molt gran d'ofi...ines.
- Ro...a, si us plau, ves a la farmà...ia a la ...ortida de l'e...cola; jo ...eré al ...inema.
- Di...abte al matí tinc vi...ita al denti...ta; no podrem anar als grans magat...ems.
- Sempre és acon...ellable mirar la data de cadu...itat de les mede...ines.
- Tots els co...ins anirem a ...opar a ca...a de la iaia el dia del seu aniver...ari.

Fitxa tècnica

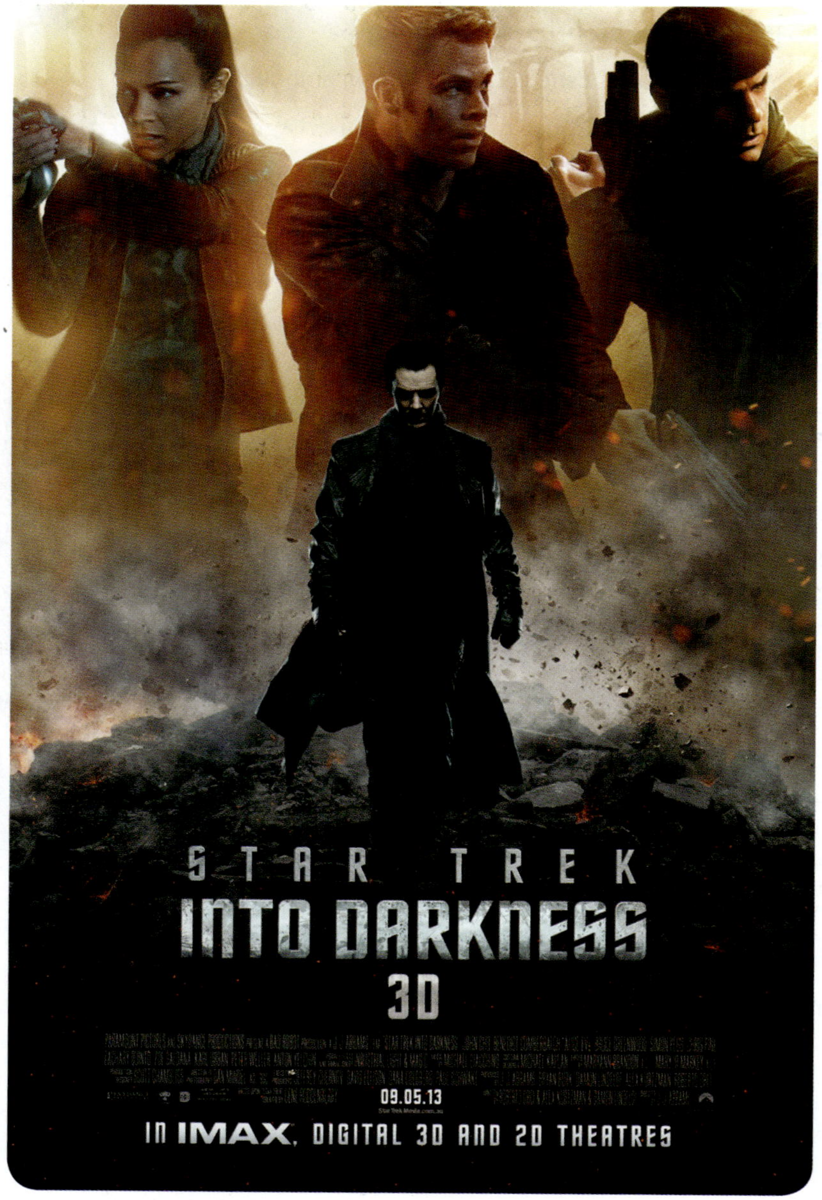

Star Trek: A la foscor

FITXA DE LA PEL·LÍCULA

Direcció: J. J. Abrams

Títol original: *Star Trek: Into Darkness (Star Trek 2)*

Guió: Alex Kurtzman, Damon Lindelof, Roberto Orci i Gene Roddenberry, pel que fa als personatges de la sèrie de televisió.

Producció: J. J. Abrams, Bryan Burk, Alex Kurtzman…

Actors: Chris Pine, Zachary Quinto, Zoe Saldana, Benedict Cumberbatch, Karl Urban, Simon Pegg, John Cho, Anton Yelchin, Alice Eve, Bruce Greenwood, Peter Weller, Noel Clarke, Leonard Nimoy

Música: Michael Giacchino

Director de fotografia: Dan Mindel

Any d'estrena: 2013

Durada: 132 minuts

SINOPSI

Quan la tripulació de la nau estel·lar *Enterprise* rep l'ordre de tornar a casa, descobreix que una força imparable i terrorífica, des de dins de l'organització, ha fet saltar per l'aire la flota i tot el que representa i ha deixat el món immers en una profunda crisi. Amb una qüestió personal per resoldre, el capità Kirk lidera una incursió en un planeta en guerra per capturar un home que és, de fet, una arma de destrucció massiva. A mesura que els nostres herois es van endinsant en una èpica partida d'escacs a vida o mort, l'amor serà posat a prova, les amistats es trencaran, i s'hauran de fer alguns sacrificis per l'única família que li queda al capità Kirk: la seva tripulació.

@ **http://links.edebe.com/9b67**

1. Per a què serveix la fitxa d'una pel·lícula? On la pots trobar?
2. Una sinopsi és:
   - ☐ Un mapa conceptual.
   - ☐ Un text sintètic amb les dades principals.
   - ☐ Una definició de l'enciclopèdia.
3. Quina diferència hi ha entre la direcció, el guió i la producció?
4. Explica el significat que tenen en el text les paraules següents: *tripulació, incursió, èpica.*
   — Escriu oracions utilitzant aquestes paraules.
5. Quin tipus de pel·lícula és *Star Trek* (d'aventures, policíaca, de ciència-ficció, de terror…)? Justifica la resposta.
6. Explica el significat de l'expressió «un home que és, de fet, una arma de destrucció massiva».

7. Escriu oracions amb les paraules següents: *imparable, terrorífica, immers, sacrifici*. Tingues en compte que ha de quedar clar el significat de cadascun d'aquests mots.

8. Respon si les afirmacions són vertaderes o falses.

	V	F
• Gene Roddenberry és l'autor del guió de la pel·lícula.	☐	☐
• El director de la pel·lícula també és un dels productors.	☐	☐
• La pel·lícula dura una hora i dotze minuts.	☐	☐
• La pel·lícula es pot veure en 3D.	☐	☐

9. Redacta, pas a pas, les instruccions necessàries per a elaborar la fitxa tècnica d'una pel·lícula, de manera que aporti la informació més important a l'espectador.

10. Llegeix amb atenció aquest text i fes les activitats.

> ***Star Trek*** és un univers de ciència-ficció que està format per sèries de televisió, pel·lícules, llibres i videojocs. Aquest món fou creat per Gene Roddenberry el 1966.
>
> *Star Trek* és una crònica de l'exploració de l'univers amb l'objectiu de trobar nous mons i conèixer noves civilitzacions.
>
> La principal crítica que se li pot fer a *Star Trek* és que presenta un futur militaritzat, especialment en la sèrie original, cosa que a partir de *La nova generació* corregeixen, on mostren un futur amb societat civil que viatja en la nau *USS Enterprise*.

— De quina classe de text es tracta? Justifica la resposta analitzant-ne les característiques.

— Analitza les oracions del text, indica'n en cada cas el subjecte i el predicat i classifica-les en simples i compostes.

— Assenyala en el text els articles i pronoms febles apostrofats i les contraccions.

11. Llegeix les oracions següents i fes les activitats.

- A la nostra pàgina web trobaràs sinopsis de pel·lícules d'ara i de sempre.
- M'agrada visitar aquesta pàgina web perquè em manté informada de les darreres novetats cinematogràfiques.
- Era una pel·lícula tan fantasiosa!
- Per mitjà de la pàgina web del Festival de Sitges he après molt sobre cinema.

— Digues quines oracions són simples i quines són compostes. Justifica la resposta.

— Hi ha una oració amb predicat nominal. Indica de quina es tracta i analitza'n les parts.

— Hi ha una oració exclamativa. Identifica-la i justifica la tria.

— Esmenta almenys un mot sinònim de cadascuna de les paraules següents: *sinopsi, pel·lícula, darreres, fantasiosa*.

12. Selecciona una pel·lícula que t'hagi agradat i fes-ne una fitxa tècnica.

— Escriu la teva opinió en un fòrum i recomana-la a un amic o amiga per tal que s'engresqui a veure-la.

Reflexiona

Diari d'aprenentatge

— Quines conclusions has tret del fet de treballar el text instructiu? Què n'has après?

— Creus que conèixer l'estructura i les diferents tipologies de l'oració et permet expressar-te millor? Per què?

— Quines dificultats trobes en l'ús de l'apòstrof i les contraccions? Com creus que podries millorar l'ortografia dels teus escrits?

— Penses que conèixer les relacions de significat entre les paraules (polisèmia, sinonímia, antonímia) t'ajuda a enriquir el llenguatge? Per què?

8 Unitat

» **CONTINGUTS**

LECTURA I COMPRENSIÓ

Connectats al mòbil

EXPRESSIÓ

El text expositiu

GRAMÀTICA

Complements verbals (I). L'atribut. Complement directe. Complement indirecte

ORTOGRAFIA

Les grafies *p/b, t/d, c/g* i *b, v, w*

LÈXIC I SEMÀNTICA

Relacions semàntiques (II). Homonímia. Hiponímia. Hiperonímia

LITERATURA

La prosa del segle XVIII. El baró de Maldà. La narrativa popular: rondalles i llegendes

Rutina de pensament

EL SEMÀFOR

— En parelles, consulteu aquest enllaç:
http://links.edebe.com/39

— Comenteu les dades que s'hi recullen i anoteu-ne en fulls diferents una que cregueu que és vertadera, una de dubtosa i una que penseu que és falsa.

— Llegiu i debateu les vostres conclusions amb els companys. Un cop arribeu a un consens, pengeu les dades vertaderes en una cartolina verda, les dubtoses en una de groga i les falses en una de vermella.

— Finalment, comenteu amb el grup classe quins elements us han ajudat a distingir entre els diversos tipus d'informació.

Sebastià Serrano

Els secrets de la felicitat

Sebastià Serrano Ferrera (Bellvís, Pla d'Urgell, 1944) és lingüista i catedràtic de la Universitat de Barcelona. Ha publicat nombroses obres sobre lingüística i matemàtiques, i ha esdevingut molt popular com a autor de llibres sobre la comunicació no verbal: *Elogi de la passió pura* (1990), *El regal de la comunicació* (2003), *L'instint de la seducció* (2004), *Els secrets de la felicitat* (2007), *La festa dels sentits* (2009), *L'amor, la mentida i la persuasió* (2012), entre d'altres.

Abans de llegir

El text que ara llegireu pertany al llibre *Els secrets de la felicitat,* que explica la importància dels sentiments i les emocions per a poder ser feliços. Aquest fragment tracta de la influència de les noves tecnologies en les nostres relacions diàries. Inicialment, l'autor ens descriu una situació concreta: una parella amb la seva filla estan asseguts en una cafeteria. L'home i la filla, cadascú per la seva banda, comencen a parlar pel mòbil i no fan cas de la mare. I aquesta situació dura una bona estona...

Connectats al mòbil

L'altre dia, mentre queia la tarda a la ciutat, feia un estar molt agradable a tots els sentits i **abellia** força de seure al carrer, i així ho vaig fer en una cafeteria. De seguida em va cridar l'atenció un paisatge social i humà que, ho confesso, m'arribà no només a interessar molt sinó a commoure. Una parella encara jove, amb la seva filla, d'uns vint anys, s'asseuen de manera silenciosa a la taula del meu costat. Tot seguit l'home desenfunda el mòbil i engega una conversa. Es gira una mica d'esquena a la seva dona i **s'escarxofa** a la cadira. La noia, encara no hauria passat pas mig minut, veu sonar el seu telèfon i també s'enganxa a parlar i a gesticular mentre deixa la mare al darrere. Observo la mare i la veig com distreta, absent del que passa al seu voltant [...].

El temps **s'esmunyia** i de tant en tant ella aixecava una mica el cap i el mig girava d'una manera molt **subtil** i delicada, i després suaument l'inclinava i aclucava un pèl els ulls o els abaixava per mirar a terra. Ni un sol cop vaig veure que ell la mirés, ni tampoc la filla. Cap gest de proximitat, de complicitat, de tendresa, d'afecte. A poc a poc va començar a semblar incòmoda [...]. Unes microexpressions de la cara feien veure que estava dolguda i ja de seguida la manera com premia els llavis era la mostra **fefaent** que, si encara no ho estava, s'anava empipant per moments. [...] Arribat un moment els llavis ja no enganyaven, hi havia un pèl de tristesa, però ara manaven la irritació, la ràbia. El cos no enganya. [...] I l'home i la noia, cadascun pel seu compte, parla que parlaràs [...].

Vocabulari

abellir: venir de gust.

escarxofar-se: posar-se ben ample en el seient amb tota comoditat.

esmunyir-se: fugir, passar, lliscar.

subtil: molt fi, difícil de notar.

fefaent: que és evident, indiscutible.

La configuració general de la cara d'aquella dona expressava un regust de **neguit** i de decepció i, sobretot, d'irritació. Això sí, de bon començament, els seus ulls demanaven afecte, proximitat, fins i tot una mica de compassió; se la veia fràgil i el context encara la feia més fràgil: estava a la vora però desconnectada dels seus. No semblava feliç i els gestos de vergonya i d'indignació sovintejaven cada cop més [...].

Aquesta situació, ben real, ens podria servir molt bé com a metàfora d'una bona part de la vida d'avui [...]. Amb els mòbils, per exemple, hem entrat en un univers on funciona una mena de **paradoxa**, ja que ens relaciona amb una persona que pot estar lluny alhora que ens aïlla, com en el cas que presentem, de la persona asseguda al nostre costat, que acaba fent un paper d'**estaquirot**. [...] Així, els mòbils faciliten la comunicació d'aquells que estan a distància, encara més, permeten d'estar connectats a aquells que justament tenen la voluntat de mantenir-se allunyats. El mòbil facilita, i molt, els lligams, si bé sembla que els vol febles. De fet, en la nostra societat tenim prou motius per afirmar que les noves tecnologies han afavorit l'afebliment de les relacions. [...]

En tot el que diem no volem pas tractar de criticar, ni per un moment, l'aportació excepcional de les noves tecnologies de la informació; ben al contrari, només volem remarcar els canvis que generen, que introdueixen en les ments i en els comportaments de les persones. Així, en la situació, real, que presentàvem hem vist un efecte **pertorbador** de les relacions familiars i no l'hauríem de considerar pas com un efecte menor. [...]

Una relació sòlida [...] encara demana [...] la presència constant, necessària, de jocs de mirades, gestos facials ben expressius amb presència de somriures i rialles, paraules properes en el to i en el contingut, carregades d'emocions, amanit tot amb algun toquet acariciador, de manera que tot plegat generi un espai de benestar per a la parella o per al grup. [...]

Diguem, sense embuts, que el més important per al benestar personal és el bon funcionament de la xarxa de relacions, des de les més properes, íntimes, fins a les una mica més llunyanes que coordinem mitjançant un bon **estatut** d'amistat. Si som sincers estarem d'acord en el fet que l'amistat i l'amor són els millors mecanismes generadors de felicitat que ha creat la naturalesa.

Sebastià Serrano, *Els secrets de la felicitat.* Ara Llibres.

Vocabulari

neguit: inquietud, molèstia, una gran impaciència.

paradoxa: contradicció.

estaquirot: persona aturada.

pertorbador: que introdueix una irregularitat o un desordre.

estatut: reglament, conjunt de lleis que diuen com ha de funcionar una associació, una institució, etc.

Després de llegir

Obtenció d'informació

1. Aquest fragment que acabes de llegir és un text expositiu. A partir d'un fet que observa l'autor, ens exposa una idea. Per tal d'entendre correctament el text, selecciona la idea principal dels paràgrafs següents:

Part narrativa

Paràgrafs 1, 2 i 3
- ☐ El distanciament d'una família en una cafeteria.
- ☐ Els temes de conversa d'una família molt unida.

Part expositiva

Paràgraf 4
- ☐ El mòbil ens relaciona amb les persones però també ens n'aïlla.
- ☐ El mòbil facilita i enforteix les relacions amb els amics.

Paràgraf 5
- ☐ S'hi critiquen les noves tecnologies.
- ☐ Les noves tecnologies influeixen en les relacions personals.

Paràgraf 6
- ☐ El somriure, les mirades i els gestos facials són importants en les relacions.
- ☐ El més important és estar sempre ben comunicat.

Paràgraf 7
- ☐ Sense les noves tecnologies no som feliços.
- ☐ L'amistat i l'amor són els millors mecanismes generadors de felicitat.

2. Respon les següents preguntes sobre la lectura.

- Què succeeix quan la parella jove amb la seva filla arriben a la cafeteria?
- Com sabem que la mare s'està enfadant? Busca en el text el fragment que ho explica.
- Com reaccionen el pare i la noia?

Interpretació

3. Al llarg del text s'exposen els trets positius i negatius de les noves tecnologies, com el mòbil. Anota'ls en la taula següent:

Trets positius	Trets negatius
......	......
......	......
......	......
......	......
......	......
......	......

Reflexió

4. Creus que l'ús de les noves tecnologies pot afectar les nostres relacions diàries amb els amics, els pares...? De manera positiva o negativa?

— Anota les teves idees i exposa-les per escrit de manera ordenada i clara.

— Llegiu en veu alta a classe les vostres idees i poseu-les en comú.

— Debateu els pros i els contres i arribeu a conclusions acceptades per la majoria.

— En grups de quatre o cinc alumnes, redacteu un text expositiu en què expliqueu les vostres conclusions sobre la qüestió debatuda.

Expressió

5. Imagina't que tens un amic a l'estranger i fa temps que no en tens notícies... Com t'hi comunicaries? Escriu dos textos, l'un com si fos un missatge de mòbil i l'altre com si fos un correu electrònic. Tingues en compte les pautes següents:

— Per a escriure un missatge de mòbil has d'utilitzar poques paraules perquè l'espai de caràcters és limitat.

— Per a escriure un correu electrònic has de seguir l'estructura d'encapçalament, cos i comiat.

Comunicació oral

Formeu grups de quatre o cinc alumnes i llegiu amb atenció la carta al director d'una lectora d'un diari en l'enllaç següent.

http://links.edebe.com/bnks

- Quina és la idea principal d'aquesta carta?

  — Anoteu-la i discutiu dins el grup què pensa cadascú de vosaltres sobre aquesta qüestió.

- Creieu que els telèfons mòbils fomenten la incomunicació entre les persones?

- Quins són els avantatges de disposar d'aparells que ens permeten estar permanentment comunicats amb la família, els companys i els amics?

- I quins en són els principals inconvenients, a parer vostre?

  — Escriviu les vostres conclusions i compartiu-les amb la resta de companys. Llegiu-les en veu alta.

  — Organitzeu un debat a classe entorn de les conclusions de cada grup i mireu d'arribar a un acord sobre els avantatges i els inconvenients de les noves tecnologies de la informació i la comunicació.

  — Cal que tots els alumnes intervinguin en el debat del grup classe.

  — Exposeu amb claredat i ordre les vostres idees i expresseu-vos amb correcció i respecte envers els altres.

El text expositiu

De totes les tipologies textuals que anem estudiant al llarg de la nostra vida acadèmica, n'hi ha una que emprem constantment: el text expositiu.

El **text expositiu** és un tipus de text que té com a finalitat donar informació sobre un tema, una idea o un fet determinat, de manera clara, precisa, objectiva i ordenada. Per això el trobem sovint en l'àmbit acadèmic (apunts, exàmens, explicacions a classe...).

Estructura i característiques

El **text expositiu** s'estructura generalment en tres parts:

- **Plantejament:** presentació del tema. Obre el tema i té un caràcter general.
- **Desenvolupament:** exposició clara i ordenada de les informacions que expliquen els diversos apartats del tema tractat per tal d'informar el lector. Normalment cada paràgraf desenvolupa una idea.
- **Cloenda:** representa el tancament del text i, en general, consisteix en un resum breu de les idees desenvolupades en el text a tall de conclusió.

Les **característiques** principals d'aquest tipus de textos són les següents:

- El to del text ha de ser **objectiu,** ja que la finalitat és donar informació clara i precisa sobre un tema determinat.

El text següent pertany a aquesta tipologia. Llegeix-lo atentament.

Plantejament

Els enemics dels deserts

Títol

Els deserts es troben en una situació de risc a causa de l'efecte d'hivernacle i de la sobreexplotació i la contaminació d'aigües subterrànies per part de l'ésser humà.

Desenvolupament

Ús de **fotografies i gràfics** per a ajudar a entendre el text

Què és l'efecte d'hivernacle i quins problemes desencadena?

L'efecte d'hivernacle és un fenomen natural que fa que l'atmosfera del planeta s'escalfi, a causa de la presència d'uns gasos (vapor d'aigua i CO_2) que absorbeixen i retenen la radiació solar. Una de les principals conseqüències d'aquest escalfament de la Terra és un augment de la temperatura d'entre mig i dos graus centígrads als deserts. Un increment molt superior a la mitjana mundial, que se situa al voltant dels 0,45 graus. Per això, aquest ritme fa témer als experts que entre els anys 2071 i 2100 les temperatures a les zones més àrides pugin una mitjana d'entre cinc i set graus centígrads.

Ús de **lèxic específic** del tema que es tracta

Ús de **dades objectives i informatives**

L'efecte d'hivernacle també comporta l'escassetat de pluges. Per exemple, al desert iranià de Daixti Fibri les precipitacions s'han reduït un 16 %. I això fa que disminueixi el cabal dels rius, com el Nil o l'Eufrates, que «ja s'estan assecant», segons Andrew Warren, professor de la Universitat de Londres.

Ús d'**exemples** per a reforçar allò que s'explica

Quins efectes comporta la sobreexplotació i la contaminació d'aigües subterrànies?

Subtítol

El principal problema és l'esgotament d'aqüífers per a activitats de primera necessitat, com el conreu dels camps. Però no és l'únic problema: aquestes aigües també es veuen malmeses pel mal ús de pesticides i productes contaminants. Tot això fa que cada vegada es faci més difícil viure en aquestes zones i que els habitants dels deserts hagin de marxar a viure a altres indrets.

Cloenda

Així doncs, els deserts es veuen amenaçats, d'una banda, pels efectes del canvi climàtic, i de l'altra, per l'acció de l'ésser humà amb la sobreexplotació d'aigües subterrànies.

Ús de **connectors de causalitat o conseqüència**

- El temps verbal característic és el **present d'indicatiu,** perquè denota objectivitat, tot i que també s'usen formes verbals en passat. S'hi utilitza la tercera persona del singular o la primera del plural.
- Hi predominen les **oracions subordinades.**
- S'hi aporten **dades** il·lustratives, i també **exemples i citacions.**

Organització de les idees en el text

L'estructura dels textos expositius permet exposar i desenvolupar el tema, d'una manera lògica, per mitjà d'un **seguit d'idees.**

A cada paràgraf en molts casos li correspon una idea. Les idees d'un text sovint estan enllaçades amb **connectors.** En els textos expositius podem trobar-hi connectors de causa, conseqüència, finalitat i addició.

Observem l'esquema que explica com s'estructura el text que acabem de llegir:

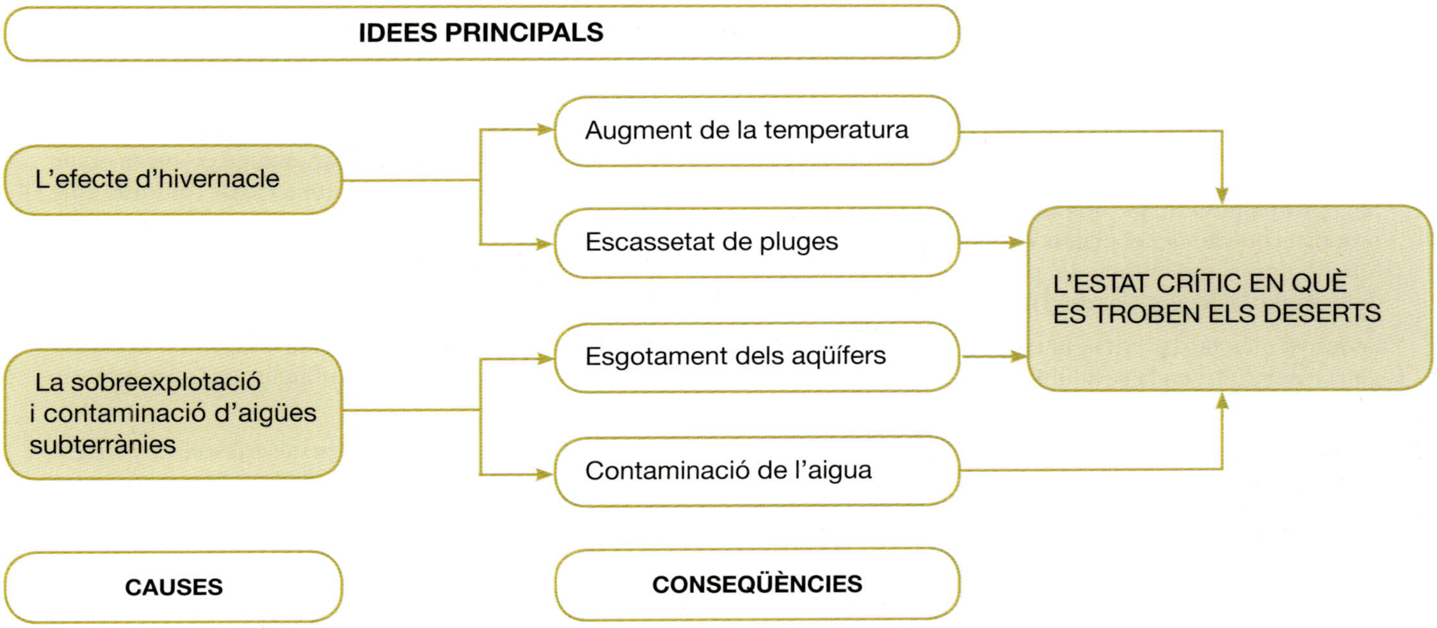

Connectors

Els connectors que s'utilitzen per a enllaçar les idees d'un text poden ser de diferents tipus.

Causa: *perquè, ja que, per això, a causa de...*

Conseqüència: *doncs, per tant, fet que...*

Finalitat: *perquè, a fi que, amb la finalitat de...*

Addició: *i, i també, i a més, a més a més...*

El **tema** d'un text, és a dir, la idea global de què tracta (en aquest cas, l'estat crític en què es troben els deserts), es desenvolupa a partir d'una sèrie d'**idees principals** i cadascuna d'elles s'exposa en un paràgraf diferent. A més a més, cada idea principal pot estar formada per diverses **idees secundàries,** com a informació complementària o com a exemples que ajuden a explicar-les (per tal de complementar la idea del problema de l'escassetat de pluges, s'explica l'exemple de la reducció del cabal de rius com el Nil i l'Eufrates).

A l'hora d'escriure un text expositiu, un cop tens clares les idees que vols transmetre, t'has de plantejar quina és la millor manera d'organitzar-les: enumerant-les, exposant el problema i després la solució... En el text anterior, s'exposen una sèrie de **causes** *(l'efecte d'hivernacle i la sobreexplotació i contaminació d'aigües subterrànies)* que provoquen unes determinades **conseqüències** *(l'augment de la temperatura, l'escassetat de pluges...).*

6. Llegeix amb atenció el text següent i fes les activitats.

L'Observatori Fabra pertany a la Reial Acadèmia de Ciències i Arts de Barcelona (RACAB).

L'Observatori treballa en tres dominis. Així doncs, la Secció Meteorològica estudia detalladament la climatologia local. La Secció Sísmica intervé en la sismologia mundial, però s'ocupa sobretot de la sismicitat regional. L'activitat de la Secció Astronòmica està dedicada a l'astrometria de petits planetes i cometes, en el marc de programes internacionals.

La iniciativa de la creació de l'Observatori Fabra va sorgir de la RACAB, que l'any 1895 va presentar a la Diputació Provincial de Barcelona el projecte de construcció d'un observatori al cim del Tibidabo. En aquest primer projecte ja es preveia el doble caràcter, astronòmic i meteorològic, que es pretenia per a l'edifici. Aquest primer projecte, elaborat pels doctors Josep Domènech i Estapà i Eduard Fontserè, no va arribar mai a fer-se realitat perquè no es va assolir el capital necessari i també, i principalment, perquè interferia amb uns altres propòsits que tenien el mateix emplaçament però que foren ignorats pels autors del projecte: la construcció del temple del Sagrat Cor del Tibidabo.

Set anys més tard s'inicià la construcció de l'edifici de l'Observatori en la seva ubicació definitiva gràcies al llegat del Sr. Camil Fabra i Fontanills, primer marquès d'Alella. També hi contribuïren la Diputació i l'Ajuntament. L'Observatori va ser inaugurat l'any 1904 pel rei Alfons XIII. El seu edifici és obra de l'arquitecte modernista Josep Domènech i Estapà. El seu primer director va ser el Sr. Josep Comas i Solà.

http://www.fabra.cat/observatori/historia.html (text adaptat).

— Digues quin és el tema del text i posa-hi un títol.

— Assenyala les diverses parts del text.

— Identifica la idea principal de cada paràgraf.

— Busca en el text diferents connectors i digues de quin tipus són.

7. Torna a llegir el text i digues si les afirmacions següents són vertaderes o falses. Justifica les respostes.

a) El to del text és objectiu.

b) Únicament s'hi utilitza el present d'indicatiu.

c) Alterna la primera persona del plural amb la tercera del singular.

d) El text aporta dades il·lustratives.

8. @ Prepara una exposició oral d'uns cinc minuts sobre un tema relacionat amb el paper de la dona en la societat occidental. Per fer-ho, pots consultar els enllaços següents:

http://links.edebe.com/m2u4g

http://links.edebe.com/kc38

9. Llegeix amb atenció aquest fragment d'un text expositiu i respon les preguntes.

A partir de les reflexions anteriors, emprem la paraula ***estudi*** per a referir-nos a la presa de decisions conscient i intencional que un alumne porta a terme per aprendre a partir d'un text. Durant els últims vint anys, els estudis que han focalitzat el seu interès en l'aprenentatge a partir de textos han analitzat fonamentalment la coherència d'aquests i/o les estratègies dels aprenents quan els llegeixen, majoritàriament en contextos de laboratori. Recerques més actuals se situen en espais naturals d'aprenentatge i centren el seu interès, per exemple, en la interacció de l'alumne amb diversos textos, el treball cooperatiu entre alumnes, les estratègies davant de demandes que impliquen resolució de problemes o la valoració crítica d'una informació, etc. Els resultats dels treballs d'ambdues tendències aporten dades que permeten reflexionar al voltant de quins són els factors més influents en la comprensió de textos.

E. Liesa i M. Castelló, «L'estudi de textos expositius a l'Educació Secundària Obligatòria: significat i factors influents», a *Suports,* vol. 8, núm. 2, pàg. 110-121, 2004.

— El fragment anterior organitza les idees a partir d'un problema: l'aprenentatge a partir de textos. Quines solucions a aquest problema ens ofereix el text? Explica-les amb paraules teves.

— Assenyala la cloenda del text. És una veritable conclusió? Justifica la resposta. Per què, malgrat tot, es pot considerar una cloenda?

10. @ Redacta un text expositiu sobre TV3 (**www.ccma.cat/tv3/**). Pots seguir l'esquema següent:

— **Plantejament:** introducció breu sobre què és la televisió pública catalana i els seus orígens.

— **Desenvolupament:** explicació dels diversos canals que componen la televisió pública de Catalunya, amb les dates de creació, el tipus de programació, el públic al qual s'adreça, etc.

— **Cloenda o conclusió:** breu resum de les idees principals i tancament del text.

Complements verbals (I)

En la unitat 7 hem estudiat les modalitats de l'oració i els predicats nominal i verbal. Ara treballarem els complements verbals, començant per l'atribut (Atr), el complement directe (CD) i el complement indirecte (CI).

L'atribut

El **predicat nominal** està format per un **verb copulatiu** *(ser, estar, semblar)* i un sintagma que fa la funció d'**atribut.** Com que els verbs copulatius no tenen significat propi, necessiten un atribut, que és el que aporta sentit al predicat nominal.

La casa és espaiosa.	L'àvia està malalta.	Elles semblen germanes.
VERB ATRIBUT	VERB ATRIBUT	VERB ATRIBUT
PREDICAT NOMINAL	PREDICAT NOMINAL	PREDICAT NOMINAL

En el predicat nominal, el verb copulatiu fa d'enllaç entre el subjecte i l'atribut. L'**atribut** expressa una qualitat del subjecte, amb el qual concorda en gènere i nombre: ***La casa*** (femení singular) *és* ***espaiosa*** (femení singular).

Hi ha diferents sintagmes que poden fer la **funció d'atribut:**

- **Sintagma adjectival (SAdj)**

  El menjar és ***salat****; L'aigua està* ***bruta****;*
  El desert sembla ***infinit****.*

- **Sintagma nominal (SN)**

  Les piràmides són ***monuments****; En Pere sembla un* ***intel·lectual****.*

- **Sintagma preposicional (SPrep)**

  Aquest escriptori és ***de fusta****; La seva bossa és* ***per terra****.*

- **Sintagma adverbial (Adv)**

  El mar és ***molt lluny****; Això em sembla* ***malament****; La funció va estar* ***molt bé****.*

- També poden actuar com a atributs un **infinitiu** o un **demostratiu** substantivats:

  El teu regal és ***aquest****.* *L'important és* ***treballar****.*

Les piràmides són ***monuments****; El desert sembla* ***infinit****.* En les oracions anteriors, els atributs, en negreta, són un sintagma nominal (*monuments,* SN) i un d'adjectival (*infinit,* SAdj).

La substitució pronominal de l'atribut

- Quan l'atribut va precedit d'un article, demostratiu o possessiu, es pot substituir pels pronoms *el, la, els, les*.

  L'Oriol és <u>l'alumne més atent</u>. → L'Oriol ***l'****és.*

  La Mireia va ser <u>la millor nedadora</u>. → La Mireia ***la*** *va ser.*

  Em sembla que eren <u>els teus germans</u>. → Em sembla que ***els*** *eren.*

  Elles dues són <u>les meves amigues</u>. → Elles dues ***les*** *són.*

- Quan l'atribut no va precedit de cap determinant, es pot substituir pel pronom *ho*.

  Les terrasses <u>són assolellades</u>. → Les terrasses ***ho*** *són.*

  La porta <u>està tancada</u>. → La porta ***ho*** *està.*

  El professor <u>és molt amable</u>. → El professor ***ho*** *és.*

  Els nois <u>semblen amoïnats</u>. → Els nois ***ho*** *semblen.*

El CD i l'ús de la preposició *a*

El complement directe no porta cap preposició al davant:

*Avui veuré **els meus amics**.*

Hi ha excepcions en què s'escriu la preposició *a* davant del CD:

- Obligatòriament, davant d'un pronom personal tònic *(ells, tu...)*:

***A nosaltres** no ens fa nosa.*

- Pot servir per a evitar ambigüitats entre el subjecte i el CD:

***Als veïns**, ella els ajuda molt.*

- Se'n permet l'ús davant dels pronoms *tots, totes, tothom, ningú, cadascú* i *algú*:

*Va felicitar **a tothom**.*

Complement directe

Els verbs transitius necessiten un complement per a tenir un significat complet. Aquest complement verbal s'anomena **complement directe (CD)** perquè hi recau de manera directa l'acció que expressa el verb.

L'Ernest **llença** [...] (Oració amb significat incomplet)
VERB TRANSITIU

L'Ernest **llença** les escombraries. (Oració amb significat complet)
VERB TRANSITIU CD

Cal notar que hi ha verbs transitius que no necessiten el CD, perquè implícitament ja el porten: *La Sílvia **llegeix**.* (un llibre)

El complement directe pot estar format per:

- Un **sintagma nominal:** *L'àvia va tancar les finestres.*
- Una **proposició subordinada:** *El pare pensa que no ho faràs.*

Pel **significat** podem veure que el CD rep directament l'acció del verb:

La Mercè **ha comprat** joguines.

L'autobús **ha abonyegat** la motocicleta.

Una altra manera d'identificar el CD és transformar l'oració activa **a passiva:** aleshores el complement directe esdevé el subjecte pacient de l'oració. Si no és així, aquest complement no és un CD.

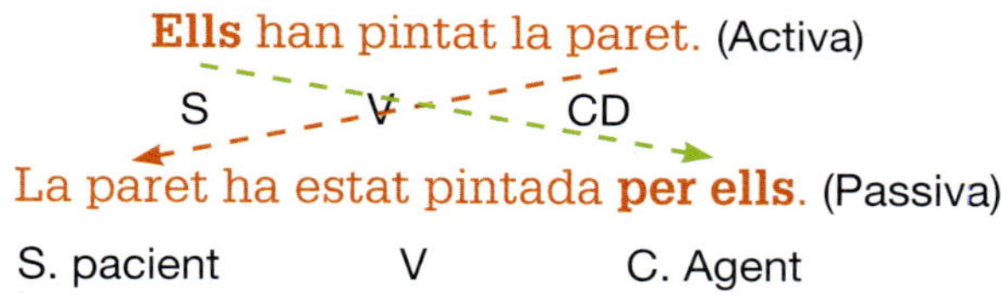

La substitució pronominal del CD

Quan fem la substitució pronominal d'un CD, hem de tenir en compte si es tracta de:

- **CD determinat,** encapçalat per un determinant (article, demostratiu...):

  Les amigues miren una pel·lícula. → Les amigues **la** miren.

  Nosaltres corregirem els exercicis. → Nosaltres **els** corregirem.

- **CD indeterminat,** és a dir, no precedit de cap determinant:

  L'Oriol agafarà menjar. → L'Oriol **n'**agafarà.

  La Laura comprarà pa. → La Laura **en** comprarà.

- **CD neutre** *(això, allò)* o **proposició subordinada:**

  Les noies prepararan tot allò. → Les noies **ho** prepararan.

  Els pares pensen que ens en sortirem. → Els pares **ho** pensen.

- **CD reflexiu:** ***M'**agrada; Afanya**'t**; Aneu-**vos** preparant; **Es** vesteix.*

Complement indirecte

És el complement verbal que indica qui és el destinatari de l'acció expressada pel verb. Respon la pregunta «a qui?» o «per a qui?».

Han proposat dues preguntes als alumnes. (A qui?)
CD CI

Vam preparar una sorpresa per a la mare. (Per a qui?)
CD CI

El complement indirecte (CI) pot estar format per:

- Un **sintagma preposicional** compost per les preposicions *a* o *per a* + SN: *Porta un plat de sopa **per a** la nena*.
- Un **sintagma preposicional** compost per les preposicions *a* o *per a* + Proposició subordinada: *Regalaré els llibres **a** qui més els necessiti*.

La substitució pronominal del CI

- **Masculí o femení singular:**

  El tiet fa menjar per a la Joana. → El tiet **li** fa menjar.

- **Masculí o femení plural:**

  He explicat un conte als nens. → **Els** he explicat un conte.

- Es correspon amb la **primera** o la **segona persones:**

  Et diran tot el que has de saber. **Us** portaran els mobles.
  CI CD CI CD

- Es correspon amb la **tercera persona** i té valor reflexiu: *Ella **es** va preparar una amanida*.

La combinació pronominal de CD i CI

L'ordre normal de fer, alhora, la substitució pronominal del complement directe i el complement indirecte és **CI + CD:**

Dona les notes als alumnes. → Els les dona.
CD CI → CI CD

Tot i així, la combinació pronominal CD determinat *(el, la, els, les)* + CI singular *(li)* té una sèrie de **particularitats.** Observem-les:

Ha lliurat el premi al campió. **hi** → **L'hi** ha lliurat.
el (CD) + **li** (CI) CD CI

En aquest cas el pronom feble de CI *li* es transforma en *hi* i es col·loca després del CD. Les combinacions CD determinat + CI singular són aquestes:

el + li	→	l'hi	→	**L'hi** compren. (Compren el lluç al peixater.)
la + li	→	la hi	→	**La hi** porto. (Porto la bossa a la iaia.)
els + li	→	els hi	→	**Els hi** rento. (Rento els cabells a la nina.)
les + li	→	les hi	→	**Les hi** curaré. (Curaré les ferides al Carles.)

El CD i el CI en els verbs pronominals i els verbs reflexius

No hem de confondre els verbs reflexius amb els **pronominals,** formats per un verb i un pronom feble sense valor sintàctic (és a dir, que no fa funcions de CD, CI...): *cansar-se, enrabiar-se, perdre's, sentir-hi, veure-hi...*

***Es** cansa molt.* (pronominal)

En canvi, com ja hem vist, els pronoms febles que acompanyen els verbs **reflexius i recíprocs** sí que poden funcionar com a CD o CI:

*En Guillem **es** renta.*
CD (reflexiu)

***Es** va posar més llet.*
CI (reflexiu)

11. Subratlla l'atribut d'aquestes oracions copulatives i digues si és un SAdj, un SN, un SPrep o un SAdv.

- Estic cansada.
- L'Albert sembla un artista.
- La meva escola és molt a prop.
- Totes les joguines estan trencades.
- La cosina de la Blanca és de Tarragona.
- L'Eva és molt seriosa.
- Barcelona és una ciutat moderna.
- Les seves dents semblen de porcellana.
- Les meves germanes són molt bones amigues.
- Ahir vaig estar lluny de casa.
- Els dinosaures semblen ferotges.

12. Identifica el CD d'aquestes oracions i reescriu-les fent-hi la substitució pronominal.

- Venen un pis cada dia.
- Van prometre que vindrien tots.
- Rumia la idea tranquil·lament.
- Prepara't l'examen amb temps.
- Li ha comprat la bicicleta a la veïna.
- Ens ha dit tot el que pensava.
- Escriuen cartes als amics.
- Llegeixo el diari sovint.
- Investigava el cas d'assassinat.
- Faràs les maletes?

13. Subratlla els complements indirectes (CI) de les oracions següents i després substitueix-los amb el pronom feble més adequat.

- Va enviar les joguines als cosins.
- Has de portar els llibres a l'Ernest.
- Comprarem peix per a la nena.
- Han triat aquestes sabates per a elles.
- Escriu el missatge als amics.

14. Substitueix els CD i els CI d'aquestes oracions combinant correctament els pronoms febles.

- He enviat les roses a la mare.
- Porta el menjar a l'avi.
- Compraré la bicicleta al mecànic.
- Explica els problemes al seu germà.
- Dona això a l'Elisabet.

15. Substitueix els mots en negreta per la combinació pronominal adequada.

me l' • me'ls • me la • te l' • te la • te'l • se la se'l • se l' • us el • us l' • us la • ens el • ens els

- **S'**emportarà **la cartera**.
- **Et** vols apuntar **l'adreça**?
- **Es** tenyeix **el cabell**.
- **Us** regalaré **l'arbre de Nadal**.
- **Ens** menjarem **l'arròs**.
- **Et** canviaré **el vestit**.
- Sempre **em** porta **la bossa**.
- **T'**hauries de menjar **el berenar**.
- Quan **ens** portaràs **els mobles**?
- **Em** llegiré **els contes**.
- **Us** comprareu **la motxilla**?
- **Es** va oblidar **la feina** a casa.
- **M'**has de dir **la veritat**.
- **Us** escriuré **la carta**.

16. Digues quina és la funció sintàctica (CD o CI) dels pronoms destacats en les oracions següents:

- **L'**estimo molt.
- Acosta'**ns** la cadira.
- Quan marxis, truca'**ns**.
- **T'ho** dic seriosament.
- **Ens** va cantar unes cançons.
- **Us** tancaran les portes.
- **Es** va treure la jaqueta.
- **Se la** va posar.

Les grafies *p/b, t/d, c/g*

Quan aquestes consonants s'escriuen a final de paraula i a final de síl·laba sonen igual: *ra**p** / tu**b**, mor**t** / bor**d**, abri**c** / amar**g**, ca**p**girar / ca**b**dell, a**t**làntic / a**d**vertir, tà**c**tic / re**g**ne.* Per no confondre'ns, hem de tenir en compte les normes següents.

A final de paraula

- **Després de vocal tònica o de diftong tònic** s'escriu *p, t, c: cli**p**, xo**p**, na**p**; vo**t**, institu**t**, go**t**, parti**t**; ri**c**, emboli**c**, aple**c**; frui**t**, lai**c**...*

Excepcions:

- Paraules com *ado**b**, baoba**b**, cu**b**, clu**b**, esno**b**, tu**b**; fre**d**, flui**d**, su**d**, Davi**d**; ma**g**, buldo**g**, estrate**g**, tuare**g**, zig-za**g**...*
- Els noms femenins acabats en *-etud, -itud: inquietu**d**, longitu**d**...*
- En la terminació *-agog: pedago**g**, demago**g**...*

- **Després de vocal àtona o de consonant,** s'escriu la mateixa lletra que s'utilitza en els **derivats:** *cam**p** → cam**p**ament; àra**b** → ara**b**esc; dígi**t** → digi**t**al; ver**d** → ver**d**ós; tron**c** → tron**c**al; catàle**g** → catalo**g**ar.*

Excepcions:

- La primera persona del present d'indicatiu de molts verbs acaba en *-nc*, encara que altres formes del mateix verb duguin *g: pren**c** (pren**g**ui), tin**c** (tin**g**uis)...*
- Paraules com *àne**c** (ane**g**uet), càrre**c** (carre**g**ar), espàrre**c** (esparre**g**uera), fàsti**c** (fasti**g**uejar), llampe**c** (llampe**g**ar), présse**c** (presse**g**uer)...*

- Fixa't en les terminacions d'algunes formes verbals:
  - S'escriu *-t* en tots els **gerundis:** *estudian**t**, sortin**t**, temen**t**...*
  - S'escriu *-c* en la grafia final de la primera persona del present d'indicatiu dels verbs *fondre, prendre, tenir, vendre* i *venir: fon**c**, pren**c**, tin**c**, ven**c**, vin**c**.*

A l'interior de paraula

- Escrivim *p* en mots compostos de *cap* i *prop*, i en els grups consonàntics *-pc-, -pn-, -pt-: ca**p**davanter, pro**p**passat; egi**p**ci, a**p**nea, ò**p**tim...*
- Escrivim *t* en els grups *-tg-, -tj-, -tll-, -tm-, -tn-, -tx-* i *-tz-: fe**t**ge, mi**t**ja, espa**t**lla, se**t**mana, co**t**na, co**t**xe, gui**t**za...*
- Escrivim *c* en els grups *-cc, -cs-, -ct-, -cz-: co**c**ció, sa**c**sejar, re**c**tor, è**c**zema...*
- Escrivim *b* en els prefixos *ab-, ob-, sub-: a**b**solut, o**b**jecció, su**b**divisió...*
- Escrivim *d* en el prefix *ad-: a**d**jectiu, a**d**vertir, a**d**miració...*
- Escrivim *g* davant *d, m, n, g: ma**g**dalena, fra**g**ment, si**g**ne, su**g**gestió...*

Excepcions:

- Els mots *cabdal, cabdell, cabdill, dissabte, dubte, sobte; cadmi; apte, optar, òptic, òptim; atles, atlàntic, atleta, atmosfera, atzar; anècdota...*

Home pertanyent a l'ètnia *tuare**g*** a Timbuctú (Mali).

El *cu**b*** de Rubik, trencaclosques *mecàni**c*** inventat el 1974 per l'arquitecte hongarès Erno Rubik, que l'anomenà *cu**b** màgi**c***. Guardonat amb el premi *Jo**c** de l'any* el 1980, es popularitzà arreu del món (se n'han venut més de 300 milions).

El *Da**v**id* de Miquel Àngel és de *mar**b**re.*

b i *v* en els mots pseudoderivats

Els mots pseudoderivats, és a dir, els mots que s'han pres directament del llatí, sense que, per tant, hagin evolucionat, no segueixen la norma d'alternança de *b/p* i *u/v* en mots de la mateixa família.

Primitius	Derivats	Pseudoderivats
calb	*calba*	*calvície*
cervell	*cervellet*	*cerebral*
corb	*corbera*	*còrvid*
deure	*devia*	*dèbit*
escriure	*escrivà*	*escriba*
llavi	*llavigròs*	*labial*
moure	*moviment*	*mòbil*
provar	*provatura*	*probabilitat*
sap	*saberut*	*saviesa*

Les grafies *b, v, w*

Les grafies *b* i *v* sonen igual en la majoria de varietats del català.

***b**ol* • ***v**ermell* • *al**b**a* • ***v**ores* • *a**b**ella* • *ca**v**all*

Actualment, la **pronunciació** de la ***v* labiodental** s'ha perdut en bona part del domini lingüístic català, llevat d'algunes zones del País Valencià, les illes Balears, el Camp de Tarragona i l'Alguer.

Per a saber quan hem d'escriure *b* o *v*, ens cal conèixer les normes següents. També veurem els casos en què s'escriu *w*.

Escrivim *b:*

— Davant de *l* i *r: **b**lau, ca**b**le, **b**rau, mar**b**re*…

— Darrere de *m: em**b**ut, sem**b**lant, tam**b**or*…

Excepcions:

— Paraules com *circumval·lació* i *tramvia.*

— Quan alterna amb *p* en paraules de la mateixa família: ***llop/llobató, rep/rebia, sap/saber…***

Escrivim *v:*

— Darrere de *n: can**v**i, en**v**iar, con**v**ent*…

— Quan alterna amb *u* en mots de la mateixa família: *bla**u**/bla**v**a, vi**u**/vi**v**ia*…

— En la terminació *-ava* de l'imperfet d'indicatiu de la primera conjugació: *balla**v**a, parla**v**a, salta**v**a*…

— En totes les formes del verb *haver* que contenen aquest so: *ha**v**ia, ha**v**íem*…

Escrivim *w:*

— Només en paraules provinents d'altres llengües que mantenen la *w* original: *quilo**w**att, clo**w**n, t**w**ist, **w**hisky*… El mateix passa amb noms propis estrangers: *Ku**w**ait, Dar**w**in, **W**ashington*… Cal dir que bona part de les paraules estrangeres han catalanitzat la *w: **v**amba, **v**àter*…

Puntua bé!

Els parèntesis

- Els **parèntesis** s'utilitzen per a:

  — Indicar incisos, aclariments i informacions complementàries en el text on es troben. Aquesta funció també la pot fer la coma, però usem els parèntesis quan l'incís té un sentit allunyat de l'oració principal.

  L'origen de la seva enemistat (que ve de lluny) és la venda d'uns terrenys.

  — Indicar qui és l'autor d'una citació.

  «Malgrat tot, es mou.» (Galileu)

Practica-ho:

17. Torna a escriure aquestes oracions i col·loca-hi els parèntesis en el lloc adequat.

- Miquel Àngel 1475-1564 va ser un escultor, pintor, arquitecte i poeta renaixentista.
- Les oracions compostes recordeu que poden ser coordinades, juxtaposades i subordinades tenen diversos predicats.
- Crec que la televisió és força educativa; quan algú l'encén me'n vaig a llegir un llibre. Groucho Marx.

Dictat

18. Prepara el dictat següent:

En el pròleg del seu llibre d'anàlisi de l'actual ordenament jurídic, el doctor Coderch ens comenta una confessió força reveladora d'un amic i col·lega seu. Li explicava que, en els seus primers anys com a advocat, va arribar a sentir fàstic de molta de la gent que acudia al seu despatx perquè els defensés davant de la justícia. Només el convenciment que tothom tenia dret a la representació d'un advocat defensor l'ajudava a suportar aquesta sensació. Més tard, va arribar a compadir molts dels seus clients. Comprenia que, en la majoria dels casos, la misèria moral que exhibien era, justament, el seu càstig més sever.

— Busca un derivat del nom *gent* en què el grup *nt* no quedi a final de mot.

— Busca un derivat de *despatx* en què el dígraf *tx* no quedi a final de paraula.

— Per què *amic* s'escriu amb *c* si en els derivats (per exemple, *amiga*) apareix una *g*? Acaba de formular la regla a què respon aquest cas: «A final de paraula, després de vocal tònica o de diftong tònic, s'escriu sempre .... encara que en els derivats trobem ....».

Activitats

19. Completa aquests mots en el teu quadern amb les grafies indicades.

p o b

ca...tivitat	o...servació	su...tilesa	su...scripció
o...scuritat	so...te	super...	esquer...
horòsco...	du...tar	o...cional	ca...çal
a...sent	a...titud	llam...	o...tús

t o d

intèrpre...	sòli...	a...judicar	a...leta
pare...	quietu...	flui...	invàli...
mu...	embu...	senti...	fre...
humi...	salu...	sol·licitu...	ràpi...

c o g

demago...	diàle...	emboli...	ma...
ar...	ro...	càsti...	fàsti...
pròle...	espàrre...	arxipèla...	anè...dota
mara...da	a...nòstic	di...ne	tè...ni...

20. Cerca la definició de les paraules següents i escriu una oració amb cada mot en què en quedi ben clar el significat: *bòlid / bòlit, cub / cup, fàstic / fastig, groc / grog, rec / reg*.

21. Completa aquestes frases fetes en el teu quadern amb les grafies corresponents i indica'n el significat.

— Deixar algú com un dra... bru...

— Fer dissa...te.

— Fer el présse...

— Omplir el pa...

— Tenir la paella pel màne...

22. Esbrina si aquests mots s'escriuen amb *p, b, t, d, c, g*, escrivint un mot derivat de cadascun.

- covar...
- estóma...
- amar...
- ocul...
- fan...
- destor...
- ser...
- llampe...
- absur...
- glo...

23. Troba en la sopa de lletres sis mots que contenen les grafies *p, b, t, d, c* i *g* en posició final de paraula. Cada mot es correspon amb una d'aquestes definicions.

T	A	S	R	X	U	S	A	D	A
B	E	C	V	I	N	A	B	R	F
Z	J	K	R	Y	Y	Ç	R	E	A
X	Q	E	T	R	K	T	I	F	L
T	A	I	C	W	P	Q	C	I	A
F	U	L	U	W	S	A	P	U	C
B	W	Z	R	S	E	N	R	Y	P
T	E	X	O	T	S	T	R	E	L
S	W	O	P	C	R	E	U	S	T

- Roba que abriga.
- Contrari de *ple*.
- Cosa que afalaga.
- Sinònim de *mur*.
- Boca dels ocells.
- Que té por.

24. Escriu en el teu quadern les grafies que falten *(p, b, t, d, c, g)* en aquestes oracions:

- La Maria va su...gerir que quedéssim al ca...vespre.
- Va a...metre que m'havia agafat les galetes de la motxilla.
- L'a...zavara és una planta de la família de les agavàcies, originària de Mèxi...
- L'esparreguera és una planta que es cultiva per aprofitar-ne els espàrre...s.
- Li van a...judicar la finca en una su...hasta.
- Sempre he a...mirat la gent capaç de resoldre eni...mes.
- En Miquel ha a...quirit un nou o...jecte per a la seva col·lecció.
- En aquest di...tat cal a...centuar dotze paraules.
- Demà aniré al metge perquè em fan mal les amí...dales.

25. Completa aquest text en el teu quadern amb les grafies *p, b, t, d, c* i *g*.

> Dissa....te passat vaig sopar amb uns ami....s: un és metge, un altre psicòle.... i l'altre a....vocat.
>
> Ells fan un ges.... d'estranyesa quan els di.... que en la meva joventu.... vaig estudiar àra.... Suposo que no és gaire freqüen.... trobar un escri....tor interessa.... en aquesta llengua. En aquella època vaig ser tota una exce....ció. Actualment, em guanyo la vida traduin.... documents d'una companyia petroliera del golf Pèrsi.....

26. Completa aquestes paraules amb *b* o amb *v*.

...erruga	mo...ilitzar	hi...ern	...igues
nú...ol	ser...i	arri...ar	re...ut
ne...ada	a...orriment	ri...a	tro...ador
espa...ilar	...asc	sa...ó	...ernís
pa...elló	automò...il	re...entar	ta...erna
compro...ar	es...elt	cur...atura	cer...ell

27. Observa la grafia destacada i completa aquests mots amb *b* o amb *v*. Compte amb les excepcions!

en...estir	tra**m**...ia	**en**...iament	**em**...arcament
co**n**...ersa	mi**n**...ar	co**n**...ertir	circu**m**...al·lació
co**m**...oi	co**n**...uls	co**m**...inar	**em**...olcall
in...ersió	a**n**...ers	co**m**...atre	a**m**...ientació

28. Escriu el mot primitiu d'aquests derivats. Si no segueixen la norma d'alternança *b/p* i *u/v*, indica'n la raó.

- calvície
- blavor
- devia
- activitat
- vivència
- labial
- escriba
- mobilitat

29. Escriu en el teu quadern la tercera persona de l'imperfet d'indicatiu dels verbs següents:

Verb	3a persona imperfet
jugar	
cabre	
ballar	
somiar	
temptar	
pintar	
viure	

30. Escriu en el teu quadern *v* o *w*, segons el que calgui.

....agner	ha....aià	ki....i
....entall	....eb	....ideoclub
....apor	clo....n	edel....eiss
s....ing	....àter	....iking

31. Escriu una oració amb cada mot en què en quedi ben clar el significat. Si cal, cerca'l al diccionari.

- beure/veure
- bell/vell
- buit/vuit
- probable/provable
- sabina/savina

32. Completa el text en el teu quadern amb *b* o *v*.

> En can....i, l'Hermione es ....a dur la mà al cap.
>
> —Harry, em sem....la que aca....o d'entendre una cosa! He d'anar a la ....i....lioteca! I se'n ....a anar corrents escales a....all.
>
> —I què és el que ha entès? —va dir el Harry distret, perquè continua...a mirant al seu ....oltant esforçant-se a es....rinar d'on ....enia la ....eu.
>
> J. K. Rowling, *Harry Potter i la cambra secreta*. Empúries.

Relacions semàntiques (II)

En la unitat anterior hem estudiat els conceptes de sinonímia, antonímia i polisèmia. En aquesta matisarem el significat de tres conceptes més que hi estan relacionats. D'una banda, l'*homonímia,* que està relacionada amb la polisèmia; i de l'altra, la *hiponímia* i la *hiperonímia,* que es relacionen amb la sinonímia. En tots dos casos la relació depèn del context en què s'utilitzen els mots.

L'homonímia

És la relació que afecta dues o més paraules que s'escriuen igual i es pronuncien de la mateixa manera, però tenen significats diferents. Com que són mots diferents, no comparteixen l'entrada en el diccionari. N'és un exemple el mot *deu:* 'naixement d'un corrent d'aigua'; 'forma del verb deure'; 'numeral 10'.

De vegades, però, l'homonímia és parcial, perquè pot haver-hi alguna diferència en l'ortografia o en la pronunciació; en aquests casos distingim entre *homografia* i *homofonia*.

Homografia	Homofonia
Relació existent entre dos o més mots que coincideixen en la grafia, però que tenen un significat diferent. És el que succeeix, per exemple, amb els mots *seu* i *pop*, entre molts d'altres. *Tarragona és una* ***seu*** *episcopal important.* *El pis on viu és de lloguer, no és* ***seu****.* *Sempre m'ha agradat la música* ***pop****.* *Vam preparar un guisat de* ***pop*** *amb patates.* dues paraules s'escriuen iguals però es pronuncien diferent	Afecta els mots pronunciats de la mateixa manera, però que s'escriuen de forma diferent. Per exemple, les paraules *buit* (adjectiu) i *vuit* (numeral) es pronuncien de la mateixa manera en la majoria de dialectes catalans. Trobem aquest fenomen també en el pla sintagmàtic. Per exemple, els mots *signatura* i *assignatura* no tenen cap relació entre si, però si els combinem amb l'article esdevenen paraules homòfones: *la signatura / l'assignatura* Dues paraules que es pronuncien igual però s'escriuen diferent

NO

No s'ha de confondre l'**homonímia** amb la **paronímia.** Els *mots parònims* són els que s'assemblen molt en la forma escrita o en la pronunciació, però no són idèntics en cap aspecte i, per tant, no són homònims.

La nau pirata que va atacar la ***caravel·la*** *duia una bandera amb una* ***calavera****.*

La setmana vinent ***seré*** *en un congrés a Ciutadella; Vam pujar al Canigó i feia un dia ben* ***serè****.*

Fixem-nos que, en el primer cas *(caravel·la, calavera)*, els mots s'assemblen tant en la pronúncia com en la grafia, però no són homònims en cap dels dos aspectes.

En el segon cas *(seré, serè)*, la pronunciació en català oriental, i també l'ortografia de l'accent, permeten diferenciar ràpidament entre el verb i l'adjectiu.

La hiponímia i la hiperonímia

Quan ens comuniquem hem d'emprar, sobretot en contextos formals, termes i expressions precisos per a expressar-nos amb més propietat. Per exemple, si diem que per sopar hem menjat *mongeta tendra i carn de vedella*, ens expressem amb més propietat i precisió que no pas si diem que hem menjat *verdura i carn.*

Tot i que de vegades es tendeix a pensar que alguns d'aquests mots són sinònims, hi ha matisos que els diferencien. Cal usar el lèxic amb la major propietat possible, ja que la generalització empobreix la nostra diversitat de registres. En aquest sentit, cal tenir presents les relacions d'hiponímia i hiperonímia entre mots. Considerem les paraules següents:

pi • pollancre • roure • olivera • arbre

La **hiponímia** és el fet pel qual un mot té el significat inclòs en el d'un altre de major extensió: *pi, pollancre, roure* i *olivera* són hipònims d'*arbre*. Per contra, un **hiperònim** és un mot amb un camp semàntic que n'inclou un altre de menor extensió: *arbre* és l'hiperònim de *pi, pollancre, roure* i *olivera*.

Activitats

33. Explica amb paraules teves la relació que s'estableix entre els conceptes de polisèmia i homonímia.

34. Digues quina relació semàntica s'estableix entre els mots de les parelles que hi ha a continuació i el significat de cadascun. Exemplifica la resposta.

a) s'havia - sabia: ....

b) veu - veu: ....

c) t'he - te - té: ....

d) sí - si: ....

e) seguit - seguit: ....

f) baca - vaca: ....

g) estand - estant - estan: ....

35. Completa els espais buits de les frases amb els mots següents: *altre, altra; quan, quant; tan, tant*. Són homòfons en el teu dialecte?

a) .... costa aquesta? —Doncs, posa-me'n una ....

b) .... que havia estudiat i ha suspès un .... cop.

c) .... arribarà? Ja és tard i demà ha de matinar ....!

d) .... vingui el pintor pregunta-li .... ens en demanarà.

e) L'Anna és .... nerviosa que .... sàpiga què ha succeït es connectarà una .... vegada a internet.

f) Com que l'estima ...., l'ajuda a acabar l'......... feina que ha de lliurar.

36. Digues a quins hipònims dels hiperònims *gènere literari* i *subgènere literari* corresponen les definicions següents (fixa't en l'exemple):

a) Composició musicada de tema amorós, de to entusiasta: *cançó.*

b) Narració breu de fets ficticis que pretén moralitzar o entretenir.

c) Narració de fets gloriosos d'un poble o d'un heroi determinat.

d) Narració popular d'estructura senzilla en què intervenen elements fantàstics.

e) Text escrit per a ser representat, dividit en escenes, en què l'acció avança mitjançant els diàlegs entre els personatges.

f) Text narratiu d'extensió considerable que relata uns fets reals o imaginaris.

La prosa del segle XVIII

A més de la prosa didàctica, que té com a principal representant Baldiri Reixac i que ja hem estudiat en la unitat 7, en aquest segle també destaca la figura del **baró de Maldà,** autor d'un interessant dietari titulat *Calaix de sastre*.

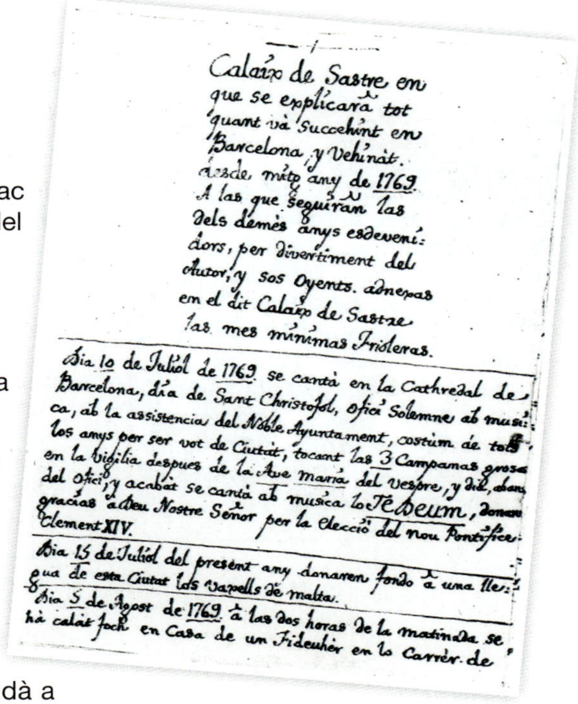
Calaix de Sastre en
que se explicarà tot
quant và succehint en
Barcelona, y Vehinàt.
desde mitg any de 1769.
A las que seguiran las
dels demès anys esdeveni:
dors, per divertiment del
Autor, y sos Oyents. adnexas
en el dit Calaix de Sastre
las mes minimas Frisleras.

Dia 10 de Juliol de 1769 se cantà en la Cathredal de Barcelona, dia de Sant Christofol, ofici Solemne ab musi: ca, ab la assistencia del Noble Ayuntament, costum de tots los anys per ser vot de Ciutat, tocant las 3 Campanas grosas en la vigilia despues de la Ave maria del vespre, y dit, abans del ofici, y acabat se cantà ab musica lo Te Deum, donan gracias a Deu Nostre Señor per la elecció del nou Pontifice Clement XIV.

Dia 15 de Juliol del present any donaren fondo à una lle: gua de esta Ciutat los vapells de malta.

Dia 5 de Agost de 1769 à las dos horas de la matinada se hà calat foch en Casa de un Fideuhèr en lo Carrèr de

Encapçalament de la primera pàgina del dietari *Calaix de sastre,* de Rafael d'Amat i de Cortada.

Un dietari de mig segle

El nom complet del baró de Maldà era Rafael d'Amat i de Cortada, i pertanyia a una família de la petita noblesa. Va néixer a Barcelona el 1746 i va morir el 1818.

No tenia una gran cultura i era de pensament conservador. Empès per un gran desig de posar per escrit tot el que passava al seu voltant, va escriure durant gairebé cinquanta anys un dietari, ininterromput entre el 1769 i el 1816. En els setanta-cinc quaderns manuscrits del *Calaix de sastre,* Amat hi va recollir **esdeveniments socials, polítics i culturals,** hi va narrar **vivències quotidianes** i també hi va plasmar **reflexions personals.**

L'obra no es va conèixer fins que a l'inici del segle XX se'n publicaren alguns fragments. El 1954 Alexandre Galí edità un estudi força exhaustiu que ajudà a divulgar l'obra i la vida del seu autor. Posteriorment, Ramon Boixareu publicà diversos volums del *Calaix de sastre,* a partir del 1984.

Gràcies a aquest dietari, a mig camí entre la narració costumista i la ressenya periodística local, ha arribat fins als nostres dies informació detallada sobre la vida quotidiana a la Catalunya del segle XVIII. Més concretament, és un document sobre la vida barcelonina i també sobre la llengua que s'hi parlava. El text, humorístic i pintoresc, presenta un **estil molt viu i directe** i està considerat una de les obres principals de la narrativa catalana d'aquells segles.

El fragment que pots llegir a continuació recull un viatge d'Amat a Montserrat l'any 1793. Observa el llenguatge col·loquial, que atorga a l'obra un to familiar.

Hem arribats a Martorell a 3 quarts de 9 tocats. Y traquejats de allò fort, per pasar los coches per tant de pedruscall en los carrers. Abans de arribar a la Plasa del Pou, hem desencotxat a l'Hostal dels Tres Reys, que és prou bon hostal, disposant per chocolate. Y los cocheros en donar lo corresponent pienzo a las mulas. Y la demés família en cumplir alguns encàrrechs.

Yo havia pres chocolate abans de eixir de Esplugas, però, ab tot, he fet duplex y algun altre me ha fet compañia, sent una beguda opotus que no carrega el ventrel, y menos templat lo calor del chocolate ab un bon got de aigua fresca. Antes hem pasejat per lo carrer y arribats a la iglésia, tornant-nos-hen luego después a l'hostal per ambucar-nos lo xaculatet, que no me ha causat novetat al ventrell lo tornar-ne a pèndrer.

Hem eixits de Martorell y dret al pont de fusta, seguint lo camí directe, arbolejat, fins a girar al de la dreta, al costat de la hermita de Nostra senyora de Pontarró. Y per amunt, fins a girar al camí a la esquerra, dret al poble de Abrera, que, antes de sa pujada al poble, veyent-se lo campanar quadrat ab rajolat de València, hem desencotxats tots, per convenir aixís, per causa de la desigualtat del terreno, algo difícil rampa per lo tant pendent, ab ragueronets de aigua, y treballosa pujada per lo bestià.

Hem caminat fent alguns saltirons, havent-nos, ab tot, mulladas poch o molt las solas de las sabatas. Y, acabats de pujar aquell tros de mal camí nos hem ficats al coche. Y endevant, fins a tornar a baxar, a la riera de Magarola, que hem fet lo mateix, sent llavoras cerca de las dotse, no atravesant-se'ns cap sis o as, fora de tenir que baxar del coche en estos dos pasos difícils de Abrera y riera de Magarola.

Un dietari en català

El baró de Maldà no va escriure el *Calaix de sastre* amb la intenció de publicar-lo, sinó que el dietari circulava a les tertúlies dels nobles. L'obra palesa que, tot i que el castellà era la llengua de prestigi, les classes elevades també utilitzaven el català.

Amat demostra la seva afició musical en les cròniques de concerts i de les sessions musicals que celebrava a casa seva. També explica, sovint amb detall, com es preparaven els plats més habituals a les taules dels nobles del seu temps.

Els recopiladors

Al començament del segle xx alguns estudiosos del folklore es van interessar per aquestes mostres de la literatura popular. Les van recollir per escrit, en van comparar i analitzar les diverses versions i han permès que arribessin fins als nostres dies. Cal destacar els noms de mossèn Alcover, a Mallorca; Joan Amades, a Catalunya, i Enric Valor, a València.

La narrativa popular

En aquest segle la narrativa popular té una vigència molt notable. Les **llegendes** i **rondalles** que s'havien començat a explicar fa segles, van prenent forma.

Aquestes composicions són narracions amb una **trama senzilla.** El **llenguatge** emprat n'indica l'origen **col·loquial.** Així, hi abunden les característiques del llenguatge oral: ús de diminutius afectuosos, interjeccions i onomatopeies, repeticions, etc.

Les rondalles

Estan ambientades en un espai i un lloc que no es concreten i que tenen com a protagonista un personatge que ha de resoldre algun conflicte. En les rondalles conviuen elements imaginaris i reals. Hi apareixen sovint éssers meravellosos com ara gegants, follets, fades, dones d'aigua... Algunes d'aquestes rondalles continuen sent conegudes avui dia, com és el cas d'*En Patufet* o *En Pere sense por.*

El molinet màgic

Heus ací que una vegada hi havia dos germans, un de ric i molt avar i un altre de molt pobre, però generós i caritatiu. Moltes vegades el pobre havia d'anar a demanar ajut al ric, però aquest sempre se'l treia del davant amb males maneres, i mai per mai no el va voler ajudar ni afavorir en res. El pobre, desesperat, per tal de posar fi a la seva desventura decidí tirar-se al mar. I se'n va anar al cim d'unes roques de la platja, disposat a llançar-se des d'allí dalt per estar més segur d'ofegar-se. Però heus ací que, quan s'hi anava a tirar, se li va presentar una velleta que el va deturar i li va dir:

—Què vas a fer, desventurat? No veus que et vas a matar?

—Precisament això és el que jo voldria. Estic desesperat i només la mort pot treure'm de la penúria que m'aclapara.

—No et desanimis, que tot en el món té remei. Mira, jo et protegiré. Et donaré un molinet que no caldrà més que li diguis: «Molinet, mol». I et donarà tot allò que tu amb el pensament hagis desitjat. Quan n'estiguis satisfet no et caldrà més que dir-li: «Molinet, para de moldre».

I dit això, la velleta es va treure un molinet de sota les faldilles, el va lliurar al pobre home i va desaparèixer.

Rondalla recollida per Joan Amades (text adaptat).

Les llegendes

A diferència de les rondalles, les llegendes tenen un fonament de realitat. Habitualment es basen en algun fet que ha passat i l'enriqueixen amb tocs de fantasia.

Algunes de les llegendes catalanes més populars són les que tenen com a protagonista un personatge històric *(Les barres de sang)* i com a escenari algun lloc concret de característiques peculiars *(El salt de la reina mora)*.

En Testafort

Heus ací que al castell de la Roca tenien per servents de confiança un matrimoni vell, molt fidel a la família. Un dia van desaparèixer, i l'endemà va presentar-se al castell un matrimoni jove que demanava acolliment i feina. Els senyors els van prendre per criats. L'entrada d'aquella gent al servei va comportar calamitats de tot ordre: morts, pèrdua de bestiar, foc i altres coses inexplicables. [...] Els van fer fora, però finalment al castell només hi restaren la senyora, algunes dames i un infant de bolquers que havia de ser l'hereu del senyoriu i que només tenia mitja orella. Un dia, sense saber com, l'infant també va desaparèixer del bressol. La consternació de tots no va tenir límit. [...]

Van passar anys de tranquil·litat, fins que els envoltà novament la desventura. Tot el país anava ple de les malifetes d'un bandoler terrible conegut per «En Testafort», que tenia la posada al Montserrat. [...] Sobtadament una nit el castell fou atacat per una gran partida de facinerosos, però els de dins van agafar molts atacants, entre ells el qui els capitanejava. Aquest era el temut Testafort, el qual, en càstig a les seves grans malifetes i per a escarment, decidiren de penjar a la torre més alta del castell. Les senyores, abans d'executar-lo, van demanar de veure aquell monstre, i constataren que era un jove galant i gentil i que li mancava mitja orella. Aleshores la dama del castell constatà, amb dolor, que aquell era el seu plorat fillet.

Llegenda de Montserrat recollida per Joan Amades (text adaptat).

37. Explica qui fou el baró de Maldà i quina importància té la seva prosa en la història de la literatura catalana.

38. Saps què vol dir l'expressió «calaix de sastre»? Si et cal, consulta el diccionari i després explica'n el significat.

— Creus que és un títol adient per al dietari del baró de Maldà? Argumenta la resposta.

39. Llegeix aquest fragment del dietari i després respon les preguntes.

Sent tres horas y ser lo més del camí dolent, que havíam de pasar, nos hem enllestits del tot y, entrats al coche, hem eixits de Montblanch a un quart de tres.

Si mal ho hem pasat al matí, pitjor ha estat en la tarde, passant lo coche sobre rocas ya antes de pasar per la vora del poble de Vilavert que, a no assegurar se bé lo cotxero en lo pescante, ell, cotxe, mulas y nosaltres, nos hi escalabràbam tots, a trabucar el coche.

Seguint lo sutrach contínuo, alts i baxos fins al lloch de Picamuxons, passàrem per lo de Vilabert a un quart de quatre. Y nos·ls hem dit res a aquella gent de la arpa, que·ns haguéran, en bona fe, apedregat. Per consegüent, hem pasat sens dir lus res. Lo poble és rònach y las campanas, dos o tres que hi ha en la fachada de la iglésia, no tenint campanar, sèmblan los aparadors de argenter. [...]

A l'arribar a Picamuxos ya vérem lluny lo mar, a la dreta ab aquellas dilatadas planuras envés Altafulla y Tarragona, axamplant se'ns los esperits, per trobar nos en lo deliciós y ameno Camp, ab tanta de arboleda, verdura y aigua com un ameno jardí que és tot aquell dilatat terreno de dit Campo de Tarragona, ab tantas vilas, pobles y casas que hi encòntran.

Havent nos cessat des de Picamuxons, que hi passàrem a dos quarts de sinch, lo mal camí, seguint los demés ben diferents dels que havíam dexat, luego descobrírem, per entre arbres frondosos y camps primorosament plantats de vinyas, a una dilatada caseria y iglésia que remedaba bastant sa estructura a la de la parròquia del Pi de Barcelona [...]. Figuraba mos ser aquella dilatada població la vila de Alcover.

Entràrem dintre a 5 horas tocadas. Y, seguint la per fora y per dintre de algun de sos carrers, en lo més inmediat a la parròquia, quedant ab lo mateix pensament de ser tal vila de Alcover, faltant nos mitja hora encara per arribar a la de Valls, nos quedàrem inmòbils al vèurer a Jaume Fontanals en la porta de l'hostal y a l'hostaler.

Per consegüent, parar lo coche y apear nos allí, sabent trobar nos ya en la vila de Valls, un quart de 6 tocat que era, ab mitja hora o més de pondre's lo sol y en molt proporcionada de pèndrer nosaltres chocolate.

— Quin fet narra aquest fragment?

— Quins detalls dona sobre el mitjà de transport que utilitza?

— Quines localitats hi esmenta?

— Quina debilitat gastronòmica tenia el baró de Maldà, que apareix esmentada en aquest fragment?

— Explica quin tipus de llenguatge utilitza l'autor i quina rellevància té per a nosaltres.

40. Llegeix aquest fragment d'una narració popular i respon les preguntes.

Una donzella molt bonica estava tan enamorada de la mar, que refusava tots els pretendents. Sempre deia que només es volia casar amb la mar. Un dia agafà una barqueta i se n'anà molt endins. Quan ja no veia terra, s'emmirallà en les aigües i caigué a la mar. No n'ha sortit més i es convertí en mig dona, mig peix, posseïdora d'una gran bellesa.

En les nits de lluna clara surt a flor d'aigua, fins a mig cos, tota nua i amb la cabellera estesa, com si fos una dona que es banya. I aleshores canta cançons delicioses, sovint acompanyades amb un instrument de corda, per atreure i encisar els homes.

— Es tracta d'una llegenda o d'una rondalla?

— Qui n'és el protagonista?

— Hi apareixen elements fantàstics? Quins?

41. Explica com han arribat fins als nostres dies les mostres de narrativa popular d'aquell segle.

42. @ Busca informació sobre Joan Amades i sobre la seva tasca de recopilador de mostres de la literatura popular. Explica quines van ser les seves obres més destacades relacionades amb aquesta temàtica.

SÍNTESI

El text expositiu

El text expositiu té com a finalitat donar **informació** sobre un tema, una idea o un fet determinat, de manera **clara, precisa, objectiva i ordenada.**

Complements verbals (I)

En les oracions copulatives, l'**atribut** completa el significat del subjecte, del qual expressa una qualitat.

El **complement directe (CD)** és el complement en què recau directament l'acció que expressa el verb.

El **complement indirecte (CI)** indica qui és el destinatari de l'acció expressada pel verb. Respon la pregunta «a qui?» o «per a qui?».

Les grafies *p/b, t/d, c/g* i *b, v, w*

— Quan cal escriure ***p/b, t/d*** o ***c/g*** a final de paraula:

- Després de vocal tònica o de diftong tònic, escrivim ***p, t, c.***
- Després de vocal àtona o de consonant, escrivim la mateixa lletra que s'utilitza en els derivats.

— A l'interior de paraula:

- Escrivim *p* en mots compostos de *cap* i *prop,* i en els grups consonàntics *-pc-, -pn-, -pt-*.
- Escrivim *t* en els grups *-tg-, -tj-, -tll-, -tm-, -tn-, -tx-* i *-tz-*.
- Escrivim *c* en els grups *-cc, -cs-, -ct-, -cz-*.
- Escrivim *b* en els prefixos *ab-, ob-, sub-*.
- Escrivim *d* en el prefix *ad-*.
- Escrivim *g* davant *d, m, n, g*.

— Quan s'escriu ***b:***

- Davant de *l* i *r;* darrere de *m;* quan alterna amb *p* en paraules de la mateixa família.

— Quan s'escriu ***v:***

- Darrere de *n;* en la terminació *-ava* de l'imperfet d'indicatiu; quan alterna amb *u* en paraules de la mateixa família, i en les formes del verb *haver.*

Relacions semàntiques (II)

L'**homonímia** és la relació que afecta dues o més paraules que s'escriuen igual i es pronuncien de la mateixa manera, però tenen significats diferents.

La **hiponímia** és el fet pel qual un mot té el significat inclòs en el d'un altre de major extensió: *pi, pollancre, roure* i *olivera* són hipònims de *arbre.* Per contra, la **hiperonímia** es produeix quan un mot abasta un camp semàntic que n'inclou un altre de menor extensió.

La prosa del segle XVIII

En destaca el **dietari** *Calaix de sastre,* de Rafael d'Amat, **baró de Maldà.** Pel que fa a la literatura popular en prosa, cal esmentar les **rondalles** i les **llegendes** tradicionals.

Activitats finals

El text instructiu

1. Per tal d'explicar la normativa d'un joc de taula, quina estructura de text instructiu és la més adequada: estructura de redacció o esquemàtica? Responeu aquesta pregunta mitjançant la **tècnica de treball cooperatiu** *Estructura 1, 2, 4.*

— Dividiu la classe en equips base de quatre membres.

— De primer, penseu la resposta a la pregunta de manera individual.

— Després, poseu-vos en parelles i compartiu la resposta.

— Agrupeu-vos les dues parelles de cada equip i consensueu una resposta única entre els quatre. Compartiu-la amb la resta dels companys de classe.

— Finalment, redacteu el text instructiu seguint l'estructura que hàgiu decidit entre tots.

L'oració simple i l'oració composta

2. Digues quines de les afirmacions següents són correctes. Justifica les respostes.

- Una oració simple pot estar formada per més d'un verb i més d'un predicat.
- En una oració composta, s'anomena *enllaç* la categoria lèxica que uneix les dues proposicions que la formen.
- Una oració composta és la que té més d'un verb (i més d'un predicat).
- En les oracions juxtaposades, les proposicions que les formen estan unides per un enllaç.

3. Identifica el subjecte d'aquestes oracions i indica quina posició ocupa en l'oració respecte del predicat.

- Al mig de la carretera la motocicleta s'ha espatllat.
- Els vehicles elèctrics seran el mitjà de transport del futur.
- M'agraden les pel·lícules futuristes.

4. Escriu el final d'aquestes oracions i digues si el predicat és verbal o nominal. Justifica la resposta.

- La Sílvia condueix ....
- Aquesta imatge sembla ....
- El futur és ....
- Tots els amics venen ....
- Hi ha molts motius ....
- Vam recollir moltes herbes ....

— Quins tipus de sintagmes has usat per a formar el predicat verbal?

— Identifica els complements verbals de cada oració i indica quina funció fan.

Les grafies *o/u* àtones. La essa sorda i la essa sonora

5. Completa aquestes paraules amb *o* o amb *u*.

aix.....var	Amade.....	av.....rrir	foc.....s	tip.....s	H.....ngria
rig..... rós	c.....lobra	còns.....l	r.....ssinyol	cart.....lina	sèr.....m
c.....rre.....	n.....tari	c.....sir	víd.....a	Lice.....	c.....rtinatge

6. Escriu el plural d'aquestes paraules tenint en compte si el so de la essa és sord o sonor: *excés, malaltís, interès, gos, congrés, pedrís, pendís, os, vernís, matalàs, cabàs, milanès, pis, anglès, progrés, xinès, enfiladís* i *cos*.

7. Troba les errades ortogràfiques d'aquestes oracions i escriu-ne les formes correctes en el teu quadern.

- Els metges anestessistes han d'anar molt amb compte amb la dosis per no administrar maça anestèssia.
- La meva cossina té molts problemes de relació amb la gent; tothom diu que és una antissocial.
- El dentista m'ha col·locat una pròtessis a les dents inferiors.
- Estàvem en plena crissi i calia fer una anàlisis de la situació.
- De vegades em recullo els cabells amb una pinza i d'altres amb un llas.

Posa a prova les teves competències

Venda d'entrades

902 15 12 13 **ENTRADA**
entri.com **caixa guardiola**

OFERTA 12 €

VENDA ANTICIPADA

A partir del mes de juliol a totes les oficines de Caixa Guardiola i a:
www.caixaguardiola.cat

20 % descompte fins al diumenge previ a l'inici de la Fira Charlie Rivel.

DESCOMPTE PROGRESSIU

20 % descompte en la compra de 2 entrades d'espectacles diferents.

40 % descompte en la compra de 3 o més entrades d'espectacles diferents.

CARNET JOVE

20 % descompte. Màxim 3 entrades per carnet/dia. Oferta vàlida només a les taquilles de la Fira (pl. Concòrdia, Lleida).

CLUB TR3SC

15 % descompte.

JUBILATS, ATURATS I MINUSVÀLIDS

20 % descompte. Cal presentar documents oficials acreditatius i el DNI.

1. Els horaris dels espectacles segueixen la cronologia de 24 h, això és, un espectacle a partir de les 12 h de la nit pertany al dia següent.
2. Us recomanem que, en planificar el vostre menú d'espectacles, deixeu un marge mínim d'1 hora entre dues representacions consecutives.
3. Per als membres del Club TR3SC les entrades són limitades.
4. No es permet l'accés als espectacles un cop han començat.
5. No s'admet la devolució d'entrades.
6. Es permet entrar amb menjar.

1. Quin és l'objectiu de comprar les entrades de manera anticipada?
2. Per què creus que es fan descomptes?
3. Les entrades:
   - ☐ Tenen un 40 % de descompte si en compres 4.
   - ☐ Les pots comprar al Club TR3SC i tantes com vulguis.
   - ☐ Cal ser puntual i planificar-se bé per veure els espectacles.
4. Calcula quant val cada entrada i digues què et surt més econòmic.
5. Defineix els següents mots que apareixen en el text: *previ, cronologia, consecutives*.
6. Quines paraules s'amaguen darrere les sigles DNI?
7. Explica què vol dir que un espectacle a partir de les 12 h de la nit pertany al dia següent.
8. Quin tipus de fira és? Com ho has sabut?

   ☐ Pintura ☐ Circ ☐ Dansa ☐ Música

9. Respon si les afirmacions següents són vertaderes (V) o falses (F).

	V	F
• El nombre d'entrades disponibles per als membres del Club TR3SC és il·limitat.	☐	☐
• Les entrades no es poden retornar.	☐	☐
• És permès menjar dins del recinte.	☐	☐
• Les entrades amb descompte per Carnet Jove es poden comprar a qualsevol lloc.	☐	☐

10. Pensa en les ofertes de lleure que habitualment tenen lloc al barri o la localitat on vius.

— Redacta un text expositiu que doni informació sobre aquest tema.

11. Justifica, segons les normes ortogràfiques, l'ús de les grafies subratllades en els mots següents: *jubilat, minusvàlid, membre, club, cop*.

12. Torna a llegir les clàusules del text de la pàgina anterior i fes les activitats següents:

- Assenyala quines oracions del text són simples i quines són compostes i justifica la resposta. Subratlla el verb en cada cas.
- Indica de quin tipus són aquestes oracions.
- Identifica tots els diferents complements verbals (Atr, CD, CI...) que trobis en el text. Justifica la resposta.

13. Escriu oracions amb les paraules següents, que són homònimes, de manera que se'n reflecteixin els diversos significats: *dur* (adjectiu i verb), *pinta* (nom i verb), *banc* (nom), *punta* (nom), *riu* (nom i verb).

— Troba relacions d'homofonia entre dues o més paraules i explica'n els diversos significats.

— Escriu algun exemple de paraules homògrafes i explica per què ho són.

— El mot *mamífer* es un hiperònim. Escriu-ne alguns dels hipònims.

Reflexiona

Diari d'aprenentatge

— Què valores més dels textos expositius que llegeixes habitualment quan estudies alguna matèria? Per què?

— Et costa comprendre la funció dels complements verbals dins les oracions? Pots identificar sense dificultat els diferents sintagmes que componen aquests complements?

— Quines dificultats trobes a l'hora d'identificar els fenòmens d'homonímia, hiperonímia i paronímia? Creus que aprendre aquests conceptes t'ajudarà a redactar amb més precisió lèxica?

9 Unitat

» CONTINGUTS

LECTURA I COMPRENSIÓ
De l'elecció del rei

EXPRESSIÓ
El text argumentatiu

GRAMÀTICA
Complements verbals (II). Complement predicatiu. Complement agent. Complement de règim. Complement circumstancial

ORTOGRAFIA
Les grafies *x/ix, ig/tx, g/j, tg/tj*

LÈXIC I SEMÀNTICA
El significat variable de les paraules. Metàfora. Metonímia. Paraules tabú. Eufemismes

LITERATURA
La poesia i el teatre del segle XVIII

Rutina de pensament
MIRAR: DEU VEGADES DOS

— Observa 30 segons la imatge de la dreta.

- Escriu deu paraules o frases sobre el que t'hagi cridat més l'atenció.

— En grups de quatre, compartiu les idees que primer us han vingut al cap.

- S'assemblen les vostres respostes? Torneu a observar la imatge deixant que els vostres ulls hi viatgin 30 segons més.

— Feu una llista conjunta de deu paraules o frases per afegir a la primera. Poseu en comú les vostres respostes.

- Quines diferències hi ha entre la primera observació individual i la segona col·lectiva?

Ramon Llull

Llibre de meravelles

Ramon Llull (v. 1232-1316) és un dels grans escriptors medievals en llengua catalana. Nascut a Mallorca, fou també filòsof i teòleg.

L'obra de Llull, escrita en català, llatí i àrab, és la més extensa d'un sol autor en aquella època. Va escriure tractats filosòfics, teològics, científics i polítics, obres enciclopèdiques i novel·les: *Llibre d'Evast e Blanquerna* (1283), *Llibre de meravelles* (també anomenat *Fèlix*, 1288-1289).

Abans de llegir

El fragment que llegiràs a continuació pertany a una versió actualitzada del *Llibre de les bèsties*, que és una de les parts en què es divideix la novel·la didàctica *Llibre de meravelles*. Els protagonistes del text són els animals, però s'hi reflecteixen unes vivències perfectament humanes.

Observa que l'elecció del futur rei suscita desacords, aliances... Vegem quin animal serà triat rei i per què.

De l'elecció del rei

En una bonica plana, per on passava un bell riu, hi havia moltes bèsties que volien elegir rei. Fou acordat, per la major part, que el Lleó fos rei; però el Bou s'oposava molt fortament a aquesta elecció, i digué aquestes paraules:

—Senyors, a la noblesa del rei li convé bellesa de persona, que sigui gran, humil i que no causi danys a les seves gents. El Lleó no és gran bèstia, ni és bèstia que visqui d'herba, sinó que menja les bèsties. El Lleó té paraula i veu que ens fa estremir de por a tots nosaltres, quan crida. Així, doncs, us aconsello que vosaltres vulgueu elegir el Cavall com a rei; perquè el Cavall és gran bèstia, i bella, i humil: el Cavall és bèstia lleugera, i no té el semblant orgullós ni menja carn.

Molt plagué al Cérvol, al Cabirol i al Moltó i a totes les altres bèsties que vivien d'herbes, això que deia el Bou; però Na **Renard** s'avançà a parlar davant de tots i digué aquestes paraules:

—Senyors —digué Na Renard—, quan Déu creà el món, no el creà amb la intenció que l'home fos conegut i estimat, sinó que ho feu per tal que ell fos estimat i conegut per l'home; i segons aquesta intenció, Déu volgué que l'home fos servit per les bèsties, malgrat que l'home visqui de carn i d'herbes. I vosaltres, senyors, no heu de considerar la intenció del Bou, que no estima el Lleó perquè menja carn, sinó que heu de seguir la regla i l'ordenança que Déu ha donat i ha posat en les criatures.

Vocabulari

Renard: en català antic, 'guineu'.

De l'altra part, el Bou, amb els seus companys, replicà les paraules de Na Renard, i digué que per això, perquè deia ell que el Cavall fos rei, el qual menja herba, es mostrava que ell i els seus companys tenien **vera** intenció en l'elecció del rei; car si tinguessin falsa intenció, no dirien que el Cavall, que menja l'herba que ells mengen, fos rei. Ni els altres no havien de creure el que deia Na Renard per a l'elecció del rei, perquè Na Renard és qui més desitja que el Lleó sigui rei, atès que viu de les **romanalles** que resten del Lleó, quan ha menjat en la caça que ha pres, de manera que el proposa per interès i no per la noblesa del Lleó.

Miniatura d'un còdex del segle XIV que representa la lapidació i l'empresonament de Ramon Llull a la ciutat de Bugia (actualment, Bejaïa, a Algèria), on va fer de missioner.

Tantes paraules hi hagué d'una part i de l'altra, que tota la cort es torbà, i l'elecció fou impedida. I l'Os, el Lleopard i la Pantera, que tenien l'esperança que fossin elegits com a rei, digueren que la cort s'ajornés fins a un altre temps que haguessin determinat quina bèstia era més digna de ser rei. Na Renard conegué que l'Os, el Lleopard i la Pantera ajornaven l'elecció perquè cadascun tenia l'esperança de ser rei, i digué, en presència de tots, aquestes paraules:

—En una església catedral es feia elecció del bisbe i, en aquell **capítol**, hi havia desacord, atès que uns quants **canonges** volien que ho fos, de bisbe, el **sagristà** d'aquella església, el qual era un home molt savi de lletres i de virtuts era ric. L'**ardiaca** esperava ser elegit bisbe i el **cabiscol** igualment, de manera que s'oposaren a l'elecció del sagristà i consentiren que fos bisbe un canonge ximple que era bona persona però no sabia cap ciència. Aquell canonge tenia un caràcter feble i era molt luxuriós. Molt es meravellà el capítol d'això que l'ardiaca i el cabiscol deien. En aquell capítol hi havia un canonge qui digué aquestes paraules: «Si el Lleó és rei, i l'Os i la Pantera i el Lleopard mostren desacord a la seva elecció, sempre seran en malvolença del rei; i si el Cavall és rei, i el Lleó comet cap falta contra el rei, com en podrà prendre venjança el Cavall, que no és bèstia tan forta com el Lleó?».

Quan l'Os, la Pantera i el Lleopard hagueren oït l'exemple que Na Renard havia dit, temeren fortament el Lleó, i consentiren en l'elecció, i volgueren que el Lleó fos Rei. Per la força de l'Os, i de les altres bèsties que menjaven carn, malgrat les bèsties que menjaven herba, fou elegit el Lleó per ser Rei; el qual donà permís a totes les bèsties que vivien de carn, que mengessin i visquessin de les bèsties que mengen herba.

Ramon Llull, *Llibre de les bèsties.* Edició a cura d'Helena Soler i Lluís Busquets. Laertes.

Vocabulari

vera: veritable, vertadera.

romanalla: allò que d'alguna cosa roman en algun lloc després d'haver-ne tret una gran part, les restes.

capítol: grup d'eclesiàstics amb capacitat per a prendre decisions.

canonge: membre del capítol d'una església catedral.

sagristà: persona que té cura de la sagristia i de l'endreçament d'una església.

ardiaca: càrrec en els capítols de les catedrals.

cabiscol: responsable del cant litúrgic en un cor catedralici o monàstic.

Estàtua dedicada a Ramon Llull a la Universitat de Barcelona.

Després de llegir

Obtenció d'informació

1. Per què el Bou s'oposa a l'elecció del Lleó com a rei?
2. Quin candidat proposa aquest animal herbívor? Amb quins arguments defensa la seva opinió?
3. Digues quins animals estan d'acord amb el Bou. Per què?
4. Esmenta els animals que també aspiraven a ser elegits rei. Quina posició acaben adoptant?
5. Indica quin animal ha estat triat finalment com a rei i digues per què.

Interpretació

6. Quina és la característica del Lleó que més pesa a l'hora de fer-lo rei? Fes-ne una comparació amb situacions pròpies dels éssers humans.
7. Tria el qualificatiu que li posaries a la guineu. Justifica-ho.

   ☐ Pacient ☐ Astuta ☐ Sincera

8. Identifica en el text els elements de l'estructura narrativa: plantejament, nus i desenllaç. Explica'ls.
9. Escriu un resum curt dels fets que narra el fragment que has llegit.
   — Descriu breument com creus que és el caràcter de cadascun dels personatges que hi intervenen.

Reflexió

10. El *Llibre de les bèsties* es presenta com una mena de tractat de zoologia, però en realitat es tracta d'una faula sobre la política. Llegeix el text següent, on es comenta aquesta obra, i després respon les preguntes.

El *Llibre de meravelles* és una ambiciosa novel·la didàctica escrita per Llull durant la primera estada a París, entre l'any 1287 i el 1289. El protagonista, *Fèlix,* nom amb el qual també es designa correntment l'obra, és un pelegrí que observa la realitat i descobreix la distància que separa la conducta humana de l'ordre diví de la creació. El terme medieval 'meravella' fa referència a la dolorosa sorpresa de Fèlix davant de les variades formes del mal, però també designa l'entusiasme positiu del viatger quan assoleix aspectes de la veritat per boca de filòsofs i ermitans que dialoguen amablement amb ell.

A la setena part de l'obra, que anomena *Llibre de les bèsties,* Llull planteja una trama complexa, plena de matisos, en què es poden seguir les maquinacions de Na Renard, la guineu, per a aconseguir dominar el poder i exercir-lo des d'un segon pla.

Els animals de la faula, que Llull pren de fonts orientals i del *Roman de Renard* francès, són una excusa per a retratar algunes de les facetes més tenebroses de la condició humana. Des del començament de l'obra el lector s'adona que la protagonista farà qualsevol cosa per manar: la finalitat no és enriquir-se sinó rabejar-se en el plaer de dominar-ho tot, una trista passió que es materialitza en tots els nivells de les relacions humanes. Na Renard acaba fracassant, víctima de la seva pròpia desmesurada ambició, però la seva caiguda només es produeix després de moltes injustícies i atrocitats.

Al final del *Llibre de les bèsties,* se'ns diu que Fèlix va dur l'obra a la cort d'un rei perquè anés amb compte a l'hora de refiar-se de segons qui. És molt possible que Llull escrivís aquest capítol del *Llibre de meravelles* com a advertiment per al rei de França, Felip IV, el Bell, amb qui havia tingut contactes polítics en els anys de redacció de l'obra.

http://quisestlullus.narpan.net (text adaptat).

— Quin és el tema del *Llibre de meravelles?* I del *Llibre de les bèsties?*

— Creus que la visió de Llull sobre la condició humana és optimista o pessimista? Per què? I tu, què en penses? Creus que la majoria de persones actuen bé, o et sembla que predomina la maldat?

— La protagonista del relat, la guineu, és ambiciosa, vol dominar les altres bèsties. Penses que l'ambició és un defecte o una qualitat? Consulta al diccionari la definició d'aquest mot i justifica la resposta.

Expressió

11. Llegeix el text següent, en què es parla de les diferents formes d'ambició, i després fes les activitats.

▶ L'**ambició** porta a voler **tenir.** L'**ambició positiva** és **ser.** L'ambició positiva farà que ensenyem a centrar les nostres vides en el compromís de **millorar dia a dia** i buscar la **realització personal** en l'**esforç** i el **sacrifici.**

▶ L'ambiciós té un buit existencial que intenta omplir amb **objectes, possessions...** La vida cal omplir-la de sentit i el sentit només vindrà donat per la nostra capacitat de **donar-nos als altres** i de **deixar-nos ajudar.**

▶ L'ambició només busca **satisfer l'ego,** dirigeix la seva vida a l'**«èxit» entès com a triomf personal.** Instrumentalitza la mateixa persona i els altres per aconseguir unes **fites interessades i egoistes.**

▶ Ets un ésser únic, individual i lliure amb una **missió concreta: passar de la persona que ets a la persona que has de ser.** La teva vida és transcendent, va més enllà de tu mateix. La transcendència és el que dona sentit a la vida i es reflecteix en una ambició sana, en la **recerca del bé personal i social** i en el seu compliment.

▶ La por i la frustració només les patim **quan vivim per tal de «tenir»** alguna cosa. **Només quan «som» ningú no ens pot treure res.**

▶ La **justícia** és la principal **conseqüència d'una ambició sana.** Com deia Aristòtil, la justícia és una «qualitat moral que obliga els homes a practicar coses justes, i que és causa que es facin i que es vulguin fer».

▶ Hem de **fer front a les necessitats,** perquè és part de l'ésser de la persona, és un **deure.** Però el **desig** entra en l'esfera del **tenir.** Quan confonem els dos aspectes caiem en l'amor desordenat a un mateix, l'egoisme, la insensibilitat.

▶ Com deia Teresa de Calcuta, «**el que no viu per servir, no serveix per viure**».

http://www.sportmagister.com (text adaptat).

— Redacta un resum breu del text anterior a partir dels conceptes destacats en negreta. Després, elabora una llista de les idees principals.

— Explica les diferències que hi ha entre l'ambició per a tenir objectes o possessions i l'ambició sana, o positiva, per a ser una persona millor.

— I tu, què en penses, de tot plegat? Quins aspectes de l'ambició creus que haurien de dominar la teva vida? Justifica la resposta.

— Debateu a classe sobre els dos conceptes d'ambició: l'ambició egoista i l'ambició positiva, o sana, segons el que recull el text. Mireu d'arribar a unes conclusions i exposeu-les per escrit.

Comunicació oral

En grups de quatre o cinc alumnes, consulteu els enllaços següents:

http://links.edebe.com/yy

http://links.edebe.com/sqiipy

— Anoteu els principals conceptes de què es parla. Si teniu dubtes sobre algun significat, mireu el diccionari.

— Debateu en grup a partir de les preguntes següents:

- Quin és el sistema polític més antic?
- Quines diferències hi ha entre la democràcia de la Grècia antiga i l'actual, tal com la coneixem a Europa?
- Quines són les característiques principals de la democràcia tal com l'entenem avui dia?
- Quins avantatges té viure en una democràcia? Penseu que també hi ha inconvenients? Quins?
- Creieu que les opinions de la majoria del poble estan sempre representades pels governs? Per què?

— Anoteu les conclusions i comenteu-les amb la resta dels companys de classe.

- Quines idees són compartides per la majoria?

PBL

La Direcció General de Cultura Popular i Associacionisme Cultural convoca un concurs per triar el joc o l'esport més representatiu de la cultura catalana. Els participants han de presentar un text que descrigui el joc o l'esport i les raons de la seva tria.

L'escrit ha de tenir trets dels textos **instructius, expositius** i **argumentatius.** Ha d'incloure:

- Una presentació amb el **nom** i la **descripció del joc** o l'esport que heu triat (nombre de jugadors, material, procediments, instruccions...).
- Text que expliqui els **orígens** d'aquest joc o esport, la difusió i **arrelament** al territori, els **llocs** on es practica més...
- Desenvolupament dels **arguments** que justifiquen la tria.

Com a fonts d'informació, consulteu:

» http://links.edebe.com/iecuja

» http://links.edebe.com/3rq9n

Altres fonts: articles i notícies que trobis al teu cercador.

El text argumentatiu

Les tipologies textuals que s'han estudiat en les dues unitats anteriors, el text instructiu i l'expositiu, es caracteritzen, en part, per l'objectivitat. En aquesta unitat estudiarem un tipus de text totalment diferent, ja que una de les seves característiques principals és la **subjectivitat.**

El **text argumentatiu** té com a finalitat expressar una opinió, rebatre o convèncer el receptor, ja sigui de manera racional, amb raonaments lògics, o de manera emotiva, amb arguments de tipus persuasiu.

En aquesta tipologia textual l'autor exposa les seves idees de manera convincent amb la intenció d'influir en l'opinió del lector o l'oient (com en la publicitat). Són textos argumentatius els articles d'opinió i els editorials dels diaris, els discursos polítics, etc.

El text següent, un article d'opinió publicat a la premsa, és un exemple de text argumentatiu. Llegeix-lo atentament i fixa't en les parts que s'hi assenyalen.

Títol

Cada vegada parlem menys

Introducció

La dona ha entrat a la botiga de sempre, ha dit: «Bon dia». Li han contestat: «Com està, senyora Mercè?». I li han posat damunt el taulell allò que la clienta demanava: 150 grams de pernil, una lliura de mongetes tendres, mig quilo de cireres... Quan la clienta diu que no vol res més, la dependenta agafa un dels retalls de paper que té sobre el taulell i un llapis i es dedica a sumar. Tant d'això —i ho escriu—, tant de les mongetes, del mig quilo de cireres... I diu a la clienta el resultat de la suma.

Desenvolupament

Això és el que passava abans que s'inventessin les balances calculadores electròniques. Ara, en una pantalleta van apareixent uns números vermells que, sovint, indiquen simultàniament el pes i el preu de cada producte escollit.

Una de les conseqüències d'aquest progrés és que la venedora no explica res. La clienta mira els números vermells que han sortit a la pantalla i que li fan saber quant ha de pagar per cada compra i a més li fan la suma total. L'operació es pot fer en un perfecte silenci.

El silenci es va imposant en uns àmbits de la vida d'activitat quotidiana. Puc posar un altre exemple: els caixers automàtics dels bancs. Jo no els acostumo a fer servir, però em sembla que es tracta de ficar la targeta en una ranura, es tecleja una xifra... i acaben sortint els bitllets. Abans que s'imposés aquesta automatització, als tramvies i autobusos hi havia un cobrador, i segons la longitud del trajecte es comprava amb moneda el bitllet corresponent. El passatger havia de dir on anava perquè li donessin el bitllet adequat.

Avui dia podem fer bastantes operacions sense dir cap paraula. Qui els ho havia de dir als nostres avis —quan el progrés es demostrava amb soroll de màquines a les fàbriques— que la modernitat facilitava, i a vegades exigia, la màxima mudesa.

Conclusió

Això de l'«hola» quan entrem a casa, i l'«adeu» quan ens n'anem, ja és anacrònic. A la porta del pis hi haurà un rètol amb dues paraules que s'encendran quan fem una cosa o l'altra.

Josep Maria Espinàs, *El Periódico*, 19-6-2014 (text adaptat).

Quant a l'**estructura** dels textos argumentatius, en primer lloc trobem un **títol representatiu** que permet situar el tema, com hem vist en l'exemple que acabes de llegir.

- La **introducció** permet **presentar el tema** i intenta **captar l'interès** del receptor. Es pot captar l'atenció del lector per mitjà d'una pregunta retòrica, d'una citació d'algú entès en el tema, de l'explicació d'una anècdota, etc. Generalment en la introducció també s'exposa la **tesi,** és a dir, la idea fonamental al voltant de la qual girarà tot el text. (Paràgrafs 1 i 2).
- En el **desenvolupament** es defensa la tesi amb **arguments.** A vegades l'emissor pretén cridar l'atenció del lector (com en el text que hem llegit) per plantejar una situació i provocar-ne la reflexió *(la caixera del supermercat, els caixers automàtics)*.
- En la **conclusió** es fa un **resum de la tesi** defensada (en l'exemple l'autor diu que parlar es convertirà en un anacronisme). Sovint a la conclusió hi trobem una oració impactant *(A la porta del pis hi haurà un rètol amb dues paraules que s'encendran quan fem una cosa o l'altra)*.

Els discursos polítics i institucionals són textos argumentatius que miren de convèncer o seduir l'audiència.

A banda de l'estructura, les **característiques lingüístiques** d'aquest tipus de textos són:

- Ús de la **primera persona** del singular o del plural. Això és una mostra de subjectivitat.
- Predomini de les **oracions compostes,** tant coordinades com subordinades.
- Abundància dels següents tipus de **connectors:**
  - — Causals: *perquè, ja que...*
  - — Il·latius i consecutius: *així doncs, per tant...*
  - — Adversatius: *però, malgrat que...*
- Ús de **figures retòriques** com la repetició, la metàfora, la comparació, l'antítesi...
- Sovint també s'hi inclouen preguntes retòriques, citacions d'autoritats, opinions de personalitats, etc.

Activitats

12. Llegeix aquest fragment d'un text argumentatiu i respon les preguntes.

I quan ara reps, d'una empresa o d'una administració, *e-mails* que fan pena? Passa fins i tot a França, un país on els concursos de dictat s'han convertit en una institució i en fan per tot l'Estat, amb una gran final a París. Tipa que els seus treballadors enviïn als clients *e-mails* amb faltes, la companyia d'assegurances April ha decidit posar-hi ordre. Fa uns dies va aplegar els treballadors que té a la seu, a Lió, i els va fer una prova d'ortografia. Dues hores i mitja va durar. April és conscient que quan un client veu una falta en un *e-mail* perd confiança en l'empresa. Avui, que molts dels tractes amb els clients es fan per aquesta via, les faltes d'ortografia desperten recel i afecten la credibilitat de l'empresa.

Quim Monzó, «L'hortografia», a *La Vanguardia,* 29-5-2013.

— A quina part de l'estructura d'un text argumentatiu creus que pertany aquest fragment?

— Quins dels recursos següents fa servir l'autor per a convèncer el lector?

- Interrogació retòrica
- Metàfores
- Ús d'exemples
- Citacions d'autoritats

— Tenint en compte la informació que dona aquest paràgraf, quina creus que deu ser la tesi del text?

- Les faltes d'ortografia no representen un error excessivament greu.
- Avui dia es cometen massa faltes d'ortografia.
- La qüestió ortogràfica no representa cap problema en la societat actual.
- Els francesos fan molts errors ortogràfics.

13. Tria un dels temes següents i escriu el paràgraf introductori per a un text argumentatiu. Exposa la teva tesi i utilitza algun recurs per a captar l'atenció del lector.

- L'ús dels mòbils als centres educatius.
- Les inversions en educació.
- L'ús de la bicicleta com a alternativa a l'automòbil.

14. A continuació, planifica amb un esquema el desenvolupament del teu text argumentatiu, reflexionant sobre les qüestions següents:

- Quina posició prendré davant la tesi?
- Quins arguments aportaré per a defensar-la o rebatre-la? Lògics, persuasius o una barreja dels dos tipus?
- Quins recursos estilístics seran convenients per a donar suport a la meva argumentació?

15. Finalment, redacta el text argumentatiu complet sobre el tema triat en l'activitat 13. Recorda que hi has d'incloure els apartats següents:

- Títol: que situï el lector davant del tema.
- Introducció: ja redactada en l'activitat 13.
- Desenvolupament: seguint la planificació de l'activitat 14.
- Conclusió: resum de la tesi que mostri clarament el teu posicionament.

16. Llegeix amb atenció el text següent i fes les activitats.

El diable

L'informe del Senat dels Estats Units sobre les tortures infligides per part de la CIA després de l'11-S és terrible, demolidor. El document complet, de sis mil pàgines, no s'ha fet públic, però amb el resum que se n'ha publicat n'hi ha ben bé prou per a fer-se càrrec de les abominables pràctiques d'una institució [...] que va perdre no tan sols el sentit de la política, sinó també el més elemental sentit de la decència humana [...].

És evident que l'11 de setembre de 2001 va significar un cop impressionant, únic, per als Estats Units. I la reacció que va desfermar no podia ser sinó extraordinària. Les errades d'intel·ligència [...] van ser d'una dimensió tan gran que segurament era molt difícil que no es traduïssin després en paranoia, fins i tot en sadisme. Finalment, la manca de capacitat crítica de la societat americana [...] va facilitar extraordinàriament el naixement d'això que hem vist convertir-se en una rutina deplorable: homes en gàbies al sol, marques de violència, morts inexplicables...

Això que ensenya ara l'informe oficial, després de sis anys de feina meticulosa, [...] és una monstruositat, sense pal·liatius. Només amb la descripció de la impunitat, la discrecionalitat i l'arbitrarietat que imperava en l'univers de les presons ocultes de la CIA ja n'hi hauria d'haver prou per a repugnar a qualsevol persona honesta i per a reclamar accions de debò, concretes i reals. [...]

En el text es fa evident una vegada i una altra que els dirigents de la CIA [...] mentien al Congrés, manipulaven informació oficial i la falsificaven per tal de continuar-les practicant. [...]

Res no pot fer més mal a les democràcies occidentals i a la causa de les llibertats civils al món que una dècada i mitja de Guantánamos, Abu Ghraibs, mentides, tortures salvatges i indiscriminades, assassinats, ocupacions il·legals, armes de destrucció massiva inexistents, immoralitat consentida.

Perquè, en vista de tot això, amb quina cara i amb quins arguments ens podem oposar avui a aquells fanàtics que afirmen, literalment, que nosaltres som el diable?

Vilaweb, 11-12-2014 (text adaptat).

— Analitza l'estructura i el contingut del text i assenyala els trets que el defineixen com a argumentatiu.

— Explica quins arguments s'hi exposen.

— Identifica-hi alguns connectors i indica'n el tipus.

Complements verbals (II)

En la unitat 8 hem treballat l'atribut (Atr), el complement directe (CD) i l'indirecte (CI). Ara estudiarem altres complements que acompanyen el verb: el complement predicatiu (CP), el complement agent (Ag), el complement de règim (CR) i el complement circumstancial (CC).

El complement predicatiu

És el complement verbal que completa, alhora, el significat del verb i el del subjecte o el complement directe.

Els nens s'han posat contents.
S V **CP**

La Glòria porta la samarreta trencada.
V CD **CP**

Els nens s'han posat contents. En aquesta oració trobem un complement predicatiu *(contents)* que es pot substituir pel pronom feble *hi: Els nens s'**hi** han posat.*

Aquest complement apareix amb verbs com *tornar-se, quedar-se, romandre, presentar-se, aparèixer, anar, considerar, trobar, tractar*, etc.

El complement predicatiu concorda en gènere i en nombre amb el subjecte o el complement directe. Pot estar format per:

- Un **sintagma adjectival:** *Porta la samarreta trencada; Vull la sopa ben calenta*.
- Un **sintagma nominal:** *S'ha tornat una dona desconfiada*.
- Un **sintagma preposicional:** *Em va tractar de ximple*.
- Una **proposició subordinada:** *Es considera el que sap més que ningú*.

Per tal de **distingir** el complement predicatiu del complement circumstancial, cal fixar-se que el nucli del CP és, en molts casos, un adjectiu *(Els nens s'han posat contents)*, i el CC, un adverbi *(Elles treballen acuradament)*.

La substitució pronominal del CP

El complement predicatiu es pot substituir pels **pronoms febles** *hi* o *en*.

El pronom més habitual per a substituir un CP és *hi*.

Es nois s'han tornat més amables. → Els nois s'**hi** han tornat.
Em va tractar de ximple. → M'**hi** va tractar.
El nadó dorm tranquil. → El nadó **hi** dorm.

Només s'usa *en* quan el verb és *dir-se* o *fer-se* (sempre que *fer-se* no signifiqui *tornar-se* o *fer tornar: Que s'han fet madurs, els tomàquets? Sí, s'**hi** han fet*).

Ella es diu Helena. → Ella se'**n** diu.
M'he fet amic del veí. → Me **n'**he fet.

Sovint es pot utilitzar amb sentit partitiu o intensiu:

Me'**n** sento molt, d'estimat.

El Parc Güell va ser creat per Gaudí. En aquesta oració passiva trobem un complement agent *(Gaudí)* que esdevé el subjecte quan la transformem a la veu activa: *Gaudí va crear el Parc Güell.*

Verbs que solen exigir un CR

CR introduït per *a*

accedir, acostumar-se, arriscar-se, atrevir-se, contribuir, dedicar-se, exposar-se, negar-se, obligar, renunciar…

CR introduït per *en*

afanyar-se, complaure's, consistir, entossudir-se, interessar-se, pensar…

CR introduït per *de*

adonar-se, burlar-se, doldre's, dubtar, oblidar-se, parlar, penedir-se, recordar-se, riure's…

CR introduït per *amb*

avenir-se, comptar, fer-se, haver-n'hi prou, relacionar-se…

El complement agent

Indica qui és l'autor de l'acció expressada pel verb en les oracions passives.

El quadre és pintat per l'artista.
S pacient — Ag

El túnel ha estat foradat pels operaris.
S pacient — Ag

Tot i no ser el subjecte de l'oració passiva, el complement agent (Ag) **és qui realitza l'acció;** acompanya un verb en veu passiva i va introduït per la preposició *per.*

El complement agent es pot presentar amb les estructures següents:

- **Sintagma preposicional** (*per* + SN): ***per*** *l'artista,* ***pels*** *operaris…*
- ***Per*** + proposició subordinada: L'ordinador serà utilitzat per qui sàpiga com funciona.

El complement agent no es pot substituir per cap pronom. Per reconèixer-lo, transformem l'oració passiva a la veu activa:

El tapís va ser creat per l'artesà. (Passiva)
S pacient — V — Ag

L'artesà va crear el tapís. (Activa)
S — V — CD

La **veu passiva d'un verb** es construeix amb el mateix temps del verb *ser* que el verb que conjuguem i el participi d'aquest verb: *pinta* → *és pintat, han foradat* → *ha estat foradat, va crear* → *va ser creat, va contestar* → *va ser contestada, ha comprat* → *ha estat comprat…*

El complement de règim

Hi ha un seguit de verbs que **regeixen una preposició,** que és la que introdueix un complement verbal que anomenen de règim (CR). Observa-ho:

La Rosa es dedica **a** la traducció de llibres.
CR

No t'oblidis **de** preparar el sopar.
CR

L'Oriol pensa **en** l'examen de dilluns.
CR

El complement de règim pot estar format per:

- Un **sintagma preposicional:** *S'esforça en els estudis; S'ha oblidat d'ells; Va renunciar a l'herència.*
- Una **proposició subordinada:** *Va dubtar d'expressar la seva opinió; Adoneu-vos que són molt semblants; M'atreviré a saltar amb paracaigudes.*

La substitució pronominal del CR

El complement de règim es pot substituir pels següents **pronoms febles:**

Pronom feble	S'utilitza quan el complement de règim...
hi	Va encapçalat per les preposicions *a, amb* o *en.* Va renunciar <u>**a** l'herència</u>. → **Hi** va renunciar. Està interessat <u>**en** l'art</u>. → **Hi** està interessat.
en	Va encapçalat per la preposició *de.* S'ha oblidat <u>**d'ells**</u>. → Se **n'**ha oblidat.

Les **preposicions *en*** i ***amb*** canvien en ***a*** o ***de*** **davant d'infinitiu** i **desapareixen davant** la **conjunció *que*.**

*Confia **en** l'aprovat.*
- *Confia **d'**aprovar.*
- *Confia **ø** que aprovarà.*

*N'hi ha prou **amb** una resposta.*
- *N'hi ha prou **de** respondre'n una.*
- *N'hi ha prou **ø** que en responguis una.*

GRAMÀTICA

El complement circumstancial

Aquests complements (CC) modifiquen el significat del verb indicant-ne les circumstàncies de lloc, temps, instrument, manera, companyia, etc. Els podem identificar fent les preguntes *on?, com? quan?, amb què?...*

Tipus de CC	Respon la pregunta...	Exemple
CC de lloc	On?	Comprem **al mercat**.
CC de temps	Quan?	Hi anirem **demà**.
CC d'instrument	Amb què?	Escric **amb la ploma**.
CC de manera	Com?	Treballa **correctament**.

El CC pot estar format per:

- Un **sintagma adverbial:** *Treballa correctament*.
- Un **sintagma nominal:** *Marxarà dilluns*.
- Un **sintagma preposicional:** *Es van instal·lar a la masia*.
- **Proposicions subordinades:** *<u>Quan vam arribar</u> ja havien marxat; <u>Sortint de la casa</u> vaig caure; <u>Arribat el dia</u> vam volar cap a Nova York*.

La substitució pronominal del CC

Els pronoms febles que substitueixen els CC són els següents:

Pronom feble	S'utilitza quan el complement circumstancial...
hi	Està introduït per qualsevol preposició que no sigui *de.* *El públic ja s'ha assegut <u>a les cadires</u>.* → *El públic ja s'**hi** ha assegut.* El pronom *hi* també substitueix els CC que no tenen cap preposició. *Els agents es van desplaçar <u>ràpidament</u>. Els agents s'**hi** van desplaçar.*
en	Està encapçalat per la preposició *de.* *Els avis provenen <u>de Tarragona</u>.* → *Els avis **en** provenen.*

La combinació pronominal del CC i el CD

A l'hora de combinar el CC amb el CD, aquests exemples et poden servir de pauta.

Oració	**CD + CC**		**Oració resultant**
Ha comprat <u>el peix</u> <u>al mercat</u>.	→ el + hi	→	**L'hi** ha comprat.
Veig <u>la cadernera</u> <u>a la branca</u>.	→ la + hi	→	**La hi** veig.
Resol <u>els problemes</u> <u>fàcilment</u>.	→ els + hi	→	**Els hi** resol.
Netegem <u>les cases</u> <u>amb cura</u>.	→ les + hi	→	**Les hi** netegem.
Mira <u>pel·lícules</u> <u>a l'ordinador</u>.	→ en + hi	→	**N'hi** mira.

Mira pel·lícules a l'ordinador. En aquesta oració hi trobem un CC *(a l'ordinador)* i un CD *(pel·lícules)*. La substitució pronominal és com segueix: ***N'hi** mira.*

17. Reconeix els CP de les oracions següents. Tingues en compte que es poden confondre amb els CC.

- La roba va sortir eixuta.
- Les jugadores de bàsquet entrenen amb duresa.
- Ell es diu Daniel.
- L'Ester esperava les notes confiada.
- El comboi avançava lentament.
- Aquell nen sempre va molt net.
- Camina a poc a poc.
- El consideren el que sap més de la classe.

18. Fes la substitució pronominal dels complements predicatius i els CC de l'activitat anterior.

19. Identifica els CP i els Ag de les oracions següents:

- Les margarides van ser plantades pel jardiner.
- He quedat destrossada.
- El sol s'ha tornat vermell.
- Els llibres van ser comentats pels alumnes.
- Te n'has de mantenir allunyat.
- Els gerros són decorats pel ceramista.
- Va aparèixer cansat.

20. Identifica els complements agents de les oracions següents i després respon les preguntes.

- El cotxe ha estat comprat per la Cristina.
- Els turistes van ser informats pel guia.
- Les camises són planxades pel Miquel.
- Les cloïsses van ser menjades pels convidats.
- El dofí del zoològic serà ensinistrat per un equip.
- El cas va ser investigat per un detectiu.

— Qui realitza l'acció del verb?

— Quina preposició precedeix sempre l'Ag?

21. Passa a veu activa les oracions de l'activitat anterior.

22. Converteix el subjecte en un Ag; és a dir, transforma les oracions de veu activa a veu passiva.

- Els mariners portaven les barques a port.
- El professor havia demanat les llibretes.
- Els músics tocaven les cançons del nou àlbum.
- L'alcalde va anunciar l'inici de les festes.
- El lleó del zoològic menjava la carn.

23. Escriu dues oracions, l'una amb un CP i l'altra amb un CC, en què aquests complements substitueixin el mateix pronom feble. Fes-ho com en l'exemple.

- La mare **hi** arribava cada dia.

  La mare arribava <u>cansada</u> cada dia. (CP)
  La mare arribava <u>d'hora</u> cada dia. (CC)

- S'hi van quedar.
- Hi van aparèixer.
- L'amic hi camina.

24. Llegeix aquest text i identifica-hi els CP i els Ag.

> La posta de sol va ser meravellosa. De cop i volta el cel es va tornar vermell i els raigs de llum creaven uns efectes realment sorprenents. El pastor va quedar bocabadat davant d'aquell festival de colors, mentre les ovelles eren conduïdes pel gos cap al seu aixopluc. La dringadissa del ramat d'ovelles era com una suau cantarella que no desentonava pas amb la piuladissa dels ocells que buscaven refugi per passar la nit. El pastor caminava pensarós cap al corral. La porta havia estat oberta pel rabadà que li feia d'ajudant.

25. Identifica els CR i analitza'n l'estructura.

- S'ha penedit de comprar el cotxe.
- Recorda que avui surto una hora abans.
- Hi parlaré tan aviat com pugui.
- S'exposa a l'expulsió, si continua així.
- S'ha oblidat de la tovallola.

26. Escriu un CC a partir del pronom feble que el substitueix i digues de quin tipus és. Pot ser que hi hagi més d'una possibilitat. Observa l'exemple.

- Ara **en** vinc. → *Ara vinc <u>del mercat</u>.*
- El seu xicot hi vivia.
- Hi aniré de vacances.
- Ja n'han arribat.
- Hi guardarem les claus.

27. Formeu quatre grans grups base amb tota la classe i apliqueu la **tècnica cooperativa** de *TGT.*

— Cada grup base ha de treballar un d'aquests temes: el CP, l'Ag, el CR i el CC, i elaborar un joc de fitxes amb preguntes sobre les seves característiques.

— A continuació, formeu equips de quatre (un membre de cada grup base).

— El professor lliura a cada equip un joc de fitxes per començar a jugar i aprendre.

— Guanya qui aconsegueix més fitxes.

Les grafies *x/ix* i *ig/tx*

Les grafies *x* i *ix* sonen igual en bona part del domini català. El mateix passa amb *ig* i *tx,* que representen un altre so que sona igual.

__x__errada / __x__ocolatina / re__ix__a / pun__x__a / ru__ix__at

ra__ig__ / esto__ig__ / passe__ig__ / despa__tx__ / esqui__tx__

Per a saber quan s'escriu *x* o *ix, ig* o *tx,* hem de conèixer les normes següents.

Escrivim *x* a començament de mot i darrere la vocal *i;* escrivim *ix* darrere les vocals *a, e, o, u: Ha comprat una ca__ix__a de torró de __X__ixona.*

Escrivim *x:*

— A començament de mot: ***x**aloc, **x**al, **x**errac, **x**eringa, **x**ic, **x**inès, **x**ou, **x**umet...*

— Darrere consonant: *pin**x**o, man**x**ú, xar**x**a, car**x**ofa, bol**x**evisme...*

— Darrere la vocal *i: cli**x**é, gui**x**, i**x**ent...*

— Darrere el diftong decreixent *au: disbau**x**a, arrau**x**at...*

La grafia *x* representa diversos sons, a més del que hem vist:

El so compost sonor [gz] en les paraules que comencen per *ex-*.	***ex**agerat, **èx**it, **èx**ode, **ex**uberant...*
El so compost sord [ks] en la resta de posicions.	*Fèli**x**, tè**x**til, ta**x**i, anne**x**os, clà**x**on...*

L'ús de la *s* en algunes paraules

— Fixa't que hi ha paraules que, arran de la seva pronúncia, s'escriuen amb *s* i no amb *x: **es**pontani, **es**tendre, **es**trany, **es**tranger...*

Escrivim *ix:*

— Darrere les vocals *a, e, o, u: a**ix**ella, escre**ix**, ca**ix**er, dibu**ix**...*

La *i* d'aquest grup *ix* es pronuncia en tot el català occidental: *re**ix**a, mo**ix**ó...*

Escrivim *ix* darrere les vocals *a, e, o, u; x* a començament de mot, i *ig* a final de paraula, com en l'oració següent: *El te__ix__it ro__ig__ de les cadires és un __x__ic rosat.*

Escrivim *ig:*

— A final de paraula, quan els derivats s'escriuen amb *j/g* o *tj/tg*:

*bo**ig*** → *bo**j**a, bo**g**eria...*

*des**ig*** → *desi**tj**a, desi**tg**es...*

*ro**ig*** → *ro**j**a, ro**g**enc...*

*passe**ig*** → *passe**g**em, passe**j**ada...*

*enu**ig*** → *enu**tj**ar, enu**tg**es...*

Escrivim *tx:*

— Al principi d'algunes paraules d'origen estranger: ***Tx**ad, **Tx**èquia, **Tx**etxènia, **tx**ec...*

— A l'interior de paraula, entre vocals: *salsi**tx**a, bro**tx**a, capri**tx**ós, bu**tx**aca...*

— A final de mot, si s'escriu *tx* en paraules de la mateixa família:

*empa**tx*** → *empa**tx**ar, empa**tx**os...*

*esque**tx*** → *esque**tx**os...*

*sandvi**tx*** → *sandvi**tx**eria, sandvi**tx**os...*

*cartu**tx*** → *cartu**tx**era, cartu**tx**os...*

ORTOGRAFIA

Escrivim *g* i *tg* davant les vocals *e* i *i*: *La **G**emma és la massa**tg**ista del meu **g**imnàs. Practica diverses tècniques de massa**tg**e.*

Les grafies *g/j* i *tg/tj*

Per a usar correctament les grafies *g* i *j*, que en nombrosos casos representen el mateix so, cal conèixer les normes ortogràfiques que tot seguit repassarem. El mateix passa amb el so que correspon a les grafies *tg* i *tj*.

Escrivim *g* i *tg*:

— Davant la vocal *e*: ***g**egant, brute**g**es, ro**g**enc, **G**emma; me**tg**essa, massa**tg**e...*

— Davant la vocal *i*: ***g**írgola, **g**ibrell, en**g**inyós, le**g**itimar; paisa**tg**isme, here**tg**ia...*

Excepcions:

Escrivim *j* davant *e* en:

— Els grups *-jecc-* i *-ject-*: ***adjectiu, trajectòria, projecte...***

— Els verbs *jeure* i *ajeure*: ***jec, jeus, ajec, ajeus...***

— Els mots següents i els seus derivats: ***jersei, jerarca, majestat, jeràrquica...***

— Els noms propis hebreus: ***Jericó, Jerusalem, Jesús...***

— En les contraccions de *Josep* i *Josepet*: ***Jep, Jepet.***

Escrivim *j* i *tj*:

— Davant la vocal *a*: *bor**j**a, **j**aciment, men**j**ar, tru**j**a, mare**j**ada; allo**tj**ament, ju**tj**at, pe**tj**apapers...*

— Davant la vocal *o*: *ra**j**olí, pen**j**oll, **j**oguina, **j**ovent, flon**j**o, pu**j**ol; lle**tj**or, avanta**tj**ós, empi**tj**orar...*

— Davant la vocal *u*: *a**j**ustament, con**j**uminar, in**j**úria, **j**utge, **j**uganer, **J**úlia, **j**urista, in**j**ustícia...*

Puntua bé!

Les cometes

- Les **cometes** s'utilitzen per a:

  — Citar textualment el que ha dit o ha escrit una persona:

  La professora va avisar l'Enric dient-li: «Si no millores l'atenció durant les classes potser hauràs de repetir el curs».

  — Assenyalar que una paraula o una expressió són utilitzades irònicament o amb un doble sentit:

  És molt «llesta» per enganyar els qui l'envolten.

  — Citar els títols de capítols d'un llibre o els articles de revistes:

  A la pàgina d'«Agraïments» l'autor del llibre es refereix als seus mestres.

  El capítol titulat «Memòries de la guerra» ens parla de les principals dades relacionades amb aquell conflicte.

Practica-ho:

28. Torna a escriure aquestes oracions i col·loca les cometes en el lloc adequat.

- La conferència Cent anys de cinema va ser molt interessant.
- L'assassí va netejar l'escena del crim.
- La novel·la començava dient Era una nit de tempesta.
- Llavors en Martí va dir: No sé què vols que faci...

Dictat

29. Prepara aquest dictat:

S'allotgen al mateix hotel. El sopar celebra la primera nit a París. Això és el que creuen n'Agnès i n'Andreu. Per a na Mireia i en Jordi és l'inici del joc. Les taules, com havien planejat, quasi es toquen. Les converses gairebé podrien traçar-se en perpendicular. Però guarden les distàncies des del primer moment. N'Agnès porta un vestit escotat que li descobreix mitja esquena i que, a na Mireia, li inspira un sentiment de rebuig. Amb els ulls, s'esforça a dir-li, a en Jordi, que considera la seva elecció una ofensa. N'Andreu porta un vestit que en Jordi considera ridícul. Els protagonistes han fet un moviment de celles imperceptible. És un gest de desaprovació.

Maria de la Pau Janer, *Orient, Occident. Dues històries d'amor.* Cercle de Lectors.

— Respon les preguntes següents, relacionades amb el text del dictat.

- A quin verb pertany la forma *allotgen?*
- Escriu totes les formes del present d'indicatiu i del present de subjuntiu d'aquest verb.
- Observa les formes verbals en què s'ha usat *tj* o *tg* i escriu en el teu quadern la regla que controla l'ús d'aquests dos dígrafs:

  — Escrivim *tj* ....

  — Escrivim *tg* ....

- Considera el dígraf *ix* de la paraula *això*: sona com la *x* de *xocolata* o com la de *examen?*
- Pensa i escriu un mot de la família lèxica de *planejat* que s'escrigui amb *g* en comptes de *j*.
- Pensa i escriu un mot de la família lèxica de *rebuig* que s'escrigui amb *tj* i no amb el dígraf *ig*.

ORTOGRAFIA

Activitats

30. Completa en el teu quadern les paraules següents amb *g* o amb *j*.

ra...ar	in...ectar	ra...olí
...essamí	...erent	enve...a
...ungla	...erro	ma...estat
mà...ia	...ersei	sub...untiu
sufra...i	...eni	...oventut
ti...a	...oguina	...emma

31. Completa en el teu quadern les paraules següents amb *x* o amb *ix*.

e...erida	lle...a	bur...ar
cu...a	cala...	bo...
...iclet	reba...ar	ango...a
disbau...a	...ar...a	ar...ivar
mar...ar	ba...ada	mate...
è...it	reba...es	...errac

32. Completa en el teu quadern les paraules següents amb *tg* o amb *tj*.

mi...a	me...essa	rebu...ar
here...e	trepi...ar	gara...e
pla...es	enu...ós	se...e
desi...os	persona...e	vassalla...e
equipa...e	pi...or	asse...ar

33. Completa els mots següents amb les grafies *g*, *j*, *tg*, *tj*, *x*, *ix*, *ig*, *tx*.

...ebre • va...ell • e...emple • sub...ecte • missa...e pe...ada • ba...ar • despa... • à...il • esto... • ...uliol ...iscle • rebu... • desi...ar • empa... • e...amen • ...àfec e...èrcit • diri...ir • fe...uc • bo...í • esbar...o • salva...e • fu...ir

34. Completa en el teu quadern la taula següent:

Masculí singular	Masculí plural	Femení singular	Femení plural
		mitja	
flonjo			
	bojos		
			roges

35. Completa en el teu quadern la taula següent:

Verb	1a persona singular Present d'indicatiu	1a persona singular Present de subjuntiu	1a persona plural Present d'indicatiu
envejar			
rebutjar			
despatxar			
jeure			
fugir			
bracejar			

36. Troba en aquesta sopa de lletres les vuit paraules definides.

C	I	S	V	G	L	L	M	W	B	Q	I	D	N
C	K	H	T	X	A	A	D	X	W	A	P	I	O
Y	L	G	N	T	J	Q	R	R	D	L	P	N	N
Q	B	V	I	E	F	Y	H	X	W	P	O	A	A
M	E	G	S	E	G	T	A	S	S	A	M	I	T
G	I	T	A	M	K	A	M	R	H	Z	Q	R	G
D	A	S	V	T	F	G	R	I	X	H	P	E	E
T	K	R	D	A	S	A	Y	X	Q	S	E	G	S
G	I	R	A	F	A	E	G	N	M	V	L	L	Y
X	D	N	V	K	H	G	N	E	G	I	B	A	M
Z	O	U	X	F	J	G	E	I	D	S	I	C	T
G	I	N	E	S	T	A	Z	A	G	A	J	R	O
T	D	R	Z	V	S	Q	F	A	W	K	O	H	B
H	Y	E	T	N	C	G	L	A	T	I	G	I	D

1. Mamífer africà característic per la gran llargada del coll.
2. Títol honorífic donat als emperadors i les emperadrius i als reis i les reines.
3. Bosc de faigs.

4. Estat del nord de l'Àfrica.
5. Arbust de la família de les papilionàcies *(Spartium junceum)*, gairebé sense fulles, de branques verdes semblants a joncs i de flors grogues i oloroses.
6. Moviment conjunt de les onades del mar, produït per l'acció del vent sobre la superfície de l'aigua.
7. Pràctica terapèutica que consisteix a friccionar, amassar, percudir, etc., el cos o una part del cos.
8. Relatiu o pertanyent als dígits o als aparells que operen amb nombres expressats amb dígits.

37. Completa els buits en el teu quadern amb *g/j* o *x/ix*.

La ......inesta altra vegada!
La ......inesta amb tanta olor!
És la meva enamorada
que ve al temps de la calor.
Per a fer-li una abraçada
he pu......at dalt del serrat:
de la primera besada
m'ha de......at tot perfumat.
Feia un vent que enarborava,
feia un sol molt resplendent:
la ......inesta es re......irava
furiosa al sol rient. [...]
Amb un vímet que cre......ia
ignoscent a vora seu
he lligat la dolça aimia
ben estreta en un pom breu.
Quan l'he tinguda lligada
m'he ......irat de cara al mar...
M'he ......irat al mar, de cara,
que brillava com cristall;
he a......ecat el pom enlaire
i he arrencat a córrer avall.

Joan Maragall

38. Classifica les paraules següents en el teu quadern segons el tipus d'excepció a què pertanyen.

jèiem • objecció • majestat • Jep • ajeus
jersei • Jesús • Jepet • Jerusalem • projecte

Excepcions: Escrivim *j* davant *e* en: ...

- Els grups *-jecc-* i *-ject-*: ...
- Els verbs *jeure* i *ajeure*: ...
- Els mots següents i els seus derivats: ...
- Els noms propis hebreus: ...
- Les contraccions de *Josep* i *Josepet:* ...

— Quina és la norma general d'escriptura de la *j?*

39. Escriu un text breu en què apareguin paraules que exemplifiquin els casos que s'exposen i destaca-les.

- Una paraula en singular amb la grafia *tj.*
- La mateixa paraula d'abans, però ara en plural.
- Una paraula amb la grafia *ix* enmig.
- Una paraula amb la grafia *ix* al final.
- Una paraula amb la grafia *ig* al final.
- Una paraula, derivada de l'anterior, amb *g* o *j* enmig.

El significat variable de les paraules

Les paraules que utilitzem habitualment per a comunicar-nos solen tenir un significat determinat; generalment qui ens escolta sap de què parlem o a què ens referim quan fem servir un mot o una expressió concrets. Tanmateix, la major part dels mots tenen accepcions i significats diversos, depenent del context en què s'usen.

El **llenguatge literari,** com vam estudiar en la unitat 1, empra **recursos estilístics i retòrics** molt variats amb una finalitat estètica, perquè els textos siguin més bells i per a despertar emocions en els lectors. Una altra característica dels textos literaris és el **llenguatge connotatiu:** les paraules poden suggerir significats diferents en funció de la subjectivitat del lector. A continuació definim dos **recursos de tipus semàntic** molt presents en el llenguatge literari: la **metàfora** i la **metonímia.**

D'altra banda, la **llengua** és un **fet social** i, com a tal, reflecteix les creences, els hàbits, les pors i prevencions, les esperances o les prohibicions de cada societat. En aquesta profunda implicació entre llengua i societat s'inscriu un fet lingüístic universal, però sempre canviant: el dels **mots tabú** i els **eufemismes** que pretenen suplir-los. Més endavant veurem amb exemples com n'és, de ràpida, l'**evolució** que experimenten les maneres de designar algunes realitats.

Des del Pacífic

La paraula *tabú* és probablement l'única que ens ha arribat d'una llengua tan llunyana com el **tongalès,** parlada a les illes Tonga, a la Polinèsia. Els antropòlegs es van fixar en les prohibicions de caire social i d'origen màgic i religiós que tenien els habitants d'aquestes illes del Pacífic, i van adoptar el nom que usaven els tongalesos per a designar-les.

Totes les societats tenen tabús, i el mot s'ha estès a d'altres àmbits, com ara la psicologia i, com veiem aquí, la semàntica.

Metàfora

Consisteix a emprar un mot que indica literalment una cosa per a expressar-ne una altra que té una certa similitud amb aquella. S'utilitza sovint en la poesia.

S'hi vinculen dos termes, un de real (R) i un altre d'imaginari (I), i s'estableix una identificació a partir d'una relació de semblança, com en l'exemple següent:

El vori de la seva boca.
I

La metàfora anterior expressa una equivalència entre el color blanc del vori i el de les dents. Aquí el terme real (R) ha desaparegut, però de vegades també pot serhi present, com en els següents versos de Brossa, que contenen tres metàfores.

Per les mirades era una gasela;
R I
tenia el coll com el del cérvol blanc;
eren els llavis dues flors amb sang;
R I
la mitjanit era la seva trena.
I R

Metonímia

És una figura retòrica que consisteix a designar una cosa amb el nom d'una altra amb la qual manté una relació necessària. Es basa en una relació de proximitat, física o lògica, entre aquestes dues realitats, com ara l'efecte per la causa, el contingut pel continent, etc., o viceversa. Vegem els exemples següents:

1 • El continent pel contingut: *S'ha pres un got de llet*. Vol dir que s'ha begut el contingut d'un got, no pas el got.

2 • L'autor per l'obra: *S'ha venut el Miquel Àngel*. Volem expressar que s'ha venut una obra de l'artista renaixentista Miquel Àngel.

3 • La marca pel producte: *Ha rentat el Volkswagen*. Volem expressar que ha rentat un cotxe de la marca Volkswagen.

4 • La persona per l'instrument que toca

Políticament correctes

L'ús reiterat d'eufemismes per no ofendre ningú dona origen al **llenguatge políticament correcte,** que pot arribar a cansar i a fer el discurs feixuc i poc entenedor; cal fixar-se sempre en el context, en els destinataris, en el grau de formalitat...

Precisament, per a evitar l'efecte de «massa políticament correcte» la llengua espontània ha creat una forma de rebel·lió anomenada **disfemisme,** que consisteix a utilitzar expressions despectives o negatives per a ridiculitzar l'ús dels eufemismes; sovint tenen un to humorístic. En el cas del lavabo, en seria un exemple l'expressió *anar a veure el senyor Roca,* disfemisme originat a partir del nom d'una marca d'inodors (un altre eufemisme), i que pretén ridiculitzar l'obsessió per no dir les coses pel seu nom.

Mots tabú

Les paraules tabú són **termes** que es consideren **de mal gust** perquè al·ludeixen a **realitats** crues, vulgars, grolleres, ofensives o que **es volen evitar.**

Evidentment, quins termes són tabú o, fins i tot, quins àmbits de la realitat humana inclouen tabús són qüestions que varien d'una societat a una altra i d'un moment històric a un altre. Alguns dels camps semàntics que avui dia comprenen més paraules tabú són els següents: malalties i defectes físics o psíquics de les persones i la seva edat; economia, política, guerres, discriminació; funcions fisiològiques, òrgans sexuals i relacions íntimes; situació laboral i oficis; etc.

Eufemismes

Per tal d'evitar els mots considerats tabú, la llengua crea contínuament eufemismes, és a dir, paraules o expressions que **els substitueixen.**

Vegem exemples d'eufemismes corresponents a mots tabú de diversos àmbits.

invident per *cec, tercera edat* per *vellesa; neutralitzar* per *massacrar, persona de color,* o *subsaharià,* per *negre; empleat de finca urbana* per *porter, comercial* per *venedor, excedents laborals* per *aturats; parts íntimes,* per a anomenar qualsevol dels *òrgans sexuals; traspàs* per *mort,* i *infantar,* o *donar a llum,* per *parir.*

No fa ni un segle que era corrent sentir *comuna* (que a l'origen ja era un eufemisme) per a designar la cambra on s'acompleixen les realitats fisiològiques de la micció i la defecació. Tant aquest mot com *latrina* es van considerar malsonants, i es va recórrer a un manlleu de l'anglès: el mot *vàter.* Aquest idioma havia creat l'eufemisme *water-closet* (literalment, 'recambró amb aigua') i moltes llengües el van adoptar. En català, just quan el mot va ser adaptat ortogràficament, ja va ser considerat de mal gust, i per això només el trobem escrit en la forma abreujada i neutra *WC*. Però fins i tot això ha estat considerat tabú, i actualment els mots que s'utilitzen són tan neutres com *serveis* (en locals públics) o, en una casa, *bany* o *lavabo,* mots que al principi designaven altres zones de la mateixa cambra.

Altres mots han seguit una evolució similar: *paper de vàter* (que anomenem *paper higiènic*), o bé *pixar*, o *orinar*, avui neutralitzats amb l'eufemisme *anar al lavabo*.

Activitats

40. Identifica els recursos retòrics que apareixen en els poemes següents. Justifica la resposta.

Estàvem sota la volta
catedralícia d'un bosc
de castanyers.

Joan Perucho

El Picasso del museu
de la guerra era denúncia,
de la pau, un altaveu.

Ferran Pérez

41. Digues a quins conceptes es refereixen els eufemismes següents:

desocupació • reajustament de preus • anar de cos
tercera edat o gent gran • traspàs • donar a llum
desacceleració econòmica • empleada domèstica o noia de servei • excedents laborals • discapacitats visuals
població nouvinguda • discapacitats auditius

42. Elabora un text d'unes deu ratlles on facis servir tants eufemismes com puguis per a tractar el tema de la discriminació (racial, de gènere, laboral, econòmica, lingüística i cultural...), mirant de no ofendre ningú.

43. Emparella els mots o expressions de les dues columnes. Classifica'ls en mots tabú o eufemismes.

faltar a la veritat	lleig
llarga malaltia	avortament
embriaguesa	borratxera
minusvàlid	mentir
centre penitenciari	presó
poc agraciat	crisi
deteriorament del mercat de treball	càncer
desacceleració de l'economia	augment de l'atur
interrupció de l'embaràs	paralític

La poesia i el teatre del segle XVIII

El **Neoclassicisme** és el moviment estètic i literari propi de la segona meitat del segle XVIII. Aquest moviment sorgeix com a reacció de cansament contra els excessos retòrics del Barroc, tant pel que fa a la forma com al contingut.

En literatura, aquest moviment recupera la inspiració en la cultura i els ideals del món clàssic, de l'Antiguitat a Grècia i Roma. El Neoclassicisme es caracteritza per l'equilibri, la sobrietat i la mesura. Per això la literatura neoclàssica conrea sobretot gèneres com l'assaig i la prosa didàctica, relacionada amb l'interès científic i la recerca, aspectes que ja hem tractat en unitats anteriors.

Pel que fa a la poesia i el teatre, el Neoclassicisme es decanta per gèneres com la **tragèdia** inspirada en el món clàssic grecollatí, la **comèdia** de caràcters i la **poesia pastoral** (que serveix de mitjà per a aportar ensenyaments i reflexions morals).

La poesia

La poesia culta en català combina trets diversos: **barrocs**, **rococós** i **neoclàssics.**

Pel que fa al corrent neoclàssic, en català destaca l'obra d'alguns poetes menorquins, entre els quals **Joan Ramis,** autor de l'ègloga *Tarsis i Filis.* També el romanç *Soliloqui de Caifàs,* del metge **Ignasi Ferreres,** que va compondre una *Apologia de l'idioma català*. El *Soliloqui* presenta trets preromàntics, igual que un altre poema d'autor anònim, *Lo Temple de la Glòria,* que s'atribueix al notari **Ignasi Plana.**

La poesia es caracteritza generalment, respecte a la forma, pel **vers alexandrí,** el seu **caràcter narratiu,** més que no pas líric, i la **finalitat didàctica.**

Quant a la temàtica, en la poesia catalana del XVIII hi ha una tendència a mitificar tot el que té a veure amb les **relacions** vitals i intel·lectuals de l'**individu** amb la **societat** i la **natura.** D'altra banda, els autors sovint opten per la recreació de **paisatges bíblics** i pel recurs al **mite moral.**

En un altre àmbit, l'estudiós Antoni Febrer i Cardona (Maó, 1761-1841) publicà reculls de poesia popular i traduí autors clàssics llatins com Ciceró i Virgili.

El teatre

El gènere teatral que més va promoure el Neoclassicisme és la **tragèdia clàssica.** El màxim representant d'aquest gènere en llengua catalana és **Joan Ramis.**

Un altre autor teatral, d'inspiració més popular, és **Ignasi Plana,** també poeta, que va escriure sainets i comèdies sobre vides de sants i altres temes religiosos.

Joan Ramis (Maó, 1746-1819) sintetitza l'esperit del Neoclassicisme i la Il·lustració. La seva obra presenta influències grecollatines, que li arriben a través de les lletres franceses i de la cultura anglesa, com a resultat de la situació política de Menorca i de la seva amistat amb membres de la classe dirigent de l'illa.

Menorca va estar ocupada per la Gran Bretanya del 1708 al 1783, però els anglesos van respectar les institucions locals i l'ús del català. En aquesta etapa l'illa va conèixer un important desenvolupament econòmic i també cultural. La burgesia il·lustrada va crear la **Societat Maonesa de Cultura,** institució des de la qual es va impulsar la literatura d'estil neoclàssic. Joan Ramis va ser-ne la figura més rellevant.

Ramis és el màxim representant de la tragèdia neoclàssica en català. La mostra més reeixida n'és *Lucrècia* (1769). Ramis també és autor, en català, de la tragicomèdia *Rosaura o el més constant amor* (1783); de poemes, que ja hem esmentat, i d'alguns estudis històrics.

El Neoclassicisme

Aquest moviment estètic del segle XVIII, inspirat en l'Antiguitat grecoromana i relacionat amb la Il·lustració, recupera els **models clàssics.** Va arrelar sobretot al Rosselló i a Menorca, a causa de la situació política que hi havia en aquella època: el Rosselló pertanyia a l'Estat francès, i a Menorca, que va estar sota domini britànic durant la major part del segle, el nivell cultural era elevat.

Visió 360°

El Teatre Principal

Sabíeu que el teatre més antic de Barcelona i un dels més antics de l'Estat espanyol està situat a la Rambla de Barcelona? És el Teatre Principal, que data de mitjan segle XVI. Va ser conegut amb diferents noms (Cases de l'Òpera, Teatre de la Santa Creu) fins que el 1840 va rebre el nom de Teatre Principal. L'edifici actual va ser inaugurat el 1788, però el 1847 va ser remodelat. Patí incendis i reconstruccions, i el seu prestigi minvà. Va tancar les portes el 2006. Però un edifici com el Principal no es podia deixar perdre…

» Ara us proposem que feu una mica de recerca per esbrinar què ha succeït amb el Teatre Principal al llarg de la seva història i quins espectacles s'hi han presentat.

Tarquini i Lucrècia, quadre de Ticià (1570) que representa l'atac del príncep Tarquini contra la jove durant l'absència del seu espòs.

Lucrècia, una tragèdia neoclàssica

Argument

L'acció de *Lucrècia* se situa a l'antiga Roma, concretament durant el setge de la ciutat d'Ardea. Els protagonistes són el príncep Tarquini i el matrimoni format per Col·latí i Lucrècia, que s'estimen apassionadament.

Col·latí és general i ha de marxar al front, fet que Tarquini, fill del rei Tarquini el Superb, aprofita per declarar el seu amor a Lucrècia. Ella no l'accepta i per això Tarquini l'amenaça de mort i, irat, la viola. La noia se suïcida quan torna Col·latí, després d'explicar-li tot el que ha succeït. L'obra conclou amb un pacte de cavallers entre Col·latí i el seu company Brutus per matar el tirà.

Tema

Lucrècia s'inspira en un episodi molt conegut de la història de Roma. La violació de Lucrècia per part del fill del tirà Tarquini el Superb, que regnà a Roma en el segle VI a.C., és un tema clàssic que es reflecteix en l'art i la literatura de totes les èpoques. La intenció última de la història és **defensar la llibertat enfront de la tirania,** i per això s'estableix un paral·lelisme entre les amenaces i els ultratges soferts per Lucrècia i els que pateix el conjunt del poble sota el govern de Tarquini. Per tant, els processos de rebel·lia en favor de la dignitat i de la llibertat són paral·lels.

Forma

L'obra, que s'estructura en cinc actes, respecta la **triple unitat** de lloc, de temps i d'acció. Cal destacar-ne l'ús de **versos alexandrins** apariats, així com la utilització d'un català pur, exempt de castellanismes.

Llegeix el fragment de l'obra que hi ha a continuació, on Lucrècia explica al seu espòs, retornat del front, els sofriments que ha patit durant la seva absència.

> A penes de mos ulls t'havies apartat, / a penes m'atrobava en tan terrible estat,
> quan Tarquino, aumentant ma pena, mon dolor, / em proposa, em declara el seu indigne amor.
> I, per rendir mon cor, per vèncer ma fermesa, / son ceptro me promet, son reine, sa grandesa.
> Mes, veent que continuava encara ma constància, / a la fi, del tirà s'irrita l'arrogància,
> abusa del poder que li ha donat el Cel, / comet l'acció més vil, comet l'acció més cruel,
> i, en un instant, redueix la tua esposa amada / de la sort més feliç a la més desditxada.

Activitats

44. Quin moviment estètic i literari sorgeix durant la segona meitat del segle XVIII?

- Explica les característiques d'aquest moviment des del punt de vista literari.
- Enumera els gèneres teatrals i poètics típics d'aquest corrent.

45. Completa aquesta taula sobre la poesia del segle XVIII.

Poesia catalana del segle XVIII	
Principal corrent a què s'adscriu	
Autors	
Forma	
Temes	

46. Llegeix aquest fragment de *Lucrècia* i respon.

> Quan mir ple de dolor la trista pàtria mia
> de Tarquino i sos fills sofrir la tirania?
> No, no, morir primer que suportar tal sort:
> vida sens llibertat no és vida, sí que és mort.

- A quin gènere teatral pertany aquesta obra? Explica quines característiques té.
- Relaciona el parlament d'aquest fragment amb el tema de l'obra.
- Fes-ne el recompte sil·làbic i determina quin tipus de versos són.

47. Justifica per què alguns dels màxims exponents de la literatura catalana neoclàssica provenen del Rosselló i de Menorca.

El teatre

A l'escenari!

Ja heu treballat algunes característiques dels gèneres literaris, i concretament del teatre; en coneixeu autors i obres de diferents èpoques. Ara us toca a vosaltres ser els autors d'un text teatral.

Abans d'anar per feina, organitzeu grups de tres o quatre persones i planegeu bé quina serà la vostra història, ja que haureu de redactar un text teatral imaginat per vosaltres.

Abans de començar a escriure heu de planificar bé les característiques que tindrà el vostre text teatral. Per a fer-ho, primerament heu de tenir clar a quin **gènere** voleu que pertanyi la vostra obra: **tragèdia, comèdia** o **drama.** Quan l'hàgiu triat, repasseu quines característiques haurà de tenir i responeu les preguntes següents:

- Quin serà el **tema** de la història?
- En quina **època** i **temps** transcorrerà?
- En quins **espais** se centraran les escenes: interns i/o externs?
- Quins **personatges** hi intervindran? Quins seran els principals, i quins els secundaris?
- Quin serà l'**argument**? Feu un esquema de la successió dels fets.

— Un cop resolta la primera part, dividiu l'argument en tres actes (cada acte acostuma a correspondre al plantejament, el nus i el desenllaç narratiu) i creeu un esbós del contingut que hi haurà en cada part.

Podeu fer una graella com la següent:

Acte I	Acte II	Acte III
(resum del contingut)	(resum del contingut)	(resum del contingut)

I un detall força important: penseu un títol que representi bé el contingut de l'obra.

— Després d'haver-ho planificat tot bé, ja podeu passar a la tercera part: **redactar l'escena** que heu escollit. Tingueu en compte els aspectes que s'indiquen en el requadre de la dreta. Un cop enllestit el vostre text, repasseu ben a fons l'ortografia.

— Finalment, cal que **dissenyeu l'escenografia:** el decorat, el vestuari, la il·luminació i el so. Penseu-hi bé i dibuixeu un croquis que reculli tots aquests aspectes, essencials en una representació teatral.

I ja està! Ara només us queda animar-vos a representar l'escena o a dramatitzar-la en veu alta davant dels companys.

IMPORTANT

- Introduir la vostra escena amb els personatges que hi intervindran.
- Introduir els diàlegs amb el nom del personatge que parla en cada moment.
- Fer ús de les acotacions (escrites entre parèntesis i en cursiva) per tal d'ambientar bé l'escena: com s'han de moure o quina actitud han de tenir els personatges que hi participen…
- Utilitzar el registre adient per a cada personatge. Quan aneu escrivint el text poseu-vos a la seva pell per tal de poder donar una millor interpretació, entonació i credibilitat al text.
- Rellegir sovint el text que aneu escrivint per tal de verificar que tot tingui sentit i cohesió, i que no us hàgiu deixat cap aspecte important o frase difícil de comprendre.

SÍNTESI

El text argumentatiu

El text argumentatiu té com a finalitat **expressar una opinió, rebatre o convèncer** el receptor, ja sigui de manera racional, amb raonaments lògics, o de manera emotiva, **amb arguments de tipus persuasiu.**

Complements verbals (II)

El **complement predicatiu (CP)** és el complement verbal que completa, alhora, el significat del verb i el del subjecte o el complement directe.

El **complement agent (Ag)** indica qui és l'autor de l'acció expressada pel verb en les oracions passives.

Hi ha un seguit de verbs que regeixen una **preposició,** que **introdueix** un complement verbal que anomenem **complement de règim (CR).**

El **complement circumstancial (CC)** modifica el significat del verb indicant-ne les circumstàncies de lloc, temps, instrument, manera, companyia, etc. Aquests complements els podem identificar fent les preguntes *on?, com? quan?, amb què?...*

Les grafies *x/ix, ig/tx, g/j, tg/tj*

Escrivim ***x*** **a començament de mot, darrere consonant, darrere** la vocal ***i*** i darrere el diftong decreixent ***au.*** Escrivim ***ix*** **darrere** les vocals ***a, e, o, u.***

Com a norma general, escrivim ***j*** **i** ***tj*** **davant les vocals *a, o, u,*** mentre que escrivim ***g*** **i** ***tg*** **davant les vocals *e, i.***

El significat variable de les paraules

El llenguatge literari empra **recursos estilístics** de **tipus semàntic,** com ara la **metàfora** i la **metonímia.**

D'altra banda, la **llengua** és un **fet social.** La profunda implicació entre llengua i societat origina fenòmens lingüístics universals i sempre canviants: els **mots tabú** i els **eufemismes** que pretenen suplir-los.

La poesia i el teatre del segle XVIII

La **poesia** mostra trets rococós, barrocs i neoclàssics. El **Neoclassicisme** es decanta per gèneres com la **tragèdia clàssica** (J. Ramis), la **comèdia** i la **poesia pastoral.**

Activitats finals

El text expositiu. El text argumentatiu

1. Llegeix amb molta atenció aquest text i respon les qüestions que segueixen.

Dependència de les noves tecnologies

Les «noves tecnologies» ens ofereixen la possibilitat d'interactuar i comunicar-nos de forma gairebé immediata amb qualsevol part del món. Avui dia és pràcticament impossible pensar en una realitat sense internet, telèfon mòbil, videojocs i una llarga llista d'etcèteres. D'això se'n deriven indubtables efectes positius, com ara l'agilitació de tràmits i gestions, l'accés a una quantitat gairebé il·limitada d'informació, poder posar-se en contacte amb els altres sense que la distància sigui un impediment, i sens dubte han estat una revolució en la manera de gaudir de l'oci.

Malgrat tots els aspectes positius, les tecnologies per si mateixes no són ni beneficioses ni perjudicials per a la salut de l'usuari, això més aviat depèn de l'ús que se'n faci. Un mal ús (o abús) pot acabar provocant una dependència o addicció.

La diferència entre tenir un hàbit i una addicció és el grau d'interferència que pugui tenir l'activitat en la vida quotidiana. La conducta addictiva influeix en l'esfera emocional i social de la persona i pot provocar un deteriorament en diferents aspectes de la seva vida, com ara en les relacions amb els altres (família, companys, amics), en el rendiment acadèmic, o pot provocar problemes laborals, etc.

http://www.centrejove.org/info/9-3_dependencia_noves_tecnologies.html (text adaptat).

— De quin tipus de text es tracta? Creus que podria pertànyer a més d'una tipologia? Per què?

— Justifica la resposta amb exemples del text. Per fer-ho, fixa't en l'estructura, en el llenguatge que empra l'autor, en les idees que s'hi expressen, en les afirmacions que s'hi fan...

— Anota les idees més importants que s'hi desenvolupen i fes-ne un esquema mental.

Complements verbals

2. Reconeix els CD d'aquestes oracions i substitueix-los pels pronoms febles adequats.

- L'Enric ha reiniciat l'ordinador.
- Posa tinta a la impressora.
- Si fas això et donaré un premi.
- Ha trencat els plats nous!
- Veiem coses estranyes.
- Vaig pensar que marxaries.
- Compra mongetes tendres.
- Obriré la porta quan truquin.
- Les ovelles es mengen l'herba.
- Visitarem les ruïnes romanes.

3. Relaciona cada combinació de pronoms febles amb els CD i els CI que hem subratllat en les oracions.

els hi • la hi • les hi • l'hi • els els • els la

- Ella reparteix els llibres als alumnes.
- Demà ensenyaré el cotxe al meu germà.
- Va dedicar la cançó als seus seguidors.
- Van demanar les claus al porter.
- Jo compro la roba a la botiguera.
- Has de vendre els tomàquets al client.

4. Substitueix el CD i el CI d'aquestes oracions per combinacions de pronoms febles i després escriu-los davant i darrere del verb. Observa l'exemple.

El professor va donar la feina (CD) als alumnes (CI).

*El professor va donar-**los-la**.*
*El professor **els la** va donar.*

- Va posar el pijama al nadó.
- Els patges dels Reis donen caramels als nens.
- Portarem allò a en Martí.
- Soluciona els problemes als companys de classe.
- Preparen el sopar per als seus fills.
- Digues a l'Elena que l'esperaré.

La vocal neutra. Les grafies *p/b, t/d, c/g* i *b, v, w*

5. Completa les paraules següents amb *a* o amb *e*.

r.....ncor s.....rgent marbr..... mon.....stir program..... monarc..... av.....ntatge espàrr.....c

ass.....mblea .....valuació av.....ria d.....vant xerrair..... m.....ravella s.....nefa .....nyorar

6. Completa les paraules de les oracions següents amb les grafies correctes.

- L'alumne va ser declara... no a...te en l'examen; per això no va poder a...cedir a la ...eca.
- El primer deba... ele...toral va ser a...surd, ja que els dos candida...s es van acusar de demago...s.
- Va ha...er de cordar-se l'abri... perquè s'ha...ia refreda... una mica.
- Com que teníem molta se..., vam parar per ...eure un glo... d'aigua a...ans d'arri...ar a la meta.
- Corríem mol... ràpi... en ...icicleta sobre l'asfal... perquè ...olíem arri...ar al capdavan... de la cursa.
- La meva inquietu... no vol dir que sigui un co...ard; però és verita... que tin... por que les coses empitjorin.
- Els aspirants no presenta...en prou a...titu...s per al càrre... i van ser re...utjats.
- No cone... gaire gen... en aquest indre...; tro...o que és massa a...orrit.
- La ...rutícia em fa mol... de fàsti..., la neteda... és importan... sempre.
- Com que tin... al·lèrgia no ...aig gaire a l'hor... ni al bos...; tampoc pren... formatge ni lle... de ...aca.

Posa a prova les teves competències

Banc d'estadístiques

Dades de població a Osona

Població | Economia | Societat | Territori | Idescat

	Nombre de persones	%
Població total	**155.069**	**100**
Nacionalitat espanyola	133.042	85,8
Població estrangera	22.027	14,2
Població estrangera per origen		
Europa	**3.750**	**17,02**
Unió Europea	3.257	14,79
Europa Central i Oriental	467	2,12
Resta d'Europa	26	0,12
Àfrica	**13.274**	**60,26**
Àfrica del Nord i Magrib	10.046	45,61
Àfrica subsahariana	3.185	14,46
Àfrica Central i Meridional	43	0,20
Amèrica	**3.047**	**13,83**
Amèrica del Nord	32	0,15
Amèrica Central	450	2,04
Amèrica del Sud	2.565	11,64
Àsia	**1.952**	**8,86**
Orient Mitjà	12	0,05
Àsia Central i Oriental	1.890	8,58
Sud-est asiàtic i Japó	50	0,23
Oceania	**4**	**0,02**

Font: Idescat / INE. Dades del padró municipal d'habitants.

@ **www.idescat.cat/cat/poblacio/padro.html**
www.idescat.cat/poblacioestrangera/

1. Per a què serveixen les estadístiques?
2. Escriu en el teu quadern les dades que aporta aquest banc d'estadístiques sobre les qüestions següents:
   - Comarca de Catalunya.
   - Àrea geogràfica de major procedència d'estrangers.
   - Àrea geogràfica de menor procedència d'estrangers.
   - Nombre total d'habitants.
   - Nombre total d'habitants de nacionalitat no espanyola.
   - Nombre total d'habitants de procedència europea (exclosos els espanyols).
3. Dibuixa una gràfica amb les dades totals per procedència.
   — Quin és el continent del qual prové el major nombre d'immigrants?
4. Digues si les afirmacions següents són vertaderes (V) o falses (F).

	V	F
• El continent més representat en aquesta comarca és l'europeu.	☐	☐
• La població provinent d'Amèrica no supera el miler de persones.	☐	☐
• La població provinent d'Àfrica és majoritària entre els estrangers.	☐	☐

5. @ Entra a **www.idescat.cat** i busca el banc d'estadístiques de la teva comarca. Anota els mateixos ítems que en les activitats 2 i 3 i fes una taula comparativa.
   — Indica les semblances i les diferències amb la comarca de l'exemple.
   — Escriu les conclusions objectives a què has arribat.
   — Exposa la teva opinió personal.

6. Què s'amaga darrere les sigles INE? Saps què és l'Idescat? Tria l'opció correcta en cada cas.

INE

- ☐ Institut Nacional d'Estudis
- ☐ Institut Nacional d'Estadística
- ☐ Institut d'Estudi de la Natura

Idescat

- ☐ Institut d'Estadística de Catalunya
- ☐ Institut d'Estudis Estadístics
- ☐ Institut Català d'Estudis

7. Explica amb paraules teves què signifiquen els mots *cens* i *habitatge*. Si ho necessites, pots consultar el diccionari.

8. Escriu un text argumentatiu breu en què valoris de manera positiva la multiculturalitat de la nostra societat, derivada de la immigració.

— Coneixes persones que tinguin una visió negativa de les societats multiculturals? Explica amb quins arguments rebatries aquestes opinions.

9. Llegeix atentament el text següent i fes les activitats que hi ha a continuació.

L'estadística

L'estadística és la ciència que recull, classifica, analitza i interpreta dades relatives a un conjunt d'elements i, a més, és una ciència que treballa amb dades numèriques. Es pot aplicar en qualsevol disciplina del coneixement per a explicar esdeveniments, és a dir, es fa servir quan cal tenir dades que ens puguin ajudar a extreure conclusions respecte al fenomen objecte d'estudi. No tan sols es fa servir en les ciències físiques i experimentals, sinó també en les humanístiques i socials. Les dades que fa servir l'estadística provenen dels registres administratius que tenen els diferents nivells de l'Administració, on consten dades diverses sobre la població o les empreses, i de les operacions estadístiques que es realitzen per conèixer l'opinió, els hàbits o les característiques de la població o de les empreses.

— Assenyala tots els complements verbals del text i indica'n la tipologia en cada cas. Justifica la resposta.

— Digues quin so representen les grafies destacades en les paraules següents: *cone**ix**ement, e**x**plicar, e**x**treure, conè**ix**er, e**x**perimentals*.

— Justifica, segons les normes ortogràfiques, l'ús de les grafies destacades: *con**j**unt, ob**j**ecte, re**g**istres*.

10. Identifica la metàfora que hi ha en aquests versos de Joan Maragall. Justifica la resposta.

A mig aire de la serra
veig un ametller florit:
Déu te guard, bandera blanca,
dies ha que t'he delit!
Ets la pau que s'anuncia
entre el sol, núvols i vents…
No ets encara el millor temps
però en tens tota l'alegria.

Reflexiona

Diari d'aprenentatge

— Per què és important saber redactar textos de diferents tipus?

— T'ha agradat escriure un text teatral? Què t'ha semblat el treball en equip? Què has après dels companys?

— Has ampliat els teus coneixements sobre el significat variable de les paraules? Per a què creus que et serà útil en el dia a dia?

Les funcions del llenguatge

En cursos anteriors has estudiat els elements que intervenen en la comunicació. Per a entendre bé les funcions del llenguatge, recordem els elements que es presenten en qualsevol situació comunicativa:

Emissor: persona que emet el missatge.

Receptor: persona que rep el missatge.

Missatge: informació que l'emissor envia al receptor.

Codi: conjunt de signes amb els quals s'elabora el missatge.

Canal: mitjà a través del qual la informació arriba de l'emissor al receptor.

Context: situació i circumstàncies en què s'estableix la comunicació.

A partir d'aquests elements, el lingüista Roman Jakobson va analitzar les funcions bàsiques del llenguatge, que són les que s'expliquen a continuació.

Referencial o informativa

Serveix per a...	Utilitza...
Informar d'algun fet o transmetre un contingut. L'element de la comunicació que pren rellevància és el **missatge.**	Verbs en mode indicatiu. Formes verbals en tercera persona. Lèxic clar i entenedor. Oracions senzilles i sense ornaments.

Expressiva o emotiva

Serveix per a...	Utilitza...
Expressar els sentiments i les **emocions** de l'emissor.	Formes verbals en primera persona. Oracions exclamatives i interrogatives.

Conativa o apel·lativa

Serveix per a...	Utilitza...
Cridar l'atenció i **influir** en el receptor perquè actuï d'una manera determinada.	Verbs en mode imperatiu. Formes verbals en segona persona. Oracions exclamatives i interrogatives.

Fàtica

Serveix per a...	Utilitza...
Assegurar el funcionament del canal.	Preguntes curtes i expressions senzilles.

Poètica

Serveix per a...	Utilitza...
Embellir el missatge. És pròpia de la llengua literària.	Lèxic acurat. Els recursos propis de la llengua literària: metàfores, personificacions...

Metalingüística

Serveix per a...	Utilitza...
Aclarir i explicar conceptes referits al **codi**, a la llengua mateixa.	Termes precisos i clars. Oracions senzilles i concises.

Un exemple de metalingüística seria el text següent:

La **precisió lèxica** consisteix a utilitzar el vocabulari precís i correcte en el context adequat.

Activitats

1. Digues de quina funció del llenguatge es tracta en cada cas.
   - Porta'm la llibreta!
   - Que em sentiu?
   - *Caseta* és un mot que deriva de *casa*.
   - Quin jersei més bonic que portes!
   - Els mosquits són insectes dípters.
   - Vinyes verdes, vora el mar,
     ara que el vent no remuga,
     us feu més verdes i encar
     teniu la fulla poruga,
     vinyes verdes, vora el mar.

     Josep Maria de Sagarra

2. Quines dues funcions del llenguatge creus que són més pròpies de la llengua oral?

3. Inventa't una oració corresponent a cada funció del llenguatge utilitzant en cada cas la paraula *flor.*

   Fixa't en l'exemple:

   Referencial o informativa → *En arribar la primavera assistim al naixement de les flors*.

4. Indica si les afirmacions següents són vertaderes (V) o falses (F). Aquestes últimes, corregeix-les.
   - ☐ La funció metalingüística fa referència al codi.
   - ☐ La funció fàtica sovint fa servir verbs en imperatiu.
   - ☐ El codi és el conjunt de signes amb els quals s'elabora el missatge.
   - ☐ El canal és el mitjà a través del qual el missatge arriba de l'emissor al receptor.
   - ☐ La funció metalingüística vol influir en el receptor.
   - ☐ La funció conativa informa d'un contingut.
   - ☐ La funció referencial utilitza un vocabulari clar i entenedor.

L'obtenció d'informació (III)

Després de treballar les fonts escrites i les orals, ara estudiarem l'obtenció d'informació mitjançant algunes de les fonts més utilitzades actualment: les fonts audiovisuals i les fonts electròniques.

Les fonts audiovisuals

Aquestes fonts inclouen l'àudio i el vídeo (ràdio, televisió, cinema...). Els suports digitals més usats per a emmagatzemar aquestes dades són el DVD ('disc versàtil digital') i el CD-ROM (*compact disc:* 'disc compacte').

Tant els DVD com els CD-ROM presenten grans opcions interactives i multimèdia i tenen aplicacions diverses, didàctiques i de lleure: enciclopèdies i diccionaris, pel·lícules i documentals, bases de dades, música o programari, entre molts altres recursos.

Avui dia, per a enregistrar vídeos i àudios s'usen sobretot memòries USB i DVD, ja que tenen una capacitat d'emmagatzematge molt superior a la dels CD-ROM. Hi ha diversos sistemes d'enregistrament, així com diferents nivells de compressió de les dades.

Les fonts electròniques

Internet ens ofereix nombroses possibilitats: pàgines web temàtiques, webs d'emissores de ràdio i televisió, webs de diaris i revistes, enciclopèdies, diccionaris i traductors en línia, fons de biblioteques, etc.

Internet, una xarxa mundial

Internet és una xarxa mundial d'ordinadors que es comuniquen entre ells de manera directa i transparent. De fet, internet és la unió de diverses xarxes independents i autònomes. És l'anomenada *xarxa de xarxes.*

Els ordinadors connectats directament a internet s'anomenen *servidors.* Estan repartits arreu del món i ofereixen informació i recursos als usuaris que els sol·liciten. El nombre de servidors connectats a internet i el d'usuaris és cada vegada més gran.

Les pàgines web

La xarxa de xarxes o xarxa mundial està formada per milions de pàgines web amb informacions sobre una gran varietat de temes. Una pàgina web inclou text, imatge, so, animacions i enllaços a altres webs.

Les pàgines web són cada cop més dinàmiques. A més de ser visionades, permeten als visitants participar en menús interactius, enquestes, fòrums, blogs...

Ús dels cercadors

Ja hem vist que a internet podem trobar informació abundant i de tota mena. Precisament, un dels problemes més remarcables de la xarxa és l'excés d'informació.

Per ajudar-nos a trobar les dades o les imatges que sol·licitem, hi ha adreces electròniques que ens faciliten la cerca: són els **cercadors.** En alguns casos és útil emprar diferents cercadors, perquè els resultats de les cerques no són sempre coincidents.

El cercador més popular d'internet és Google, però n'hi ha d'altres força utilitzats, com ara Yahoo, Ask, Bing...

Els cercadors solen estar organitzats per **directoris,** els quals, mitjançant diferents categories (art i cultura, ciència i tecnologia, esports, etc.), ens van guiant en el procés de recerca. Són útils per a buscar informació en general i situar-nos en l'àmbit especificat.

Una altra manera de trobar informació és introduir un o més mots clau, relacionats amb el tema que ens interessa, en els cercadors pròpiament dits. És molt important, però, per tal d'evitar l'excés de dades, que restringim la cerca tant com sigui possible.

Entre els recursos en català, destaquen els cercadors CerCAT (www.cercat.com) i Som-hi! (http://som-hi.com/).

Consells interessants per a restringir les cerques:

- Posa entre cometes les paraules que constitueixen una frase. Per exemple: «*Poesia catalana medieval*».
- Especifica els mots que han d'aparèixer per força en els resultats, col·locant-hi el signe + al davant. Per exemple: «*+ poema + mètrica + rima*».
- Especifica les paraules que no han d'aparèixer en els resultats, col·locant-hi el signe – al davant. Per exemple: «*autors –narrativa*», que exclourà els narradors dels resultats.
- Tots els cercadors tenen pàgines d'ajuda on trobaràs altres consells per a precisar millor la cerca.

Com s'accedeix als fons bibliogràfics

Per accedir a informació sobre bibliografia de qualsevol tema, pots consultar, amb un cercador, les biblioteques de la teva localitat o comarca. Per facilitar-te la tasca, n'hem seleccionat unes quantes de genèriques, des de les quals pots accedir a molts fons bibliogràfics:

- Directori de Biblioteques Públiques de Catalunya (biblioteques.gencat.cat/ca/inici).

Pàgina inicial del directori de Biblioteques Públiques de Catalunya.

- Xarxa de Biblioteques Municipals de la demarcació de Barcelona (aladi.diba.cat/).
- Catàleg de la Biblioteca de Catalunya (cataleg.bnc.cat/).
- Catàleg Col·lectiu de les Universitats de Catalunya (ccuc.csuc.cat).
- Biblioteca Virtual Joan Lluís Vives, de les universitats de parla catalana (www.lluisvives.com).
- Biblioteca Virtual Miguel de Cervantes, en castellà (www.cervantesvirtual.com).

Com s'han de citar les fonts electròniques

Per a citar les fonts electròniques, s'han de col·locar en un apartat específic de la bibliografia. Cal detallar l'entitat, el nom del document electrònic —que apareix a la part superior de la finestra—, l'adreça electrònica i la data de consulta. Observa aquests exemples:

- Pangea. *Revista de Pangea* [en línia]: revistapangea.org/ [Consulta: 28 maig 2019].
- Termcat. *Neoloteca* [en línia]: www.termcat.cat/ca/Neoloteca/ [Consulta: 2 juny 2019].

Fixa't que les ordenem alfabèticament i que posem el nom de l'entitat en lletra versaleta, el títol del document en cursiva i la data de consulta entre claudàtors.

Obtenció, selecció i ordenació de la informació

Per a trobar informació a internet cal usar els cercadors. Ara practicarem, pas a pas, la manera de fer-ho. Imagina't que has de fer un treball sobre la pluja àcida.

Obtenció de la informació

- Tria el cercador que més et convingui o que et resulti més fàcil i còmode. En aquest cas farem servir **Google.** Escriu a la barra d'adreces del navegador l'adreça del cercador: www.google.com/?hl=ca
- Un cop a la pantalla del cercador, cal **planificar** la cerca d'informació. Per a fer-ho, és important **definir** bé l'objectiu de la cerca. No és el mateix buscar dades sobre la *pluja* en general que buscar-ne sobre la *pluja àcida.* Pots fer-te preguntes com: què és la pluja àcida?, quines en són les causes?, quins en són els efectes?, etc.
- Si fas clic a l'opció «Preferències» de la primera finestra del cercador, podràs escollir la llengua en què vols que estigui escrita la informació.
- És important escollir bé les paraules que escrius. Per exemple: efectes «pluja àcida». Posa entre cometes els mots que vulguis que el cercador busqui seguits. Si no ho fas així, et sortiran tots els webs on aparegui el mot *pluja,* encara que no sigui àcida, i tots aquells amb la paraula *àcida,* encara que parli de la llimona.

  Una altra manera de reduir el camp és mitjançant l'opció de «Cerca avançada» que ofereix el cercador. Això delimita més els resultats.
- Clica a l'opció «Cerca amb Google» i l'ordinador trobarà tots els webs relacionats amb el tema que t'interessa. En la mateixa pàgina t'apareixerà el resultat del nombre de pàgines que el cercador ha trobat.

Selecció de la informació

- No cal que entris en totes les pàgines. Mira de llegir la informació que de cada web apareix en aquesta pàgina i fes clic a les pàgines que s'acosten més a la informació que busques.
- A l'hora de triar els webs més interessants per a tu, has de tenir en compte que el llenguatge utilitzat sigui prou entenedor, que la presentació sigui clara, que l'estructura estigui ordenada…

  Hi ha webs que resulten més recomanables perquè estan pensats amb una finalitat educativa:

  - Les pàgines oficials: www.gencat.cat/, www.xtec.cat/, www.edu365.cat/…

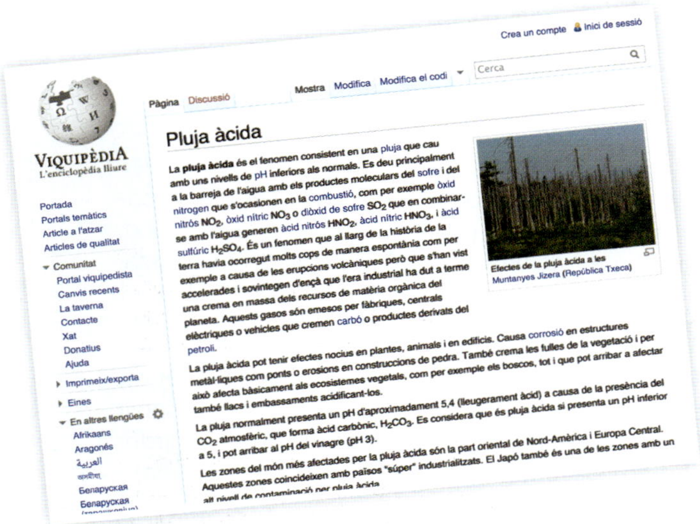

- Altres pàgines que funcionen com a enciclopèdies i que estan obertes a les aportacions de tothom, entre les quals: https://ca.wikipedia.org/...

Ordenació de la informació

— Un cop has localitzat els webs que més t'interessen, els pots guardar a l'apartat «Adreces d'interès» del navegador. D'aquesta manera, tindràs un accés directe i ràpid a aquests webs cada cop que els vulguis consultar.

L'opció «Adreces d'interès» del navegador permet organitzar tots els webs emmagatzemats, de manera que, amb el temps, puguis crear el teu propi directori d'internet.

— Has d'extreure de cada web la informació que s'ajusti als teus interessos, és a dir, a l'esquema que tenies previst per a treballar el tema de la pluja àcida.

Ara, només et cal recollir la informació que has obtingut mitjançant els procediments que has estudiat en els monogràfics anteriors: les fitxes de treball, el resum, l'esquema, etc.

Activitats

1. Per a obtenir informació hi ha diverses fonts. Quines són? Esmenta algunes fonts audiovisuals i electròniques.

2. @ Explica què és internet. Quina utilitat té internet en la teva vida diària i en la de la teva família i amics?

3. @ Busca a internet informació sobre els diferents navegadors i cercadors. Explica quins navegadors i cercadors coneixes i quins ja has fet servir.

— Quin navegador utilitzes més? Per què?

— Quin cercador utilitzes més? Per què?

4. @ Fes una cerca a internet, a la Xarxa de Biblioteques Municipals, en aquest enllaç: **aladi.diba.cat/**

— A «Cerca bàsica», clica a «Títol» i escriu-hi: «Pa negre».

— T'apareixeran diverses entrades del mateix títol; tria la que coincideix amb la teva localitat.

— Clica en el número del títol i després a sobre del títol mateix. Trobaràs la informació del volum triat i la relació de biblioteques que el tenen.

— Finalment, clica a la localitat on el llibre apareix com a «Disponible» i trobaràs les dades de la biblioteca on el pots consultar o bé demanar-lo en préstec.

5. Fes una cerca d'informació a internet sobre els bolets. Recorda que cal seguir aquests passos:

— **Defineix** i **delimita** la informació: què t'interessa saber? Caldrà respondre les preguntes següents:

- Què són els bolets? On creixen?
- Com és l'estructura dels bolets? Quines parts poden tenir?
- Com s'han de collir?
- Quins són els usos principals dels bolets?
- Quines espècies són més habituals a Catalunya?
- Quins bolets tòxics són més freqüents? Amb quins de comestibles es poden confondre?

— Ara que ja hem definit l'objectiu de la cerca, resoldrem a tall d'exemple la primera pregunta formulada.

a. Cerca:

— Obrim el cercador amb el qual hàgim decidit treballar. Aquí usarem Google. Triem la llengua de la cerca (català) i escrivim al cercador «un bolet és».

— Cerca d'informació per respondre les altres preguntes.

b. Selecció:

— El cercador troba molts webs. Llegim el text de la primera, segona i quarta opció perquè s'ajusten millor a una definició. En triem només tres webs:

- **http://links.edebe.com/tqnca**
- **www.alzinar.com/boletsdecatalunya**
- **www.gencat.cat/bolets**

— Ara selecciona les pàgines que més t'interessen.

c. Ordenació:

— A l'apartat «Adreces d'interès» del navegador guardem les pàgines que hem triat per tal d'arxivar-les i tenir-hi un accés fàcil i directe en consultes posteriors.

— Llegim amb atenció aquestes tres pàgines i en seleccionem la informació que més ens interessa.

El text teatral

Recorda que el teatre és un gènere literari que utilitza el diàleg com a principal recurs expressiu i que està concebut per a ser representat. El gènere teatral es pot analitzar des de dues perspectives diferents: el text i la representació teatral.

El text

En un text teatral hi trobem dues parts ben diferenciades; d'una banda, el contingut, i de l'altra, la forma.

El **contingut** d'un text teatral és l'argument de la història que s'explica. Aquest argument es va desenvolupant al llarg de l'obra mitjançant el diàleg constant entre els personatges.

L'**argument** té una estructura narrativa, és dir, té un marc en què es presenten els personatges, el temps i l'espai, i una trama en què se succeeixen ordenadament els fets.

La **forma** d'un text teatral correspon a la manera com l'autor comunica l'argument de la història. L'autor empra dos tipus de textos perquè l'obra pugui ser representada adequadament:

- El **text principal:** format pel diàleg entre els personatges. Cada intervenció dialogada s'indica amb el nom dels personatges.
- Les **acotacions** (escrites entre parèntesis i en cursiva): indiquen com cal ambientar l'escena, i com s'han de moure i quina actitud han d'adoptar els personatges que hi participen...

Així com els textos narratius s'estructuren formalment en capítols i els textos poètics en estrofes, els textos teatrals s'acostumen a estructurar en actes i escenes.

Un **acte** és cadascuna de les parts en què es divideix un text teatral. Normalment, corresponen al plantejament, el nus i el desenllaç de la trama.

Una **escena** és cadascuna de les parts que indiquen l'entrada o sortida dels personatges. Quan canvia el nombre de personatges, canvia l'escena. Cada acte comprèn diverses escenes.

La representació

La finalitat d'un text teatral és ser representat en un escenari i davant d'un públic, tot i que alguns textos teatrals no s'han arribat a representar mai.

En una representació teatral són imprescindibles els elements que es defineixen tot seguit.

Actors	Són les persones que encarnen els personatges de la història. L'actor es comunica mitjançant el diàleg. El diàleg entre els actors fa que l'acció avanci.
Director	És la persona que condueix i coordina tota la representació segons les indicacions del text teatral. La tasca del director és organitzar els moviments i la interpretació dels actors, juntament amb tot allò que envolta una representació.
Escenari	És l'espai on té lloc la representació. Aquest espai s'ha de decorar d'acord amb les indicacions del text i les necessitats de la història.
Escenografia	És el conjunt d'elements necessaris per a ambientar la història i perquè aquesta sigui del tot creïble. Una escenografia comprèn: decorats (elements per a ambientar l'escenari), vestuari (roba, complements i maquillatge per als actors), il·luminació (llums i elements lluminosos per a crear diversos efectes) i so (música i efectes sonors que complementen tot el que succeeix a l'escenari).

Comentari de text

Com ja saps, comentar un text consisteix a analitzar-ne el contingut, determinant-ne el **tema** i la **forma.** El text teatral està concebut per a ser representat i, per tant, l'autor usa dos tipus de textos: el **diàleg** i les **acotacions.**

1a Fase: Estudi del text i esborrany

Comprensió

Per a comprendre bé el text, primerament fes-ne una **lectura superficial** a fi de copsar-ne la **idea global.** Busca el **significat** dels mots que no coneguis i després fes-ne una **lectura més acurada,** fixant-te tant en els diàlegs com en les acotacions. Llegeix amb atenció el següent text teatral.

(Pausa. Andreu, neguitós, juga amb el ganivet, sense atrevir-se a mirar la seva dona.)

GLÒRIA: Andreu...

ANDREU: Què?

GLÒRIA: No t'esveris... et voldria parlar serenament.

ANDREU: Glòria, no cal... [...]

GLÒRIA: Andreu, si és que te'n vas amb ma germana, i sobretot si és ella que t'hi empeny, tu, és clar, faràs el que et darà la gana, però jo et recomano un xic de seny... i no per mi, que em quedo prou segura treballant i patint... això no em dol; em dol per 'questa pobra criatura, que no sap el que pensa ni el que vol... I vosaltres, els homes, feu la vostra i després la que paga els plats trencats...

ANDREU *(cedint a una gran lluita, a una gran emoció que el domina)*: Glòria... què hi tens en la blancor del rostre?... Digues, què hi tens, en aquests ulls mullats?

GLÒRIA *(amb una gran amargor)*: Amb aquests ulls la Glòria no és bonica... uns altres ulls et lleven la raó...

Josep M. de Sagarra, *L'hostal de la Glòria*. Edicions 62.

— Explica el **significat** d'aquests **mots** i **expressions:** *neguitós, seny, pagar els plats trencats, llevar la raó.*

— **Assenyala les idees clau:** *l'Andreu amb ràbia continguda i avergonyit, la Glòria tranquil·la i serena, conversa entre la Glòria i l'Andreu, possible marxa de l'Andreu amb la germana de la Glòria, tristor de la Glòria...*

Contextualització

Cal recollir **informació** sobre l'**autor** i la seva **obra,** esmentar els trets de l'obra que afectin el text comentat i situar-lo en el context social, històric i cultural.

Anàlisi del contingut i de l'estructura

Resumeix el text i observa com s'hi organitzen les idees.

— Identifica les **parts** en què s'estructura el text, i indica si la informació es troba en els **diàlegs** o en les **acotacions** i en quines ratlles en concret.

1a part (ratlles 1-6)	Es presenta l'estat d'ànim dels personatges. És a dir: el nerviosisme de l'Andreu i l'aparent tranquil·litat de la Glòria.
2a part (des de la ratlla 7 fins al final)	S'explica el motiu de l'estat d'ànim de la Glòria i l'Andreu: la possible fugida de l'Andreu amb la seva cunyada. També queden palesos els veritables sentiments de la Glòria.

— Senyala quin és el **tema** del text:

☐ L'Andreu està a punt d'abandonar la seva dona, la Glòria, per fugir amb la cunyada.

☐ La Glòria i l'Andreu afronten els seus problemes.

L'**argument** dels textos teatrals té estructura narrativa. Com ja saps, les narracions s'estructuren en tres parts: **presentació, desenvolupament** i **desenllaç.**

— En quina part de l'estructura esmentada situaries el text que comentem? Justifica la resposta.

Expressió

Cal reconèixer de quin **tipus de text** es tracta (subgènere: **tragèdia, comèdia** o **drama**) i parlar de l'**estil,** el **llenguatge** i els **recursos retòrics** utilitzats per l'autor.

— A quin dels subgèneres teatrals creus que pertany el text de Sagarra que comentem? Justifica la resposta.

Identifica la informació que aporten tant el **text principal** (diàleg) com les **acotacions.** Explica-ho amb exemples.

Finalment, cal parar atenció al **llenguatge,** tenint en compte si l'autor usa expressions col·loquials, frases fetes, etc.

— Quina de les afirmacions següents és vertadera? Per què? Justifica la resposta amb exemples del text.

☐ El llenguatge de J. M. de Sagarra és extremament culte.

☐ El llenguatge és expressiu i col·loquial; reflecteix les característiques de la llengua de les classes populars.

Opinió crítica

Després d'aprofundir en la comprensió i l'anàlisi del text, ja pots expressar la teva opinió i fer-ne una crítica.

Primerament, aplega totes les dades recollides i després organitza-les de manera coherent per contrastar la teva opinió sobre la visió de l'autor, l'actitud dels personatges, etc., amb expressions com ara: «Em sembla molt encertada l'opinió de l'autor», «No estic d'acord amb aquest plantejament»... Pots fer observacions per reforçar la teva argumentació.

2a Fase: Redacció del comentari

Finalment es redacta el comentari seguint aquest guió:

- **Introducció.** Exposa breument la intenció de l'autor, què vol expressar Sagarra en aquest fragment teatral.
- **Exposició.** Resum del text i anàlisi de l'estructura i del tema. Explicació del gènere literari i dels recursos lingüístics i estilístics. Explicació de la relació del text amb l'època en què va ser escrit (contextualització).
- **Conclusió.** Represa del més important que s'ha dit i elaboració d'una valoració personal.

— Llegeix el comentari de text de *L'hostal de la Glòria.*

L'hostal de la Glòria és un drama. Aquest fragment es pot dividir en dues parts. Primer l'autor presenta els protagonistes, l'Andreu i la Glòria, i en descriu l'estat d'ànim: l'Andreu, enrabiat i avergonyit; la Glòria, impassible i serena. Després se'ns desvetllen els motius, de la ràbia i la vergonya de l'Andreu, i descobrim que la tranquil·litat de la Glòria és només aparent. Els personatges senten tristesa i amargor pel triangle amorós en què viuen (amb la germana de la Glòria, que no hi apareix però a qui s'esmenta).

En l'escena que comentem, el diàleg entre l'Andreu i la Glòria ens descriu la situació, mentre que les acotacions descriuen els sentiments dels personatges. Sagarra acosta els personatges al públic amb un llenguatge viu, expressiu i col·loquial, allunyat dels cultismes però acurat, correcte i ric *(si és ella que t'hi empeny, què hi tens en la blancor del rostre?, uns altres ulls et lleven la raó...)*.

El fragment pertany a la part final del drama, i ja intuïm el final feliç característic de les obres de Sagarra. L'Andreu se'n penedeix i la Glòria el perdona. Probablement l'èxit de Sagarra rau en el fet que construeix uns personatges amb els quals el públic s'identifica. Personatges amb problemes quotidians, tot i que portats a l'extrem, que resolen els conflictes pacíficament, per la via del diàleg.

Josep Maria de Sagarra (1894-1961) va néixer a Barcelona en una família de la petita aristocràcia. De ben jove es relacionà amb grans escriptors com Carles Riba, Josep Carner i Joan Maragall.

La seva obra és propera al Modernisme. Pel que fa a la producció teatral, en alguns casos el nucli és un triangle amorós (com aquí: Glòria-Andreu-germana de la Glòria), que sovint té un final feliç gràcies al penediment i el perdó.

Aquest text és una bona mostra del teatre que va tenir més èxit de públic cap als anys 1930. Són obres dramàtiques allunyades del corrent literari que triomfava entre els intel·lectuals de l'època, però que van aconseguir una gran popularitat.

Activitats

1. Llegeix el següent fragment teatral:

Escenari: paisatge oceànic. Una cabana rústega feta de branques, fullaraca i romanalles de naufragi. Una estucada a mig fer. Una olla que fumeja damunt d'una fogaina. Un parell de rems, un salvavides circular amb aquesta llegenda: 'California'. Al fons, la ratlla del mar.

ESCENA I

EDUARD, ROSINA I ORIOL

(En alçar-se la cortina, hom veu EDUARD *que treballoteja, preparant pals per a la tanca. Immediatament surten de la cabana* ORIOL, *amb posat d'expedicionari, i* ROSINA, *col·locant-li bé el salacot i arranjant-li diversos detalls d'indumentària.)*

ROSINA: Ja portes mocador?

ORIOL *(comprovant-ho)*: Sí.

ROSINA *(A Eduard)*: Miri, com és el meu marit. No se'n recordava que avui fa un any del naufragi i del salvament.

EDUARD: Sembla mentida!

ROSINA: Per tot el que no sigui la seva dèria, resulta l'home més distret del món. Ah, però a l'hora de dinar tindrà una sorpresa!

ORIOL: Una sorpresa? Ja sé, ja sé! Aquesta nit dues o tres vegades m'ha passat pel cap aquesta idea: no podem trigar gaire a menjar mongetes.

ROSINA *(Amb desil·lusió)*: Oh! Ho has endevinat...

(Es dedica a preparar el dinar; entra i surt de la cabana. Només de tant en tant, para una mica d'atenció a la conversa.) [...]

Carles Soldevila, *Civilitzats, tanmateix!* Edicions 62.

— Fes el comentari d'aquest text teatral seguint els passos que has après.

Avalua les teves competències

1. Llegeix amb atenció el text següent i respon les preguntes.

Sintonització automàtica de canals digitals

Passos

a) Assegureu-vos que el cable de l'antena estigui connectat correctament al televisor.

b) Premeu el botó HOME i, a continuació, seleccioneu [Ajustos].

c) Seleccioneu [Configuració digital] [Sintonització digital auto.].

d) Seguiu les instruccions en pantalla per sintonitzar tots els canals digitals disponibles i desar-ne la configuració al televisor.

Per canviar el rang de sintonització (disponible en funció de la regió o el país)

Premeu el botó HOME i després seleccioneu [Ajustos] [Configuració digital] → [Marge freq. de sintonització auto.] → [Normal]/[Complet].

— [Normal]: cerca els canals disponibles a la vostra regió o al vostre país.

— [Complet]: cerca els canals disponibles independentment de la regió o el país.

Suggeriments

Podeu fer servir l'opció [Sintonització digital auto.] després de desplaçar-vos a un altre lloc o canviar de proveïdor de serveis, o per buscar canals nous.

http://download.sony-europe.com/pub/manuals/tvhc/14HM324111/CA/c_digi_europe_co_datuning.html (text adap-

— Quina és la finalitat del text? On s'explicita?

— Quina forma segueix el text: llista d'ordres o instruccions redactades? Com afecta la forma triada el tipus d'oracions utilitzades?

— Quins són el temps, la persona i el mode més utilitzats en aquest text? Escriu-ne un parell d'exemples.

2. @ Dibuixa un mapa mental amb la definició i les característiques generals del textos expositius i dels textos argumentatius.

— A continuació, tria un dels temes següents i busca'n informació.

- Els primers videojocs
- Els orígens d'internet
- El protocol de Kyoto

— Escriu un text expositiu d'unes 100 paraules amb les dades que has trobat.

— Assenyala les tres parts en què s'estructura el teu escrit.

— Redacta un text argumentatiu sobre la importància de mantenir l'ordre en l'espai d'estudi. Tria un títol suggerent i aporta almenys tres arguments.

3. En el text de l'activitat 1, subratlla'n els verbs i digues en cada cas si es tracta d'oracions simples o compostes. Justifica la resposta.

4. Llegeix el text següent i assenyala totes les oracions que hi trobis. Subratlla'n el verb i indica'n el subjecte. Si és el·líptic, digues a quina persona fa referència.

Jo no havia vist mai una confusió semblant. Un dels tancs, tocat, es quedà clavat on era i començà a fumejar. Els altres prosseguiren llur causa. També nosaltres, ara, ens disposàrem a córrer. Darrere els tancs, enmig d'un núvol de pols, feia la seva aparició la infanteria enemiga.

Manuel de Pedrolo, *Cendra per Martina*. Proa.

5. Determina la modalitat d'aquestes oracions:

- Vindràs a dinar diumenge?
- Tant de bo trobem els cosins a casa dels avis.
- En Pere sempre arriba tard.
- Potser tindrem temps de veure la televisió.
- Tinc tanta gana!
- No arribis tard.

6. Explica quin tipus de sintagmes són els elements subratllats de les oracions següents i quina funció fan.

- M'agraden <u>les papallones</u>.
- En Pere va comprar <u>un regal</u> <u>a la seva mare</u>.
- Els propietaris <u>de l'empresa</u> van accedir <u>a totes les seves peticions</u>.
- El delinqüent va ser arrestat <u>pels mossos</u>.
- Els meus avis eren <u>molt eixerits</u>.
- Els nois van tornar <u>baldats</u> de l'excursió.

7. Completa en el teu quadern les oracions amb un complement directe i un complement indirecte.

- Has d'enviar ....
- Aviat donarem ....
- Voldríem comprar ....
- Deixa ....
- Escric ....
- Demà hem de tornar ....

8. Col·loca les combinacions de pronoms febles del requadre allà on els correspongui.

n'hi • la hi • te l' • l'hi • els n' • li ho

Ha explicat el conte a tu. .... ha explicat.

Té la casa a la costa. .... té.

Envia records als oncles. .... envia.

Ven això a la Maria. .... ven.

Ensenya el cotxe al Joaquim. .... ensenya.

Troba bolets fàcilment. .... troba.

9. Identifica els complements circumstancials d'aquestes oracions i indica de quin tipus són. Pot ser que en una oració n'hi hagi més d'un.

- El tren arribarà a l'estació d'aquí a una hora.
- Aquest experiment l'has de fer amb guants i ulleres.
- L'has cuit lentament, la porcellana.
- Vindrem del teatre amb un taxi a mitjanit.
- L'avi passeja tranquil·lament pel parc.

10. Substitueix els complements circumstancials subratllats pel pronom més adequat.

- Els nuvis sortiran de casa dels pares.
- El paquet arribarà amb avió.
- Aquest matí plovia a bots i barrals.
- Aquells nois venien del pis de dalt.
- Hauràs de cosir la camisa amb l'agulla prima.

11. En el text següent han desaparegut els articles definits, les preposicions i les contraccions. Escriu-los.

Omplert .... seves bones intencions i ...... universalitat .... seves lliçons, aquest documental titulat *Camino a la escuela* acompanya quatre grups .... nens .... quatre llocs remots que afronten viatges impossiblement difícils .... anar .... col·legi. ...... seu missatge, subtil com un sermó dominical, és que ......escola s'hauria ...... veure no com un càstig sinó com una recompensa. ...... director Gaspar Plisson no cau .... miserablisme o ...... xenofília, però tampoc dedica verdadera atenció .... vides ...... seus herois. Prefereix fixar-se .... sumptuosa geografia i .... dolçor .... cares, és a dir, ... superfície.

«*Camino a la escuela*. L'aventura del saber». *El Periódico*, 23-1-2015.

12. Completa les oracions amb les grafies *p, b, t, d, c, g*.

- En Joan és un esno.... que ha creat un clu..... priva..... mol.... selecte.
- Al meu ca..... li fa fàsti.... la pell de présse.....
- L'Alba re.... amb inquietu..... la notícia del ma..... que va morir enmig de l'espectacle.
- En aquell deser.... hi havia una ser..... amb actitu..... mol..... rebel.
- El càsti.... pel crim comès era desmesura....

13. En el text següent han desaparegut les grafies *b* i *v*. Escriu-les.

Són persones que s'assem.....len a les persones que hi ha al teu .....oltant però d'aquí molts anys. Són els teus amics, pares, fills, germans o parelles però quan siguin .....ells. El primer que .....aig .....eure jo va ser un senyor que era el company Iu Forn amb .....uitanta anys. L'hi .....aig explicar al meu home. He .....ist un senyor que s'assem.....la.....a a l'Iu Forn de .....ell. Però l'endemà .....aig .....eure el Jordi Basté amb quaranta anys de més. I el mateix dia —perquè aquell dia em .....aig quedar una estona a l'andana asseguda— .....aig .....eure una amiga me.....a de quan vivia a Granollers. Era ella però molt anciana. Amb els mateixos ca.....ells arrissats però .....lancs. Tam.....é he .....ist l'Espartac Peran (que de .....ell es conser.....a molt .....é) i en Toni Albà, que és un a.....i molt prim i alegre.

Empar Moliner, «El que passa allà dins», a *Ara*, 13-1-2015.

14. Completa amb les grafies *x, ix, ig, tx, g, j, tg, tj*.

- Aquell co.....e ple de .....ebre semblava tret d'un dibu.....
- El pa.....e del rei tenia un somni estrany: anar a la pla....a en ta.....i.
- El bate..... del meu nebot va ser un moment de go..... per a tothom.
- En un .....ardí de roses el millor mes per passe.....arhi és el ma.....
- La ca....a de cartró servia per a guardar els .....erseis d'hivern.

15. Donats els següents mots hiperònims, escriu quatre hipònims per a cadascun.

- Esport: ....
- Malaltia: ....
- Mitjà de transport: ....
- Mobiliari: ....

Annex

TIPUS DE VERSOS

TIPUS D'ESTROFES

Versos d'art menor

Esquema mètric	Exemple
Monosíl·lab: vers d'una sola síl·laba.	Ni bri bo: mi- cro- bi. Pere Quart
Bisíl·lab: vers de dues síl·labes.	La lluna, la bruna, vestida de dol Cançó popular
Trisíl·lab: vers de tres síl·labes.	Oh esbarzers de les fines mores bres i d'espines eriçats! Guerau de Liost
Tetrasíl·lab: vers de quatre síl·labes.	Un poc de fam i un xic de pa. Un poc de fred i un poc de foc. Pere Quart
Pentasíl·lab: vers de cinc síl·labes.	Passa la veïna son escarpidor per la lluentor del cap de la nina. Joan Alcover
Hexasíl·lab: vers de sis síl·labes.	Sort que a la polpa dolça o a l'ametlla lletosa un cuc tossut s'hi amaga. Narcís Comadira
Heptasíl·lab: vers de set síl·labes.	Callada estimo la vida. Deixeu-me sola, callada; i aniré amb el pensament on no em trobin les rialles. Clementina Arderiu
Octosíl·lab: vers de vuit síl·labes. Pot ser de dos tipus: • Amb cesura (de 4 + 4)	Em fan la ruta / de la pobresa tu fas el somni / de l'infinit J. M. de Sagarra
• Sense cesura	Els nois que ronden per les cales i cullen plomes per les ales J. V. Foix

Versos d'art major

Esquema mètric	Exemple
Enneasíl·lab: vers de nou síl·labes.	Ai, que de sobte tot s'enfosqueix, remor confusa ne va creixent M. Milà i Fontanals
Decasíl·lab: vers de deu síl·labes. Pot ser de diversos tipus: • Clàssic (de 4 + 6)	Plena de seny / quan amor és molt vella Ausiàs Marc
• Èpic (de 6 + 4)	Mon pare era moresc / amor sentia Àngel Guimerà
• Cesurat a la cinquena (de 5 + 5)	Quan canten els galls / i dansen estrelles J. M. López-Picó
• Italià: sense cesura	On tos rengles de monjos, presbiteri Jacint Verdaguer
Hendecasíl·lab: vers d'onze síl·labes (de 7 + 4)	Per soldades mal pagades, / muller lleial, per soldades mal pagades, / viudeta igual *El comte Arnau* (cançó tradicional)
Dodecasíl·lab: vers de dotze síl·labes. Pot ser: • Cesurat a la setena (de 7 + 5)	La hivernada ja ha passat, / la primavera arriba; la figuera trau son fruit, / lo forment espiga. Jacint Verdaguer
• Alexandrí (de 6 + 6)	Muira, muira l'ingrat / que al sonar en sos llavis Bonaventura Carles Aribau

Estrofes amb un nombre fix de versos

Nombre de versos	Estructura i esquema
2 versos	**Apariat:** dos versos d'art major o d'art menor, o un de cada. Rima consonant o assonant. Esquema: aa, AA, aA.
3 versos	**Tercet:** tres versos d'art menor o d'art major. Rima consonant. Esquema: variable.
	Tercet encadenat: tres versos decasíl·labs sense cesura. Rima consonant: el primer vers rima amb el tercer; el segon rima amb el primer i el tercer del tercet següent. Esquema: ABA BCB CDC
4 versos	**Quarteta:** quatre versos d'art menor. Rima consonant. Esquema: abba, abab.
	Quartet: quatre versos d'art major. Rima consonant. Esquema: ABBA, ABAB.
5 versos	**Quintet:** cinc versos d'art menor o d'art major. Rima consonant, enllaçats almenys per dues rimes consonants diferents. Esquema: variable.
6 versos	**Sexteta:** sis versos d'art menor. Rima consonant, enllaçats per dues o tres rimes consonants diferents. Esquema: variable.
	Sextet: sis versos d'art major. Rima consonant, enllaçats per dues o tres rimes consonants diferents. Esquema: variable.
8 versos	**Octava:** vuit versos d'art major. Rima consonant. Esquema: variable.
	Cobla: vuit versos d'art major. Rima consonant. Esquema: ABBA CDDC, ABAB CDCD, ABBA CDCD, ABAB CDDC.
	Octava reial: vuit versos decasíl·labs. Rima consonant. Esquema: ABAB ABCC.
Combinació estròfica	**Sonet:** catorze versos d'art major (decasíl·labs o alexandrins). Format, generalment, per dos quartets i dos tercets. Rima consonant. Esquema: ABBA ABBA CCD CDD (els tercets poden oferir altres variants).

Estrofes amb un nombre variable de versos

Nom	Característiques
Romanç	Nombre indeterminat de versos, generalment de 7 síl·labes. Rima assonant en els versos parells i sense rima en els senars.
Estança	Combinació de versos d'art major amb d'altres d'art menor en disposició lliure.
Codolada	Alternança indeterminada de versos de 4 i de 8 síl·labes. Rimen apariats. Rima consonant.
Noves rimades	Nombre indeterminat de versos apariats, sovint de 8 síl·labes. Rima consonant.

Annex

VERBS REGULARS

VERBS IRREGULARS

VERBS AUXILIARS

cantar

MODE INDICATIU

Present	Perfet	Passat anterior
canto	he cantat	haguí cantat
cantes	has cantat	hagueres cantat
canta	ha cantat	hagué cantat
cantem	hem cantat	haguérem cantat
canteu	heu cantat	haguéreu cantat
canten	han cantat	hagueren cantat

Imperfet	Plusquamperfet	Passat anterior perifràstic
cantava	havia cantat	vaig haver cantat
cantaves	havies cantat	vas haver cantat
cantava	havia cantat	va haver cantat
cantàvem	havíem cantat	vam haver cantat
cantàveu	havíeu cantat	vau haver cantat
cantaven	havien cantat	van haver cantat

Passat simple	Passat perifràstic	Condicional
cantí	vaig cantar	cantaria
cantares	vas cantar	cantaries
cantà	va cantar	cantaria
cantàrem	vam cantar	cantaríem
cantàreu	vau cantar	cantaríeu
cantaren	van cantar	cantarien

Futur	Futur perfet	Condicional perfet
cantaré	hauré cantat	hauria cantat
cantaràs	hauràs cantat	hauries cantat
cantarà	haurà cantat	hauria cantat
cantarem	haurem cantat	hauríem cantat
cantareu	haureu cantat	hauríeu cantat
cantaran	hauran cantat	haurien cantat

MODE SUBJUNTIU

Present	Perfet	Imperfet
canti	hagi cantat	cantés
cantis	hagis cantat	cantessis
canti	hagi cantat	cantés
cantem	hàgim cantat	cantéssim
canteu	hàgiu cantat	cantéssiu
cantin	hagin cantat	cantessin

Plusquamperfet

hagués cantat
haguessis cantat
hagués cantat
haguéssim cantat
haguéssiu cantat
haguessin cantat

MODE IMPERATIU

canta tu
canti ell
cantem nosaltres
canteu vosaltres
cantin ells

FORMES NO PERSONALS

Infinitiu cantar (simple) — haver cantat (compost)
Gerundi cantant (simple) — havent cantat (compost)
Participi cantat, cantada, cantats, cantades

perdre

MODE INDICATIU

Present	Perfet	Passat anterior
perdo	he perdut	haguí perdut
perds	has perdut	hagueres perdut
perd	ha perdut	hagué perdut
perdem	hem perdut	haguérem perdut
perdeu	heu perdut	haguéreu perdut
perden	han perdut	hagueren perdut

Imperfet	Plusquamperfet	Passat anterior perifràstic
perdia	havia perdut	vaig haver perdut
perdies	havies perdut	vas haver perdut
perdia	havia perdut	va haver perdut
perdíem	havíem perdut	vam haver perdut
perdíeu	havíeu perdut	vau haver perdut
perdien	havien perdut	van haver perdut

Passat simple	Passat perifràstic	Condicional
perdí	vaig perdre	perdria
perderes	vas perdre	perdries
perdé	va perdre	perdria
perdérem	vam perdre	perdríem
perdéreu	vau perdre	perdríeu
perderen	van perdre	perdrien

Futur	Futur perfet	Condicional perfet
perdré	hauré perdut	hauria perdut
perdràs	hauràs perdut	hauries perdut
perdrà	haurà perdut	hauria perdut
perdrem	haurem perdut	hauríem perdut
perdreu	haureu perdut	hauríeu perdut
perdran	hauran perdut	haurien perdut

MODE SUBJUNTIU

Present	Perfet	Imperfet
perdi	hagi perdut	perdés
perdis	hagis perdut	perdessis
perdi	hagi perdut	perdés
perdem	hàgim perdut	perdéssim
perdeu	hàgiu perdut	perdéssiu
perdin	hagin perdut	perdessin

Plusquamperfet

hagués perdut
haguessis perdut
hagués perdut
haguéssim perdut
haguéssiu perdut
haguessin perdut

MODE IMPERATIU

perd tu
perdi ell
perdem nosaltres
perdeu vosaltres
perdin ells

FORMES NO PERSONALS

Infinitiu perdre (simple) — haver perdut (compost)
Gerundi perdent (simple) — havent perdut (compost)
Participi perdut, perduda, perduts, perdudes

dormir

MODE INDICATIU

Present	Perfet	Passat anterior
dormo	he dormit	haguí dormit
dorms	has dormit	hagueres dormit
dorm	ha dormit	hagué dormit
dormim	hem dormit	haguérem dormit
dormiu	heu dormit	haguéreu dormit
dormen	han dormit	hagueren dormit

Imperfet	Plusquamperfet	Passat anterior perifràstic
dormia	havia dormit	vaig haver dormit
dormies	havies dormit	vas haver dormit
dormia	havia dormit	va haver dormit
dormíem	havíem dormit	vam haver dormit
dormíeu	havíeu dormit	vau haver dormit
dormien	havien dormit	van haver dormit

Passat simple	Passat perifràstic	Condicional
dormí	vaig dormir	dormiria
dormires	vas dormir	dormiries
dormí	va dormir	dormiria
dormírem	vam dormir	dormiríem
dormíreu	vau dormir	dormiríeu
dormiren	van dormir	dormirien

Futur	Futur perfet	Condicional perfet
dormiré	hauré dormit	hauria dormit
dormiràs	hauràs dormit	hauries dormit
dormirà	haurà dormit	hauria dormit
dormirem	haurem dormit	hauríem dormit
dormireu	haureu dormit	hauríeu dormit
dormiran	hauran dormit	haurien dormit

MODE SUBJUNTIU

Present	Perfet	Imperfet
dormi	hagi dormit	dormís
dormis	hagis dormit	dormissis
dormi	hagi dormit	dormís
dormim	hàgim dormit	dormíssim
dormiu	hàgiu dormit	dormíssiu
dormin	hagin dormit	dormissin

Plusquamperfet

hagués dormit
haguessis dormit
hagués dormit
haguéssim dormit
haguéssiu dormit
haguessin dormit

MODE IMPERATIU

dorm tu
dormi ell
dormim nosaltres
dormiu vosaltres
dormin ells

FORMES NO PERSONALS

Infinitiu dormir (simple) haver dormit (compost)
Gerundi dormint (simple) havent dormit (compost)
Participi dormit, dormida, dormits, dormides

servir

MODE INDICATIU

Present	Perfet	Passat anterior
serveixo	he servit	haguí servit
serveixes	has servit	hagueres servit
serveix	ha servit	hagué servit
servim	hem servit	haguérem servit
serviu	heu servit	haguéreu servit
serveixen	han servit	hagueren servit

Imperfet	Plusquamperfet	Passat anterior perifràstic
servia	havia servit	vaig haver servit
servies	havies servit	vas haver servit
servia	havia servit	va haver servit
servíem	havíem servit	vam haver servit
servíeu	havíeu servit	vau haver servit
servien	havien servit	van haver servit

Passat simple	Passat perifràstic	Condicional
serví	vaig servir	serviria
servires	vas servir	serviries
serví	va servir	serviria
servírem	vam servir	serviríem
servíreu	vau servir	serviríeu
serviren	van servir	servirien

Futur	Futur perfet	Condicional perfet
serviré	hauré servit	hauria servit
serviràs	hauràs servit	hauries servit
servirà	haurà servit	hauria servit
servirem	haurem servit	hauríem servit
servireu	haureu servit	hauríeu servit
serviran	hauran servit	haurien servit

MODE SUBJUNTIU

Present	Perfet	Imperfet
serveixi	hagi servit	servís
serveixis	hagis servit	servissis
serveixi	hagi servit	servís
servim	hàgim servit	servíssim
serviu	hàgiu servit	servíssiu
serveixin	hagin servit	servissin

Plusquamperfet

hagués servit
haguessis servit
hagués servit
haguéssim servit
haguéssiu servit
haguessin servit

MODE IMPERATIU

serveix tu
serveixi ell
servim nosaltres
serviu vosaltres
serveixin ells

FORMES NO PERSONALS

Infinitiu servir (simple) haver servit (compost)
Gerundi servint (simple) havent servit (compost)
Participi servit, servida, servits, servides

anar

MODE INDICATIU

Present	Perfet	Passat anterior
vaig	he anat	haguí anat
vas	has anat	hagueres anat
va	ha anat	hagué anat
anem	hem anat	haguérem anat
aneu	heu anat	haguéreu anat
van	han anat	hagueren anat

Imperfet	Plusquamperfet	Passat anterior perifràstic
anava	havia anat	vaig haver anat
anaves	havies anat	vas haver anat
anava	havia anat	va haver anat
anàvem	havíem anat	vam haver anat
anàveu	havíeu anat	vau haver anat
anaven	havien anat	van haver anat

Passat simple	Passat perifràstic	Condicional
aní	vaig anar	aniria
anares	vas anar	aniries
anà	va anar	aniria
anàrem	vam anar	aniríem
anàreu	vau anar	aniríeu
anaren	van anar	anirien

Futur	Futur perfet	Condicional perfet
aniré	hauré anat	hauria anat
aniràs	hauràs anat	hauries anat
anirà	haurà anat	hauria anat
anirem	haurem anat	hauríem anat
anireu	haureu anat	hauríeu anat
aniran	hauran anat	haurien anat

MODE SUBJUNTIU

Present	Perfet	Imperfet
vagi	hagi anat	anés
vagis	hagis anat	anessis
vagi	hagi anat	anés
anem	hàgim anat	anéssim
aneu	hàgiu anat	anéssiu
vagin	hagin anat	anessin

Plusquamperfet

hagués anat
haguessis anat
hagués anat
haguéssim anat
haguéssiu anat
haguessin anat

MODE IMPERATIU

ves tu
vagi ell
anem nosaltres
aneu vosaltres
vagin ells

FORMES NO PERSONALS

Infinitiu anar (simple) haver anat (compost)
Gerundi anant (simple) havent anat (compost)
Participi anat, anada, anats, anades

estar

MODE INDICATIU

Present	Perfet	Passat anterior
estic	he estat	haguí estat
estàs	has estat	hagueres estat
està	ha estat	hagué estat
estem	hem estat	haguérem estat
esteu	heu estat	haguéreu estat
estan	han estat	hagueren estat

Imperfet	Plusquamperfet	Passat anterior perifràstic
estava	havia estat	vaig haver estat
estaves	havies estat	vas haver estat
estava	havia estat	va haver estat
estàvem	havíem estat	vam haver estat
estàveu	havíeu estat	vau haver estat
estaven	havien estat	van haver estat

Passat simple	Passat perifràstic	Condicional
estiguí	vaig estar	estaria
estigueres	vas estar	estaries
estigué	va estar	estaria
estiguérem	vam estar	estaríem
estiguéreu	vau estar	estaríeu
estigueren	van estar	estarien

Futur	Futur perfet	Condicional perfet
estaré	hauré estat	hauria estat
estaràs	hauràs estat	hauries estat
estarà	haurà estat	hauria estat
estarem	haurem estat	hauríem estat
estareu	haureu estat	hauríeu estat
estaran	hauran estat	haurien estat

MODE SUBJUNTIU

Present	Perfet	Imperfet
estigui	hagi estat	estigués
estiguis	hagis estat	estiguessis
estigui	hagi estat	estigués
estiguem	hàgim estat	estiguéssim
estigueu	hàgiu estat	estiguéssiu
estiguin	hagin estat	estiguessin

Plusquamperfet

hagués estat
haguessis estat
hagués estat
haguéssim estat
haguéssiu estat
haguessin estat

MODE IMPERATIU

estigues tu
estigui ell
estiguem nosaltres
estigueu vosaltres
estiguin ells

FORMES NO PERSONALS

Infinitiu estar (simple) haver estat (compost)
Gerundi estant (simple) havent estat (compost)
Participi estat, estada, estats, estades

fer

MODE INDICATIU

Present	Perfet	Passat anterior
faig	he fet	haguí fet
fas	has fet	hagueres fet
fa	ha fet	hagué fet
fem	hem fet	haguérem fet
feu	heu fet	haguéreu fet
fan	han fet	hagueren fet

Imperfet	Plusquamperfet	Passat anterior perifràstic
feia	havia fet	vaig haver fet
feies	havies fet	vas haver fet
feia	havia fet	va haver fet
fèiem	havíem fet	vam haver fet
fèieu	havíeu fet	vau haver fet
feien	havien fet	van haver fet

Passat simple	Passat perifràstic	Condicional
fiu	vaig fer	faria
feres	vas fer	faries
feu	va fer	faria
férem	vam fer	faríem
féreu	vau fer	faríeu
feren	van fer	farien

Futur	Futur perfet	Condicional perfet
faré	hauré fet	hauria fet
faràs	hauràs fet	hauries fet
farà	haurà fet	hauria fet
farem	haurem fet	hauríem fet
fareu	haureu fet	hauríeu fet
faran	hauran fet	haurien fet

MODE SUBJUNTIU

Present	Perfet	Imperfet
faci	hagi fet	fes
facis	hagis fet	fessis
faci	hagi fet	fes
fem	hàgim fet	féssim
feu	hàgiu fet	féssiu
facin	hagin fet	fessin

Plusquamperfet

hagués fet
haguessis fet
hagués fet
haguéssim fet
haguéssiu fet
haguessin fet

MODE IMPERATIU

fes tu
faci ell
fem nosaltres
feu vosaltres
facin ells

FORMES NO PERSONALS

Infinitiu fer (simple) — haver fet (compost)
Gerundi fent (simple) — havent fet (compost)
Participi fet, feta, fets, fetes

poder

MODE INDICATIU

Present	Perfet	Passat anterior
puc	he pogut	haguí pogut
pots	has pogut	hagueres pogut
pot	ha pogut	hagué pogut
podem	hem pogut	haguérem pogut
podeu	heu pogut	haguéreu pogut
poden	han pogut	hagueren pogut

Imperfet	Plusquamperfet	Passat anterior perifràstic
podia	havia pogut	vaig haver pogut
podies	havies pogut	vas haver pogut
podia	havia pogut	va haver pogut
podíem	havíem pogut	vam haver pogut
podíeu	havíeu pogut	vau haver pogut
podien	havien pogut	van haver pogut

Passat simple	Passat perifràstic	Condicional
poguí	vaig poder	podria
pogueres	vas poder	podries
pogué	va poder	podria
poguérem	vam poder	podríem
poguéreu	vau poder	podríeu
pogueren	van poder	podrien

Futur	Futur perfet	Condicional perfet
podré	hauré pogut	hauria pogut
podràs	hauràs pogut	hauries pogut
podrà	haurà pogut	hauria pogut
podrem	haurem pogut	hauríem pogut
podreu	haureu pogut	hauríeu pogut
podran	hauran pogut	haurien pogut

MODE SUBJUNTIU

Present	Perfet	Imperfet
pugui	hagi pogut	pogués
puguis	hagis pogut	poguessis
pugui	hagi pogut	pogués
puguem	hàgim pogut	poguéssim
pugueu	hàgiu pogut	poguéssiu
puguin	hagin pogut	poguessin

Plusquamperfet

hagués pogut
haguessis pogut
hagués pogut
haguéssim pogut
haguéssiu pogut
haguessin pogut

MODE IMPERATIU

pugues tu
pugui ell
puguem nosaltres
pugueu vosaltres
puguin ells

FORMES NO PERSONALS

Infinitiu poder (simple) — haver pogut (compost)
Gerundi podent (simple) — havent pogut (compost)
Participi pogut, poguda, poguts, pogudes

dir

MODE INDICATIU

Present	Perfet	Passat anterior
dic	he dit	haguí dit
dius	has dit	hagueres dit
diu	ha dit	hagué dit
diem	hem dit	haguérem dit
dieu	heu dit	haguéreu dit
diuen	han dit	hagueren dit

Imperfet	Plusquamperfet	Passat anterior perifràstic
deia	havia dit	vaig haver dit
deies	havies dit	vas haver dit
deia	havia dit	va haver dit
dèiem	havíem dit	vam haver dit
dèieu	havíeu dit	vau haver dit
deien	havien dit	van haver dit

Passat simple	Passat perifràstic	Condicional
diguí	vaig dir	diria
digueres	vas dir	diries
digué	va dir	diria
diguérem	vam dir	diríem
diguéreu	vau dir	diríeu
digueren	van dir	dirien

Futur	Futur perfet	Condicional perfet
diré	hauré dit	hauria dit
diràs	hauràs dit	hauries dit
dirà	haurà dit	hauria dit
direm	haurem dit	hauríem dit
direu	haureu dit	hauríeu dit
diran	hauran dit	haurien dit

MODE SUBJUNTIU

Present	Perfet	Imperfet
digui	hagi dit	digués
diguis	hagis dit	diguessis
digui	hagi dit	digués
diguem	hàgim dit	diguéssim
digueu	hàgiu dit	diguéssiu
diguin	hagin dit	diguessin

Plusquamperfet

hagués dit
haguessis dit
hagués dit
haguéssim dit
haguéssiu dit
haguessin dit

MODE IMPERATIU

digues tu
digui ell
diguem nosaltres
digueu vosaltres
diguin ells

FORMES NO PERSONALS

Infinitiu dir (simple) — haver dit (compost)
Gerundi dient (simple) — havent dit (compost)
Participi dit, dita, dits, dites

tenir

MODE INDICATIU

Present	Perfet	Passat anterior
tinc	he tingut	haguí tingut
tens	has tingut	hagueres tingut
té	ha tingut	hagué tingut
tenim	hem tingut	haguérem tingut
teniu	heu tingut	haguéreu tingut
tenen	han tingut	hagueren tingut

Imperfet	Plusquamperfet	Passat anterior perifràstic
tenia	havia tingut	vaig haver tingut
tenies	havies tingut	vas haver tingut
tenia	havia tingut	va haver tingut
teníem	havíem tingut	vam haver tingut
teníeu	havíeu tingut	vau haver tingut
tenien	havien tingut	van haver tingut

Passat simple	Passat perifràstic	Condicional
tinguí	vaig tenir	tindria
tingueres	vas tenir	tindries
tingué	va tenir	tindria
tinguérem	vam tenir	tindríem
tinguéreu	vau tenir	tindríeu
tingueren	van tenir	tindrien

Futur	Futur perfet	Condicional perfet
tindré	hauré tingut	hauria tingut
tindràs	hauràs tingut	hauries tingut
tindrà	haurà tingut	hauria tingut
tindrem	haurem tingut	hauríem tingut
tindreu	haureu tingut	hauríeu tingut
tindran	hauran tingut	haurien tingut

MODE SUBJUNTIU

Present	Perfet	Imperfet
tingui	hagi tingut	tingués
tinguis	hagis tingut	tinguessis
tingui	hagi tingut	tingués
tinguem	hàgim tingut	tinguéssim
tingueu	hàgiu tingut	tinguéssiu
tinguin	hagin tingut	tinguessin

Plusquamperfet

hagués tingut
haguessis tingut
hagués tingut
haguéssim tingut
haguéssiu tingut
haguessin tingut

MODE IMPERATIU

tingues (o té) tu
tingui ell
tinguem nosaltres
tingueu vosaltres
tinguin ells

FORMES NO PERSONALS

Infinitiu tenir (simple) — haver tingut (compost)
Gerundi tenint (simple) — havent tingut (compost)
Participi tingut, tinguda, tinguts, tingudes

ser o ésser

MODE INDICATIU

Present	Perfet	Passat anterior
soc	he estat	haguí estat
ets	has estat	hagueres estat
és	ha estat	hagué estat
som	hem estat	haguérem estat
sou	heu estat	haguéreu estat
són	han estat	hagueren estat

Imperfet	Plusquamperfet	Passat anterior perifràstic
era	havia estat	vaig haver estat
eres	havies estat	vas haver estat
era	havia estat	va haver estat
érem	havíem estat	vam haver estat
éreu	havíeu estat	vau haver estat
eren	havien estat	van haver estat

Passat simple	Passat perifràstic	Condicional
fui	vaig estar	seria
fores	vas estar	series
fou	va estar	seria
fórem	vam estar	seríem
fóreu	vau estar	seríeu
foren	van estar	serien

Futur	Futur perfet	Condicional perfet
seré	hauré estat	hauria estat
seràs	hauràs estat	hauries estat
serà	haurà estat	hauria estat
serem	haurem estat	hauríem estat
sereu	haureu estat	hauríeu estat
seran	hauran estat	haurien estat

MODE SUBJUNTIU

Present	Perfet	Imperfet
sigui	hagi estat	fos
siguis	hagis estat	fossis
sigui	hagi estat	fos
siguem	hàgim estat	fóssim
sigueu	hàgiu estat	fóssiu
siguin	hagin estat	fossin

Plusquamperfet

hagués estat
haguessis estat
hagués estat
haguéssim estat
haguéssiu estat
haguessin estat

MODE IMPERATIU

sigues tu
sigui ell
siguem nosaltres
sigueu vosaltres
siguin ells

FORMES NO PERSONALS

Infinitiu ser/ésser (simple) haver estat (compost)
Gerundi sent/essent (simple) havent estat (compost)
Participi estat, estada, estats, estades (o sigut, siguda...)

haver

MODE INDICATIU

Present	Perfet	Passat anterior
he (o haig)	he hagut	haguí hagut
has	has hagut	hagueres hagut
ha	ha hagut	hagué hagut
hem	hem hagut	haguérem hagut
heu	heu hagut	haguéreu hagut
han	han hagut	hagueren hagut

Imperfet	Plusquamperfet	Passat anterior perifràstic
havia	havia hagut	vaig haver hagut
havies	havies hagut	vas haver hagut
havia	havia hagut	va haver hagut
havíem	havíem hagut	vam haver hagut
havíeu	havíeu hagut	vau haver hagut
havien	havien hagut	van haver hagut

Passat simple	Passat perifràstic	Condicional
haguí	vaig haver	hauria
hagueres	vas haver	hauries
hagué	va haver	hauria
haguérem	vam haver	hauríem
haguéreu	vau haver	hauríeu
hagueren	van haver	haurien

Futur	Futur perfet	Condicional perfet
hauré	hauré hagut	hauria hagut
hauràs	hauràs hagut	hauries hagut
haurà	haurà hagut	hauria hagut
haurem	haurem hagut	hauríem hagut
haureu	haureu hagut	hauríeu hagut
hauran	hauran hagut	haurien hagut

MODE SUBJUNTIU

Present	Perfet	Imperfet
hagi	hagi hagut	hagués
hagis	hagis hagut	haguessis
hagi	hagi hagut	hagués
hàgim	hàgim hagut	haguéssim
hàgiu	hàgiu hagut	haguéssiu
hagin	hagin hagut	haguessin

Plusquamperfet

hagués hagut
haguessis hagut
hagués hagut
haguéssim hagut
haguéssiu hagut
haguessin hagut

MODE IMPERATIU

—

FORMES NO PERSONALS

Infinitiu haver (simple) haver hagut (compost)
Gerundi havent (simple) havent hagut (compost)
Participi hagut, haguda, haguts, hagudes

Emprenem

Ets emprenedor?

Et consideres una persona amb il·lusió, proactiva i amb ganes de millorar el món? Aleshores tens tot el que es necessita per a esdevenir un emprenedor!

I què és un emprenedor?

Sovint els termes *emprenedor* i *empresari* es confonen, però no són el mateix. Un empresari és una persona que posseeix i dirigeix una empresa; en canvi, el concepte d'emprenedor és molt més ampli. Un emprenedor és una persona capaç de convertir un somni o una idea en un projecte real, en qualsevol àmbit.

Ser emprenedor significa llevar-se al matí amb ganes de millorar el món. Es tracta d'una manera de ser, de pensar i d'actuar. En definitiva, ser emprenedor o no és una qüestió d'actitud; depèn de nosaltres mateixos veure les coses des de l'òptica de la il·lusió, de la confiança i de l'actitud positiva.

T'atreveixes a emprendre?

A continuació et proposem un projecte relacionat amb l'àrea de llengua catalana que et permetrà desenvolupar i posar en pràctica aptituds emprenedores. Veuràs que moltes de les coses que aprens a l'escola et serviran per a poder actuar en el món real i seran molt importats per al teu futur. Estàs preparat per a esdevenir un emprenedor?

Projecte «Català per a tothom»

En les darreres dècades ha augmentat considerablement el nombre de persones que deixen el seu país per buscar noves oportunitats en altres terres. En certa manera, també són «emprenedors» que viatgen a un altre país a buscar un futur millor per a ells i la seva família.

Els motius pels quals aquestes persones decideixen emigrar i abandonen els seus països d'origen són molt diversos. Tanmateix una gran majoria ho fa moguda per la necessitat, fugint de regions en guerra, de la pobresa, de la fam o de l'atur.

Catalunya ha rebut moltes d'aquestes famílies els últims anys. Pares, mares i nens que arriben al nostre país sense parlar la llengua ni conèixer els nostres costums. Sovint, davant la dificultat d'integrar-se, s'agrupen en barris o comunitats amb compatriotes, cosa que fa que es tanquin en petits grups i els costi encara més adaptar-se.

Us imagineu arribar a una ciutat on no coneixeu ningú i sense parlar-ne la llengua? Potser alguns de vosaltres ho heu viscut en primera persona i podeu fer molt per ajudar altres persones que ara es troben en aquesta situació.

Amb aquest projecte us volem proposar el repte de dissenyar una solució per a facilitar la integració d'aquestes famílies a Catalunya, i apropar-los la nostra llengua, cultura i tradicions.

Aquest projecte consta de **tres fases:**

A. **Per on comencem? Concretem la idea**

Decidim a qui volem ajudar i identifiquem quines són les seves necessitats.

B. **Com ens organitzem? El pla**

Planifiquem i organitzem el treball en equip.

C. **Ho posem en marxa? Prenem decisions**

Passem de la teoria a l'acció i posem en pràctica el nostre pla.

A Per on comencem? Concretem la idea

Primer caldrà que definiu quin és el vostre **públic objectiu.** Concreteu a qui voleu ajudar. Ha de ser un grup de persones que tinguin una sèrie de característiques en comú. Per exemple, un possible públic objectiu podria ser el dels nens i nenes immigrants que arriben a la vostra escola. Un de més ampli seria el dels immigrants, persones soles i famílies, que arriben al barri o a la ciutat.

Cada públic objectiu té unes necessitats diferents, per la qual cosa és molt important definir-lo bé per a poder dissenyar idees i solucions que s'ajustin a les necessitats concretes de cada col·lectiu.

Activitat 1

Concreteu el vostre públic objectiu, el grup de persones a qui voleu adreçar la vostra idea. Primerament feu una llista dels diferents col·lectius als quals podeu ajudar, i després analitzeu els avantatges i les dificultats que us podeu trobar en cada cas, abans de decidir quina idea pot resultar més factible i, alhora, més reeixida.

Públic objectiu	Avantatges	Possibles dificultats
Ex.: Nens immigrants nous a l'escola.	Són a prop i sabem com els podem ajudar.	No parlen el català.

Quan les empreses dissenyen un nou producte o servei per a un públic determinat, el primer que fan és investigar sobre les necessitats d'aquestes persones. Per tal d'ajudar els immigrants que arriben al nostre país, cal **investigar** per saber tantes coses com sigui possible sobre ells. Com més coses sapigueu, més fàcil us serà proposar idees adequades i que pugueu dur a terme.

Activitat 2

Prepareu un **qüestionari** per mirar de conèixer a fons com és el vostre públic objectiu i entendre les dificultats amb les quals es troben per a integrar-se al nostre país: *De quin país venen? Com han arribat? Per què han triat venir aquí? Coneixen algú al nostre país? Tenen feina? Com viuen? Quins idiomes parlen? Com se senten a Catalunya?*

A més, podeu parlar amb persones d'aquest col·lectiu que van arribar fa temps a Catalunya i ja s'han integrat. Podeu preguntar-los quins problemes es van trobar i què els va ajudar més a afrontar-los: *Quant temps fa que ets a Catalunya? Per què vas venir? Com et vas sentir en arribar? Et consideres integrat? Què et va ajudar més a integrar-te?*, o bé: *Què creus que t'hauria ajudat més a integrar-te? Quines recomanacions li faries a algú com tu que acaba d'arribar a Catalunya?*

Ara que ja sabeu més coses sobre les persones a les quals voleu ajudar, us caldrà agrupar les diferents **necessitats** que heu identificat en aquest grup. Per exemple: potser heu vist que aquestes persones tenen molt poc vocabulari català bàsic per a comunicar-se en el seu dia a dia, potser no estan familiaritzades amb els rètols i els mitjans de transport de la zona on viuen, etc.

Activitat 3

Confeccioneu un mapa mental de les necessitats que heu identificat durant la vostra investigació. Centreu-vos en aspectes relacionats amb la llengua, la cultura i els costums del nostre país.

Un **mapa mental** permet connectar idees i conceptes de manera esquemàtica, ordenada i molt visual. La forma del mapa mental ha de ser semblant a la d'un **arbre;** a la part central hi escriurem quin és el nostre públic objectiu. A partir d'aquesta idea central, crearem tantes **branques** com tipus de necessitats hàgim detectat en el públic objectiu al qual ens adrecem. Per exemple, una d'aquestes necessitats podria ser la dificultat lingüística que troben a l'hora d'anar a comprar.

Compareu els mapes mentals dels diversos grups, comenteu-los i elaboreu un mapa mental global.

B Com ens organitzem? El pla

Un cop sabem a qui volem ajudar i hem identificat quines són les principals necessitats d'aquestes persones en l'àmbit lingüístic i cultural, ja ens hi podem posar!

El primer que haureu de fer és organitzar-vos en **equips.** Creeu tants equips com branques principals hàgiu dibuixat en el mapa mental. Cada grup ha de donar resposta a una necessitat concreta.

Activitat 4

Centrats en la necessitat concreta que voleu cobrir, feu una llista d'idees de productes o serveis que la poden resoldre. Intenteu generar un mínim de 10 idees diferents. Si, per exemple, voleu ajudar els alumnes nouvinguts que no parlen gens de català, una bona proposta seria preparar un vídeo sobre el funcionament de l'escola. En aquest vídeo hi hauran de predominar els aspectes visuals perquè els alumnes que no parlen la nostra llengua el puguin entendre bé.

Activitat 5

Reviseu totes les idees proposades en l'activitat anterior i mireu si algunes es poden combinar per formar una proposta encara millor.

Tingueu en compte que algunes de les idees plantejades poden resultar poc realistes o massa complicades de posar en pràctica (recordeu que aquest projecte l'haureu de traslladar a la vida real). Per exemple, una idea molt creativa podria ser desenvolupar una *app* amb un joc per a ensenyar català als nens immigrants. Tanmateix, segurament no disposeu de les eines o coneixements per a desenvolupar una *app,* i probablement molts immigrants no disposen de tauletes o d'altres recursos per a accedir-hi.

Per tant, seleccioneu les **idees** més realistes, les **més factibles,** amb un **grau de dificultat** que pugueu gestionar i que arribin al màxim nombre de persones del públic objectiu (**potencial**).

Activitat 6

Trieu les tres millors idees que heu proposat. Avalueu-les segons el grau de dificultat, el fet que siguin factibles o no i el potencial que tenen per a millorar la vida del públic objectiu escollit.

	Grau de dificultat	Fins a quin grau és factible?	Potencial
Idea 1			
Idea 2			
Idea 3			

Seleccioneu la **idea final** que heu decidit tirar endavant amb el vostre equip.

C Ho posem en marxa? Prenem decisions

Ara que ja sabeu què voleu fer, cal que us repartiu la feina per treballar de manera eficient. Una bona **planificació** i un bon **treball en equip** us permetran obtenir bons resultats.

Activitat 7

Prepareu una llista de les tasques que heu de fer per a posar en marxa la idea, designeu una persona responsable de cada tasca (o més d'una, si cal) i fixeu una data límit per a dur-la a terme.

Tasca per fer	Persona/es responsable/s	Data de finalització
Redactar els continguts	...	...
Fer fotografies o dibuixos	...	...

Com que és un projecte social destinat principalment a persones amb pocs recursos econòmics, difícilment podeu esperar que paguin un preu pel vostre producte o servei. Això implica que no recuperareu els diners que hi invertiu. Per tant, us recomanem fer una estimació de les despeses que tindreu (material d'oficina, si heu de contractar algun servei o comprar alguna cosa...) per assegurar-vos que podeu assumir-les, i buscar la manera de **finançar el projecte.** Aquesta estimació de despeses s'anomena **pressupost** i cada projecte n'ha de tenir un.

Us recomanem que busqueu **alternatives de finançament** per al vostre projecte, com per exemple organitzar activitats a l'escola per aconseguir el capital necessari, contactar amb organismes públics per aconseguir una subvenció o buscar aportacions d'empreses privades interessades a col·laborar amb vosaltres.

En qualsevol cas, caldrà que prepareu una bona **presentació** per tal de convèncer els potencials candidats a finançar el vostre projecte.

Emprenem

Activitat 8

Prepareu una presentació sobre el vostre projecte per buscar la col·laboració d'entitats, empreses o particulars. Us suggerim l'**esquema** següent per a la presentació: *Qui sou? Què voleu fer? En què consisteix el vostre projecte? Per què els aneu a veure? Com us poden ajudar? Què obtenen ells de participar-hi (difusió, bona imatge...)?*

Abans de la presentació, cal que concreteu com us voleu organitzar: quins membres de l'equip presentaran el projecte, qui farà de portaveu de l'equip, quins materials necessitareu, etc. Com més preparats estigueu, més bons seran els resultats!

Un cop hàgiu planificat la feina i disposeu del pressupost per tirar endavant el projecte, només caldrà que l'implementeu i feu una **prova pilot** per tal d'**avaluar els resultats** de la vostra idea.

Activitat 9

Feu un informe final dels resultats obtinguts. Si són positius, us recomanem que feu arribar el vostre projecte als responsables de l'Ajuntament en matèria d'immigració o a organitzacions del barri o la ciutat que puguin estar interessades a conèixer la vostra iniciativa i puguin donar-hi una dimensió més gran.

Conclusions:

— Quins resultats has obtingut?

— Què has après?

— Què és el que més t'ha agradat de l'experiència?

— Què canviaries si tornessis a començar el projecte?

Reflexions:

- La llengua pot representar un fre i una barrera per a la integració dels immigrants.
- Amb poc esforç podem millorar la vida de moltes persones.
- El treball en equip i el compromís de cadascun dels seus membres en la tasca que li pertoca són fonamentals perquè un projecte pugui tirar endavant.
- Qualsevol projecte emprenedor requereix una certa planificació i organització.